创业投资

理论与案例

Venture Capital Theory and Case Studies

 林炳华◎主编

中国财经出版传媒集团

经济科学出版社
Economic Science Press

·北京·

图书在版编目（CIP）数据

创业投资理论与案例/林炳华主编．－－北京：经济科学出版社，2024.1（2025.7 重印）

ISBN 978 - 7 - 5218 - 5230 - 1

Ⅰ．①创⋯　Ⅱ．①林⋯　Ⅲ．①创业投资 - 高等学校 - 教材　Ⅳ．①F830.59

中国国家版本馆 CIP 数据核字（2023）第 190735 号

责任编辑：郎　　晶
责任校对：隗立娜
责任印制：范　　艳

创业投资理论与案例

林炳华　主编

经济科学出版社出版、发行　新华书店经销

社址：北京市海淀区阜成路甲 28 号　邮编：100142

总编部电话：010 - 88191217　发行部电话：010 - 88191522

网址：www. esp. com. cn

电子邮箱：esp@ esp. com. cn

天猫网店：经济科学出版社旗舰店

网址：http：//jjkxcbs. tmall. com

北京季蜂印刷有限公司印装

787×1092　16 开　27.75 印张　600000 字

2024 年 1 月第 1 版　2025 年 7 月第 2 次印刷

ISBN 978 - 7 - 5218 - 5230 - 1　定价：78.00 元

前　　言

　　2014 年，中国进入新常态，经济增速放缓，国家提出"大众创业、万众创新"，通过培育市场化的创新机制，营造有利于大众创业、市场主体创新的政策环境和制度环境，以增加市场的动力、活力和竞争力，从而使其成为经济发展的内在原动力。2020 年 10 月，党的十九届五中全会指出，健全以企业为主体的技术创新体系，打造高水平的创新平台，布局和利用好创新资源。创新型企业正成为我国技术创新主体，与之相伴的创业投资也发挥着越来越重要的作用。

　　近年来，创投资本的加入成为助力创新创业企业发展的重要引擎。创业企业除了面临资金紧张的问题外，在人才团队、技术、社会关系等资源方面也较为短缺。在不同的发展阶段，创业企业也面临着资源整合与经营策略的选择问题，这意味着创投企业带来的资金、社会资源、企业管理经验、投后管理服务将有效补齐创业企业发展过程中的发展短板，这对创业企业的顺利运行意义重大。与此同时，国家出台了一系列政策举措支持创业企业和创业投资行业健康发展。尤其是 2018 年以来，创投税收优惠政策逐项落地，税收优惠涵盖的创投形式逐步增加，税收优惠试点推广至全国，以鼓励创投企业长期投资，促进创业投资行业健康发展。

　　随着中国资本市场改革与多层次资本市场建设的稳步推进，创投企业的投资对象逐渐增加，有效促进了资本市场中长期创业资本形成。2018 年 11 月，国家提出设立科创板并试点注册制，主要服务于符合国家战略、突破关键核心技术、市场认可度高的科技创新企业。2020 年 4 月，创业板实行注册制改革，有效推进了我国资本市场板块存量与增量改革。2021 年 9 月，北京证券交易所设立，同步试点证券发行注册制，以促进"专精特新"企业获得更多资本市场助力，增强对创业企业的包容性与适应性，提升上市企业的科技创新能力，着力打造服务创新型中小企业主阵地。2023 年 2 月，全面实行注册制制度规则正式发布实施，标志着注册制的制度安排基本定型，标志着注册制推广到全市场和各类公开发行股票行为。全面实行注册制是涉及资本市场全局的重大改革，在中国资本市场改革发展进程中具有里程碑意义。

国家创新创业政策切实促进了我国中小微企业与成长型创新企业的发展。《2021 中国创新创业生态发展蓝皮书》显示，中国创新指数首次超越日本，创新企业数量进入转折点。国内的创业投资环境在多方的不断努力下持续优化，对解决中小微企业面临的融资约束问题以及促进创业投资行业的健康可持续发展意义重大。

创投资本退出渠道的畅通对创投行业的发展也具有推动作用。2022年，"全面实行股票发行注册制"在"十四五"规划中首次被纳入顶层设计。以信息披露为灵魂的注册制对发行上市、交易、退市、再融资等一系列规则进行了优化，能进一步发挥资本市场的要素配置能力。在注册制下，创业企业上市的效率大幅提升，为中小创业创新性企业登陆资本市场创造了更多的机遇，真正意义上实现了多层次资本市场对实体经济的支撑。

本教材主要面向经济、管理类在校学生和准备创业的高校毕业生以及创业投资人士，全面系统地阐述了创业投资的理论和实务，其内容包括创业投资的基本理论和方法，创业投资的筹资、投资、投后管理、退出构成的整个运行过程及创业投资相关政策和法规。按时间线来看，包括创业前期的市场调研、项目评估、企业筛选、交易谈判及投资对象的确定与投资准备；创业投资基金的设立、募集及其投资管理的相关实务；创业企业的资本融资及创业投资的资本运营与业务管理实务；创业投资市场退出的渠道、方式、手段等具体实操规程；特别是创业投资全过程的风险防范及监控等管理技术及方法。学习和掌握上述专业理论和实务操作技巧，对提升创业人士的创业信心与创业成功率具有重要作用。

相比于其他同类教材，本教材具有以下特色：

（1）理论性强。本书通过对创业投资基金的筹集、投资、运营、退出等环节的关键问题的系统剖析，从创业方与投资方的角度详细阐述了创业过程与创业投资的重要内容，并对我国当前创业政策进行梳理，聚焦中国实际，帮助读者快速了解创业投资的相关理论，形成创业投资的基本理论框架。

（2）案例实务性强。全书各个章节对应的内容紧跟国内外真实案例，开篇配有案例导读，章后配有案例分析，将现代创业投资理论与中国的具体实际有机结合。读者还可以通过各章的案例将理论知识与实际情况相结合进行思考。本书通过案例分析方法与实践的相互支持，能够让读者学用结合，从而达到提高应用型人才培养的效果。

本教材得到教育部产学合作协同育人项目（2018 年）和福州大学 2021 年教改重点项目的支持，由经济与管理学院林炳华教授编写大纲并组织编写。在教材编写过程中，叶语妍、王艺弘、陈诗炜、李威、陈梓沫、游镔、董俊宏、胡卉鑫、胡宇昊、肖诗雨、熊舒洁、曾艳等金融专业研究生参与了相关章节的资料收集与文稿校对工作。在本书的编写过程中，作者参考了大量文献资料，借鉴了许多国内外专家、学者的观点。在出版过程中，经济科学出版社给予了大力的支持与帮助，谨在这里一并致以真挚的谢意！

限于编者的实际经历、专业基础和研究能力，疏漏在所难免。恳请各位专家、读者批评指正，以便本人进一步完善内容。

目　　录

第 1 章

创业投资导论

【学习要点及目标】

通过本章的学习使读者了解创业投资的基本知识，掌握创业投资的含义、特征以及运作模式，明确创业投资与天使投资、私募股权投资之间的关系，了解创业投资基金的发展历程。

 案例导读

小肥羊的奇迹①

1999 年内蒙古小肥羊餐饮连锁有限公司（以下简称"小肥羊"）在包头开业，仅用了 7 年时间就在中国以及日本、北美快速扩展了 720 家分店，扩张速度之快令人惊叹。2006 年 7 月 24 日，小肥羊同英国最大的创业及私募投资机构 3i 集团公司（以下简称"3i"）和西班牙普凯基金公司（以下简称"普凯集因"）达成投资协议，规模达 2500 万美元，开创了外资入股中国餐饮企业的第一例。

1. 连锁餐饮帝国的诞生

可能连小肥羊的创始人张钢当时也没有预料到，他的一家火锅店能发展为一个餐饮帝国，更让他没有料到的是，他的餐饮帝国的崛起竟来自"不蘸小料一招鲜"这种独特的火锅。

1998 年初，张钢和朋友在一起吃羊肉火锅的过程中，发现"不蘸小料"的火锅味道不错，朦胧之中张钢感觉这是一个商机。张钢意识到羊肉火锅将是一个大市场，决定自己开家火锅店。经过反复配置，多次改进，一种用当归、枸杞、党参、桂圆等调料独特配置的火锅锅底料诞生了。羊肉入汤后，口感嫩，口味鲜香，完全可以不蘸小料。这样，就甩掉了烦琐的小料包袱，开辟了一条火锅快餐化之路，为日后小肥羊

---

① 李开秀，靳景玉，毛跃一. 风险投资经典案例解析 [M]. 重庆：重庆大学出版社，2020：73–76.

的规模化、连锁化经营打下了基础。

在中国人眼中很吉利的日子——1999 年 8 月 8 日，小肥羊的第一家店在包头开张了。一开业便受到消费者的欢迎。随后，小肥羊的发展犹如星火燎原，在当年，直营店、加盟店便开始向全国延伸。从 2003 年开始，小肥羊连续 3 年营业额仅次于拥有肯德基、必胜客等著名餐饮品牌的中国百胜餐饮集团，荣居"中国餐饮企业百强第二"。从下面的一连串数字里可以窥见小肥羊发展的速度有多快。

2000 年，在上海、北京、深圳开直营和连锁加盟店。2001 年，正式开始特许加盟，当年发展 445 家，实现营业额 15 亿元。2002 年，正式在火锅店的家乡成都开业，这一年销售额 25 亿元。2003 年，加盟店达到 660 家，并在美国开店，销售额达到 30 亿元。2004 年，第 696 家分店开到中国香港。2005 年 5 月 27 日，排位 718 的中国台湾松江店开业，小肥羊成功登陆中国台湾地区；2005 年 10 月，小肥羊在中国香港开了第 4 家店，为小肥羊创造了 1.4 亿元的营业额；2005 年 11 月 8 日，北美第一家直营店——多伦多小肥羊店成功试营业；2005 年底，小肥羊门店数达到 720 家，销售达到 52.5 亿元。2006 年，小肥羊还在日本跟一家上市公司合作开设了一家连锁店。目前，小肥羊正在进行的海外扩张行动目的地包括新加坡、韩国等亚洲市场以及美国市场。

2. 风投追逐小肥羊

嗅觉灵敏的风险投资家很快就发现了小肥羊的投资价值。3i 的王岱宗无疑是其中最灵敏的一位。2005 年，王岱宗离开高盛，出任 3i 副总裁。加盟 3i 后，王岱宗一直在琢磨着什么样的企业值得投资。他想到了若干年前曾经在上海光顾过的小肥羊，当时小肥羊火锅鲜美的味道给他留下的印象至今深刻。在王岱宗看来，小肥羊原料和汤料是标准化的，非常适合规模化发展。在通过各种渠道对小肥羊进行了解后，王岱宗径直飞到小肥羊的总部——号称"稀土之都""草原钢城"的内蒙古包头，提出对小肥羊最少投资 2000 万美元的意愿。然而，由于经营状况良好，小肥羊并没有融资的想法。"我们不缺钱"，这是王岱宗最初从小肥羊得到的答复。即便需要，1000 万美元足矣。投资人伸出的橄榄枝就这样被婉拒了。

不过，风险投资人没有那么容易被拒绝，经过对小肥羊的经营模式进行分析，特别是对小肥羊兴起的法宝——连锁经营模式进行了周密的调研和分析，投资人看出了这一法宝同时也是小肥羊的心结。投资人再次上门洽谈，拿出了经过自己调研后的法宝，列举了小肥羊在目前经营中的软肋，同时对小肥羊阐述了自己的优势，以及能给小肥羊带来的解决方案，终于说动了小肥羊，其决定引入战略投资者。到底是什么让小肥羊一改初衷呢，正是其赖以发展的法宝——连锁经营。

2000～2002 年，小肥羊为了追求规模效应和资金的原始积累，曾大面积发展特许加盟店，然而，扩张过快的特许经营带来了管理上的隐患，小肥羊对加盟商的管理曾一度失控。

加盟商追求利益和小肥羊追求规模效应之间出现了鸿沟，一些加盟商的不规范行为亵渎了小肥羊的业绩和品牌，并造成了恶劣的影响。小肥羊决定调整战略，收回加盟店，大力发展直销店来达到一石多鸟的目的，3i 的资金就显得相当必要了。毕竟靠小肥羊自身的流动资金和银行贷款还不足以在短期内完成这紧迫的任务。

小肥羊准备引入外资的消息很快在业内传了开来，就在做审计的那一段时间里，包括摩根、高盛等在内的境内外 20 多家风投机构纷纷找到了小肥羊，明确表达投资意向的也有三四家。

而在各方风险投资慕名而来的时候，3i 也不断前往小肥羊进行谈判。各个公司的方案摆在小肥羊面前，其中也有让小肥羊非常动心的方案，但小肥羊最终还是选定了最早到来、接触时间比较长、行事风格也比较合拍的 3i 做投资合作伙伴。小肥羊常务副总裁卢文兵就此解释道："在接触过程中，3i 对餐饮行业的理解和深厚的国际网络让我感到有些吃惊。"事实也的确如此，在参股小肥羊之前，3i 已经在全球投资了60 多家食品企业，对餐饮连锁具有丰富的行业经验和网络关系。

然而，和 3i 的谈判并不是一帆风顺的。双方曾就股价问题发生了激烈的争执。3i 给出 7 倍的市盈率，但小肥羊觉得太低，要求 10 倍的市盈率。为了这个问题，双方来来回回谈判了好几次，有时候甚至谈得面红耳赤。而这一期间，其余的竞争对手也给出了小肥羊觉得比较合适的价格，但小肥羊和 3i 最终选择了相互让步。"因为我们觉得价格虽然是重要的，但不是最终的决定因素。"卢文兵说。

双方谈判进入佳期后，另一家风投机构普凯集团也进入了小肥羊的视野。而两者的合作成功同样源于一次巧合。

普凯集团几乎是通过 3i 集团的介绍和小肥羊的董事长认识的。普凯集团的两个老板是西班牙人，也是两个球迷，其中一个支持巴塞罗那队，一个支持曼联队。而巧的是，小肥羊董事长张钢也是曼联的球迷，于是，双方在洽谈时找到了共同话题，谈得特别投机。而两个老板中的一位家里曾经养过羊，因此对"羊"有着特殊的感情，于是，普凯集团和小肥羊之间的合作谈判几乎是一拍即合。

从 2005 年 8 月开始接触，经过一年的谈判后，2006 年 7 月 24 日，小肥羊、3i 和普凯集团最终签订了投资协议，后两者联手投资 2500 万美元，占合资公司 20% 的股份，其他股份为个人出资，而小肥羊创始人张钢及陈洪凯的股权稀释到不足 40%。3i 以 16% 的股份成为位列小肥羊创始人张钢之后的第二大股东，普凯集团则获得了4% 的股份。除了股份之外，3i 还获得了小肥羊董事会中的两个董事席位，普凯集团获得一席，分别代表外资股东出任执行董事，在董事会的重大决议上拥有一票否决权。不过与大多数投资公司自己直接出马的做法不同，3i 委托了两位餐饮行业内的专家：汉堡王前任国际业务总裁和肯德基中国香港地区现任行政总裁出任小肥羊独立董事。

至此，合资公司董事会成员增至 11 人，其中中方 6 人，分别是董事长张钢、副董事长陈洪凯、常务副总裁卢文兵以及小肥羊上海、深圳、北京分公司的 3 名总经理。不过，从 2006 年开始的 3 年内，小肥羊承诺业绩符合增长率不低于 40%，即小肥羊每年的利润和销售额同比增长 40% 以上。如果完不成约定目标，小肥羊将向两大集团提供补偿。这与当年蒙牛引入摩根士丹利等战略投资者时签的对赌协议颇为相似。至于补偿形式和补偿内容，双方均未向外界透露。

3. 小肥羊上市

据悉，小肥羊计划用这笔资金的 7000 万元收购业绩突出的加盟店，6000 万元用以开办直营店，剩余金额补充流动资金。

而对小肥羊来说，两大集团的进入并不只是单纯的资金投入，更多的是给小肥羊带来了先进的管理理念。"我们的市场已经达到了国际化了，我们最需要的是先进的管理理念来帮助企业成长，而这正是他们能够带给我们的。"卢文兵说。同时，3i、普凯集团也能帮助小肥羊更深刻地理解国际市场并引进小肥羊国际扩张所急需的人才。

3i 副总裁王岱宗表示，小肥羊原来计划在 2007 年上市，但是上市还必须考虑到公司的发展速度，太早上市股价较低。基于对小肥羊上市后有较高的估值以及考虑小肥羊未来更好的发展，管理层目前已经达成一致，计划 2008 年上半年上市。2008 年 6 月，小肥羊在香港成功上市。

想一想

1. 小肥羊作为引入外资的第一家餐饮连锁企业，是如何选择投资机构的？
2. 小肥羊为何能够吸引国际风险投资？

1.1 创业投资概述

1.1.1 创业投资释义

所谓创业投资（venture capital，VC），也被称为"风险投资"，国内还译为创业资本、风险资本，是指对创业企业进行股权投资，以期所投资创业企业发育成熟或相对成熟后主要通过转让股权获得资本增值收益的投资方式。在许多文献中，创业投资的概念被分为广义和狭义两种。广义的创业投资包括对一切具有开拓性和创业性特征的经济活动进行的投资。按照这样的理解，美国的创业投资可追溯到 20 世纪初，当时一些富有的家庭和个人投资者为新办公司提供创业资本，如施乐、国际商业机器公司（IBM）等，这些公司后来都成为著名的大公司。还有一些学者认为 19 世纪末 20 世纪初对美国铁路、钢铁等新兴工业的投资等都属于创业投资。这种广义的创业投资概念外延广、定义难，尚未形成特有的投资运作模式。狭义的创业投资专指以股权方式投资于新兴的、有巨大成长潜力的中小企业的投资活动。这些投资活动多与现代高技术产业有关。如果从 1946 年美国人怀特（Whitey）成立第一家私人创业公司并将该新型投资称为创业投资算起，这一概念的出现在全世界已有 70 多年的历史。

关于创业投资的定义，国内外很多相关机构都有自己的理解。从国外来看，世界上第一个现代意义上的"创业投资"的概念是由成立于 1973 年的美国创业投资协会提出的，是指由专业投资者投资于新兴的、具有增长潜力的创业企业的权益资本。美国学者里格斯认为，创业投资并不以长期持有为主要目的，而是在投资对象事业取得一定进展后，出售股权实现退出，再将投资收益投向另一创业投资对象。通常，创业投资者须能够明确辨别风险与收益间的关系，否则他们不会再进行新的投资。美国学者阿姆认为，对资金所有者而言，将资金投注于具有高风险的企业，其可能一去不回，也可能成百倍地被回收。创业投资是长期的，并以股权投资的方式进行，所投对象具有高风险、发展快、成长潜力巨大、处于新兴行业等特点，创业投资希望从投资对象处获得高额收益。英国创业投资协会（British Venture Capital Association，BVCA）将创业投资定义为"为未上市公司提供股权资本但不以经营产品为目的的投资行为"。经济合作与发展组织（OECD）有几种不同的表述：

（1）创业投资是投资于以高科技和知识为基础的生产与经营技术密集型的创新产品或服务的投资。

（2）创业投资是专门购买在新思想和新技术方面独具特色的中小企业的股份，并促进这些中小企业的形成和创立的投资。

（3）创业投资是一种向极具发展潜力的新建企业或中小企业提供股权资本的投资行为。

在国内，这一概念存在多种解释。成思危先生认为，所谓创业投资，是指把资金投向蕴藏着较大失败危险的高新技术开发领域，以期成功后取得高资本收益的一种商业投资行为。于光远主编的《经济大词典》对创业投资也有相似的解释，其认为创业投资旨在通过促进技术成果尽快商品化，以取得高资本收益。应当说，这种定义概括了创业投资的基本内涵，但是由于创业投资在我国刚刚兴起时，人们对它的认识还不够深入，大多数人将它简单地理解为投向高技术领域的投资，这是一种误解。目前理论界对这一概念的名称有两种观点。一种观点认为，我国从一开始引进这个概念，就称其为风险投资，直接体现了其高风险的主要特征。许多专家学者认同这一观点，认为创业投资的概念不足以反映该投资的高风险特征。另一种观点认为，"创业"能表达出"venture"一词所蕴含的"冒险从事事业"的真正含义，把 venture capital 称为创业投资含义更准确，符合国际惯例。因此有必要对风险投资和创业投资进行辨析。

风险投资和创业投资都来源于英文词组"venture capital"，只是在翻译和运用过程中人为地把它们进行了区分。创业投资与风险投资的着眼点有所不同。风险投资侧重于强调"把资金投向蕴藏着失败风险很高的高新技术及其产品的研究开发领域，以期成功后取得高资本收益的一种商业投资行为"，强调"投资"而非"创业"。而创业投资是指向那些具有高增长潜力的未上市创业企业进行股权投资，通过提供富有成效的创业管理服务与所投资企业一起创业，以期在所投资企业发育成熟或再创业后以一定的方式退出，实现资本的增值的运营模式。由于高增长潜力的未上市创业企业主要是高新技术企业和传统企业的改造项目，因此这个定义既体现了创业投资的本质内涵，又体现了创业投资通过支持创业活动来促进高技术产业发展和传统企业改造的内在机理，同时还为创业投资家筛选创业项目提供了依据。可见，创业投资这一表述更加鲜明地表达了"venture capital"的本质特征——创业。鉴于任何投资都具有风险性，同时也为了避免与"risk capital"概念相混淆而忽视"venture capital"的创新特征，使用风险投资容易造成理解上的误区。

1985年3月，《中共中央关于科学技术体制改革的决定》中首次引入了"创业投资"的概念，并明确指出："对于变化迅速、风险较大的高技术开发工作，可以设立创业投资给予支持。"2005年颁布的《创业投资企业管理暂行办法》第2条第2款也规定："创业投资，系指向创业企业进行股权投资，以期所投资创业企业发育成熟或相对成熟后主要通过股权转让获得资本增值收益的投资方式。"

综上，本书采用"创业投资"这一表述方式，与我国正式法律文件相适应，利于保持概念的统一性。本书对创业投资提出以下定义：创业投资是指对具有成长性的创业企业进行权益性投资，同时为企业提供新管理理念等增值服务，以期在企业发展到成熟阶段后，通过各种退出机制转让所持股权获取丰厚收益的投资行为。

1.1.2　创业投资的特征

创业投资一般包含以下几个方面特征。

一是高风险性。创业投资的对象一般为具有高新技术、高成长潜力的企业，大多数为中小型企业，企业规模小，缺少固定资产或资金作为贷款抵押和担保，故具有较高的风险。这些企业具有的重要特性之一就是需要资金，并处于起步阶段。与一般的产业投资相比，创业投资的成功率较低。种子阶段成果能够为初创阶段所采用的比例大致只有10%，初创阶段成果能够转入下一阶段的比例大致只有20%，整体来看，每年的成功率仅为20%～30%。由于投资风险极大，创业投资家不能奢求每一个投资项目都能成功，因而在投资理念上存在所谓的"大拇指定律"——如果创业投资机构一年投资10家风险企业，在后续发展过程中，会有3家破产，3家停滞不前被收购，3家能够盈利，只有1家可成为明星企业，市值产生数十倍甚至数百倍的增长。

二是高收益性。创业投资是一种着眼于未来的战略性投资，创业投资机构承担高风险的主要动因在于高风险背后所蕴含的巨额收益的机会，高风险性伴随着高收益性。创业资本所追求的收益，一般不以红利为体现，其主要的表现形式为创业投资在退出时实现的资本增值。资本增值所需缴纳的资本收益税一般低于公司需缴纳的所得税，使得创业投资获得更大收益。2020年8月24日，创业板迎来了注册制下的首批上市公司。18家公司同日上市，股价重现了科创板首批企业的翻倍式上涨盛况。二级市场的暴涨也让一级市场的风险投资/私募股权投资（VC/PE）享受到了巨大的回报。投中数据（CVSource）显示，18 家公司的股东名单中有超过百家 VC/PE，它们中有不少账面回报已达十倍。例如军工企业捷强装备，首日股价涨幅 185.50%，总市值达 116 亿元。而在 2018 年，中金资本以 8000 万元的投资就获得了其 6.96% 的股份，目前账面回报已近十倍。

三是低流动性。创业投资的对象通常是非上市中小型企业，创业资本往往在风险企业创立之初就要投入。在投资行为发生后，风险投资家获得公司的股权，但是该股权不能在公开市场上发售和转让，直至企业的股票上市之后，因而具有较长的投资周期。另外，创业资本最后退出时，若无法顺利退出，撤资难以实现，则降低了创业投资的流动性。

四是投资专业性强。创业投资最重要的特征是它的管理服务价值，创业投资家不仅对创业企业提供权益资本，更重要的是通过在行业内和资本市场上的专业经验和优势资源向创业企业提供全过程的源源不断的管理服务，帮助企业实现价值的提升。这要求投资者必须对行业有深入的、全方位的了解，并且其还需要具备经营管理能力和战略性的思维。创业资本的管理者应具有很高的专业水准，以在项目选择上达到高度的专业化和程序化的要求。

1.2　创业投资相关概念及其基本运作模式

1.2.1　创业投资与私募股权投资

与创业投资密切相关的另一个概念是私募股权投资，我国通常将创业投资和私募股权投资统称为产业投资基金。私募股权投资和创业投资不但是资本市场中的重要成员，而且由于它们同时提供了资金管理和投资管理的专业服务，即将资本和管理联系在一起，因此，它们是经济领域内具有较大发展潜力的创新模式。私募股权投资（private equity，PE）翻译成中文还有私募资本投资、产业投资基金、股权私募融资、直接股权投资等名称，主要是指通过私募形式对还未上市的企业进行权益性投资，并在未来通过上市、管理层回购等机制出售所持有的股份，获取收益并实现退出，少部分 PE 基金投资于已上市公司的股权。

广义的私募股权投资为涵盖企业首次公开发行前各阶段的权益投资，即对处于种子期、初创期、发展期、扩展期、成熟期和上市前各个时期的企业进行的投资，相关资本按照投资阶段可划分为风险资本、发展资本、并购基金、夹层资本、重振资本。

狭义的私募股权投资主要是指对已经形成一定规模并产生稳定现金流的成熟企业进行的股权投资，主要是创业投资后期的私募股权投资。在我国实务中所称的"PE"

主要是指这一类投资。

综上，私募股权投资与创业投资的关系可以概括为：广义的私募股权投资与广义的创业投资是同一含义，只是私募股权投资关注投资人角度，而创业投资比较关注创业者角度；狭义的私募股权投资与狭义的创业投资（风险投资、VC投资）则属于广义的创业投资的不同投资阶段。创业投资的投资范围主要是处于创业期的中小型企业，多为高新技术企业；私募股权投资的范围主要是处于扩张期和上市前时期的企业，可以是高科技产业也可以是传统产业。两者的主要区别如表1-1所示。此外，两者在投资金额、承担风险、预期盈利等方面都有所不同。但是，目前在实践中，私募股权投资和创业投资的业务有所重叠，两者的界限已趋于模糊。

表1-1　　　　　　　　　　　创业投资与私募股权投资的主要区别

主要区别	创业投资	私募股权投资
形式不同	私人股权投资	通过私募基金对非上市公司进行的权益性投资
投资阶段不同	投资阶段相对较早，但是并不排除中后期的投资	主要为拟上市公司
投资规模不同	视项目需求和投资机构而定	由于投资对象的特点，单个项目投资规模一般较大
投资理念不同	一般是协助投资对象完成上市然后套现退出	强调高风险高收益，既可长期进行股权投资并协助管理，也可短期投资寻找机会将股权进行出售

【案例1-1】如家酒店的私募过程[①]

如家酒店集团创立于2002年。2002年6月，中国资产最大的酒店集团首旅国际酒店集团和中国最大的酒店分销商携程旅行服务公司共同出资1000万元人民币，组建如家酒店连锁公司，将主要目标客户锁定为每天住宿预算在150～300元的游客。由季琦出任总裁，首旅国际酒店集团的副总裁梁日新担任首席运营官。在创建之初如家就定下了境外上市的目标。当时的计划是用4～5年的时间把如家送到美国上市。之后不久，IDG资本（IDGVC）的首轮投资150万美元到位，不久又追加投资至200万美元，合计持有如家不到20%的股份，投资期内不分红。另一家风险投资商美国梧桐投资公司也相中如家，IDGVC和美国梧桐参与了前两轮的私募股权投资，SIG公司在第三轮私募股权融资中出资500万美元。经过三轮的私募股权融资，如家的资金问题得以解决，同时也吸引了更多的战略投资者，为企业的发展注入了活力，为其上

① 薛小荣，李真. 我国中小企业私募股权融资效果及因素分析——基于"如家"案例 [J]. 会计之友，2012（1）：39-42.

市后在资本市场的发展奠定了基础。作为中国酒店业海外上市第一股，如家始终以顾客满意为基础，以成为"大众住宿业的卓越领导者"为愿景，向全世界展示着中华民族宾至如归的"家"文化服务理念和民族品牌形象。

1.2.2　创业投资与天使投资

天使投资原指个人而非机构风险投资行为，因此又被称为"非正式风险投资"。创业投资家投的是他人的钱（主要是机构投资者的资本），而天使投资人投的是自己的钱，两者有着明显的区别。王佳妮等（2015）将广义的天使投资界定为：一切从事早期企业首轮外部投资，以期获取利润的股权投资行为，投资主体包括个人和机构；他们认为狭义的天使投资主体则仅仅是个人。因此，严格意义上的天使投资是具有高财富净值的个人对种子期和初创期的企业（项目）进行权益投资的行为。随着天使投资的发展，出现了天使联盟组织和机构化的天使基金。在实践中，关注种子期和初创期的早期风险投资机构，也都冠以天使基金的名称。进一步说，随着互联网金融的发展，天使投资有了新通道：股权众筹。借助互联网股权众筹平台，天使投资们对自己看中的创新型企业进行权益性投资。

因此，天使投资事实上已经从传统的概念发展到机构化的天使投资和众筹平台上的天使投资。

天使投资属于广义的创业投资，是广义创业投资市场的一个子系统。尽管本质上两者相同，但天使投资还是与机构投资者的创业投资（实务中所称的"VC 投资"）有着细微的差别。

第一，资金来源不同。天使投资人投的是自己的钱，而创业投资者投的是他人的钱。

第二，投资阶段不同。天使投资主要投资企业的种子期和初创期，投资金额相对较少，而创业投资主要投资企业的初创期和扩张期。

在创立期，天使们提供了 20% 的资金，而在企业进入发展期之后，天使们的投资比重迅速降到了 10% 以下。虽然天使投资的单项投资金额较小，但其较早参与对创业企业的投资，当以投资项目的资金轮数进行比较时，天使们在早期融资中的中心地位更加明显。由于在实务中天使投资逐渐向规模化和机构化发展，天使投资与创业投资的主要区别更多体现在投资阶段的不同。

第三，投资原因不同。天使投资人参与投资的原因是多方面的，主要在于获取经济利益，除此之外，通过为投资企业提供管理经验等增值服务从而重拾创业的激情和乐趣，通过投资企业建立并扩展自己的人际社交脉络，通过投资于健康产业创造社会福利等非经济因素也被天使投资人纳入投资的考虑范畴。机构创业投资作为专业投资机构进行的投资，以追求投资回报为唯一目标。迫于外部投资者的压力，创业投资机构必须进行投资，而天使投资人却不是非投资不可。

第四，投资规模不同。一般来说，天使投资资金总量较小，而机构创业投资提供的资金总量比较大。由于天使投资人使用的是个人自有的富余资本，这在一定程度上限制了天使投资的投资规模。而狭义创业投资的资金来源于大财团或者大公司等机构投资者，其持有的资金量较为庞大。研究发现，在美国，50 万美元是天使投资和创业投资基金投资偏好的分界点：在低于 25 万美元的各轮投资中，天使们的资金占到了 93%；在 25 万美元到 50 万美元之间，天使们的资金则占到了 75%；当融资超过50 万美元时，天使们的作用就迅速减弱，在 50 万美元到 100 万美元的投资中，天使们只占到了 26%，更大规模的投资则由创业投资基金占据主导地位。

第五，预期收益不同。天使投资由于使用自有资金进行投资，不存在来自外界的收益率的硬性要求，因此对收益率方面要求较为宽松，对风险的承受能力也更强。而创业投资机构资金来源于募集，因此它们要面对投资者们要求的高收益率的压力，控制风险、对资金进行有效管理是专业创业投资人员的第一要务。二者对预期收益的要求不一样。因此，创业投资基金的预期收益一般要高于天使投资。

第六，投资门槛和接洽时间不同。天使投资人具有隐秘性，寻找天使具有一定的难度。但是相比于创业投资机构来说，天使投资门槛大大降低，接洽过程较快、程序相对简单、时间较短，而专业创业投资机构投资门槛相对较高。在实践中，通常找到并实际与天使见面的时间是 1 个月，而找到并与创业投资基金方见面要 1.75 个月；从第一次见面到获得资金，天使投资人通常要花 2.5 个月，而创业投资基金则需要4.5 个月；天使投资人在选择投资对象时比较注重主观感受，选择依据主要为创业者及其团队能力，而投资机构对投资对象的选择往往要通过比较详尽的数据分析。

总而言之，天使投资虽然也有规模化经营的趋势，与传统的个人投资产生了一定的偏离，但是相比专门的机构性投资来说，天使投资基金的个人色彩仍然比较突出。例如，一个天使投资基金往往会以一两个天使投资人为核心，同时吸引其他渠道的资金加入，其管理机构也较为简单。天使投资与专业机构的创业投资作为创业投资的主要类型，其关系是相辅相成、互相衔接的，两者分工合作，共同为初创企业的成长、壮大提供了必不可少的资本支持和增值服务。创业投资与天使投资的主要区别如表 1-2 所示。

表 1-2 创业投资与天使投资的主要区别

项目	创业投资	天使投资
资金来源	来自其管理的第三方	投资人自己
投资阶段	初创期与扩张期	种子期与初创期
投资规模	资金总量较大	资金总量较小
预期收益	预期收益高，控制风险为主	收益回报宽松，风险承受能力强

【案例 1-2】刘宇环——华裔创投元老[①]

刘宇环，1948 年生于北京，1974 年毕业于美国加州伯克莱商学院，获硕士学位；曾任切斯弗国际（Chesver International）的合伙人，马方国际（Marsquare International）总经理，是中国台湾最早的风险投资基金公司——台湾国际创业投资有限公司的合伙创办人及负责人，华登国际投资集团（WIIG）的合伙创办人及执行董事，并于 1989 年创办美商中经合集团（WI Harper Croup），任董事长至今。他是美国"百人会"成员，喜欢被称为"爱国华侨"。

刘宇环的风险投资生涯始于 1983 年，当时，他与合作者建立起了中国台湾最早的风险投资机构——台湾国际创业投资有限公司。1985 年，在有"台湾科技之父"之称的李国鼎的邀请下，刘宇环与另一位硅谷华商名人、马来西亚华侨陈立武合作，共创华登国际（亚洲）（Walden International，Asia）。然而，华登集团总部在这只风险投资基金里却没有投资一分钱，最后，刘宇环很艰苦地从中国台湾本地募集到两亿元台币才建立起这只基金。

1989 年，刘宇环又组建了以风险投资咨询、管理业务和投资银行业务为主的中经合集团，并在旧金山、台北、香港和北京等地都设立了办事处。随着华登集团在亚洲地区投资业务的快速扩张，刘宇环对中国大陆的投资产生了越来越浓厚的兴趣。然而，到 1995 年时，刘宇环却恰恰因为这一点而与华登集团的美国合作伙伴产生了严重的分歧。当时，除刘宇环外，其他投资者都不看好中国大陆，而主张将资本投向美国和欧洲。这样，刘宇环只好离开华登集团，并以中经合集团为基础，重新建立自己的风险投资事业。1996 年，刘宇环与华登正式分道扬镳，自立门户，以旧金山、台北、香港、北京为基础组建了跨越太平洋的中经合。

1997 年，刘宇环在美国遇到电信专家陈五福，即大唐与之合资研发 SCDMA 的信威的创始人，他认为："我敢出手，中国做电信标准是一个伟大的理想。"但 3G 标准历经曲折，一做就是 9 年，至 2006 年尚未真正商用化，刘宇环说："做 TD-SCDMA（Time Division-Snchronous Ccade Division Muliple Access，中文名：时分—同步码分多址）一定要有远见和有长征的心理。"中经合的投资周期一般为 3~5 年，却持续给信威提供资金，协调股东关系。"等 3G 成功我就可以退休了。"刘宇环说。

近 17 年的风险投资历程中，刘宇环在太平洋两岸的 200 多家高科技风险投资个案中都扮演过重要角色。在其众多投资案中，Creative、Commerce One. Fantastic、Inttaware 等都是极为成功的案例。1992 年，新加坡公司 Creative 作为第一家非美国本土科技公司在美上市后，市值达到 17 亿美元，投资增值达 200 多倍。刘宇环对其初始投资达 170 万美元，这使得刘宇环与华登投资公司一炮打响，同时也成为日后许多非美

---

① 李开秀，靳景玉，毛跃一. 风险投资经典案例解析 [M]. 重庆：重庆大学出版社，2020：52-53.

国本土公司寻求增值发展的最佳模仿对象。在风险投资圈，刘宇环是有特定"江湖地位"的老大哥式人物。其对风险投资行业的理解和看法常被业内奉为"刘氏标准"。"做事情很重要的就是要有 passion（热情），再就是要有远见，我们在投资企业时，不光给它钱，还给它热情。"刘宇环说。

同时，近17年的风险投资历程中，刘宇环对风险投资家的看法有自己的见解。"我个人感觉创投公司应该扮演的是教练的角色，而被投资对象则是正在比赛的球员。"刘宇环说道。"中经合集团的目的就在于摆脱单纯投资者的角色，而扮演成为一个更积极的技术推进者；因为风险投资的意义绝不仅仅在于追逐新的投资个案，而是要从技术先进的国家引进新的投资机会，让本地化的工业能够升级和茁壮。"在刘宇环看来，中经合要做的是成就"中国人的经济合作"。

1.2.3　创业投资的基本运作模式

一个完整意义上的创业投资的基本运作模式包括从资本投入到资本收回形成一个循环。在西方文献中，比较典型的是通过划分投资阶段或者资金流程来描述投资运作过程。其中，美国哈佛大学商学院的勒纳和冈珀斯（Lerner and Gompers）提出的"创业投资循环模型"（venture circle model）最为著名。这个模型将创业投资的运作过程划分为三个主要阶段：筹资、投资和撤资。

1. 筹资

创业资金是指用于创业投资的资金，其来源可以有多种渠道，如个人投资、政府资助（国家自然科学基金、政府担保的银行贷款等）、大企业投资、商业银行贷款等。创业投资区别于一般投资活动，是智力与资金共同的产物，主要投向高新技术产业，承担了投资项目发展过程中的技术开发与市场开拓风险。因而，它通过严格的项目选择、评审和参与该项目的管理来尽可能地减少风险性，并以投资组合的经济效益来保证资金的回收。

在完成资金募集后的投资过程中，基金管理人（general partner）会将资金在投资期内投入到其募资时所承诺的投资领域。因此，明确的投资类型和对拟投资对象的初步规划有助于帮助出资人清晰地认识管理人的投资策略和计划。但对于整个风险资本行业来说，政府的政策法规和所处的社会经济环境在很大程度上决定了筹资过程的难易。

2. 投资

在投资阶段，创业投资机构把筹集到的资本投入到一定的企业组合中。选择什么项目或公司进行投资是创业投资者最为关心的一件事，这同时也是衡量创业投资者眼光和素质的重要指标。向创业投资者提出申请、争取投资的人很多，但其中具有投资潜力的项目并不常见，这就需要创业投资者根据企业产品的技术风险、市场风险、企业管理风险、财务风险、预期收益等多项因素进行权衡，最终确定投资项目。

如果创业投资者觉得项目合适，就可以进入谈判阶段。谈判通常要持续数周至半年时间。在谈判中要解决出资数额与股份分配、企业组织的人员配备、双方各自担任的职务、投资监督权利的利用与界定、投资者退出权利的行使程序等问题。双方意向一致后，签署法律文书，形成合同，创业投资者将资金打入企业的账户，双方开始合作，共同创造企业价值。

为了使创业企业经营成功，创业投资者对企业的各个方面都会给予力所能及的培养与帮助，包括但不限于为创业企业寻找合适的管理层、帮助企业树立良好的社会形象、尽可能地争取更多的产品市场份额，最终达到促使企业升值的目的。他们的合作状况直接影响着双方从中获利的情况。一般通过以下几种方式来完善管理：

第一，制定发展战略，包括行业选择和市场定位。

第二，建立有活力的董事会。各方代表不应拘于投资比例，而要力求知识结构合理。

第三，聘请外部专家。虽说创业投资者是管理上的好帮手，但现代管理日益复杂，需要靠更多的外部专家来完善企业管理，如律师、会计师、咨询管理公司等。

第四，吸引其他投资者。新的投资者不仅可以带来资金，还能带来新的管理思路、关系网络，从而提升企业的盈利空间。

第五，对创业企业进行监督和控制。创业投资者的监督和控制对一个企业的成功运作是必要的，投资者应对投入项目开发的款项逐笔进行监督。

第六，创业投资者对创业企业进行创业辅导。这是创业投资有别于一般投机性投资的一个最主要的特点。创业投资者利用自身的阅历和资金优势，与创业企业的技术优势加以结合，不仅是一个价值发现过程，更是一个价值创造过程。通过双方的合作可以使企业更快地成长，尽快实现企业增值。

3. 撤资

对于创业投资公司来说，投资退出才是资本实现价值增值的关键环节。在撤资阶段，创业投资机构根据组合中各个企业的经营情况，采用首次公开发行（IPO）、转让、清算等方式撤出投资。如果创业企业经过几年的发展，具备了良好的治理结构、优异的财务状况、一定的市场份额、较强的技术能力，形成了独特的商业模式，获得了较强的竞争优势，创业投资公司将会不失时机地启动创业企业的股票发行上市工作。

IPO 即"首次公开发行"，是指一家公司第一次将公司股份向公众出售。在首次公开发行完成后，这家公司就可以申请到证券交易所或报价系统挂牌交易，这个过程称作"上市"。有时也将 IPO 直接称为"上市"。

相对其他退出方式，IPO 的优势主要体现在以下 6 个方面。

（1）打开企业直接融资的通道。

IPO 使得企业可以源源不断地从资本市场获得融资，以满足企业成长、扩大研发、获取额外的资产设备等生产活动的资金需求。并且在企业上市后，其能够以较低的成本筹集大量资本，进入快速、连续扩张的通道，不断扩大经营规模，进一步培育和发展公司的竞争优势和竞争实力，增强公司的发展后劲。

（2）实现 PE 投资的回报。

IPO 为创业者和其他初始投资者提供了增加资产流动性的途径。并且，由于企业股票在上市以后存在一定溢价，私募股权投资在禁售期满之后，创业投资公司就可以在证券市场将股份卖给散户，实现套现，成功退出，获取相应的回报。很多创业者也因 IPO 实现了财富成倍的增长。

（3）收购成长。

证券交易所在审核发行公司的上市申请时，需要将多方面的因素纳入考虑范围，包括但不限于公司的业绩、发展前景、经营管理、财务状况等。只有当公司的经营状况达到规定的标准，公司的股票才能够被允许上市发行。IPO 的成功证实了企业所发行股票的市场价值，让企业在某些情况下运用股票收购其他企业成为可能；尤其是具有很高市值的企业，在收购其他企业时，只需使用企业少量的初始现金资源便可轻易完成交易，达到扩大公司规模、提高企业经济效益的目的。

（4）增加融资渠道。

IPO 与私募投资或创业投资等融资方式相比，更能防止现有股东的股权被稀释，还能改善企业的资产负债率，增强企业通过债务融资的能力。通过 IPO 获得的资金不必返还，还可增加资产净值。

（5）构建员工基于股票的激励机制。

IPO 也为企业建立以股票为基础、与市场价值相联系的薪酬计划创造了条件，企业可采用公众交易股票的方式激励现有员工和新员工。同时 IPO 在企业的创业投资与融资技术能力有限时，为其提供了留住和吸引稀有人才的好办法。

（6）提高企业的品牌和知名度。

IPO 将企业由私有变成公众持有，提升了企业在客户、供应商、投资人和员工中的形象，增强了企业的竞争力。此外，相比私有企业，公众企业更容易引起网络、电视、报刊等媒体的关注，从而能够增加企业在当地的知名度，这有利于企业在国内扩张。

要真正实现投资收益就必须完成退出这一步骤。通过退出，投资者才有资金投资下一个项目，赚取更多利润。所以，当一个投资者开始寻找适合投资的项目时，就必须考虑到退出这一问题。当退出的时机到来之际，投资者必须当机立断。退出不一定只在成功后才能进行。由于创业企业面临着许多的不确定性，创业投资公司投资的很多项目可能会失败，从而导致资本的损失，但只要一部分创业企业中的股权能够通过上市或其他方式高溢价变现，不仅能够弥补投资损失，而且最终还能实现创业投资资本的增值。在很多情况下，当被投资企业难以为继时，创业投资资金会立即退出，以免遭受更大的损失。当被投资企业发展速度放缓且以后也不可能有较大作为时，投资资金也会退出，并将资金投向更有前途的项目。创业投资资本在退出后将进入下一次投资，形成"投入—退出—再投入"的创业投资循环模式。

1.3　创业投资基金概述

1.3.1　创业投资基金的概念及本质

1. 创业投资基金的概念

创业投资基金又被称为风险投资基金，是以一定的方式吸收机构或个人的资金形成的基金，由具有科技或财务专业知识和经验的人士操作，是专门投资于有发展潜力和快速成长的公司的基金。根据国外的研究，可将创业投资基金定义为：通过发行基金受益凭证或私募方式将众多投资者的资金汇集起来，交由基金托管人托管，请专业投资人士（管理公司）进行管理和运作。具体是将资金通过股本形式投向处于开创阶段的高科技企业或项目，以期在承担高风险的同时获得高额的风险投资回报，是一种更激进的、更早进入高新科技企业或项目的基金。

2. 创业投资基金的本质

从性质上讲，创业投资基金是一种特殊的金融资本。一般情况下，创业投资基金以募集的方式积累，达到一定数额后专门投资于目标创业企业或创业项目，并在适当时期采取合适的方式退出所投资本，以期获得高于一般投资的丰厚回报。然而，创业投资基金之所以又被称为风险投资基金，是因为投资过程会受各种不确定因素的影响，被投资的创业企业或项目成功率相对较低，失败的风险相对较高，因此创业投资基金的资本从投入到运营全部过程都需要由专业机构参与管理，以确保资金安全与高收入回报的及时实现。

从创业投资基金的概念和本质可以得出：创业投资基金是一个间接金融中介机构，同时也是一种具有特定来源和特定用途的特殊金融资本形式。创业投资基金从形成到使用的全过程如图 1-1 所示。

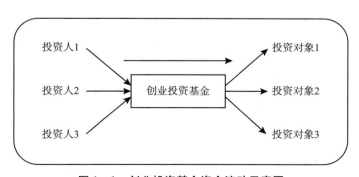

图 1-1　创业投资基金资金流动示意图

由图 1-1 可以看出，创业投资基金由多个投资人组成，通过将资金注入创业投资基金中，投资人获得创业基金的股份；创业基金管理人通过创业投资基金对创业企业进行权益性投资，获得被投资企业的股份。因此，创业投资基金是一种特殊的权益资本。

1.3.2　创业投资基金的特点

1. 投资策略特点

（1）投资结构化。

投资结构化是指创业投资基金灵活应用债务、权益等不同类型的金融工具，降低投资创业企业的风险，以达到利益最大化的目的。创业企业在发展初期，企业风险较大。投资于该时期的创业投资基金需要承担较大的风险，为了规避风险，创业投资基金通过优先股、可转债、股东回购等金融工具的应用，达到满足创业企业融资需求并在最大程度上降低自身风险的双重目的。

（2）投资金额一般较小。

创业投资基金投资创业企业，其主要目的并非掌握创业企业的控制权，其持股比例通常不到企业股权的 30%。此举背后的主要原因有二：第一，由创业企业股东掌握企业控制权可以充分激发股东积极性，有利于企业后续的发展；第二，由于创业企业初创期的企业规模较小，企业的资金募集规模受限于企业规模，一般较小。

（3）投资对象偏好为高新科技创业企业。

从事高新科技赛道的创业企业，其发展潜力较大，增长速度较快，企业的收益也较高，可以实现一定时期内较高的企业收益与资本增长。创业投资基金的主要目的并非通过长期持有投资对象的股权获得股东收益，而是通过在一定时期后退出企业时通过转让持有的部分股权获得较高的资本增值额。传统赛道的创业企业因为难以满足创业投资基金的高额收益需求，难以成为创业投资基金偏好的投资对象。

（4）分轮次投入策略。

创业投资基金的一个完整投资周期相对较长。区别于一般的传统股权基金，创业投资基金通常采用分轮次投入的策略来降低自身所承担的风险。所谓分轮次投入策略，是指创业投资基金通过追踪观察被投资创业企业的发展情况，分期投入创业企业所需融资资金。在投资周期的初期，创业企业的风险较大，创业投资基金投入的资金较少，随着创业企业规模的扩大，企业发展运营走上正轨，创业投资基金会依据企业相应的融资需求跟进相应的资金投入。当企业的发展运营出现问题，产生了较大的风险时，创业投资基金将及时停止对该企业的资金投入，及时止损。

（5）联合投资。

对于投资风险较高、投资额度较大的创业投资项目，创业投资基金通过联合其他投资者进行联合投资，以降低自身所承担投资风险。联合投资中牵头的投资者持有融资方股份最多。通过联合投资，不仅降低了创业投资基金所承担的风险，还使被投资的创业企业享有更多的投资方资源。但是，联合投资的参与方过多会导致各股东之间发生矛盾和冲突的情况加剧。所以，在进行联合投资时，投资参与的人数是一个重要考虑因素。

（6）匹配投资。

匹配投资是创业投资基金投资创业企业的一项重要风险约束机制。匹配投资是指创业投资与创业企业自身投资成一定比例，在创业投资基金投资时，根据情况要求创业者或创业企业高管也投入相应的资金。通过匹配投资，创业企业的企业家和高级管理人员所承担的收益与权力和风险相匹配，可以充分发挥企业人员的积极性。此外，风险匹配可以有效约束企业人员因信息不对称等原因引起的道德风险，有效分散创业投资基金的投资风险。

（7）提供增值服务。

区别于普通的机构投资，创业投资基金在为融资方提供所需资金的同时，通常还会在整个投资周期中为创业企业提供一定的企业增值服务。企业增值服务包括但不限于为企业提供发展规划、财务管理建议等，创业投资基金通过为企业提供增值服务的方式参与企业的管理运营，积极促进企业的快速发展。

2. 资金来源特点

由于创业投资风险较大、持股时间较长，因此，除一般的商业性资金来源外，创业投资基金资金还有以下资金渠道。

（1）政府资金。

在投资市场，同样存在"市场失灵"现象。这是指民间投资资本通常喜欢投资于中后期项目，这些企业基本上具有了可预见的商业利润，因此，这种投资属于"锦上添花"，但创业期的项目多数处于高风险时期，很难吸引投资基金"雪中送炭"，即存在"市场失灵"现象。这个时候就需要政府采取相应措施予以引导，通过无偿资助、股权投资、风险补偿甚至提供贷款等措施确保创业投资具有足够的资金投资于创业企业，尤其是科技型创业企业，以弥补"市场失灵"。在美国，投资公司除股权投资外还可以为小企业贷款，政府以提供贷款为主。而在我国，创业投资公司以股权投资方式为主。

（2）非营利性投资机构。

在经济和创业投资比较发达的国家，各种社团所属的非营利性基金（如捐赠基金）也是创业投资基金的一个重要资金来源。

（3）大型企业。

大型企业进行创业投资主要基于两种目的：一是对自身行业相关的创业企业进行投资，可以利用行业优势为创业企业提供增值服务；二是支持企业内部创新创业。

（4）基金管理者自有资金。

股权基金的资金一般由基金管理人私下募集而来，但对于创业投资基金而言，因为持股时间较长，一般投资者难以坚持，因而规模不大。基金管理人自有资金占比较大。

3. 组织形式特点

国内外创业投资企业大致都经历了从公司制到有限合伙制的过程。有限合伙制一出现，其制度优势很快被创业投资基金所利用。但由于我国创业投资税收优惠是基于公司制创业投资基金的，所以我国的一些创业投资基金还是选择公司制企业组织形式。另外，由于公司制创业投资基金内部治理与资金比较稳定，可永续经营，所以比较适合创业企业对资金需求的经营特点。

4. 项目评价特点

创业投资基金评价项目的宗旨是评估创业者与项目的匹配程度，因为创业企业在未来发展过程中还存在很大的不确定性，而这种不确定性主要取决于人与项目的匹配程度。所以，在创业项目评估过程中除了对项目本身进行评估外，还要对创业者以及创业团队进行重点评估。项目本身的评估思路与一般性项目的评估思路大致相同，主要分为宏观分析与微观分析。其中宏观分析主要关注国家宏观政策、产业政策以及行业发展趋势等，微观分析主要分析项目技术、产品开发、产品市场、竞争对手等。但有一点不同的是，由于创业企业并非稳定发展，财务评估对创业企业评估意义不大。创业评估的主要难点在于将人与项目进行精确匹配，其考虑因素主要包括创业者精神、创业者从业经验、创业团队知识背景、性别结构与年龄结构等。评估科技型创业企业时，创业者的教育背景以及整个团队的创新能力非常重要。评估传统型创业企业时，创业者是否在本领域具有从业经验以及创业精神非常重要。对于创业者个人来说，由于创业途中会遇到许多困难，是否做好了创业的充分准备在整个过程中也是不可忽视的。因此，在对创业企业进行评估时，"人"的评估占据重要位置，包括创业者的职业道德。

5. 风险控制特点

提高投资成功概率是股权投资控制风险的总体思路，但不同类型的股权基金采取的策略有所不同。例如，发展基金主要通过提高成功案例数来提高成功概率，其主要措施就是谨慎决策，尽可能少投；而创业投资基金的风险控制策略是通过提高整个基金的资金投资成功概率来提高成功概率，其主要措施就是量小、多投，即控制每个项目的投资规模，尽可能地多投项目，获取更多的成功投资机会。创业企业在创业初期不确定性较高，评估困难，但蕴含了较高投资收益，小额投资有可能带来巨大的回报。因此，创业投资基金尽可能地采用量少、多投资来控制风险。实践表明，往往一项成功的创业投资带来的利润能够弥补多个投资失败的项目造成的损失。

6. 决策机制特点

由于创业投资采取量少、多投资的风险控制策略，所以谨慎决策机制不适合创业投资基金，其一般采取快速决策机制。所谓快速决策机制，就是指在投资对象规模较小、尽调时工作量较少、短时间内就能完成相关准备工作的情况下快速做出决策的机制。投资决策时，投资决策委员会（投委会）表决制度一般不求多数通过，半数通过即可，而且投委会成员尽可能地少，如投委会由 5 人组成，3 票通过即可。创业投资实施快速决策机制的目的就是把握投资机会。

7. 投后管理特点

创业企业发展面临较多的不确定性，一方面是因为创业者缺乏企业管理经验，另一方面是缺乏资源，包括市场开拓与政策资源。所以，虽然创业投资基金一般持股较少，但投后参与企业经营会比较多，如帮助企业制定战略、帮助企业开拓市场、帮助企业申请政府资助以及帮助企业再融资等。创业投资的投后管理以提供增值服务为主线。因为单个项目投资失败后的投资损失不大，但投资成功后带来的投资收益巨大，所以创业投资的投后管理以为创业企业提供增值服务为主要目标，如尽可能地争取董事席位以参与企业重大决策等。

8. 项目退出特点

从创业企业发展到成熟需要较长的时间，若等到企业上市或被并购时再退出，创业投资基金持股时间太长，这会增加投资风险并降低投资收益率。因此，在退出机制上，创业投资选择更加灵活的方式。第一，在创业企业进行下一次融资之前，创业投资基金根据企业的运营发展状况做出是否退出的决策，在这种情况下，创业投资基金无法获得较高的收益；第二，创业投资基金在投资时便与投资对象达成协议，在一定时间后以约定价格回购股权，锁定创业投资基金的收益；第三，通过债股结合的方式，到期后创业企业返本付息，保障基金的投资安全与固定收益，如果企业发展状况良好，债转股后期有望获得更大的投资收益。

【案例 1-3】 天津海泰戈壁创业投资基金①

天津海泰戈壁创业投资基金是由天津海泰科技投资管理有限公司、戈壁合伙人公司（Gobi Partners Inc.）共同发起成立的。一期基金规模为 1.5 亿元人民币，注册地点为天津新技术产业园区。基金为平行基金模式，由双方在天津合资设立的天津海泰戈壁创业投资管理有限公司受托管理基金的创业投资及相关业务。基金重点关注以互联网等媒体为基础将高科技公司和电信业等行业链接起来的新兴产业（TMT）、生物医药、高端信息技术、新能源与可再生能源、纳米与新材料、民航科技产业等天津新技术产业园区、未来天津滨海高新区的重点产业领域。投资地域覆盖天津及国内其他

---

① 天津海泰戈壁创业投资基金 [J]. 国际融资，2008，94（8）：5.

经济活跃地区。基金将充分发挥双方在资金、网络、资源、国内外投资经验及国内国际背景等方面的优势，为创业者提供高品质的增值与管理服务，共同实现与创业家的双赢。

1.3.3　创业投资基金的类型

1. 按照国际市场的投资方式划分

按照国际市场的投资方式划分，创业投资基金可划分为风险投资基金（venture capital）、天使投资基金（angel capital）、成长基金（development capital）、多阶段资产配置基金（multistage asset allocation fund）、基础设施基金（infrastructure fund）、政府引导基金、FOF（fund of fund）基金等。

（1）风险投资基金。

风险投资基金是指向高新技术企业投入的基金。它由各方力量，包括政府、金融机构、大企业集团及社会公众等参股组成，以推动高新技术企业发展追求收益最大化为目的，具有高投入、高风险、高收益的特点。

（2）天使投资基金。

这种基金是自由投资者或非正式风险投资机构对原创项目起步阶段或小型初创企业进行的一次性前期投资所形成的基金。天使投资虽是一种风险投资，但它是一种非组织化的创业投资形式，资金大多来源于民间个人资本，投资门槛较低，即便是一个具有发展潜力的创业构想，也有可能获取资金，而风险投资基金一般对尚未正式诞生的或刚刚创立的企业兴趣不大。

（3）成长基金。

成长基金是对企业成长期的权益性投资，主要投资于成长期的企业。这一时期，企业的经营项目已从研发阶段过渡到市场推广阶段，具有一定的经营规模、营业收入和正现金流，企业的商业模式也得到市场认可，而且仍然具有良好的成长潜力。通常情况下，这一阶段的企业一般会经历 2~3 年的投资期，投资规模在 3000 万元~2 亿元，并在可控风险措施下，寻求 4~6 倍的可观回报。目前，成长基金在我国创业投资基金中占主流地位。

（4）多阶段资产配置基金。

这是对企业发展各不同阶段按照多阶段资产配置模型设计出一定比例投资的基金，它期望资产价值更高、损失成本更小、承担的风险更少。

（5）基础设施基金。

这种基金一般是政府专门投资于基础设施和公共事业领域的基金，力求通过宏观经济和基础设施研究的动态投资组合，以低于市场的波动性来创造绝对收益。

（6）政府引导基金。

这种基金是政府主导成立的、专门投资于 VC 或 PE 基金的投资基金，其目的在于通过设立引导基金吸引社会闲散资本投资。这种基金重在发挥政策引导作用和效应。

（7）FOF 基金。

这种基金是指专门投资于基金的一种特殊基金，它是结合了基金产品创新和销售渠道创新的基金品种，是一种基金中的基金。通过专业投资机构评估，采用科学的基金分析与评估方法，可以更有效地从市面上质量参差不齐的海量基金品种中挑选出表现优异的基金品种，在最大程度上帮助投资者规避风险，获取收益。正是由于 FOF 具有上述专业基金操作能力，其可以充当基金出资人和基金管理者的中间桥梁，使资本管理更为有效，同时其本身具备分散投资风险和降低非系统性风险的作用，从而使机构投资人更容易实现总体收益的稳定增长。政府引导基金就是一种带有政策性的 FOF 基金。

2. 按组织形式划分

按组织形式划分，不同创业投资基金可分为契约型创业投资基金、公司制创业投资基金和有限合伙型创业投资基金。

（1）契约型创业投资基金。

基金持有人和基金管理人之间按照所签订的契约处置基金资产，由基金管理人行使基金财产权，并承担相应的民事责任。基金持有人以其持有的基金份额为限对基金承担责任，也可在基金契约中约定基金管理人承担无限责任。这种基金的持有人（即投资人）权力很小，不能参与基金决策，处于被动投资的状态，因此国际上很少采用这种形式。

（2）公司制创业投资基金。

该基金的投资者是公司的股东，其以出资额为限对基金承担责任，基金以其全部资产对基金债务承担责任。基金享有由股东投资形成的全部法人财产权，依法享有民事权利并承担民事义务。基金与基金管理人按照所签订的委托资产管理协议来处置金融资产。

（3）有限合伙型创业投资基金。

所谓有限合伙制，是由投资者（有限合伙人）和基金管理者（普通合伙人）合伙组成一个有限合伙企业。投资者出资并对合伙企业负有限责任，管理人在董事会的监督下负责风险资本的具体运作并对合伙企业负无限责任。合伙人分为两类：一类是有限合伙人；另一类是普通合伙人。有限合伙人是风险资本的真正投资人，他们提供了风险投资基金的基本资金来源；普通合伙人则是风险投资家，是基金的经理人，他们掌握风险资本的命运，决定风险投资的成败。一般而言，有限合伙人的出资占风险投资基金资金总额的99%，构成风险投资基金的基本资金来源。而普通合伙人出资仅占1%。普通合伙人投入的主要是科技知识、管理经验、投资经验和金融专长。风险资本要求普通合伙人以融资总额1%的比例注入个人资本，这种做法有很大的现实意义，使得普通合伙人的利益和他们的责任紧密结合，可以从某种程度上对风险投资家的投资行为进行约束。

有限合伙型创业投资基金为非法人企业组织，不作为所得税纳税人的主体，相关法律责任按照合伙协议由合伙人承担。当有限合伙型创业投资基金获得投资收益后，不需要缴纳所得税，直接进行收益分配。合伙人获得收益后，根据其法律地位承担纳税义务。不作为所得税纳税人主体并不意味着免交所有的税种。在交易环节产生的税，以交易为对象进行缴纳，而不是以主体为对象进行缴纳，也就是创业投资基金即使采用合伙制，仍需要缴纳交易环节税，如交易印花税等。

1.4　创业投资基金的发展状况

1.4.1　国外发展状况

1. 缓慢发展期（20世纪50年代～1985年）

1958年，美国国会通过了《小企业投资法》（Small Business Investment Company Act，SBIA），并授权联邦政府设立中小企业管理局（SBA），由SBA批准设立的小企业投资公司可享受税收优惠及政府优惠贷款。SBIA的出台及SBA的建立，促进了新兴科技型小企业的发展；由于为小企业投资公司提供了较大优惠政策，也极大地刺激了美国创业投资业的发展。1958～1963年，SBA共批准设立692家小企业投资公司，资金规模达4.64亿美元，从而掀起了美国创业投资的第一次浪潮，也推动了半导体等新兴产业的发展。经历了20世纪五六十年代的第一轮投资浪潮后，进入70年代，由于国内的经济衰退导致美国的风险投资萎缩，美国出台相关财税优惠政策，使投资业恢复发展，进而推动美国经济的复苏，美国创业投资业进入调整期。经过调整后，20世纪80年代形成了美国第二次创业投资的浪潮。1980年，美国风险资本总额约为10亿美元，其中，合伙制风险投资基金的资本为6亿美元；1982年，约为20亿美元，较1980年翻了一倍；1983年，超过40亿美元，比上年又翻了一倍。

日本的风险投资始于20世纪50年代初。为了战后经济的恢复与发展，从50年代开始，日本政府就制定和实施了一系列跨工业部门或单个工业部门的合理化措施和扶植政策。日本政府于1951年成立了"风险企业开发银行"，负责向风险企业提供低息贷款。1963年日本仿效美国制定了《日本小型企业投资法》，以此为契机，开始了日本创业投资发展的历史。由于中东石油危机对日本经济的影响，以及缺乏完善的资本市场和风险投资经验等原因，日本第一次风险投资高峰从 70 年代中期开始便陷入停顿。由此日本风险投资开始进入了调整充实阶段。从 1974 年到 80 年代初，日本政府采取了一系列调整措施，加强了支援风险企业发展的环境建设。20 世纪 50 年代至 70 年代，欧洲创业投资还仅仅是小规模活动，自 70 年代以后，英国首先实施新的银行竞争和信用控制政策，银行拥有更大的投资决策权，自此有关养老基金、保险公司等金融机构的监管法规体制以及税法改革遍及整个欧洲，从而催化了欧洲创业投资业成长。

2. 逐步发展阶段（1985 ~ 2000 年）

风险投资在美国信息技术革命过程中起到重要作用，推动了信息技术、生物科技、新能源、新材料等高科技产业的迅猛发展。风险投资家抓住美国信息技术革命的机遇，纷纷将资金投向高科技领域，在推动科技进步、加速科技成果转化的同时，获得了高额利润。随着 1992 年美国经济逐步复苏，美国的风险投资业又再次持续增长。1986 ~ 1997 年，风险投资的平均回报率高达 41% 。高额的回报进一步刺激了风险投资的加速增长，使风险资本规模大幅增加。进入 20 世纪 90 年代，为摆脱泡沫破灭给日本经济带来的冲击，日本政府加大了对风险投资的规划和支援，希望借此为培育 21 世纪的新兴产业做出贡献。1991 年 10 月，日本证券经纪人协会自动报价系统（JASDAQ）开始运营。1995 年 4 月，日本撤销了对发行股票公司数量的限制。同年 7 月，柜台交易注册基准更低的第二柜台市场成立，第三次风险投资热潮开始在日本掀起。根据 1996 年出版的《亚洲风险资本指南》，到 1995 年，日本的风险资本额已达到 190 多亿美元。虽然日本风险投资受美国影响，起步并不晚，但在金融体制、技术政策、产业结构、社会环境等方面都呈现出与美国截然不同的特征：在组织模式上，是以大金融机构、大企业集团附属的风险投资公司为主体；在风险投资的功能上，以向风险企业提供资金支持为主，提供经营管理支持为辅；在政府扶持方面，政府积极参与，但资金支持措施明显强于对投资体系的全面培育；在创新人才供给方面，日本长期实行终身雇用制，客观上限制了中小企业选择人才的余地；在文化上，日本排斥美国风险投资所依赖的合同制商业关系。日本风险投资根植于其特殊的金融体制、产业结构、社会文化，而上述方面的特征在一定程度上阻碍了日本风险投资的发展。

3. 成熟发展期（2000 年至今）

21 世纪以来，网络泡沫破灭后，美国风险投资业从顶峰逐渐下滑，与 IT 产业一起进入调整期。风险投资调整了投资策略，投资规模和方向有所变化，投资更为谨慎。美国风险投资协会 2013 年报告数据显示，2001 年美国风险投资势头下降，投资额比上年下降了 62% 。2002 年，风险投资额进一步压缩，比上年下降了 46% ，与 1999 年、2000 年的兴盛时期相去甚远，但并未完全跌入低谷。随着 2003 年美国相关税收和担保政策的出台，2004 年开始回暖，风险投资业开始复苏，逐步走向平稳的发展轨道。但 2007 年 8 月后，次贷危机以欧美金融市场为中心向全球持续蔓延。美国风险投资协会的统计显示，2008 年第三季度美国创业资本募集有所放缓，仅有 55 家基金募集资金 81 亿美元。基金数量较上年度同期下降 29%，募集资金的数量则下降了 6%。2008 年第三季度创业投资基金共进行了 907 宗投资，投资金额达到 71 亿美元，与上一季度的 1033 宗和 77 亿美元相比略有减少，但是降幅有限。对比其他行业的大幅度缩水，创业投资基金对外投资依然保持较为稳定的高水平。创业投资基金投资领域多集中于生物技术、软件行业，工业和能源行业，因为清洁技术的带动出现较大幅度提升。就 2008 年第三季度投资项目的数量来看，种子阶段和早期阶段、拓展阶段和后期段项目占全部项目的比例比较均衡。业内人士认为，金融危机导致资本市场严重不景气，一些曾经准备上市的企业不得已推迟或者取消了 IPO 的计划。

英国在 2005 年的投资约占欧洲风险投资的 40%～50%，它是仅次于美国的第二大风险投资国。然而，自雷曼兄弟（Lehman Brothers）公司于 2008 年 9 月倒闭以来，金融危机已导致风险投资基金的资金来源枯竭，这一融资缺口使得许多创业投资支持的技术公司面临现金紧缺的局面。英国最大的风险投资者之一艾玛迪斯资本（Amadeus Capital）的合伙人理查德·安东（Richard Anton）表示，由于资金匮乏，这些公司将会倒闭，或被迫过度削减成本，裁减员工，从而丧失竞争力。风险投资家们呼吁英国政府出资建立一只 10 亿英镑规模、专门投资于基金的基金来支持该行业。图 1 - 2 为 2015～2022 年欧洲的风险投资状况。

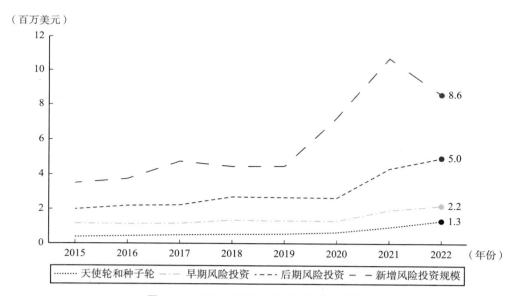

图 1 - 2　2015～2022 年欧洲风险投资状况

资料来源：毕马威发布的《2022 年 Q4 全球风险投资报告》。

创业投资额在经过 2009 年的低谷后，逐步波动攀升。美国 2010 年投资额攀升至

234 亿美元，比上年增加 15.27%；2011 年投资额达到后金融危机以来的小高峰，为 297 亿美元，比上年提高 26.93%。2009～2013 年的 5 年间，风险投资的交易数量波动情况与投资额类似。数据分析公司 CB Insights 和会计审计公司毕马威（KPMG）联合发布的《2015 年全球风险投资数据报告》显示，2015 年，全球的风险投资总金额达到了 1285 亿美元，较 2014 年的 890 亿美元相比，同比增长了 44%。这个投资金额也创造了 2000 年以后的最高值纪录。随着时间的推移，创业投资呈现出金额规模不断扩大、投资领域不断延伸的特点，从生命科技到金融科技，从零售领域到教育等领域，都是创业投资涉足的领域。

近年来，考虑到持续的地缘政治挑战、对投资退出缺乏信心、全球是否处于衰退的持续不确定性以及未来加息的可能性，全球风险投资预计将保持低迷。根据毕马威发布的《2023 年 Q2 全球风险投资报告》，全球 IPO 市场在 2023 年第二季度仍处于干旱状态，尤其是在美国；替代能源、能源储存和清洁技术仍然对风险投资者有吸引力；人工智能（AI）和生成式人工智能的投资在 2023 年第二季度仍然很热，因为世界各地的初创公司都希望加强自己的 AI 能力，风险投资者也加强了对该领域的关注，将其视为当前市场上为数不多的有弹性的投资领域之一。

1.4.2　国内发展状况

我国创业投资基金的发展历程可以分为五个阶段，从酝酿探索、兴起到发展起步，不断走向规范化、市场化和规模化。

1. 酝酿探索期（1984～1996 年）

与主要发达国家的演化路径基本一致，我国私募股权投资基金的萌芽阶段也是从风险投资开始的。1984 年 11 月，国家科委向中央有关部门提交了《对成立科技风险投资公司展开可行性研究的建议》。1985 年 3 月，中共中央做出了《关于科学技术体制改革的决定》。同年，在国家科委、中国人民银行的支持下，国务院批准成立了我国第一家风险投资公司——中国新技术创业投资公司，主要发起股东为国家科委（持股 40%）、财政部（持股 23%）等，成立时资金只有约 1000 万美元，最初的目的是配合"火炬计划"的实施。

然而，中国新技术创业投资公司的运营并不成功，其投资的主要项目最后停业关闭。创业投资基金在我国的第一波浪潮是在 1992 年前后出现的，大量海外投资基金第一次涌入中国，与处于转轨期间的中央企业合作，包括北方工业、嘉陵集团等。但由于当时国内市场经济体制以及现代企业制度仍处于摸索之中，企业效益不佳且未能达到预期，项目又缺乏在海外证券市场退出的机制与渠道，导致海外投资基金首次进入中国的尝试以全面失败而告终，大多数投资在 1997 年之前撤出或解散。

2. 兴起期（1997～2004 年）

1998 年和 1999 年，我国分别发布了《关于建立风险投资机制的若干意见》和《关于加强科技创新、发展高科技、实现产业化的决定》，宣告了中国创业投资的真正开端。在全球科技网络热的带动下，海外投资基金大举收购与信息科技有关的中国企业，国内的以政府为主导的创业投资公司和基金也逐步兴起，积极参与对网络科技企业的投资，掀起了私募股权投资在我国的第二波浪潮。但随着互联网泡沫的破灭，加上国内创业投资配套机制尚未理顺，大量投资机构发展萎缩或倒闭。

3. 发展起步期（2005～2008 年）

"创业投资引导基金"作为国内对政策性"创业投资基金的基金"的通用称谓，在 2005 年十部委联合发布的《创业投资企业管理暂行办法》中首次以法规形式出现。该办法第二十二条明确规定：国家和地方政府可以设立创业投资引导基金，通过参股和提供融资担保等方式扶持创业投资企业的设立与发展。

2006 年，国务院关于实施《国家中长期科学和技术发展规划纲要（2006～2020年)》若干配套政策中进一步指出：鼓励有关部门和地方政府设立创业风险投资引导基金，引导社会资金流向创业风险投资企业，引导创业风险投资企业投资处于种子期和起步期的创业企业。

此后，国务院有关部门和地方政府开始探索设立各类创业投资引导基金。2006～2008 年，国内创业投资进入高速发展时期，创业投资引导基金也得到了快速发展。从科技部到地方县市政府都开始设立或筹划设立创业投资引导基金。"创业投资""引导基金"不仅成为各大金融投资类论坛、研讨会、讲座的核心话题，而且频繁出现在各级政府的经济文件中。截止到 2008 年底，全国创业投资引导基金总数超过 40只，总规模超过 259 亿元。

4. 规范运作期（2009～2010 年）

随着引导基金的发展，相关的管理问题也逐渐显现出来。为规范引导基金的设立和运作，国家发展改革委、财政部、商务部联合制定《关于创业投资引导基金规范设立与运作的指导意见》（以下简称《指导意见》），经国务院批准后，于 2008 年 10月 18 日以国务院办公厅名义正式发布。《指导意见》明确界定了引导基金的性质和宗旨，规范了引导基金的设立与运作，解决了引导基金实际运作过程中出现的诸多操作性问题，为我国政府引导基金的组织和设立明确了法律基础。《指导意见》的出台对我国创业投资业的发展产生了积极而深远的影响，标志着我国创业投资引导基金步入规范设立与运作的轨道。

5. 快速发展期（2011 年至今）

2011 年 8 月，为加快新兴产业创投计划的实施，加强资金管理，财政部、国家发展改革委制定了《新兴产业创投计划参股创业投资基金管理暂行办法》，明确提出中央财政参股基金应集中投资于节能环保、信息、生物与新医药、新能源、新材料、航空航天、海洋、先进设备制造、新能源汽车、高技术服务业等战略性新兴产业和高新技术改造提升传统产业领域。该办法的颁布对新兴产业创投计划的投资范围进行了划定，对推动地方战略性新兴产业的发展以及中小型创业企业的发展发挥了积极作用。

2012 年，国务院提出设立 150 亿元中小企业发展基金，主要采取参股子基金模式运作。其可以被看作中小企业发展引导基金。

2014 年 5 月 21 日，李克强总理在政府常务会议上重点指出，改革政府投入方式，更好发挥中央财政引导资金"四两拨千斤"的作用，带动各方资金特别是商业资金用于创业投资，完善竞争机制，让市场决定创新资源配置，支持战略性新兴产业和高技术产业中处于成长期的创新型中小企业发展。会议决定，成倍扩大中央财政新兴产业创投引导资金规模，加快设立国家新兴产业创业投资引导基金，完善市场化运行长效机制，实现引导资金有效回收和滚动使用，破解创新型中小企业融资难题。

2015 年 1 月，首个促进新业态创新发展的国务院文件出台，国家设立 400 亿元新兴产业创业投资引导基金，主要用于支持创新型企业的发展。受国务院政策及财政支持资金使用模式转变的影响，国家部委及各级地方政府掀起了设立创业投资引导基金的新一轮热潮。

根据私募通数据统计，截至 2022 年 10 月 26 日，国内共设立 2156 只政府引导基金，基金目标规模总额为 11.6 万亿元，已到位资金规模为 42834.01 亿元。其中，设立的产业类引导基金数量达 1118 只，基金总目标规模 62783.47 亿元。图 1-3 展示了 2013~2022 年我国完成募集基金数量及规模的变化。

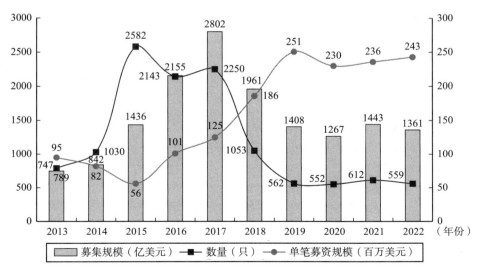

图 1-3 2013~2022 年我国完成募集的基金的数量及规模

资料来源：CVSource 投中数据。

📊 案例分析

软银投资阿里巴巴狂赚 71 倍①

阿里巴巴的总裁马云这样看待企业家和投资家的关系："投资者可以炒我们，我们当然也可以换投资者，这个世界上投资者多得很。我希望给中国所有的创业者一个声音，一投资者是跟着优秀的企业家走的，企业家不能跟着投资者走。"

1. 创业伊始，第一笔风险投资救急

1999 年初，马云决定回到杭州创办一家能为全世界中小企业服务的电子商务站点。回到杭州后，马云和最初的创业团队开始谋划一次轰轰烈烈的创业。大家集资了 50 万元，在马云位于杭州湖畔花园的 100 多平方米的家里，阿里巴巴诞生了。

这个创业团队里除了马云之外，还有他的妻子、他当老师时的同事、学生以及被他吸引来的精英。比如阿里巴巴首席财务官蔡崇信，当初抛下一家投资公司的中国区副总裁的头衔和 75 万美元的年薪，来领马云几百元的薪水。

他们都记得，马云当时对他们所有人说："我们要办的是一家电子商务公司，我们的目标有三个：第一，我们要建立一家生存 102 年的公司；第二，我们要建立一家为中国中小企业服务的电子商务公司；第三，我们要建成世界上最大的电子商务公司，要进入全球网站排名前十位。"狂言狂语在某种意义上来说，只是当时阿里巴巴的生存技巧而已。

阿里巴巴成立初期，公司小得不能再小，18 个创业者往往是身兼数职。好在网站的建立让阿里巴巴开始逐渐被很多人知道。来自美国的《商业周刊》还有英文版的《南华早报》最早主动报道了阿里巴巴，并且令这个名不见经传的小网站开始在海外有了一定的名气。

有了一定名气的阿里巴巴很快也面临资金的瓶颈：公司账上没钱了。当时马云开始去见一些投资者，但是他并不是有钱就要，而是精挑细选。即使囊中羞涩，他还是拒绝了 38 家投资商。马云后来表示，他希望阿里巴巴的第一笔风险投资除了带来钱以外，还能带来更多的非资金要素，例如进一步的风险投资和其他的海外资源。

就在这个时候，现在担任阿里巴巴 CFO 的蔡崇信的一个在投行（高盛）的旧关系为阿里巴巴解了燃眉之急。以高盛为主的一批投资银行向阿里巴巴投资了 500 万美元。这一笔"天使基金"让马云喘了口气。

2. 第二轮投资，挺过互联网寒冬

更让马云想不到的是，更大的投资者也注意到了他和阿里巴巴。1999 年秋，日本软银总裁孙正义约见了马云。孙正义当时是亚洲首富，在与马云的见面中，孙正义直截

---

① 李开秀，靳景玉，毛跃一. 风险投资经典案例解析［M］. 重庆：重庆大学出版社，2020：5－7.

了当地问马云想要多少钱，而马云的回答却是他不需要钱。孙正义反问道："不缺钱，你来找我干什么？"马云的回答却是："又不是我要找你，是人家叫我来见你的。"

这个经典的回答并没有触怒孙正义。第一次见面之后，马云和蔡崇信很快就在东京又见到了孙正义。孙正义表示将给阿里巴巴投资 3000 万美元，占 30% 的股份。但是马云认为，钱还是太多了，经过 6 分钟的思考，马云最终确定了 2000 万美元的软银投资，阿里巴巴管理团队仍绝对控股。

从 2000 年 4 月起，纳斯达克指数开始暴跌，长达两年的熊市寒冬开始了，很多互联网公司陷入困境，甚至关门大吉。但是阿里巴巴却安然无恙，很重要的一个原因是阿里巴巴获得了 2500 万美元的融资。

那个时候，全社会对互联网产生了一种不信任，尽管阿里巴巴不缺钱，但业务开展却十分艰难。马云提出关门把产品做好，等到春天再出去。冬天很快就过去了，互联网的春天在 2003 年开始慢慢到来。

3. 第三轮与第四轮融资，完成上市目标

2004 年 2 月 17 日，马云在北京宣布，阿里巴巴再获 8200 万美元的巨额战略投资。这笔投资是当时国内互联网领域金额最大的一笔私募投资。

2005 年 8 月，雅虎拥有阿里巴巴 40% 的股权成为第一大股东，付出的代价是 10 亿美元和雅虎中国。其中 10 亿美元包括 3.6 亿美元购买的软银转让的淘宝股份，3.9 亿美元购买的前三轮投资者转让的 6000 万股阿里股票，2.5 亿美元现金。软银通过售卖淘宝股票套现 3.6 亿美元，并用 1.8 亿美元购买了前三轮投资者转让的剩余股票。

之后，阿里巴巴创办淘宝网、支付宝，创办阿里软件。阿里巴巴秉承着创新宗旨，逐步拓宽业务范围，市场影响力逐渐增强，一直到阿里巴巴上市。

2007 年 11 月 6 日，全球最大的 B2B 公司阿里巴巴在香港联交所正式挂牌上市，登上全球资本市场舞台。随着这艘 B2B 航母登陆香港资本市场，此前一直受外界争论的"B2B 能不能成为一种商务模式"也有了结果。11 月 6 日 10 时，港交所开盘，阿里巴巴以每股 30 港元（较发行价 13.5 港元涨 122%）的高价拉开上市序幕。小幅震荡企稳后，股价一路单边上冲，最后以 39.5 港元收盘，较发行价涨了 192.59%，成为香港上市公司上市首日涨幅最高的"新股王"，创下香港 7 年以来科技网络股神话。当日，阿里巴巴交易笔数达到 14.4 万多宗，输入交易系统的买卖盘为 24.7 万宗，两项数据都打破了中国工商银行 2006 年 10 月创造的纪录。按收盘价估算，阿里巴巴市值约 280 亿美元，超过百度、腾讯，成为中国市值最大的互联网公司。

在此次全球发售过程中，阿里巴巴共发行了 8.59 亿股，占已发行 50.5 亿总股数的 17%。按每股 13.5 港元计算，共计融资 116 亿港元（约 15 亿美元）。加上当天 1.13 亿股超额配股权获全部行使，融资额将达 131 亿港元（约 16.95 亿美元），接近谷歌纪录（2003 年 8 月，谷歌上市融资 19 亿美元）。

阿里巴巴的上市，成为全球互联网业第二大规模融资。在此次路演过程中，许多投资者表示错过了谷歌，不想再错过阿里巴巴。

4. 风险投资大赚一把

作为阿里巴巴集团的两个大股东，雅虎和软银在阿里巴巴上市当天账面上获得了巨额的回报。阿里巴巴招股说明书显示，软银持有阿里巴巴集团 29.3% 股份，而在行使完超额配售权之后，阿里巴巴集团还拥有阿里巴巴公司 72.8% 的控股权。由此推算，软银间接持有阿里巴巴 21.33% 的股份。到收盘时，阿里巴巴股价达到 39.5 港元。市值飙升至 1980 亿港元（约 260 亿美元），软银间接持有的阿里巴巴股权价值达到 55.45 亿美元。若再加上 2005 年雅虎入股时曾套现的 1.8 亿美元，软银当初投资阿里巴巴集团的 8000 万美元如今回报率已高达 71 倍。

想一想

1. 阿里巴巴为什么能获得投资界的青睐？
2. 风险资本从投入到退出经历了怎样的过程？
3. 为什么阿里巴巴进行了多轮融资？这体现了创业投资哪些方面的特征？

本章总结

复习要点

1.1 创业投资概述

创业投资是指对具有成长性的创业企业进行权益性投资，同时为企业注入新管理理念等增值服务，期望企业发展到成熟阶段后，通过各种退出机制转让所持股权获取丰厚收益的投资行为。

创业投资一般包含以下几个方面特征：高风险性、高收益性、低流动性、投资专业性强。

1.2 创业投资相关概念及其基本运作模式

私募股权投资和风险投资企业代表了资本市场和管理市场之间的相互关联。私募股权投资（private equity）主要是指通过私募形式对私有企业（即非上市企业）进行的权益性投资，在交易实施过程中附带考虑了将来的退出机制，一般通过上市、并购或管理层回购等方式，出售持股获利，有少部分 PE 基金投资于已上市公司的股权。

广义的私募股权投资为涵盖企业首次公开发行前各阶段的权益投资。

狭义的私募股权投资主要是指对已经形成一定规模并产生稳定现金流的成熟企业的股权投资，主要是创业投资后期的私募股权投资。

广义的私募股权投资与广义的创业投资是同一含义，只是私募股权投资完全是从投资人的角度来看，而创业投资比较关注创业者的角度；狭义的私募股权投资（PE）

与狭义的创业投资（风险投资，VC 投资）则属于广义的创业投资的不同投资阶段。

天使投资原指个人而非机构风险投资行为。商业性质的天使投资是具有一定闲置资本的富人对种子期的、具有巨大发展潜力的企业进行权益投资的行为。天使投资家不仅能够为企业提供资金，更具有价值的是他们的专业知识、经验和关系网。

天使投资与专业机构的创业投资作为创业投资的主要类型，其关系是相辅相成、互相衔接的，两者分工合作，共同为初创企业的成长、壮大提供了必不可少的资本支持和增值服务。

创业投资的运作过程划分为三个主要阶段：筹资、投资和撤资。

投资类型的明确和对拟投资的标的公司的初步规划，有助于帮助出资人清晰地认识管理人的投资策略和计划。就整个风险资本业来说，政府的政策法规和所处的社会经济环境在很大程度上决定了筹资过程的难易。

1.3　创业投资基金概述

创业投资基金通过发行基金受益凭证或私募方式将众多投资者的资金汇集起来，交由基金托管人托管，请专业投资人士（管理公司）进行管理和运作。

创业投资基金的特点：投资结构化、投资金额小、投资对象偏好为科技型创业企业、分轮次投入策略、联合投资、匹配投资。

创业投资基金除一般的商业性资金外，还有以下资金渠道：（1）政府资金；（2）非营利性投资机构；（3）大型企业；（4）基金管理者自有资金。

1.4　创业投资基金的发展状况

20 世纪 50 年代至 1985 年，国外创业投资处于缓慢发展期。美国通过出台 SBIA 及建立 SBA，促进了新兴科技型小企业的发展。日本制定和实施了一系列跨工业部门或单个工业部门的合理化措施和扶植政策。70 年代后，英国首先实施新的银行竞争和信用控制政策，催化了欧洲创业投资业成长。

1985～2000 年，国外创业投资处于逐步发展期。美国创业投资主要集中于信息技术、生物科技、新能源、新材料等高科技产业领域。日本政府加大了对风险投资的规划和支援措施，希望借此为培育 21 世纪的新兴产业做出贡献。

2000 年至今，国外创业投资处于成熟发展期。目前投资领域多集中于生物技术、软件行业，工业和能源行业。

我国创业投资基金的发展历程可以分为五个阶段。创业投资基金经历了从酝酿探索、兴起到发展起步，不断走向规范化、市场化和规模化。

▌关 键 术 语

创业投资	资本增值	非上市中小型企业	权益资本
私募股权投资	权益性投资	首次公开发行	VC 投资

天使投资　　　基金管理人　　　创业投资基金　　　政府引导基金

 思考题

1. 什么是创业投资？它具有哪些特点？
2. 什么是私募股权投资？私募股权投资与创业投资之间有什么联系？
3. 什么是天使投资？简述天使投资与创业投资的区别。
4. 简述基金管理人在创业投资中的作用。
5. 创业投资基金具有哪些特点？
6. 试述创业投资基金在美国、英国、日本的发展状况，并分析其今后的发展趋势。

第2章

创业投资理论基础

【学习要点及目标】

通过本章的学习使读者了解创业投资的环境，掌握创业投资的生命周期，明确创业投资中的委托代理问题以及如何应对创业投资过程中的各种风险。

 案例导读

铜陵精达：中关村创投的风险控制①

2002年8月28日，北京中关村青年科技创业投资有限公司（以下简称"中青投"）投资的铜陵精达特种电磁线股份有限公司（以下简称"铜陵精达"）在上海证券交易所成功地发行了股票，发行价9.9元，发行市盈率19.8倍，并受到市场资金的热烈追捧，超额认购2950倍，创历史新高。9月11日，公司股票成功地在上海证券交易所上市，开盘价21.47元，收盘价23.18元，当日收盘涨幅高达134.145%。该公司是中青投投资的首批登陆国内主板市场的风险投资项目之一，是中青投经过长期调查、专家论证、投贷决策、协议谈判等风险投资项目规范化运作后，投资并取得良好成果的案例。

1. 公司和行业背景

本案例中的项目投资方是中青投。中青投是由北京中关村科技发展股份有限公司、中华人民共和国科学技术部火炬高技术产业开发中心、北京清华科技园发展中心等单位联合出资设立的风险投资机构。公司成立于2000年1月5日，首期注册资本为8000万元人民币，系国内首家采用"孵化器＋风险投资"的运作模式的专业风险投资机构，并与国内外众多知名金融投资机构建立了长期稳定的合作伙伴关系。本案例项目中的融资方是铜陵精达，是经安徽省经济体制改革委员会和安徽省人民政府批

---

① 李开秀，靳景玉，毛跃一．风险投资经典案例解析［M］．重庆：重庆大学出版社，2020：133–136．

准，以铜陵精达铜材（集团）有限责任公司为主发起人，经多方共同投资，于 2000 年 7 月 12 日正式成立的股份有限公司，注册资本 4000 万元人民币。公司为科技部认定的 2000 年重点高新技术企业、国家重点技术改造项目承担单位。

2. 中青投对铜陵精达的评鉴

经过中青投对铜陵精达的初步调查，中青投发现其优势在于：

一是管理团队成熟稳定，具有良好的专业背景和丰富的管理经验。铜陵精达虽为国有企业，但创业初期国家并未投入太多的资金，靠贷款起家并依赖滚存利润发展。历经数年，通过开发适销对路的产品并成功占领市场，创业小厂发展成为稳定增长的成熟企业，并历练出经验丰富的管理团队。该公司核心管理团队与核心技术联系紧密，在国有企业中更是难得。

二是产品具有较高的技术含量。铜陵精达的技术是公司总经理王世根率领全体科研人员经过反复研制、开发和改进后形成的公司专有技术，核心技术与产品均拥有自主知识产权，整体技术水平处于国内领先水平，部分达到国际先进水平。其 180 级聚酯亚胺漆包铜圆线、直焊性聚氨酯微细漆包铜圆线和 HPC134a 压缩机用漆包铜圆线等产品荣获多项奖励和荣誉称号。

三是产品性能良好。公司为科技部认定的 2000 年重点高新技术企业、国家重点技术改造项目承担单位。公司主要生产设备、检测仪器从意大利、德国、奥地利、美国、丹麦等国家引进，自动化程度高，具有当代国际先进水平。铜陵精达的产品具有优异的热稳定性、耐化学性能、耐冷冻剂性能及较高的机械强度和电气性能，适用于 H 级、C 级电机、电器的绕组，是制冷系统的理想漆包线。铜陵精达是国有企业，并且连续 3 年以上盈利，符合国家主板上市的基本要求，具备 A 股市场 IPO 等资本运作的可能性。

四是公司内部管理规范，成本控制有力。2000 年，公司通过 ISO 9002—2000 质量体系的认证，并在全公司范围内开展 5S 管理活动，进一步强化预算编制和预算执行的监督、考核管理，使公司的生产管理水平更上了一个台阶。同时，公司成立了先进的计算机网络管理中心，建立了 ERP 管理体系，实现了采购、生产、库存、财务、成本核算等工作的综合管理和办公自动化。此外，公司与国际知名同行企业的全方位、多角度、深层次的大量合作，吸收了国际领先者先进的管理理念和成本控制手段，进一步提升了公司迎接新时代国际化挑战的经营管理实力。

五是市场占有率高，且市场前景良好。近年来，随着人民生活水平的提高，家用电器的产销量越来越大。铜陵精达生产的漆包线产品由于应用广泛，具有较好的耐热性、耐刮性、耐溶性、耐化学性能和良好的电气性能，有着广阔的市场前景。铜陵精达产品优良的品质和具备竞争力的价格，使得该公司在短短几年内迅速成为业内销售额位居第二的专业提供商。

六是经营稳健，客户稳定，业绩持续稳定增长。公司从 1999 年正式开始批量生产以来，在市场上已经具有一定的知名度，在消费者中间有着良好的口碑，并由此发展了一批忠实稳定的客户，客户销售回款信誉良好，经营状况优异，企业年年盈利，并呈稳步上升趋势。1999 年实现净利润 1012 万元，2000 年基本能实现净利润 1400 万元，增长幅度在 40% 左右，已经呈现出良好的发展势头。

当然，铜陵精达也存在某些方面的不甚完美，概括起来主要是：

铜陵精达处于传统行业，整个行业量虽然持续发展但不具备像互联网、软件或通信行业那样的爆炸性急速增长的大环境；铜陵精达所在行业内生产企业众多，规模大小不一，产品良莠不齐，使得竞争较为激烈，产品的毛利率不高，很难获得高额的垄断利润；潜在的国外厂商竞争威胁。虽然目前铜陵精达的产品与国外同等产品相比，由于廉价劳动力成本优势而在价格上很有竞争力，但如果国外大公司采取在华直接投资的方式，产品成本就会有所下降，如果铜陵精达不能与时俱进，面对国外大公司时现有的价格优势将有所降低。

鉴于对铜陵精达公司的上述认识，中青投又进行了进一步的第二轮调查。首先，他们实地考察了北京、上海、广州、成都、武汉、西安、沈阳等全国主要电缆线市场，确认铜陵精达的产品的确是国内市场中的稳定优质产品，同时铜陵精达公司还是国内专业电缆线生产领域为数不多的大型综合产品提供商，国内市场占有率居第二位，具备明显的规模优势和技术优势。其次，他们还实地（或电话）访谈了铜陵精达公司的多个销售渠道或销售终端，核实了该公司相对完善的市场营销体系和近期销售计划，调查数据表明当年销售正在按照规划的速度实现，2000 年很有可能实现计划中的增长。最后，他们还与公司基层员工进行了较广泛的直接接触，发现该公司员工士气高昂，精神状态良好，对公司的前途充满信心。

为了确保调查的可靠性和进一步了解实情，他们咨询了科技部和相关技术管理部门，得知中国电缆电线协会正在制定行业标准，2002 年初可送审，2002 年底可批准。如果有了行业标准，市场的整顿就有法可依，市场进入门槛将有所提高，市场竞争格局将会向有利于正规大型企业的方向倾斜。

3. 投融资双方的沟通与共识

经过上述调查和核实，中青投的投资项目组再次与铜陵精达的管理团队进行了广泛深入的沟通和交流，最后就项目的前景和双方合作的基础达成了以下共识：

项目目标市场容量巨大且远未饱和，并且还在持续增长，这说明了铜陵精达产品具有广大的市场潜力。关于进入门槛低和市场竞争激烈的问题，即将通过的行业标准将使市场向有利于正规大型企业的方向倾斜。

关于国外厂商潜在威胁的问题，经过调查和分析发现，国外厂商主要面向高档需求，产品价格昂贵，在国内销量极少。在这种情况下，国外厂商很难在一个还没大规模启动、现实高档消费需求量远未达到规模经济水平的市场盲目投入大量资本。相反地，事实表明国外厂商最佳的选择是与国内同行业正规大型企业广泛合作，以求在国内市场占据桥头堡和为未来大规模进入中国市场做好品牌的宣传。退一步来讲，即使国外厂商在国内独资设厂，那也将是 3～5 年以后的事了，届时铜陵精达依靠其品牌的优势、完善的销售渠道、对国内市场多年的了解和在对外合作中积累的战略资源，竞争力将会有大幅的提高，企业将在成熟的市场环境中获得更大的发展。

铜陵精达在国内同行业内具有较强的竞争优势。在产品技术、研发实力、管理理念、成本控制、销售网络等方面，铜陵精达与其他厂家相比具有明显的特色和一定的比较优势。

在决定投融资双方合作成败的诸多因素中，极为重要的一点就是融资方企业的管理团队是否将诚信和创新视为公司发展的准则。经过中青投的调研，发现铜陵精达的团队基本具备这一合作的基础。特别是其创始人王世根先生，兢兢业业，恪尽职守，把铜陵精达当成自己终身为之奋斗的事业。王世根先生有着丰富的管理经验和领导团队精诚合作的能力，在公司广大干部和普通职工中享有很高的威望，其本人还获得了多项荣誉称号。

4. 合作与发展

经过以上分析，中青投认为该项目具有较大的投资价值，并且风险较小，决定对该项目进行投资。

2000 年 7 月 12 日，铜陵精达铜材（集团）有限责任公司、北京中关村青年科技创业投资有限公司、安徽省科技产业投资有限公司、合肥市高科技风险投资有限公司、铜陵市皖中物资有限责任公司共同发起成立铜陵精达特种电磁线股份有限公司。2000 年，铜陵精达实现净利润 1448.89 万元，比上年增长 43.17%。2001 年，铜陵精达实现净利润 1984.43 万元，比上年增长 36.96%。

2002 年是铜陵精达发展过程中重要的一年。公司抓住股票发行上市的契机，加大技术改造的投入，扩大特种电磁线的生产规模，增加市场需求产品的生产能力，产品销量大幅度提高，在行业中的地位得到进一步巩固与加强，在国内特种电磁线市场的占有率由第二位跃居为第一位，综合市场占有率达到 30% 左右。

为了长远发展，铜陵精达与美国里亚公司在广东合资建设电磁线生产公司，在生产工艺技术、产品开发、质量管理和成本控制等方面开展广泛而深入的合作。2002年全年共完成特种漆包线电磁线产量 18230.7 吨，销量 16878.5 吨，实现销售收入42968 万元，主营业务利润为 7674 万元，净利润 2133.43 万元，产品销量、销售收入和净利润分别比上年增长 47%、35.86% 和 7.49%。

🔍 **想一想**

1. 在了解该案例后，创业投资的风险主要有哪些？与一般投资相比，其风险的独特之处表现在哪里？

2. 思考在本案例的创业环境下，铜陵精达公司在不同发展阶段会面临哪些风险？如何看待及防范这些风险？

2.1　创业环境理论

2.1.1　创业环境的概念、特征

1. 创业环境的概念

创业环境是一系列概念的集合体，是各种因素综合的结果，主要分为企业内部与外部环境。内部环境主要包括人员、资金、技术、运营、生产等方面的因素；外部环境主要包括社会环境、自然环境、合作环境、竞争环境等。

创业环境是创业者进行创业活动和实现其创业理想的过程中必须面对和能够利用的各种因素的总和，一般包括创业文化、创业服务环境、政策环境、融资环境等环境要素。沈超红和欧阳苏腾（2004）认为，创业环境是指创业过程中各种因素的组合，这个组合包含 5 个维度，即政府政策和规程、社会经济条件、创业和管理技能、创业资金支持和创业的非资金支持。叶依广和刘志忠（2004）把创业环境看作创业活动的平台，认为创业环境是政府和社会为创业者创建新企业所搭建的一个公共平台。刘树森（2014）认为企业的创业环境并非内部要素与外部要素互相对立的矛盾体，而是互相补充、互相配合的共存体。

综合以上各学者的观点，本书将创业环境界定为开展创业活动的范围和领域，是创业者所处的境遇和情况，是影响创业者创业思想的形成和创业活动的展开的各种因素与条件的总和。创业环境对创业活动的影响表现在创业机会的识别、创业过程的支持力度、创业结果的差异。

2. 创业环境的特征

创业环境作为一般环境的外延部分，具有一般环境所具有的客观性、复杂性、变化性的本质特征。同时其作为一种特殊的环境还具有不同于其他环境的个性特征。这些特征是环境的共性与特性在创业过程中的具体表现和生动反映。

（1）机遇与挑战并存。

机遇与挑战并存是创业环境的重要特征。创业环境提供给人们的机遇仅仅是一种成功的可能性，具有极强的时效性和不确定性。抓住机遇需要才能、智慧、勇气和毅力，也需要及时迅速、果断，这是一种挑战。创业环境在提供机遇的同时也对创业者提出了挑战，并且机遇与挑战紧紧联系在一起。要抓住机遇，就必须接受挑战，只有接受挑战，才能抓住机遇。机遇与挑战并存是创业环境的一个最为典型的特征。

（2）利益与风险同在。

利益与风险同在是创业环境的基本特征。创业环境具有最为丰富的利益资源，同

时，创业环境也是风险最集中的地方，稍不留神，便会给人们带来巨大的损失和灾难。利益和风险同时存在、始终相伴，它们之间联系紧密，无法分割。若想得到利益，就必须承担风险。世上没有免费的午餐。创业者任何利益的获得，都是战胜风险的结果，不敢冒险的人就无法获得创业果实。

（3）适应和创新共求。

适应与创新共求是创业环境的突出特征。一方面，它的存在为人们的创业活动提供了必要的条件和现实的依据，成为人们开展创业活动的出发点。它要求人们的创业活动必须尊重客观规律，适应创业环境的客观实际。另一方面，它随着时代的进步而不断发生变化，要求创业者必须通过一定的开拓和创新活动改变现状，以适应创业环境新的存在方式。适应与创新是创业环境固有的趋向和内在的要求，创业活动就是在适应和创新这两大动力的相互作用下不断推进的。

（4）顺境与逆境俱进。

顺境与逆境俱进是创业环境的常见特征。创业者总是在顺境与逆境的交替推动下，一步步走完创业历程。在创业处于顺境的时候，创业者要保持清醒的头脑，不为一时的胜利所骄傲；在创业处于逆境的时候，创业者要不屈服于暂时的挫折，以更加旺盛的斗志和百折不挠的精神投入创业生活，战胜各种困难，开创新的创业局面。李嘉诚曾表示，好的时候不要看得太好，坏的时候不要看得太坏。最重要的是要有远见，杀鸡取卵的方式是短视的行为。

在创业过程中，这四个创业环境所特有的特征告诉创业者：想要抓住机遇就必须先接受挑战；想要得到利益就必须承担相应的风险；创业者在适应创业环境的客观实际的同时要开拓创新，跟上时代的变化；创业者要明白创业并不是一帆风顺的，有顺境也有逆境，遇顺境不骄，碰逆境不馁，才能更好地开创新的创业局面。

2.1.2　创业环境的评价维度

正确认识和了解创业环境的前提是对创业环境进行评价。国内外学者的创业环境评价指标各不相同。美国学者迈克尔·波特（Michael Porter）于 1980 年在其出版的《竞争战略》一书中提出从进入壁垒、购买者的还价能力、现有竞争者的竞争状态、供应商的还价能力、替代产品的威胁 5 个方面来评价创业环境。《全球创业观察中国报告（2005）》提出从金融支持、政府政策、政府项目支持、教育与培训、研究开发转移、商业和专业基础设施、进入壁垒、有形基础设施、文化与社会规范 9 个方面来评价创业环境。国内学者周丽（2006）构建了由社会环境、自然环境、经济环境三大环境系统及社会服务、金融服务、智力技术、政策法律、产业五大支撑体系组成的创业环境评价指标。蔡莉等（2007）提出了从融资环境、文化环境、政策法规环境、人才环境、市场环境和科技环境 6 个方面评价区域创业环境。本书主要从政策制度环境、经济环境、科技环境、社会文化环境、自然环境这 5 个维度来评价创业环境。

1. 政策制度环境

政策制度环境可以为创业者创造新的市场机会，有利于企业创新性发展。例如，政府制定的税收优惠政策、金融政策、贸易政策、福利政策等会直接影响创业者的创业决策和企业选择；在国内经济大循环的大背景下，也将产生许多的创业机会。政府在进行政策制定时要更多地关注降低创业进入门槛、提高创业者综合能力、改善创业环境，在此基础上增加外部政策的扶持，降低因物质资源或知识技能不足导致创业行为受限的可能性。

2. 经济环境

创业机会不仅取决于人口数量，还取决于居民实际购买力。实际购买力取决于可支配收入、储蓄、信贷和债务等。不同国家和地区，收入水平和分配及产业结构差异很大。全球产业结构包括四种：自给型经济，无法产生创业机会；原料出口型经济，较容易出现工具、设备、消费品和奢侈品的创业机会；工业化进程中的经济，新的富有阶级和扩大的中产阶级对某些新产品有需要，这些市场容易产生创业机会；工业化经济，各种产品或服务都容易出现创业机会。经济环境影响着家庭收入分配、消费者储蓄、债务和信贷适用性等，从而影响消费支出能力。在高储蓄国家和地区，新创企业获得资本相对容易，并能以较低资金成本开展创业活动。而债务—收入比高的消费者更可能去购买新产品或服务，从而为创业者创造更多创业机会。

3. 科技环境

科技在经济发展过程中扮演重要角色，依托科技进行的创业机会正在不断出现。科技的发展对企业的建立和发展有重要影响。科技环境是指一个国家和地区的技术水平、技术政策、新产品开发能力及技术发展动向等。相关信息包括：创业地区的新技术、新材料、新产品、新能源的状况；国内外科技总体发展水平和趋势；本企业所涉及的技术领域的发展情况；专业渗透范围、产品质量检验指标和技术指标等。新技术和新产品不断涌现是未来技术创新的主要驱动力，新技术的"创造性破坏"带来无限的创业机会。同时，多样性的技术渠道和畅通性的技术转移也将对新创企业的绩效产生积极影响。

4. 社会文化环境

创业者对社会文化环境的变化产生的新市场、新业态的深刻认识和有效把握可能会创造出新的创业机会。社会文化环境通过两个方面影响企业及其行业：一是影响人口总量和人口分布、居民的价值观和生活方式，从而影响他们对产业和对企业的态度；二是影响企业内部成员的价值观和工作态度，从而影响企业士气。人们赖以生存的社会环境造就了人们的价值观和世界观。不同的社会文化环境影响着人们的生活方式和消费方式，产生了来自不同地区、不同群体的消费需求，从而形成了不同的市场。随着地理迁移的便利性和追求个性化的需求不断增加，大众市场日益转变为更加分散的具有个体差异特性的小众市场，每一个群体都有其独特的爱好和消费特征。

5. 自然环境

自然环境直接影响着创业企业的发展可行性。原材料短缺、能源成本增加、环境污染治理对创业者在勘探、开发和研发新材料、新能源或节能产品等方面存在较大影响。党的十八大以来，新发展理念深入人心，人们更重视环境保护，更加重视防污防治。我国在优化生态环境、促进社会经济可持续发展的同时，也为创业者提供了广阔的发展空间。

创业环境对创业活动的开展、创业的成功、创业者能否快速发展和崛起具有十分重要的作用。政策、经济、科技、社会文化、自然环境方面的宏观变化，会给创业者带来良好的创业机会。创业者要把握创业环境和创业机会之间的关系，进行深层次的分析，充分地研究和考量创业环境可能出现的情况及其在不同状态下对创业机会的影响。

2.1.3 创业环境与新创科技型企业的关系

创业环境是新创科技型企业成长的重要外部条件。科技型企业属于高风险性与高成长性并存的企业模式，成长初期多通过建立信息源和资源储备库的形式保证其能在多变的动态环境中拥有相对稳定和静态的发展空间。科技型企业的成长通过资源整合→能力整合→特质整合得以实现，其也能够将企业特质与外部环境有效结合。政府管制形式、区域经济基础、行业结构特征、企业产权结构等外部环境变量均会影响新创科技型企业对创业资源获取的数量、质量，甚至影响资源整合效率，限制企业的未来成长空间。因此，拥有或建立相对稳定的创业环境对企业成长至关重要。

创业资源是新创科技型企业健康发展的重要基础，创业环境为新创企业成长提供必要的资源平台。企业创业发展过程也是对创业资源进行获取和整合的过程，该行为将伴随企业始终。资源贫瘠是新创企业发展初期的最大桎梏，通过外部环境获取发展必备的创业资源是新创企业成长的必要选择途径。创业环境的复杂性对新创企业识别资源提出了挑战，而动态性更增加了新创企业进行资源整合的难度。因此，创业环境会影响新创企业对创业资源开发的难度，也会影响创业资源的内在价值。

资源识别和获取是新创科技型企业取得竞争优势的前提。创业资源是创业活动发生的物质基础和前提条件，其主要来源于创业者的自身资源储备、后天资源识别和获取能力。拥有资源储备优势可保证新创企业在创业初期拥有较高的发展平台；资源识别和获取能力则是新创企业能否突破天生资源贫瘠限制、健康成长的关键条件。对于新创科技型企业而言，其在创业之初往往已拥有一定的技术资源储备，因此，能够进行资源识别并获取资源是其能否取得竞争优势的前提条件。

综上所述，创业环境对新创企业成长的影响主要通过两个途径：创业环境对新创企业的直接影响——通过资本市场、政策导向、市场环境等来实现；创业环境对新创企业的间接影响——以资源整合为途径实现，资源识别、获取、整合和利用能力是限制新创企业成长的关键要素（见图2－1）。

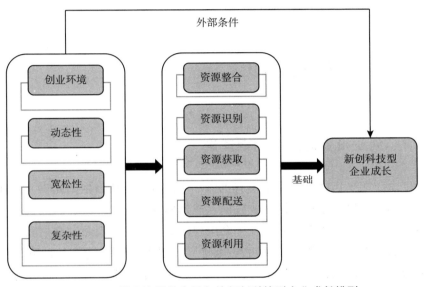

图2－1 基于资源整合视角的新创科技型企业成长模型

【案例2－1】短视频消费浪潮环境中的抖音[①]

近两年，抖音迅速从各类短视频产品中脱颖而出。对于抖音的成功，抖音总经理张楠说道："抖音本质上是一款短视频消费升级的产品。而抖音之所以能够取得用户的认可，我想，可能是因为时机到了，用户需要一款能够给他们'美好感'的产品。最开始筹备抖音这个项目时，在确定方向之前，我们把国内外的100多款短视频产品全部安装到手机上，团队的所有人每天去体验和感受这些短视频产品。各个产品都有各自的特点，但团队总结觉得它们有一个共同的缺点，那就是不够美好。'美好'是一个很虚的词，它不是单纯外在形态上的美，在我们的思考里，能让人感到幸福的人和事都可以用美好来形容。短视频能够包含的信息量其实是非常丰富的，但是当时的主流短视频产品，对视频的表达还比较简单，缺少引导。其实移动互联网快速普及，

―――――――――――

① 舒畅. 新媒体环境下"抖音"短视频的传播内容分析 [J]. 中国传媒科技，2020（12）：38－40.

一二线城市里的年轻用户，是消费升级的一群人，什么都不缺，眼界也非常广。他们知道什么是好，什么是不好，而且对好东西非常有要求。如果我们的产品能够让用户体验到短视频的'美好'带来的惊喜感，应该有机会取得用户的认可。我们相信，人都有追求'美'的本能。"

根据 2020 年 1 月抖音发布的数据报告，抖音的日活跃用户已经达到 4 亿，抖音用户每天花在浏览视频上的平均时间为 76 分钟。抖音是一个流量巨大的高黏性、高活跃度的平台，发展潜力巨大。

2.2 创业投资的相关理论

2.2.1 创业投资的生命周期理论

企业生命周期是指企业也像生物有机体一样，有一个从出生到死亡、由强盛转衰退的过程，其间大致经过初创期、成长期、成熟期与衰退期。企业的成长和发展遵循生物学的成长曲线。企业在发展过程中会出现停滞、消亡等现象。金伯利和迈尔斯在耶鲁大学组织与管理学院给博士研究生开设了"组织生命周期"的课程，明确提出了组织生命周期的概念，认为组织要经历产生、成长和衰退，其后要么复苏，要么消失。达夫特在《组织理论与设计》一书中也对组织生命周期进行了定义，认为组织生命周期就是指一个组织的诞生、成长直至最后消亡的过程。组织生命周期的提出，为企业生命周期理论的构建奠定了理论基础。

一些学者构建了企业生命周期理论模型。史密斯等（Smith et al. , 1985）以企业规模为依据，构建了三阶段的企业生命周期模型。刘易斯和丘吉尔（Lewis and Churchill, 1987）从企业规模和管理因素两个维度描述了企业各个发展阶段的特征，提出了一个五阶段成长模型。弗拉姆豪茨和伊冯娜赫特（Flamholtz and Yvonne, 2015）提出了七阶段的企业成长模型。虽然不同学者的划分依据不同，因此产生了企业生命周期阶段划分的差异，但是他们的观点都表明企业的生命进程要经过不同的阶段。企业发展的最后结果：要么企业按照惯性发展下去，直至消亡；要么在企业生命周期的衰退阶段采取措施，实现企业再生，开始新的生命周期。

我们通常可将典型企业生命周期描述为五个阶段：种子期、初创期、成长期、成熟期和衰退期，如图 2 - 2 所示。

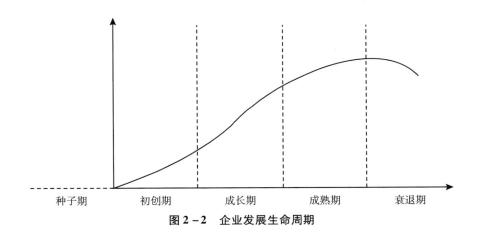

种子期　　　初创期　　　成长期　　　成熟期　　　衰退期

图 2 - 2　企业发展生命周期

根据企业生命周期理论，企业处于不同发展阶段，面临着不同的发展需求，对筹资渠道选择、融资工具使用和时机把握都会有较大的差异。对于创业投资来说，创业投资家需要准确进行创业企业生命周期定位，然后依据市场竞争状况、国家政策法律动态等环境因素进行投资决策。由于企业呈现生命周期式的发展，创业投资也具有相似的生命周期。

一是种子期。种子期是技术的酝酿与发明创造阶段。这一时期的资金需求量很少，但承担较大风险，是创业投资的主要阶段。从创意的酝酿，到实验室样品，再到粗糙样品，一般由创业家团队自己研发设计。研发者、创业家常常因生活中的偶然事件突发灵感，于是就有了某个产品的初步概念。但是这个产品无法在原生条件下诞生并产生成品，因此，创业家团队需要寻求其他的筹资渠道。在这个时期投入企业的创业资本称为种子资本，其来源主要有：个人积蓄、家庭财产、朋友借款、申请自然科学基金等。如果这些投资还不足以支持该产品的开发，那么创业者会寻找专门的创业投资家和创业投资机构。得到创业投资者资金支持的项目团队，只有好的创意和概念是远远不够的，能够在市场上占据重要位置才是创业投资者获得收益的保障。创业企业除了要有发展潜力的产品概念和技术，还必须对这种产品的市场销售情况和利润情况进行详细的调查和科学的预测，最好能制作出一份完整的商业计划书递交给创业投资者。一个有发展前景的初创企业需要有智慧的领导者，他们富有创新精神，勇于承担风险，具有强烈的责任心，时刻关注未来又不忘着眼于当下，心中有蓝图且愿意虚心听取他人意见。唯有这样，企业才能将概念、资金和市场有效的融合，创业投资家才会青睐这个产品。创业投资者经过考察，若同意出资，就可在此基础上合建一个小型股份公司，创业投资者和发明家各占一定股份，合作生产，直至形成正式的产品。这种企业面临三大风险：第一，高新技术的技术风险；第二，高新技术产品的市场风险；第三，高新技术企业的管理风险。创业投资者在种子期的投资在其全部创业投资额中的比例是很少的，一般不超过 10%，但其却承担着很大的风险。这些风险包括不确定性因素多且不易测评、离收获季节时间长，因此也就需要有更高的回报。

二是导入期。导入期是技术创新和产品试销阶段。这个阶段风险提高，所需资金量显著增加，资金主要来源于原有创业投资机构的增加资本投入。在这一阶段，企业需要制造少量产品。企业一方面要进一步解决技术问题，排除技术风险；另一方面还要进入市场试销，听取市场意见。这个时期投入的资本称作导入资本。如果这种渠道无法完全满足资金需要，创业者可能还需要从其他创业投资渠道获得资金。这一阶段的风险仍主要是技术风险、市场风险和管理风险，并且技术风险和市场风险开始凸显。这一阶段所需资金量大，是创业投资的主要阶段。对于较大的投资项目，单个创业投资机构往往难以满足其资金需要，创业投资机构有时还要组成集团共同向一个项目投资。这样做还可以分散风险。这个阶段的创业投资要求的回报率也是很高的。若创业投资者发现存在不能克服的技术风险，或市场风险超过自己所能接受的程度，就有可能退出投资。这时无论是增加投资还是退出，都要果断，力戒观望。该投资时裹足不前，可能错过一个大好的机会，并且使原有投资前功尽弃；而该退出时犹犹豫豫，食之无味，弃之又嫌可惜，很可能就会陷入无底的深渊。是进入还是退出，除了科学冷静地判断分析外，还要依靠直觉。这也就是为什么许多创业投资者只爱做自己熟悉的行业。熟悉的行业容易培养直觉，而直觉往往不是数学模型和统计数字所能取代的。当然，这也会局限创业投资家个人的发展，特别是当这个行业不再具有巨大发展潜力时。

三是成长期。成长期是技术发展和生产扩大阶段，这个阶段的资金需求相对前两个阶段有所增加，市场风险与管理风险加大，资金主要来源于原有创业投资者的增资和新的创业投资的进入。这一阶段的资本需求相对前两阶段又有增加：一方面是为了扩大生产；另一方面是为了开拓市场，所以要增加营销投入。最后，企业达到基本规模。这一阶段投入的资金被称作成长资本。另外，产品销售也能回笼相当的资金，银行等稳健资金也会择机而入。这也是创业投资的主要阶段。这一阶段的风险主要已不是技术风险，因为技术风险应在前两个阶段基本解决，但市场风险和管理风险会加大。这一阶段随着生产规模不断扩大，技术日益成熟，竞争者开始仿效，会夺走一部分市场，企业领导多是技术背景出身，对市场营销不甚熟悉，易在技术先进和市场需要之间取舍不当。许多企业开始乘势尝试多元化经营，在企业现有资源下分散经营风险，优化企业资本利用效率。另外，迅速成长的企业往往会引起竞争对手的注意，行业领导者会开始采取压制措施，用设置进入障碍、开展价格攻势、进一步垄断上游供应商等方式来限制和阻止企业的发展势头。但是伴随着企业知名度和资产总量迅速扩张，企业融资压力开始得到缓解，融资渠道也开始由单一的创业者和内部投资人扩大到外部投资人和机构投资者。投资人一般会积极参与被投资企业的经营管理，提供增值服务，对市场风险和管理风险进行评估与控制，并派人参加董事会，参与重大事件的决策，提供管理咨询，选聘更换管理人员，并以这些手段排除和分散风险。这一阶段的风险相比前两个阶段而言已大大减少，但利润率也在降低，创业投资者会帮助企业增加企业价值，使企业快速成长，再通过上市、兼并或股权转让等方式撤出投资。

四是成熟期。成熟期是技术成熟和产品进入大工业生产阶段，这一阶段企业所需资金量增大，但创业投资减少，资金主要来源于银行借款、发行股票和债券或企业产品销售所得。企业要在稳固现有市场份额的基础上，保持盈利能力的稳定。客户忠诚度的培养是成熟期企业竞争中的关键要素，企业会更加关注客户关系维护。这一阶段投入的资金称作成熟资本。该阶段资金需要量很大，但创业投资者已很少再增加投资了。一方面是因为企业产品的销售本身已能产生相当的现金流入；另一方面是因为这一阶段的技术成熟、市场稳定，企业已有足够的资信能力去吸引银行借款、发行债券或发行股票。更重要的是，随着各种风险的大幅降低，利润率也已不再处于诱人的高位，所以对创业投资不再具有足够的吸引力。成熟阶段是创业投资的收获季节，也是创业投资的退出阶段。创业投资在这一阶段退出，不仅因为这一阶段对其不再具有吸引力，而且也因为这一阶段对其他投资者（如银行、一般股东）具有吸引力，所以创业投资可以以较好的价格退出，将企业的接力棒交给其他投资者。创业投资的退出方式有多种可以选择，但必须退出，不可迟疑。

由此看来，创业投资的投入有四个阶段，种子期的小投入、导入期的大投入、成长期的大投入、成熟期的部分投入和资本退出。各阶段的特点如表 2-1 所示。

表 2-1　　　　　　　　　　创业投资阶段特点总结

创业投资时期	阶段特征	风险特征	资金来源	财务战略与融资模式
种子期	技术酝酿与发明创造阶段；资金需求量小	技术风险；风险极高	个人积蓄、家庭财产、朋友借款、申请自然科学基金	集中型；内源融资、天使投资、政府专项基金
导入期	技术转化与产品试销阶段；资金需求量大	技术风险与市场风险；风险较高	原有创业投资机构的增加资本投入	初始扩张型；风险投资、众筹、P2P、政策性基金
成长期	市场拓展与生产扩大阶段；资金需求量大	市场风险与财务风险；风险高	原有创业投资者的增资和新的创业投资的进入	扩张型；银行贷款、私募股权、新三板公开上市
成熟期	技术成熟与大工业生产阶段；资金充足，收益稳定，或面临发展转型	经营风险与财务风险；风险中等	银行借款、发行股票和债券或企业产品销售所得	稳健型；商业银行贷款、多元化融资、证券市场

【案例 2-2】基于生命周期的蒙牛多次融资案例[①]

蒙牛乳业成立于 1999 年 8 月，公司总部位于内蒙古呼和浩特市，主营乳制品和

① 钱峰国.基于生命周期的多次股权融资案例分析 [J].时代金融，2013，531（29）：60-61.

冰淇淋。主要创始人牛根生原本是伊利副总裁。纵观其发展历程，很容易看出蒙牛是一家快速成长型公司，具有非常鲜明的生命周期特征。蒙牛乳业创立之初其注册资本仅为900万元，而其2012年年报显示，截至2012年末蒙牛乳业累计发行普通股股本18115万元，总资产达到210亿元人民币，年销售额突破360亿元，在中国乳制品行业中已经成为与光明和伊利同等规模的公司。蒙牛乳业不同的生命周期阶段大致进行了四次重要的融资。

第一阶段：初创期的"内蒙古牛"经营战略时期（1999~2001年）与私人借贷。在创业初期，作为一家新进入企业，蒙牛乳业规模小，唯一的融资渠道是私人借贷。一开始蒙牛乳业立足于内蒙古广阔的奶源基地努力地学习和追赶伊利。所以在这一阶段可以采用的融资方式并不多，通过租赁和外包等方式缓解资金需求压力，资金来源于创始团队自有资金投入和私人借贷。

蒙牛乳业高速发展期可以分成高速发展前期和高速发展后期——以在香港联交所IPO上市为时间节点。

第二阶段：高速发展前期的"中国牛"经营战略时期（2002~2003年）与引进战略投资者。2002年蒙牛乳业营业收入突破16亿元，在全国乳制品行业中的排名已经跃居第四。此时蒙牛乳业已经具有一定的规模和市场占有率，拥有比较完善的营销体系和产品系列，能够快速获取市场信息并将适合市场的产品呈现在消费者眼前。管理层已经不再满足于发展成为一家区域性的地方公司。在经营规模迅速扩大和投资活动增加的情况下，公司对资金的需求仅靠私人借贷和自有资金难以满足。公司的融资方式亟待转变，而当时能供选择的方式不多，资产负债率已经达到56%，进一步大幅举债已经不太现实，主板上市的条件还不够，中小板和创业板尚未开放。在这样的局面之下，恰好国际大投行也有意向投资蒙牛乳业，因此引入私募股权投资基金成为当时最佳的选择。经过一年左右的艰苦谈判，摩根、鼎辉和英联三家国际知名私募基金于2002年12月对蒙牛乳业合计注资2597万美元。2003年上述三家国际投行再次注资3523万美元。至此，蒙牛乳业合计引入私募基金6120万美元，拥有蒙牛90.6%的现金流权和49%的决策权。投资机构为蒙牛乳业进一步的扩张提供了资金。同时，引入战略投资者加速了蒙牛上市的步伐。2003年蒙牛乳业实现营业收入40.71亿元人民币，较2001年的7.24亿元增长了4.6倍。更值得骄傲的是，本土排名已经上升至第三，仅次于伊利和光明。

第三阶段：高速发展后期的"世界牛"战略阶段（2004年下半年至今）与成功上市。从国际大投行手里融到大量资金后，蒙牛乳业在全国范围内进行了一轮轮跑马圈地后终于坐上了全国乳制品行业前三的宝座。但此时管理层和私募机构开始谋划更宏伟的目标，希望让这头"中国牛"更上一层楼，成为真正的"世界牛"。2004年6月在香港主板上市标志着蒙牛乳业再一次实现了自己的目标，开始登上国际舞台。此次IPO融资更是为蒙牛乳业带来了13.74亿港币的资金支持，为之后成为行业龙头企业奠定了扎实的基础。2004~2007年销售收入年复合增长率达到51%对于已经有庞大基数的蒙牛乳业来说非常值得骄傲。因为同期伊利的年复合增长率为 32%。2007
年蒙牛乳业的销售收入正式超过伊利,达到 213.18 亿元人民币,成功摘得行业桂冠。

第四阶段:成熟期的"三聚氰胺事件"与中粮集团定向增发入股。跨过 2007
年,蒙牛乳业已正式成为中国乳制品行业的龙头企业,公司规模和市场份额已经不可
同日而语,但也意味着其增长速度不如前期。行业竞争加剧,市场被蒙牛、伊利、三
鹿、光明等瓜分,并且相互渗透,种种情况表明市场接近饱和。2008 年中国发生了
震动全国奶业的"三聚氰胺事件",行业内各大企业受到重创。2008~2011 年蒙牛乳
业销售收入增长率为 12%、8%、18% 和 24%,显然增速较前期已经大幅下降。在行
业遭受多重冲击的影响下,蒙牛乳业股价从 2008 年初的 30 港币跌至 8 月的 6 港币,
市值损失 80%,面临被竞争对手收购的风险。2009 年 7 月 6 日公告称,中粮集团携
手厚朴基金共同出资 61 亿元人民币,组建一家新的公司,分别向蒙牛乳业老股东收
购 1.7 亿股,以及认购蒙牛乳业新发行的 1.7 亿股股权,每股价格 17.6 港币,合计
持股摊薄后股本的 20.03%,成为第一大股东,中粮集团为实际控制人。此次增发新
股为蒙牛乳业带来 30 多亿港币的现金流入,增强了其抵御公司财务风险的能力,有
助于公司扩大现有市场份额,整合产业链上下游企业,巩固公司现有市场并进一步把
握市场投资机会。

2.2.2 创业投资的委托代理理论

1. 委托代理理论内涵

该理论倡导企业所有权与经营权分离,企业所有者保留剩余索取权,而将经营权
利让渡。"委托代理理论"也成为现代公司治理的逻辑起点,是美国经济学家伯利和
米恩斯在 20 世纪 30 年代提出的。他们发现了企业所有者兼具经营者的做法,并且该
做法存在极大的弊端。

现代公司制在实现了两权分离,可以由少数专业人士和职业经理人运作社会资产
的同时,也带来了公司所有人与管理人之间的委托代理问题。由于管理者不是企业所
有权的完全所有者,在接受所有者的委托经营企业后,可能造成管理者的劳动成果被
众多人分享的不合理结果;也可能形成管理者利用内部控制权侵吞所有者利益或者偷
懒的现象。也就是说,一方面,当管理者尽了最大努力时,他可能仅获得一部分利
润;另一方面,当享有额外收益时,管理者有可能取得很多好处却只承担一小部分成
本。在这些情况下,管理者往往不会最大限度地发挥其个人潜力。这样,企业的价值
就小于管理者是企业完全所有者时的价值,二者的差额称为代理成本。

正是由于股东和管理者之间的委托—代理关系,造成了所谓的代理成本和代理问
题,代理问题主要有以下几类:

一是尽心尽力问题,即管理者并不如股东期望的那样努力。因为代理人追求空闲

时间最大化，因此在同等报酬水平下，他们偏向于闲暇，除非这种闲暇影响到他们的利益，否则他们便不会努力为公司工作，这时就产生了以努力程度为基础的代理问题。有研究表明，管理者持股比例越小，偷懒和非全力工作的积极性就越强。管理者所持股份数越少，意味着其努力的积极程度越低。因此，股东权益的潜在损失也就越大。

二是短期行为问题。管理者行为具有短期化倾向，他们倾向于比股东所希望的投资回报时间短。管理者和股东在时限问题上的差异在于公司股东关注公司的永续存在性和未来的现金流量，而经理们则把更多目光局限在其受雇期间的现金流量。

三是不同风险偏好问题。相对于股东追求高风险、高收益而言，管理者可能偏向于低风险，因为如果追求高风险，自己很可能会面临失去现有职务的风险。因此管理者的风险偏好更接近于债权人而不是股东。当公司陷入财务危机时，他们会失去更多，但是当公司收益上升时，其获得的利益却很少。因此相对于股东而言，他们具有更小的风险偏好性。

四是资产滥用问题。管理者倾向于滥用公司的资产或享受更高的待遇，如享受豪华轿车、装饰奢侈的办公室等，因为他们并不承担这种行为的成本。公司管理者正常的在职消费是必要的，但是如果过分消费，则会有损股东权益。这主要表现在：一方面为其自身的声誉而进行非获利性的投资，如不适当地对外赞助以扩大个人的社会影响；另一方面，又有可能把投资局限在提高自身人力资本水平上，如用公司资金为公司某些核心人物谋利益，以获取其支持，增加罢免他们的成本，同时还可能引起过度投资。而从公司治理结构的本质来看，公司治理结构的目的就是通过配置公司剩余索取权与公司控制权，以期尽可能地降低公司经营中的代理成本，并为股东权益的最大化服务。

五是内部控制问题。管理者利用自己对企业的实际控制权，不仅可以进行高额消费，还会安排自己的势力对企业形成实际控制，使得所有人了解企业经营情况更加困难。

著名经济学家威尔森、斯宾塞、罗斯、莫里斯等人开拓的委托—代理理论，不仅考察代理问题，而且也考察委托问题。标准的委托—代理理论，有以下两个基本假设：一是委托人对产出没有（直接）的贡献。二是代理人的行为不易直接地被委托人观察到。在这两个假设下，存在这样一个问题：委托人想使代理人按照委托人的利益选择行动，但委托人不能直接观察到代理人选择了什么行动，他只能观察到另外一些变量，这些变量是由代理人的行动及其他因素共同决定的。且由于存在着代理人的个人利益，所以委托人利益与代理人利益之间存在冲突。委托人的问题是如何根据这些观测到的变量来奖惩代理人，以激励其采取有利于委托人的行动。委托—代理理论的基本观点是：第一，在任何满足代理者参与约束及激励相容约束下，使委托人预期效用最大化的激励合约中，代理人都必须承受部分风险。第二，如果代理人是一个风险中性者，那么可以使代理人承受完全风险，即使他成为统一剩余索取权拥有者的办法达到最优结果。委托—代理理论大大改进了人们对资本所有者、管理者、员工之间内在关系以及更一般的市场交易关系的理解。

2. 代理成本在创业投资模式下的表现

在创业投资模式下，投资人主要出钱，很少参与公司日常具体的经营管理；创业者出力，贡献创意并进行经营管理。创业者在不出资的情况下掌控公司财产并拥有管理运营的权力，潜在的代理成本是巨大的，因此创业企业必须选择一定的机制来削减其潜在的代理成本。通过使创业者人力资本占主导这一特殊的权利安排，创业企业有力地减少了代理成本，其具体表现在以下几方面：

一是管理者谋求个人的现实利益是代理成本产生的根源。在创业企业中，创业者持有公司的大比例股权，使创业者的利益和企业的利益密切关联。当未来的利益远远大于现实能够取得的利益时，创业者谋求未来利益的愿望就会压过谋取现实利益的动机，从而促使其尽最大努力来经营发展企业，而非想方设法从公司捞取利益，从而产生代理成本。比如，创业者接受了投资人几百万元的投资，其可能攫取的企业利益也就是区区几百万元而已，而如果企业运营成功，创业者可能获得几千万元甚至上亿元的巨大收益，两相比较，对创业成功的追求必定会战胜其攫取现实利益的冲动。可见，通过使创业者的人力资本出资在公司中占大股这一有效的股权安排，能够将公司利益与创业者利益完全捆绑，激励创业者尽最大努力为公司服务，减少代理成本甚至使代理成本接近零。

二是创业投资模式激励的不仅是主创始人一个人，而是整个创始人团队甚至公司的全部员工。创业投资模式通过赋予联合创始人股权、赋予其他管理者及员工激励股权的形式，会使这种激励制度辐射到整个团队，乃至扩大到企业的所有重要岗位。当企业的所有重要岗位都被企业未来发展所能取得的巨大利益所激励时，其谋求现实利益的欲望被压制，整个企业都会形成一种以谋求自身利益为耻、以谋求企业成功为荣的良性企业文化。

三是根据代理成本基本理论，代理层级越多，其产生的代理成本就越大。对于一个复杂的企业体系来说，每一个层级都会有代理成本，越高级的层级所产生的代理成本越高，相应地对企业产生的危害也越大。而创业投资模式下，企业都处于创业阶段，企业规模一般都不太大，管理趋向于扁平化，机构简化，层级较少。比起规模庞大的公司来说，其产生的代理成本较少。而在有限的层级中，又根据层级的不同设置了不同的股权激励机制，于是越是上层的管理者，受到的股权激励越强，由此形成了代理成本由上至下减少。

四是监督是有效防范代理成本的手段，但监督机制往往是以牺牲效率为前提的。因此监督机制更加适合代理成本巨大的大型公司。对于中小型创业公司而言，效率是其生命线，是企业运营的关键，过多的程序和制度捆绑会严重束缚创业企业的发展，如采用一般企业的资本多数决、利用股东的投票权，或者股东会、监事会等机构的严格监督，或者强制的信息披露等机制来减少代理成本均不可行。这也决定了在创业投资模式下，股权激励应当是减少代理成本的主要手段。

创业投资模式下对创业者进行大比例的股权激励、以创业者的人力资本为主导能够有效地减少代理成本，但是创业企业中投资人与创业者的股权在出资方式、出资进度与权利利益保护等方面均存在差异性，这就需要在投资人与创业者之间设计进一步的权利利益的保护制衡机制。这也体现为创业企业中的监督机制的运用。在传统的投资模式和创业模式中，投资人往往采用派驻会计等方式对管理人进行密切盯防，这体现了传统模式中代理成本较大的问题。而在创业投资模式下，股权激励制度已经有效地减少了代理成本，其监督方式不是传统企业中的日常盯防方式，而是通过投资人与创业者签订契约，把大量防范风险、确保回报的条款列入契约。投资人能够根据契约享有一系列的优先权利，对创业者进行一定的限制，以此实现投资人与创业者的权利义务平衡。

2.3　创业投资的风险防范理论

2.3.1　创业投资的风险类型

1. 风险的概念

在投资学上，风险可有不同的表述。从统计意义上讲，风险是对期望收益的偏离。从保险意义上讲，风险是指损失的可能性或者损失的机会或概率。

风险投资匮乏、风险投资机制没有形成，使得高新技术产业化的关键一环——商品化阶段已形成严重的资金"瓶颈"制约。创业投资是一种高风险与高收益并存的投融资机制。风险防范是解决高新技术产业化资金不足的重要途径。而在实际运作中，必须注意辨识风险，从而降低和防范风险，提高成功率，这样才能吸引更多的人加入创业投资行列。

2. 风险类型

创业投资的风险蕴含在其运作的整个过程中，按照不同的分类方式，其风险有不同的类型。

（1）按照创业投资发展过程分类。

按照创业投资的发展过程分类，可以把风险分为选项过程风险、投资过程风险、退出过程风险。过程如图2－3所示。

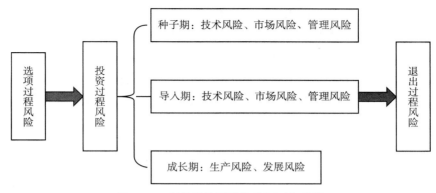

图 2 - 3 创业投资风险按发展过程分类

①选项过程风险。选项过程风险是指在筛选和评估投资项目过程中可能出现的风险，是由主观性和客观性两种原因造成的。前者可由于投资者本身的经验或水平的局限性，或者错误判断该科技成果商品化的可能性，或者没有对项目的产业价值和市场价值做系统考虑和量化分析，致使选择项目失误。后者又可称信息风险。创业投资项目涉及的是高科技领域，而且多是新建的小企业，很难在市场上发现关于它们的可靠信息，这就使得投资市场上的信息不对称问题比其他市场更加严重，创业投资机构面临"逆向选择"的可能性增大。

②投资过程风险。投资过程风险是指创业投资的各个过程中出现的不同风险。一是种子期风险，即在技术的发明与酝酿阶段的风险。这一阶段创业投资家面临的风险有：高新技术的技术风险、高新技术产品的市场风险、高新技术企业的管理风险。这些风险的不确定性很高，影响因素复杂，且不易估测。二是导入期风险，即在技术创新和产品试销阶段的风险。这一阶段的风险主要仍是技术风险、市场风险及管理风险，并且技术风险和市场风险变得更容易发现。一旦风险投资者发现不可克服的技术风险或市场风险超出其所能接受的程度，就有可能果断退资。三是成长期风险，即在技术发展和生产扩大阶段的风险这一阶段的风险主要已不是技术风险，而是生产风险与发展风险。生产风险是指在生产产品过程中可能遇到的因生产因素不确定性带来的风险。发展风险是指企业因设计和构建未来发展战略而面对许多不确定性带来的风险。

③退出过程风险。退出过程风险是指创业投资在成熟期面对的主要风险。成熟期是指技术已经成熟、产品进入大工业生产阶段。随着各种风险的大幅降低，这一阶段是创业投资收获的季节，也是创业投资的退出阶段。因此创业投资可否顺利退出即成为重大风险。

（2）按照风险可否分散或化解分类。

按照风险可否分散或化解可将其分为可分散风险和不可分散风险。

①可分散风险。所谓可分散风险又称非系统风险，是指每个自身情况不同的投资对象所特有的风险，这种风险有可能得到控制或化解。具体分为：

一是技术风险，或称工程化风险，是指在高新技术研制开发方面和该技术能否转化为现实生产力方面的各种不确定因素，如技术难度、成果成熟度、与商品化的差距、开发周期与技术寿命期以及技术优势可否长期保持等。

二是财务风险，是指资金不能适时供应、周转困难、支付不灵，致使在某一阶段因不能及时获得资金而失去先机，从而被对手超过或者经营失败的危险。

三是管理风险，是指因人员素质欠缺、管理不善而导致投资失败造成的风险，如企业领导者创新意识不强、判断与决策失误以及企业组织结构不合理、管理方法不当等。

②不可分散风险。所谓不可分散风险又称系统风险，是指具有普遍性的风险，不同的项目都会面临，不过程度可以有所不同。这种风险无法化解，一般只能转移或规避。具体分为：

一是市场风险，或称商业化风险，是指与外部市场相关的一切不确定性因素。一方面包括难以确定的市场需求、上市时机、市场扩展速度、竞争能力、销售渠道、产品替代性，还有由于产品质量问题、广告宣传不到位、成本太高等原因引起的产品不被市场接受的可能性；另一方面是有没有一个多层次的、完善的资本市场供各个阶段的风险企业融资，并为风险投资撤资提供最后的退出渠道。这些都构成了决定创业投资成功与否的重要风险。

二是政策风险，是指企业外部的社会、经济、政治、法律、政策等条件发生变化时给创业投资带来的风险，如社会经济、科技发展的水平、速度，国家优先发展的产业与技术领域的选择，政府对经济与科技发展的调控及调控的方式，国家财政、税收、消费、外贸、环境保护等政策的变动，投资与金融政策的变化，将直接影响资金环境，所有这些因素都会给创业投资带来很大的不确定性。

三是自然风险，是指由于自然因素的变化带来的不可抗拒的风险，比如地震、洪涝、火灾、战争、瘟疫等。

2.3.2　创业投资的风险防范

1. 风险防范过程

风险防范可以描述为一个组织或个人用以降低风险的负面影响的决策过程。这一过程包括为达到特定目标而进行的领导、控制、引导和组织行为。风险防范就是一种理性的决策过程。具体地讲，风险防范过程包括以下的六个步骤，如图 2-4 所示。

图 2-4　风险防范过程流程图

一是设定目标。设定风险防范的目标，要注意与组织和个人的整体目标相一致，重点强调风险和收益之间的平衡，考虑对安全性的态度及接受风险的意愿。

二是识别问题。识别问题是指对那些可能导致组织无法实现其目标的诸多问题进行识别。

三是估计和评价风险。估计和评价风险是指对辨识出的风险进行测量，给定某些风险发生的概率，然后对这些风险进行评价，以便于寻找一种降低风险的方案。

四是识别和评价可选方案。识别和评价可选方案包括风险回避、损失控制、风险分散、风险转移等。

五是选择方案。选择方案是指运用决策规则在可选方案中作出选择。

六是实施方案与监督。实施方案是指将决策传递给有关人员并得到组织行动的承诺；监督是指对方案实施过程的各项活动进行监督，看其是否偏离设定目标。

创业者在风险管理方面须对每个风险防范步骤都认真对待。风险管理者可以通过运用各种风险防范工具，力图在风险发生之前消除各种隐患，减少产生损失的实质性因素。风险防范工具包括风险控制工具与风险财务工具，主要有风险回避、风险转移、风险分散、损失控制等。

2. 风险防范的策略

在创业投资中，风险无处不在，要是当风险发生时没有相应的应对策略，企业将会遭受较大的打击。所以创业企业管理者需要将企业业务与风险防范策略熟稔于心。正如巴菲特所说："不明白自己在做什么，就会产生风险。"对于创业企业而言，可以主要采用以下几种风险防范策略。

（1）风险规避。

风险规避是指事先预料风险产生的可能性，判断导致其实现的条件和因素，并在实际中尽可能避免风险。风险规避是风险控制的最彻底的方式，采取有效的风险规避措施可以完全消除某一特定风险。而其他风险控制手段仅能通过减少风险概率和损失程度来减轻风险的潜在影响。当然，风险规避手段的实际运用要受到一定限制，因为它往往牵涉必须放弃某种机会，从而会相应地失去与该机会相联系的利益。

（2）风险转移。

风险转移是指某风险承担者通过若干技术和经济手段将风险转移给他人承担。风险转移不会降低风险的严重程度，只是将其从一方转移到另一方。风险转移分为保险转移和非保险转移两种。保险转移是指向保险公司投保，将风险转移给保险公司承担。非保险转移是指利用其他途径将风险转移。

（3）风险控制。

风险控制是指采取各种措施降低风险概率及经济损失的程度。风险控制是投资者在分析风险的基础上，力图维持其原有决策，实施风险对抗的积极措施。风险控制对象一般是可控风险，包括多数运营风险，如质量、安全和环境风险，以及法律风险中的合规性风险。

（4）风险自留。

风险自留是指对一些无法避免和转移的风险采取面对现实的态度，在不影响投资者根本利益或大局利益的前提下将其承担下来。风险自留实际上是一种积极的风险控制手段，它会使投资者为承受风险损失而事先做好种种准备工作，修改自己的行为方式，努力将风险损失降到最低。

（5）风险组合。

风险组合是指为了降低投资风险，风险投资公司可以联合一些有实力的公司共同投资，形成多元化的风险投资主体，这样既可以解决风险资本不足的问题，也可以分散投资风险，让更多的人分担风险，以减少每个投资者和经营者所承担的风险，从而在整体上增强风险承担能力。

（6）风险转换。

风险转换是指企业通过战略调整等手段将企业面临的风险转换成另一个风险。风险转换的手段包括战略调整和衍生产品等。风险转换一般不会直接降低企业总的风险，其简单形式就是在减少某一风险的同时，增加另一风险。例如，通过放松交易客户信用标准增加应收账款，但扩大了销售。

3. 风险防范的方法

（1）引入夹层融资工具。

夹层融资是一种回报和风险处于风险较高的股权融资和风险较低的优先债务之间的融资方式，它处于公司资本结构的中层，因而得名。"夹层"的概念源自华尔街，原指介于投资级债券与垃圾债券之间的债券等级，后逐渐演变到公司财务中，指介于股权与优先债权之间的投资形式。从资金费用角度看，夹层融资的融资费用低于股权融资，如可以采取债权的固定利率方式，对股权人体现出债权的优点；从权益角度看，夹层融资的权益低于优先债权，对于优先债权人来讲，可以体现出股权的优点。这样在传统股权、债券的二元结构中增加了一层。夹层融资是一种非常灵活的融资方式，作为股本与债务之间的缓冲，夹层融资使资金效率得以提高。

（2）设置估值调整机制。

及时对企业的估值进行调整有利于提前识别风险与设计选择方案。常用的理论估值方法包括收益法、市场法和资产法。收益法估值主要针对已有较稳定收入的被投企业，即把企业未来的收益以一定的收益率进行贴现；市场法是以公开市场上同类企业的交易价格作为估值参照；资产法则主要针对无法用前两种方法估值的企业，比如起步阶段或濒临破产的企业。然而，无论采用何种理论方法，由于支持上述计算方法的参数有多种，计算结果差异很大，所以投资人与被投资公司的意见难以统一。实际上，风投行业的估值并不采用上述理论方法，而是采用收益倍数法，即根据不同行业，投资人选取一个业内认可的收益倍数，被投资公司承诺若干年后企业的市值，进而对企业估值。估值调整机制是指在股权性投资安排中，投资人与被投资公司达成协议，对未来的不确定情况进行约定。如果约定条件出现，投资人可以行使一种对自身有利的权利，反之被投资公司就可以行使另一种对自身有利的权利。估值调整机制实际上是一种期权形式。

（3）分阶段融资。

分阶段融资是指将资本分期投入到被投资企业，当企业的前期业绩达到预期目标时再对其进行下一轮投资。潜在的代理成本越高，分阶段融资缩短融资周期的监督措施就越有效。可以通过构建信号和产出的联合分布函数，证明通过设计合适的可转换债券契约可以成功阻止创业企业家进行信息操纵的粉饰行为，从而降低逆向选择和道德风险。

同时，针对不同的风险，要采用不同的防范方法。

针对可分散风险主要是通过建立严格的项目遴选、有效的约束激励及组合集合投资的机制来实现风险的控制与分散，具体的防范方法有：

①科学分析，精心选择。完善的创业投资运作通过严格的项目遴选机制来挑选最有潜力和最符合创业投资机构投资专长的项目，降低信息不对称与逆向选择风险。一般而言，创业投资的项目遴选机制可以概括为：广揽申请、多遍筛选、充分取证、谨慎立项。这是指尽可能多地吸引申请，再根据不同的标准进行多次的筛选。第一次筛选很快将潜力不大或不符合投资要求的申请者剔除掉，其剔除率约占 90%；第二次筛选需花费几天时间广泛取证，剔除申请书陈述失实或商业计划不切实际的申请者，剩下的申请者占申请总数的 2% 左右；第三次筛选则需花费数周时间，创业投资机构与申请者接触，并通过其他途径了解更多的信息，重点研究申请者的管理水平及申请项目在技术和经济上的可行性，最后确定 1% 左右的申请者为投资对象。

②加强监管，悉心培育。在资金、技术与外部环境一定时，管理者的能力与品质往往是企业成败的关键。完善的创业投资运作通过建立出资者对企业经营管理者的有效约束机制来强化风险控制。创业投资机构向高科技企业提供风险资金时，获得了企业部分或全部的产权，并由此保证其对企业经营管理行为的监控权利，主要包括对企业的管理权及其授予权、财务监督权以及制定和审查企业重大决策的权利。拥有企业的管理权及其授予权，就可以授权能干且忠于职守的管理者来主持企业工作，让其为减少企业风险尽职尽责。拥有财务监督和参与企业重大决策的权利，就可以及时明了企业经营状，判断企业是否面临风险或有无抵御风险的能力。

③组合投资，多管齐下。根据投资原理，组合投资有利于分散投资风险，风险投资者可以对不同的风险企业以及不同的企业发展阶段进行投资，对不同地域的风险企业进行投资，在不同时间段内进行投资。

④谨慎建议，工具合理。创业投资要针对不同的交易对象和交易条件，注重交易结构与交易工具的选择。从交易结构设计与工具选择开始，就要对风险进行适当防范，如采用享有特殊表决权的优先股形式投资等。以优先股形式入股可使创业投资在

企业破产后对企业资产和技术享有优先索取权，这样便可将损失降到最低。优先股一般不享有表决权，但创业投资的股份一般对企业的重大事务（如企业出售、生产安排等）享有与所占股份不成比例的表决权，对经理层的决策甚至享有冻结权。根据美国学者马克斯·韦伯和格姆珀分别利用 1990 年的实际数据进行的分析，这种优先股的投资方式较一般的证券投资在减少逆向选择和避免创业投资承担过高风险方面都更加有效。

⑤提高素质，培养人才。风险防范是一门精巧的学问，风险管理人才必须是综合性的全才，要具备企业管理、市场营销、金融、保险、科技、经济等各方面知识以及预测、处理、承受风险的能力。创业投资能否成功直接与创业投资管理人员的素质有关。多数创业投资家认为，创业企业成功最主要的因素是创业者的素质和能力，而不是具体项目。因此，培养和造就高素质的人才也是防范及降低风险的有效途径。要积极创造适宜的环境，提供优惠政策，建立激励机制，大力培养造就一批创业企业家、投资家、创新家和金融人才，形成高素质的风险投资队伍；要靠广博知识和丰富经验，把握投资方向和投资强度，以使创业投资良性发展，获得最大收益。

针对不可分散的风险，依靠企业自身的力量难以完全防范，需要借助社会和环境的作用。主要防范方法有：

①政府大力扶持。政府可以通过制定政策法规等方式，降低创业投资行为的风险，或通过提供各种支持，使创业投资的风险得到防范和控制。具体政策可以有：针对国产高新技术产品的国家采购政策，放松养老金、保险金等的投资限制，以扩大创业资本的供给；创新公司制度，允许设立有限合作公司；放松对证券市场的限制，鼓励创办二板市场等。尽快制定《创业投资法》《创业投资管理条例》《创业投资公司法》等相关的法律、法规和管理条例，使我国创业投资的发展有法律保障，运作规范，与国际接轨，也能够为创业投资大规模健康发展创造良好条件。

②提供信用担保。在我国财政收入还比较紧张的情况下，国家财政不可能也不应该拿出很多的资金从事创业投资，但是可以以少量的资金带动民间资本向创业投资业发展。可以充分利用我国政府信用较高这一无形资产，为创业资本的投资项目向金融机构申请贷款提供政府担保，来引导和促进民间资金进入创业资本领域。具体做法可以是国家或地方各级财政拨出部分资金成立专门的创业投资担保基金或创业投资担保公司，也可以由国家或地方财政各出部分资金与民间资本合资成立担保公司专门开展创业投资的担保业务。建设中的国家中小企业担保计划也应部分用于对创业投资业的信用担保。

③税收优惠政策。创业投资的预期收益在很大程度上取决于政府对创业投资机构和风险投资项目的税收政策，因此世界上许多国家为鼓励创业投资的发展都制定了对创业投资的税收优惠政策。我国政府也应给予其相应税收优惠政策，应当对创业投资机构实行减免所得税，对那些 70% ~ 80% 的资产投资于高科技领域的机构给予和高新技术企业同样的税收政策。对高科技企业实现利润后两年免税，从获利后的第三年

起实行 15% 的低档所得税税率。在增值税方面，由于高科技企业的产品大都是技术含量较高的产品，智力成本占很大的比重，但由于无法开具进项税票，也就无法在计算应税所得额时进行抵扣。因此，应允许技术转让费、研究开发费、新产品试制费等比照免税农产品，按一定比例计算进项税进行抵扣；对专利技术和非专利技术的转让按其实际所含的营业税予以扣除。

④完善中介服务机构。社会中介服务机构是创业投资的市场支撑体系，政府应努力为风险投资提供信息咨询、风险评估等方面的服务机构。例如，建立创业投资者信息网络中心，设立高新技术企业风险评估机构。

 案例分析

IBM 的生存之道[①]

（一）初创期（20 世纪初~20 世纪 40 年代）

1911 年，IBM 公司创立时，公司名称为 CTR，即主要生产用于管理的机械式计算工具，如打孔机、制表机等，初期主要是美国国家统计局的供应商。但是伴随着管理不当、债务不断等问题的涌现，公司委任托马斯·沃森为总经理，主持公司业务以期解决生存难题。在以货物贸易为主导的大环境下，根据公司的资源优势，托马斯积极对外构建合作关系，IBM 扭亏为盈。而保证 IBM 渡过生存难关的契机是二战的爆发。当时 IBM 凭借其精湛的业务能力，作为主要供应商，抓住机会，积极与军方与政府开展合作，辅助军方开展军事与政务数据的处理。由此凭借其在军方与政府方面的有力资源，之后的快速发展拥有了良好的外部基础。通过 IBM 的案例我们可以知道，企业家在企业初创期起到了决定性作用。他的决策与行事风格决定着公司的发展方向。他成功地进行了产品定位，专注于自动计算技术与设备，成功地预测了未来发展趋势，同时准确地预见到随着电子技术的飞速发展，电子将成为计算机的主体，计算机必将由机械向电子时代过渡。正是由于企业家的预测能力以及管理能力，IBM 才得以成功存活下来。

（二）成长期（20 世纪 40 年代末~20 世纪 60 年代）

随着二战的爆发，IBM 凭借其精湛的业务能力，辅助军方进行大量军事与政务数据的处理，由此与军方和政府打下了良好的关系基础。19 世纪 50 年代是计算机技术高速发展的时期。IBM 公司为了获得竞争优势，适应计算机技术高速发展的趋势，开始在培训和研发两方面注入大量投资，构建战略型学习观，培育公司的开发型学习能力。公司请来众多优秀工程师来进行科研开发，其中包括冯·诺伊。与麻省理工学

---

① 张梦蝶. IBM 生存之道——基于生命周期理论的案例分析［J］. 现代商业，2017（25）：111–112.

院、东京帝国大学建立合作，成为 IBM 强有力的技术支持。新任总裁小沃森将 IBM 的研发经费从他父亲时代占销售额的 3% 增加到 9%，并积极进行技术创新。这一时期是 IBM 公司的黄金季节，公司年销售额达到数十亿美元；在美国，运转的 64 部电脑中，IBM 公司生产的就有 44 部。IBM 采取资源集中战略，在战略上将大部分资源集中在自己的主营业务上。IBM 是典型的技术型公司，在成长期，将大量资源投入到技术创新与研发，保证自己的技术在市场上一直是最前沿的，保证自己在竞争中一直保持极强的竞争力。

（三）成熟期（20 世纪 60 年代初期~80 年代中期）

计算机技术经过多年的积累，逐渐开始商业化。行业的结构发生了根本性的改变，人们开始大量制造革命性的微处理器，应用软件不断出现，行业结构明显呈现多样化特征。企业进入成熟期后，重点在于稳固现有市场份额，保持自身盈利能力，追求持续增长。IBM 当时作为行业领头羊，被消费者广泛认可。但 IBM 继续在应用型学习能力上大量投资，据统计，到 20 世纪 60 年代中期，IBM 在计算机研制和生产上的总投入高达 50 亿美元。IBM 公司创新运用模块化生产方式，包括资源集成创新速度模块以及子模块，由相应的模块供应商研发和制造，帮助其适应日新月异的技术需求。凭借企业内部的关键资源和外部补充性要素资源，以及 IBM 多年积累的技能和独具优势的模块化流程，IBM 持续发展。

（四）调整转型期（20 世纪 80 年代末期至今）

1985 年以后，IBM 公司在逆境调整中进行战略转型。在已有技术被疯狂模仿、新技术不被市场认可的双层夹击中，IBM 的市场地位受到极大削弱。90 年代以前，IBM 坚持内部创新，获得卓著成效。但是 1990 年开始，经济全球化和服务贸易、技术贸易兴起，国际投资环境和技术条件也发生了明显变化。人才资源的可获得性与流动性增强，风险资本市场日渐活跃，外部供应商的生产能力不断提高。此时，封闭式创新的经济环境和要素基础受到严重腐蚀。在此危难之际，路易斯·郭士纳接任董事长兼首席执行官，进行大刀阔斧的改革，裁减人员，削减支出，调整公司发展方向，公司很快获得重生。替代原有的封闭式创新，更多以开放策略利用和整合外部技术、市场、渠道资源，更加关注客户的业务价值链，并注重建立行业生态圈，IBM 又获得了重生。同时互联网技术在 90 年代得到了快速发展，IBM 高瞻远瞩，提出"电子商务"概念，强调电子商务将改变传统商业模式。电子商务作为一种营销模式，使 IBM 进行战略转型，由硬件技术开发逐步转为以软件和商业服务为核心的运营模式。由此 IBM 在衰退期成功二次创业，企业全面创新与再造。进入 21 世纪，IBM 以全新的面貌迎接新的挑战。其一改之前被动解决问题的姿态，变为主动转型，适应时代发展，如剥离低端硬件业务，出售 PC 业务，采用并购方式拓展软件、咨询服务等服务业务。近年来 IBM 提出了"智慧地球"的概念、研究商业智能和大数据分析、云计算等。通过不断地主动转型，IBM 依旧走在行业的前端，引领行业的发展。

想一想

1. IBM 在初创期就打响了知名度，这和其前期的市场环境调研密不可分，请试着分析 IBM 初创期行业的创业环境。

2. 在你看来，IBM 发展中存在哪些风险？该如何进行防范？

本 章 总 结

复习要点

2.1 创业环境理论

创业环境是指开展创业活动的范围和领域，是创业者所处的境遇和情况，是影响创业者创业思想形成和创业活动展开的各种因素与条件的总和。

创业环境的特征：机遇与挑战并存、利益与风险同在、适应和创新共求、顺境与逆境俱进。

创业环境包括：政策制度环境、经济环境、科技环境、社会文化环境、自然环境。

2.2 创业投资的相关理论

创业投资家需要准确进行创业企业生命周期定位，然后依据市场竞争状况、国家政策法律动态等环境因素进行投资决策。由于企业呈现生命周期式的发展，创业投资也具有相似的生命周期。

创业投资的投入有四个阶段：种子期的小投入、导入期的大投入、成长期的大投入及成熟期的部分投入和资本退出。

管理者往往不会最大限度地发挥其个人潜力。这样，企业的价值就小于他是企业完全所有者时的价值，二者的差额称为代理成本。

由于股东和管理者之间的委托—代理关系，造成了所谓的代理成本和代理问题。

管理者谋求个人的现实利益是代理成本产生的根源。

监督是有效防范代理成本的手段，但监督机制往往是以牺牲效率为前提的。

2.3 创业投资的风险防范理论

按照创业投资发展过程分类，可以把风险分为选项过程风险、投资过程风险、退出过程风险。

按照风险可否分散或化解可将其分为可分散风险和不可分散风险。所谓可分散风险又称非系统风险，具体分为：技术风险、财务风险、管理风险；不可分散风险又称系统风险，具体分为：市场风险、政策风险、自然风险。

风险防范过程包括以下的六个步骤：一是设定目标；二是识别问题；三是估计和评价风险；四是识别和评价可选方案；五是选择方案；六是实施方案与监督。

在创业投资中，风险防范主要有以下几种策略：风险规避、风险转移、风险控制、风险自留、风险组合、风险转换。

关键术语

创业环境	代理成本	技术指标	生命周期
委托代理	居民实际购买力	公司剩余索取权	内部控制
代理层级	可分散风险	不可分散风险	风险控制
风险转移	风险控制	风险组合	股权激励

 思考题

1. 如果你是一名创业者，你将如何挖掘市场环境变化带来的潜在创业机会？
2. 根据企业生命周期理论，创业投资是否具有相似的周期性？如果有，请说明其在各个阶段的表现。
3. 代理问题表现为哪几个方面？管理者的表现又是怎样的？
4. 结合实际，谈谈如何减少代理成本？
5. 创业投资模式下对创业者进行大比例的股权激励是否合理？请说明理由。
6. 针对可分散风险和不可分散风险的防范方法具体有哪些？

第3章

创业企业的内涵和特征

【学习要点及目标】

通过本章学习，明确创业企业的概念、特征，了解创业企业发展过程中有哪些创业资源，创业企业是如何进行生存管理的，以及创业企业在不同环境下的发展战略。

 案例导读

字节跳动，AI 时代互联网新贵[①②]

字节跳动成立于 2012 年，发展至今仅用 8 年时间就成为一家大型的互联网龙头企业。创始人张一鸣始终把产品创新视作提高企业竞争力的重要方式，认为公司只有重视创新，才能在激烈的竞争中找到自己的位置，创造出适应时代的产品，提高用户的体验价值。公司的产品主要是各类新媒体 App，打造了线上线下相结合的新媒体矩阵。随着竞争的不断加剧，字节跳动逐渐将产品及广告投送到地铁、候机室、公交等线下屏幕，用户不仅可以在虚拟的网络世界为字节跳动贡献流量，还可以在现实生活中成为流量的一部分。

2012 年 3 月，字节跳动成立，在当年快速完成总计 330 万美元的天使轮、A 轮、A + 轮融资；2016 年 12 月，完成 10 亿美元的 D 轮融资；2017 年 9 月，完成 20 亿美元的 E 轮融资；2018 年底，完成 30 亿美元的 Pre - IPO 轮融资，投后估值 750 亿美元。2012 年 6 月，基于数据挖掘和个性化推荐的今日头条上线。2013 年今日头条获

---

① 徐笑君. 创造让知识涌现的组织环境——以字节跳动为例 [J]. 清华管理评论，2022，107 (12)：87 - 95.

② 朱泽钢，程佳佳. 数字经济时代独角兽企业的商业模式研究——以字节跳动为例 [J]. 商展经济，2021 (24)：102 - 104.

得 B 轮融资，2014 年获得 C 轮融资。今日头条建立了整个字节跳动流量生态的起点。2016 年抖音上线；2017 年 5 月抖音海外版 TikTok 上线；6 月火山小视频上线；2017 年 6 月，头条视频升级为西瓜视频。抖音、火山小视频与西瓜视频形成了差异化视频矩阵，抓住了移动互联网市场的红利。2019 年 8 月，办公套件飞书上线。2020 年 1 月，火山小视频升级为抖音火山版。2020 年 6 月，企业技术服务平台火山引擎发布，提供包括内容推荐算法、AB 实验、数分工具和基础存储等在内的企业数据化服务。2021 年游戏品牌朝夕光年上线。到 2021 年 6 月，字节跳动的全球月活跃用户数已经超过了 19 亿，员工 11 万人，业务范围涉及 150 个国家和地区。

2018 年，张一鸣在公司成立六周年年会上提出员工行为规范——"字节范"，包括"追求极致、务实敢为、开放谦逊、坦诚清晰、始终创业"五条核心价值观。其中，追求极致要求员工在做事方面能够思考问题的本质，寻找最优解，在个人成长方面，能够持续学习，不断提升自己；务实敢为要求员工深入一线体验事实，要有担当，在工作方式方法方面不要拘泥于现状，要不断迭代创新；开放谦逊要求员工内心阳光、信任同事、乐于助人以及自我（ego）、敏感谦虚；坦诚清晰要求员工敢于表达自己真实的想法，实事求是，勇于承认错误，反对向上管理；始终创业要求员工始终自我驱动、不设边界、有韧性、拥抱变化和不确定性。

字节跳动秉承"不断提高人才密度"的人才管理目标，为员工提供"高回报、高成长、丰富的精神生活"。其中高回报是指为员工提供最好的 ROI（投资回报率）。一方面，公司的快速发展以及高挑战性工作为员工提供了快速成长的机会和有意义的工作内容；另一方面，公司早在创业初期就开始每年与市场薪酬进行对标，以确保员工薪酬处于行业领先水平，以更好地吸引和留住优秀人才。

② 想一想

1. 字节跳动是什么类型的创业企业？具有哪些特征？
2. 字节跳动在创业历程中是如何进行创新和管理的？

3.1 创业企业的内涵及类型

3.1.1 创业企业的内涵

创业型企业是指处于创业阶段，高成长性与高风险性并存的创新开拓型企业。发展至今，创业已经成为一个热门话题，各国政府依赖创业企业带动宏观经济的增长，企业层面对创业活动也非常关注，于个人而言，其也是实现个人价值、理想和积累财富的有效手段。关于创业，学者们的观点各有差异。柯兹纳（Kirzner，1973）将创业定义为正确地预测下一个不完全市场和不均衡现象在何处发生的套利行为与能力，他从行为的层面对创业做出总结。进入 21 世纪后，关于创业的研究有了更大的发展。蒂蒙斯（Timmons）在《创业学》中把创业定义为一个发现和捕获机会，并由此创造出新颖的产品、服务或实现其潜在价值的过程。然而，也有一些学者认为，创业不仅仅局限于创办新企业的活动，即在现有企业中也存在着创业行为。因此创业有广义和狭义之分。狭义的创业是指从零开始创建新企业。广义的创业还包括使一个处于衰退期的和有问题的企业重焕生机。例如，在一个企业内部建立新部门、开发新产品和在企业内部倡导创业精神，也被称为"二次创业"和"企业内创业"，很明显这些属于企业内的业务重组或者企业文化建立的一部分。

创业企业，又叫初创企业或新创企业，一般研究中认为它是处于发展早期阶段的企业，英文为 entrepreneurial enterprises。GEM 报告中的创业企业是指经营时间不超过 42 个月的企业，通常是指成立时间不长、处于创立期或成长期、面临的风险很大、不确定因素很多的一类企业，它的发展不仅仅需要资金支持，还需要其他各方面的帮助。按照我国《创业投资企业管理暂行办法》的规定，创业企业是指在中华人民共和国境内注册设立的处于创建或重建过程的成长型企业，但不含已经在公开市场上市的企业。同时，由于当前的创业活动大多发生在信息、生物基因工程、新材料、新能源、先进环保技术等高科技领域，因此，创业企业是"新创立的当代科技创新型企业"，是处于创业期的科技型中小企业。其实，有关创业企业的实证研究大多以科技型企业为背景，因为科技型企业更符合创新的内涵。

综上，创业企业是创业者发现市场机会、收集各项优势资源、组织特定团队实施创业活动而组建的一个工作组织，其具有明确的专业技术领域和经营范围，符合国家的科技发展方向。从广义的层面讲，创业企业既包括新创建的企业，也包括再创业企业或者是成熟企业的再创业过程。

3.1.2 创业企业的类型

创业的企业主要分为三种类型：谋生型创业企业、成长型创业企业及创新型创业企业/风险企业。它们虽都是创业企业，但是各自的特点大不相同。

1. 谋生型创业企业

所谓谋生型企业是指创业者迫于生活压力或是为了使自己的生活条件有所改善而进行创业的企业。

谋生型创业企业占创业企业的绝大多数，该类企业主要分布于零售商业和传统服务行业，创业者创业的目的主要是解决温饱问题，其所在行业在市场、组织和技术方面基本稳定。在谋生型创业下，企业通过自我雇佣等方式解决面广量大的就业问题。

虽然企业收入相对稳定，但收入水平较低，积累能力差。其从业者的素质较低，难以运用新的技术和管理方式，难以进入更高级的市场和得到更迅速的发展。

2. 成长型创业企业

所谓成长型创业企业，是指在较长时期内（如5年以上）具有持续挖掘未利用资源的能力，不同程度地表现出整体扩张的态势，未来发展预期良好的企业。

成长型创业企业几乎在各个行业中都存在，其基本特点是本身所在行业可能是一个传统的行业，如食品业和制造业，但它的经营者非常善于投资新技术或新的组织方式，使自己所投资的企业在新的水平上适应市场的要求，从而迅速扩张市场，企业因此成长起来。此类企业之所以能成长，主要原因在于有可用的技术（或组织方式）和敢于、善于运用此项技术的企业家。

3. 创新型创业企业/风险企业

所谓创新型创业企业是指拥有有自主知识产权的核心技术、知名品牌，具有良好的创新管理和文化，整体技术水平在同行业处于先进地位，在市场竞争中具有优势和持续发力能力的企业。

创新型创业企业主要分布在高科技行业、消费品行业以及知识密集型服务业。首先，创新型创业企业生命周期明显。该类型企业运行一般可分为研究开发阶段、产品成形阶段、市场开发阶段、技术更新和市场提升阶段。在不同的阶段，企业有不同的资源需求。其次，创新型创业企业会迅速扩张。当信息、生物学、材料科学等领域发生基础理论重大变革时，创新型创业企业就会瞄准机会，开发新技术、新产品，因此会有广大的市场覆盖面。最后，创新型创业企业具有较强外部性。一个企业的成功，可以带动一个甚至数个企业的发展。

在创业前，创业者要对创业市场有一个初步的了解，要对创业企业的类型有所了解，这样在创业这条道路上才能够更好地发展下去。对于众多的创业者而言，创业企业类型分为以上几类，想要获得更好的创业发展，就必须选对适合自己的类型。

3.2　创业企业的特征

3.2.1　一般性特征

创业企业是指处于创业阶段，高成长性与高风险性并存的创新开拓型企业。创业企业不等于高科技企业，也不等于中小企业，主要是指那些发展潜力大、投资回报高的科技型企业以及中小创新企业。此类企业具有以下特征：

一是创业企业内部结构简单，办事效率较高。一般来说，创业企业的规模相对较小，组织形式和组织结构也都比较简单，大多实行直线职能管理方式，人力资源管理成本比较低。同时，创业企业员工人数较少，企业内的人际关系相对于大企业来说简单得多，人事关系容易处理，办事效率相对于大企业来说较高。

二是创业者充满探索精神，勇于冒险发展。他们对未来的期望值大于已有成就。创业者对高风险项目表现出很大的容忍度，他们有勇气面对失败。创业过程的可贵之处就是敢于尝试，勇于突破自己，敢于做别人没做过的事，敢于成为第一个吃螃蟹的人。

三是创业行业具有首创精神，不断推陈出新。新产品和新的服务往往会促进产生新的市场需求，从而成为促进经济增长的需求因素；供给方面，新资本的形成将导致新的生产能力，扩大整个经济的供给能力。只有不断推陈出新，整个创业行业才会可持续发展，不断向前。

四是创业企业先天居于劣势，规模资源不足。创业企业具有规模小、组织结构不健全、资金不足、资金周转难、管理欠缺、存活率低和前景不明朗等阶段性特征。企业尚未得到传统资本市场的足够资信，现有资产、规模和业绩使之不能获得银行的足够的商业贷款，不能获得证监会的批准在国内证券交易所上市，不能获准公开发行债券等。企业内部如资产、技术、人才、设备、原料、信息以及管理策略等有形及无形资源决定了创业企业的规模。

五是创业企业伴有较高风险，抗风险能力弱，主要受外部环境、内部条件和资源配置三个方面的影响。第一，创业企业对外部环境往往无能为力，而且面临一些大型企业和公司的威胁。面对市场需求的多样化，竞争程度愈加激烈，运营环境复杂多变，创业企业所面临的风险也就相应增加。第二，企业内部条件的不完善，导致创业企业抵抗风险的能力下降。第三，资源配置策略水平表现企业的整体综合实力，企业所处的经营环境越有利，机会越多，资源配置就相对越容易。

以上这五个特征决定了创业企业具有高成长性与高风险性的特点。它们的探索精神、创新精神、办事效率高等特点使其在发展过程中不断向前、持续发展。但同时也因为存在先天资源不足与抗风险能力弱的劣势，所以创业企业也面临着许多困难。

3.2.2　从创业企业发展方向视角出发的特征

1. 发现并抓住机遇

创业是发现市场需求，寻找市场机会，通过投资经营满足这种需求的经营活动。创业需要机会，机会要靠发现，这就需要创业者具备一定的素质。不怕没机会，就怕没眼光，机遇无处不在，就看能否识别，是否用积极的心态去发现创业机会，以及思想观念、思维方式是否正确。

创业的根本目的是满足顾客需求。创业的机会大都产生于不断变化的市场环境，这种变化主要来自产业结构的变动、消费结构的升级、城市化加速、人们思想观念的变化、政府政策的变化、人口结构的变化、居民收入水平提高、全球化趋势等诸多方面。

不是每个大胆的想法和新颖的点子都能转化为创业机会。好的商业机会有以下四个特征：第一，它很能吸引顾客；第二，它能适应当下的商业环境；第三，它必须在机会之窗存在的期间被实施；第四，必须有相应的资源和技能才能创立业务。

创业企业的创业目标和发展进程必须要跟上社会需求的发展和进步的步伐。在改革开放初期的短缺经济时代，主要依靠的生产要素是自然资源、资本和普通劳动，能够获得部分生产资料和生产要素的管理权就可以去创业。而在经济转型时代，创业主要依靠的生产要素是人力资本，即技能和知识的创造性劳动。创业领域可以广泛包含在下面的范围中：提高专业化教育水平；提高新技术应用能力，依靠技术进步和效率提高，精细化生产，提高经营的附加值，向产业链高端迈进；针对不同顾客需求，细分市场，设计和生产对应的产品，确保产品质量，提供完善细致的服务，完善民生保障，深化满足内需消费。

在现代的中国，改革开放40多年来一直高速发展的经济，迅速变化的市场，更细致划分的行业，政府主导的转变发展经济方式的进程都标志着中国的创业机遇将大量地展现，但对创业项目则会有更高的要求。

在移动互联网时代，产品的能力最重要；看准未来趋势比出点子更重要；有效规划做好准备是创业企业成功的基础；发现创业机会就要抓紧，每个创业机会都有时间窗口，时不我待；核心团队特别重要，招人要互补，期权要大方；充分用平台推广，避免与平台竞争；用最短的时间做出可用产品，再基于用户数据换代改进。

2. 能够创造新价值

是否能够有效满足顾客需求的最好衡量标准就是是否为客户创造了他们认可的价值。创业是创造不同的价值的一种过程，这种价值的创造需要投入必要的时间和付出一定的努力，承担相应的金融、心理和社会风险，并能在金钱上和个人成就感方面得到回报。

创新是人类不同于其他动物的最本质区别，正是因为具有创新意识和创新能力，人类才能在岁月的洪流中不断适应环境的变化一直繁衍生息到今天。颠覆性创新是整个改变原有产业的思想观念和运作模式的创新行为。很多极其成功的创业者都是靠"颠覆性创新"在竞争激烈的商业社会中占领鳌头的。

分析创新与创业之间的关系。创新可以分成了三个阶段——基于发现机会的开拓期、基于必需的发展期以及基于稳定的管理期。

在技术快速发展的时代，创业者往往会有重技术轻市场的错误心态。市场是由顾客所掌握的，若无法引发顾客的需求，不能为客户创造价值，或者所创造的价值不被顾客所认可，创业就会失败。

新技术的发明者不一定是最后的赢家。施乐（Xerox）发明了图形用户界面，但苹果、微软是赢家，重点是谁能在正确的时机普及技术并能让其得到广泛的应用，为更广泛的顾客创造价值。在图形用户界面系统的实际应用过程中，苹果与微软竞争的例子告诉我们，领先者并不等于成功，成功的关键还是用户，要看谁能够为用户创造出更多的价值。

创业企业为客户创造经济价值是重要的，但其为社会创造出社会价值则更加重要，企业将因此变得更有价值。处理好企业与顾客以及合作伙伴之间的利益关系是企业成功的基础；而处理好企业与社会之间的利益关系是企业成功的关键。这些关系处理得越好，企业所能获得的经营成就也就越大。

一个优秀的创业企业必须能够创造出三种价值。首先是创造出顾客价值，能够切实解决顾客的问题，满足顾客的需求；其次是创造出企业价值，能够为创业企业带来现实和发展的利益；最后是创造出社会价值，能够为整个社会的发展和进步做出贡献。

3. 明确市场竞争战略

创业企业的市场竞争战略就是选择一块最适合自己的地盘，同时把有限的资源和比较优势全部应用在最需要这些产品和服务的特定顾客群的对应业务上，并努力和快速地建立这个特定业务范围中的竞争优势，取得局部范围中的相对垄断或领先的地位，确保创业企业的生存和快速发展。

迈克尔·波特表示，竞争优势归根结底产生于企业所能够为顾客创造的价值。企业获取竞争优势的来源在于为顾客提供优越的顾客价值，只有不断地提供优越的顾客价值，才能够建立和保持竞争优势。创业企业在创业初期就必须认真分析自己的核心能力所在，目标客户在哪里，怎样为这些顾客创造出新的价值，并且让这些顾客都能认识到并认可创业企业为其所创造出的这些价值，进而巩固用户群体，建立起创业企业的市场竞争力。

"尺有所短，寸有所长"，所有的优势都是相对的。由于市场和顾客的差异和分化，时间与空间的差别，信息传递时间与反应速度的差别，造就了企业局部能力和特定竞争力的差别，创业企业可以充分利用这些差别。整体弱势的企业可以在特定的时间和空间区间里取得局部的优势，并有利用这个局部优势取得局部胜利的机会，从而可以实现"集中优势兵力打歼灭战"，并实现了局部环境中的优劣转换，通过局部小型胜利的累积，积小胜为大胜，从量变到质变，从而逐步建立起创业企业的系统竞争优势。

创业企业应该遵循中国古代的和谐与不同的思想，在行业中突出自己的特色和优势，充分体现出企业之间的差异。同时创业企业应与其他企业和谐相处，并利用其他企业的资源进行外协和合作，建立起战略联盟，完善自己的产品和服务，促进自身的快速发展。

战略是企业对市场竞争规律的认识和应用，是参与市场竞争的指南，是有关企业总体发展方向和综合政策、措施的决定。也就是为了实现企业盈利的总体目标，应该干些什么、靠什么干和怎么干。建设创业企业竞争战略的意义就是要通过具有前瞻性的安排，控制创业企业发展所需要的关键资源以及环节，通过整合外部资源，在自己选择的业务范围中形成战略性的整体优势，把成功的偶然变成必然。

4. 有效的商业模式设计

企业是以营利为目标的组织，而且希望能够拥有长期稳定的、超出行业平均水平的盈利。纵观当前的市场环境，企业不断更新换代，其背后的底层逻辑往往是一个企业的商业模式，商业模式的推陈出新构成了市场竞争的最高境界。面对市场的风云变化，无论企业是位于传统行业还是新兴产业赛道，无论企业是刚刚起步还是已然腾飞，设计出良好的适应自身特点的商业模式都能为企业充分利用自身的资源和技术优势、将自身竞争优势最大化奠定重要的基础。

一个有效的商业模式设计包括五大基本要素：

第一，需求定位。市场经济的核心逻辑是"需求决定供给"，企业发展最首要的定位就是确定需求。所谓需求定位，是指一个企业所提供的产品和服务所瞄准的目标——哪一类用户的哪一种需求。

第二，明确需求链和利益相关者。通过第一步确定了最终用户的需求靶点，以此为终点，向前追溯需求链上各方利益相关者。企业所面临的竞争并不只限于同行业内的企业竞争，由于客户群体、产品和服务、盈利模式诸多方面的差异，同行业中的不同企业的侧重点也不尽相同，进而投射在需求链上的位置也略有差异。一个企业的所有需求都会从最末端的最终用户产生，经过需求链的层层传递与叠加，反映到需求的起始端。需求链上的各个利益相关者形成了该种需求市场中的利益共同体。在一定时点上，最终者的需求空间有限，所以一个企业所面临的真正竞争，实际上是不同企业及其上下游构成的不同的利益共同体间争夺和瓜分最终生产者的需求空间。所以，即使企业自身属于需求链的中上游位置，如生产原材料和中间产品，他们并不直接面对最终用户，但仍然面临对最终用户需求空间的争夺中。所以，不论是处于需求链上的哪种位置的企业，都需要时刻观察和掌握最终用户的需求动向及其变化趋势。

第三，价值链的分析与重塑。一个成功的商业模式，不仅要研究透彻价值创造逻辑，还需要对价值增值、价值交换、价值变现和价值分配等环节加以研究设计。总体而言，价值创造环节和价值增值环节组成了价值环节，是企业价值活动的物质载体。价值环节包括研发设计、生产制造、物流配送、广告营销、售后服务等。数个价值环节连接起来，就分别构成了企业价值创造与增值内部和外部的价值链。在对价值链环节的基本单元——价值环节进行分析后，对价值环节的数量、排列顺序和组合方式进行调整，重塑企业内部的价值链，并带动外部价值链相应变动，演绎出更加适合企业的商业模式。

第四，交易形式及构型的设计。通过明确需求链和价值链，设计适合企业与需求链、价值链上各主要利益相关者的交易方式，构建企业独特的交易结构图，寻找企业价值的有效实现路径。

第五，盈利模式的设计与优化。企业的盈利模式设计需要以客户为出发点，通过资产搭配和核心能力建设，实现新的价值创造。企业盈利模式的设计主要依据下列基本原则：一是建立价值新主张。不拘泥于现有的行业盈利模式与框架的限制，为客户的需求结构设计出新的高价值环节。二是创造新价值。对客户的价值内容进行重新整合，加强客户和企业的价值网络构建，提升企业的盈利效率。三是维护企业能获得的价值。完善企业的战略控制手段，对企业的产业价值链进行整合。四是加强企业价值的行业传导。通过供应链管理等将企业创造的价值以低成本、高效率的形式传递给最终客户。五是寻找实现价值最大化的方式。设计有效的融资模式，通过上市等手段实现企业价值最大化。此外，企业在设计盈利模式后还需根据相应的内部与市场环境变化，不断对盈利模式进行适度调整，从最基本的客户购买、企业承担成本出发，穷尽一切可能，思考探索第三方收入来源的可能性以及向第三方转嫁成本的可能性，使得企业的盈利模式能最大限度贴合企业的实际情况、实现企业的价值。

除上述基本要素外，一个成功的商业模式还需要考虑到市场上的竞争方式、市场变化、成本结构等诸多因素，通过商业模式的设计，为企业找到被客户接受，社会认可，能创造出价值，贴合企业实际并实现盈利的方式。

5. 火箭发射式或断崖抽水式

火箭发射式的创业企业具有两大特点：快速增长和关键路径。第一，快速增长。火箭发射式创业希望在有限时间获得最大回报，其背后的关键在于创业者需要寻找机会并快速抓住出现的机会。第二，关键路径。火箭发射式创业企业需要在有限时间完成关键的技术发展、产品开发、市场营销和资本募集任务，每一项任务都是创业企业发展的关键，统一构成了火箭发射式创业企业发展的关键路径。若创业企业未能在有限时间内完成关键任务，创业就很有可能失败。

然而，虽然创业企业具有很高的成长性，但影响创业企业持续成长的阻力有很多。第一，快速成长的企业由于急剧增大的规模、绝对正确感、内部混乱和特别的资源需求等问题，导致管理困难；第二，管理的复杂性表现在计划、组织、领导、控制和协调等各方面，这就对企业的经营管理工作提出一系列新的要求，如决策能力的提升、组织运作的规范性与灵活性的兼容、资源的迅速整合等；第三，成长的资源限制，具体表现在管理能力的制约、市场容量的限制和资金的约束；第四，持续创新的不足也是制约企业成长的因素；第五，经营模式的失效。上述因素极有可能造成创业企业价值提升受阻，甚至出现断崖抽水式的下跌。

全面认识创业企业的高成长性，不可不重点关注其非线性成长规律。相较传统主板上市公司，创业企业的业绩变化具有更大的突然性、更大的爆发力、更强的波动性。非线性成长，既意味着可能的爆发式增长，也意味着可能出现突然的衰退，甚至是彻底的失败。对于传统企业，特别是传统制造业而言，只要市场供需关系不发生重大变化，其利润都会维持在一个相对可以预期的线性变化范围内；而创业企业，特别是创新型企业则由于适应市场的新需求或改变原有市场结构，容易形成爆发式增长，在其成长曲线图上画出炫目的"火箭曲线"。当然，由于技术环境的变化或商业模式的变革，若创业企业应对不及时，也可能在其成长曲线图上画出恐怖的"跳水曲线"，甚至是企业生命曲线的终结。

3.3　创业企业与创业资源

3.3.1　创业资源概述

1. 创业资源的内涵

创业资源是指新创企业在创造价值的过程中所需要的特定资产，包括有形资产与无形资产。创业资源是新创企业创立与运营的必要条件，其表现形式有创业人才、创业资本、创业技术和创业管理等。

学术界对创业资源的界定普遍来源于巴尼（Barney，1991）对创业资源的完整定义：企业所拥有或所能支配的用于实现战略目标的各种要素以及要素组合。巴尼指出创业过程包括搜寻外界环境的过程和协作稀缺资源的过程，这些资源不仅局限于财务和其他物质资源，还包括信息、观点、建议、意见和顾客等非物质资源。林强（2003）和林嵩（2007）对创业资源的界定也受到了学者的认可。他们认为创业资源是新创企业建立以及成长过程中所需要的各种生产要素和支撑条件。广义上的创业资源指的是能够支持创业活动的一切东西，是涵盖了使创业者创业活动顺利进行的一切支持性资源，包括有形和无形的资产。狭义上的创业资源是指促使创业者启动创业活动的关键优势。本书中将创业资源定义为：企业在创立和成长过程中所能获取的所有要素及其组合。

2. 创业资源的整合

创业者必须整合各种创业资源。如创业所需要的资源、各类资源的获取渠道、创业投资及其典型实例、创业投资的退出渠道、如何争取创业投资的股权投资、创业投资者选择企业与项目的考量、如何抓住创业时机等，均须认真谋划。

3. 创业资源的作用

创业者获取创业资源的最终目的是发现创业机会并组织利用创业资源，提高创业绩效并获得创业的成功。创业资源对创业成长具有重要的支持作用，在创业过程中，创业团队应注重如何将创业资源转化为企业竞争优势。

资源的有效利用对企业意义重大，如果不能有效利用资源，已经获取的资源就会逐渐减少。企业要想可持续发展就必须为其自身的发展绘制蓝图，若市场定位和发展战略不明确，企业就无法有效利用资源，这就形成了发展路上的绊脚石。创业企业对创业资源进行组织和整合、对自身的战略地位有更清晰的认识是其持续发展的关键。其中，战略的制定和实施需要一定的资源予以支持。只有拥有充分的资源，才有制定和实施战略的基础。因此，新创企业所拥有的创业资源越丰富，其创业战略也越有保障。另外，创业资源还可以适当校正企业的战略方向，帮助新创企业选择正确的创业战略。因此，企业获取的创业资源越多，对创业战略的实施越有利。

4. 创业资源的特征

（1）创业资源的外部性。

创业资源大多为外部资源，新创企业的创业者在一开始创业时，可能会面临资金紧张、人力资源不足、现金流断裂等一系列问题，如果不顺利度过这些危机，新创企业可能还未开始成长就会面临倒闭的风险，企业为了度过这些危机，仅靠自身拥有的少量资源是不够的，大多需要拼凑和整合外部资源，为自身所用。

（2）创业资源的异质性。

资源基础理论认为当企业拥有并且利用具备以下特征的资源和能力时（见图 3－1），企业就能建立起持久竞争优势（sustainable competitive advantage，SCA）。

图 3－1 创业资源异质性特征

为什么这四种特征如此重要？当企业拥有或控制具备这四种特征的资源时，企业就可以抵御来自竞争对手的压力。如果创业企业能够保护好这些资源，并且保持住这四种品质，它将长期具备竞争优势。如果创业企业成立时只具备其中一些特征而不具备其他特征，它会有短期或者较小的优势。如果企业具备所有这些特征，但是没有全力以赴，也没有有计划地去保护这些资源，其竞争优势只能保持到其他企业可以复制或者模仿它为止。如果创业者的目标是为创业企业获取持久竞争优势，那么他必须创建一个包容性好、回报力强的基业长青型组织。不然的话，创业者就会沦落为失败者，他的资源和能力会在"极具破坏力的资本主义"（destructive capitalism）的威力下迅速耗尽，并被迫退出经营领域。

（3）创业资源效用的多维性。

资源效用的多维性，是指同样的资源在不同时间对于不同的人具有不同的使用价值。或者反过来说，不同的人在不同的时间，对同样的资源要素具有不同的效用期望。由于同一资源对于不同的人具有不同效用，新的效用有可能被开发和创造出来，为创业企业创造新的价值与收益。

（4）创业资源能实现新效用。

资源价值来自资源属性的效用，而资源效用不是一成不变的东西，会在社会活动中不断被发现。创业者按自身发现的效用对所获资源进行开发利用，把发现的资源新效用变成产品或服务的新功能，以此获得价值增值甚至是超额利润。这种发现和实现资源新效用的过程，就是创业活动的本质（Sarasvathy and Dew，2008）。

3.3.2 创业资源的类型

在创业过程中，所需资源涉及方方面面，包括人力、物力、财力等，即不仅需要人力资源，法律、资金、设备等资源也缺一不可。对于创业资源的分类，不同的学者基于各自的角度进行了研究。本书整理了相关参考文献，列举了一些知名学者对创业资源分类的研究，如表3-1所示。

表3-1 不同学者对创业资源的分类

学者	创业资源分类
巴尼（Barney，1991）	根据资源重要性可分为：人力资源、物质资源和组织资源。细分为：人力和技术资源、财务资源和生产经营性资源
林强（2003）	分类较为全面：五大要素资源（场地、科技、人才、管理、资金资源）和两大环境资源（竞争环境、生活环境）；提出针对高科技企业所需的环境资源应为四类：政策、信息、文化和品牌资源
姚梅芳等（2008）	划分为核心资源（人才、管理、技术）和基础资源（资金、场地），这两者是生存型创业所必需的，而其他资源（政策、信息、人脉、行业、品牌、文化）积累得越多，创业过程越顺利，创业成功可能性越大
林嵩（2007）和余绍忠（2013）	分为6个资源：间接资源（政策、信息、科技），直接资源（资金、人才、管理）；创业企业可获资源较少，外部机构要给予资源支持
蔡莉、柳青（2007）	分为人力资源、物质资源、技术资源、财务资源、市场资源和组织资源六种类型，其中人力资源的定义比较宽泛，可以进一步分为智力资源、声誉资源和社会资源三种

学者	创业资源分类
李宇（2009）	基于内部与外部、无形与有形的角度，将创业资源分为内部要素资源与外部网络资源。内部要素包括资金获得的难易程度、企业场地与设备情况、企业的声誉情况；外部网络包括企业与经销商、制造商、政府等外部主体的联系组成的"企业外部生活环境"

由于创业活动需要的资源多种多样，开辟不同的资源获取渠道是保障企业生存与发展的必经之路。根据梳理已有学者对创业资源的分类研究、结合创业资源的可获得性，本书将创业资源划分为：直接资源和间接资源。

人才资源、资金资源、经营管理资源是直接参与企业战略规划的资源要素，可以把它们归为直接资源。政策资源、信息资源、科技资源这三类资源要素对创业成长的影响更多的是提供便利和支持，而非直接参与创业战略的制定和执行，因此对创业战略的规划发挥间接作用，可以把它们归为间接资源。根据上述分析，本书的创业资源分类如图 3 - 2 所示。

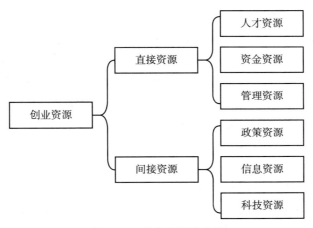

图 3 - 2　创业资源的分类

1. 直接资源

直接资源是最基础的、直接决定创业企业存亡的关键性资源。创业企业通过设法获取所需的技术、资金等基础性资源，并有效地配置和建构资源基础，将能够实现最大的创业效益。

（1）人才资源。

人才资源即指企业中素质层次较高部分人员的拥有量。在知识经济时代，人才资源是企业的核心，是企业可持续经营的关键资源。要从以下三个方面衡量创业企业的人才资源：

①企业自身拥有的创新能力强的创业型人才；

②从外部吸纳的具有多种专业和知识背景的高学历综合性人才；

③企业培养的团队协作精神强的创业团队。

创业企业需要反思：是否有合适的专业人才来完成所应该承担的任务或职责？团队中每个成员的权限都不同，因此企业需要招揽不同专业类型的人才，这样才能更好地全面发展创业项目。人才资源有其独特的重要性，如图3-3所示。

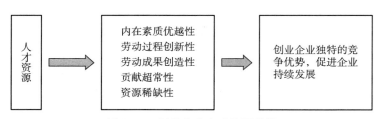

图3-3　创业企业人才资源特性

（2）资金资源。

资金资源即企业运营所需要的资金。从三个方面衡量创业企业的资金资源：

①企业初始创办时的自有资金；

②运营时具有较为充裕的流动性资金可供支配；

③拥有多种融资渠道。

开发新的产品、产品的营销以及市场推广活动等企业运营活动都需要充足的资金支持以及完备的财务预算。创业企业需要反思：是否有足够的启动资金？是否有资金支持创业最初几个月的亏损？从反思中构建对资金资源的最直接认识。企业要从外部融资获得所需资金，进而将其和内部资金进行整合，为创业项目提供一定的资金基础。

（3）管理资源。

（经营）管理资源即指企业的组织运行机制、管理制度以及创业者或管理者所拥有的管理经验、知识和管理能力等。从三个方面衡量创业企业的资金资源：

①创业者的管理能力与经验；

②企业自身的管理知识系统；

③从外部获取的各种管理建议与策划咨询。

创业企业所需要反思：凭什么找到客户？凭什么应对变化？凭什么确保能够及时、足量地得到企业运营所需？凭什么让创业企业内部能有效地按照最初的设想运转起来？这些都是管理资源所体现的部分。企业的运转以及各部门之间配合高效的关键在于管理。企业拥有完善的管理资源，可以较好地调度与使用资源。

2. 间接资源

（1）政策资源。

政策资源包括政府的鼓励政策、扶持政策或者优惠政策等。从三个方面衡量创业企业的资金资源：

第一，创业企业得到的税收、投融资等方面的政策优惠与倾斜；

第二，政府的创业培训课程与辅导政策；

第三，政府已出台的创业人才引进计划。

白彬和张再生（2016）提出需要设计一套支持创业主体快速持续成长的动态政策支持体系。创业企业需要根据不同发展阶段，选择性地采用政策资源，如何适当地借助政府这个"助推器"来助力企业发展，为创业提供便利。这是创业者在创业过程中需要不断摸索的，对创业者的创业能力是极大的挑战。

目前政府的创业扶持政策主要包括财政扶持政策、融资政策、税收政策、科技政策、产业政策、中介服务政策、创业扶持政策、对外经济技术合作与交流政策、政府采购政策、人才政策等。

（2）信息资源。

本书中信息资源的定义，采用杨延廷和许宏翠（1998）从狭义上的界定：信息资源是指文献资源或数据资源，抑或是各种媒介和形式的信息的集合，包括文字、声像、印刷品、电子信息、数据库等。从四个方面衡量创业企业的信息资源：

①企业所处的行业信息；

②市场、外部需求和竞争的信息；

③一些公共的产品与技术信息；

④生产经营（采购、制造、营销等）各环节的信息。

创业企业需要反思：依靠什么来进行决策？从哪里获得决策所需的信息？从哪里获得有关创业资源的信息？不同创业企业所拥有的信息资源量往往不同。

创业者要善于将信息资源与大数据融合，加强企业的信息资源管理。如今社会已经步入大数据时代，信息爆炸式地出现，使得信息资源涵盖范围更广，更具厚度与深度，包罗万象，这些使创业者在识别与获取信息资源时要面对较大的挑战。杜占河和原欣伟（2017）也认为由于大数据时代的到来，企业的信息资源增多，信息资源的价值更大，其在企业中受到了高度重视。因此，企业家要善于利用大数据特征与技术，管理和获取更多的信息资源。掌握更多信息的创业企业通常更善于就一个具体的商业创意做出准确的创业决策与行动，更能提高创业效率与效果。

（3）科技资源。

科技资源是指能对企业具有商业价值的科技成果、生产工艺过程或作业程序等。从三个方面衡量创业企业的科技资源：

①企业拥有的科技成果、科技项目以及三大类专利；

②从外部获取的科技成果与科技帮助；

③企业构建科技转换平台，实现科技成果商品化。

创业企业需要反思：企业凭什么在市场上竞争，应为社会提供什么样的产品和服务？科技资源是提升创业绩效的一种必要的基础性资源。张公一和孙晓欧（2013）

研究发现企业的科技资源的识别与获取、整合与利用能力等对企业创新绩效有显著的正向作用。纵观历史，造就了惠普公司、英特尔公司、苹果公司等高科技企业，造就了硅谷神话，为企业创造了巨大的社会财富的就是核心的科学技术资源。

3.3.3 创业资源的管理内容

创业资源管理的主要内容就是对多种创业资源进行整合管理的过程。创业资源丰富且具有差异性，如何管理这些资源将决定创业企业的生存轨迹。资金、人才、时间资源的管理将是创业资源管理的关键因素。正如彼得·德鲁克所说，管理者的责任就是要对得起自己所支配的资源。创业资源管理包括这些资源的获取、分配与组织等方面的内容。

1. 资金管理

资金资源是创业企业所拥有的货币资源，是识别并实践创业想法的基本要素。它主要来源于创业者自身、投资人以及债务人，包括创业者的自筹资金、投资人的风险投资、金融机构的贷款等。一般公司的创业在公司内部发生，新业务通常由老业务的收入来支撑，所以资金来源显得有保障。在此种资金获取方法下，由于新业务本身不但没有收益，而且必须投入大量的资金，从而导致"新业务的招损"，因此，这样可能会打击老业务员的工作积极性，对企业发展很不利，特别是当企业从专业化向多元化转变时更是如此。而解决此问题的办法主要有：对新项目采用种子资助资金的方法，利用内部风险投资或采用其他有偿使用资金的方式。而对于初次创业者，新业务通常都是依靠创业者自筹资金来支撑，所以资金来源比较紧张，而要解决此问题，可采用引入风险投资或其他有偿使用资金的办法。

2. 人才管理

人力资源除了包括创业者、创业团队及企业员工等，还包括创业企业在社会关系、专业技能等方面的资源。人才的培养在人力资源管理中占据重要地位，正如柳传志所说："人才是利润最高的商品，能够经营好人才的企业才是最终的大赢家。"创业企业不仅拓展自身的社会网络，还要雇用专业技能较强的员工，以使人力资源效用最大化。

公司创业的另一个重要问题就是人才的支撑。当项目处于种子孕育阶段时，主要由少数几位团队成员来运营和管理。一旦其进入了孵化发展阶段，就需要有得力的人才来进行规划与管理。因此，在这里也存在新老项目争夺人才的问题。为了使新老项目的发展不至于受人才问题的制约与影响，在发展过程中，企业必须注意培养人才或招聘新人。而对于初次创业者来说，只存在人才的有效分配与利用问题，并不存在公司内部争夺人才这个问题，因为公司本身就是一个从无到有、艰苦奋斗的集体。

3. 工作时间的分配

相对于初次创业者创业，企业创业最大的问题就是创业者的工作时间与精力很难得到保障。通常来说，企业内部的创业者既要完成当前的工作，又要进行项目的开发工作，因此，工作时间分配经常顾此失彼。为了保证员工有充足的时间来孵化创新性想法，组织部门应该从制度上给予保障；同时，应调整他们的工作负担，避免对员工施加过多的压力，勿使其背负过多精神负担，允许他们长时间解决创新问题。例如，柯达公司的创业者可以将 20% 的工作时间用在完善创业设想上，如果设想可行，创业者可以离开原来的岗位专心于新工作。

而对于初次创业者来说，工作方面均是全力以赴，工作时间通常比较长且能自由支配。

资金、人才、时间等资源是创业型企业生存和发展的基础，创业企业必须加强这些资源的管理，若资金管理不当，有可能导致新老业务资金分配上的不合理；而人才能为企业的持续发展注入新鲜血液，人才管理对创业企业至关重要。工作时间的合理分配可以让创业者劳逸结合，更加专心于工作。合理的资源管理才能让企业有发展壮大的希望。

3.4　创业企业的生存管理

3.4.1　企业战略管理

1. 企业战略的内涵与特殊性

企业战略是企业行动的纲领与发展的方向性定位。新设企业战略管理是确定企业使命，根据新设企业外部环境和内部经营要素确定企业目标，保证目标的正确落实，使企业使命最终得以实现的一个动态过程。"战略"一词的希腊语是"strategos"，原是一个军事术语。20 世纪 60 年代，战略思想开始运用于商业领域，并与达尔文"物竞天择"的生物进化思想共同成为战略管理学科的两大思想源流。从国内外情况看，目前对企业战略的含义的阐述主要有以下几种：

一是以美国的波特教授的《竞争战略》《竞争优势》《国家竞争优势》等书的观点为代表，强调竞争性。在他们看来，企业战略的重心就是考虑如何才能在与对手的商业竞争中赢得胜利。

二是认为企业战略就是千方百计找准战略定位。其以国内学者潘俊贤的《重塑战略定位》、裴中阳的《战略定位》等书中阐明的观点为代表。他们认为，战略就是定位，定位就是战略，王老吉饮料"上火，喝王老吉"的成功定位，以及马云将阿里巴巴定位为一家商务服务公司而不是一家互联网公司，从而取得成功，就是最好的例证。

三是从企业战略的根本目的出发对其进行定义。这以美国的约翰·威尔斯（John Wells）的《战略的智慧》、唐东方的《战略规划三部曲》中的观点为代表。他们认为，企业战略就是采取措施实现从低级战略智商到中、高级战略智商的跨越过程，其目的就是实现企业发展。战略就是关于企业如何发展的理论体系。

综上所述，本书将企业战略的内涵概括为：它是指企业为实现目标与价值而做出的行动选择，是整体和局部、阶段性和长期性、稳定与应变、竞争与风险管控等内在要素的辩证统一、有机组合。

创业企业战略还具有以下特殊性：

（1）环境更具复杂性。

创业企业战略的环境性是指创业战略在创业环境与创业资源的基础上，描述未来方向的总体构想，与产业环境相适应、与外部的宏观环境相适应。这要求创业者在制定战略时，审视自己所面临的各种复杂环境，制定出适应环境的战略。

（2）调整更具柔性。

与大企业相比，创业企业在组织结构上的优势在于：企业的组织结构简单，管理层次比较少，高层管理者更贴近客户，更容易感受大市场上发生的变化。创业企业可及时发现外部环境给企业带来的机会和威胁，并且能够对环境的变化做出迅速的反应。

（3）沟通更具投资导向性。

对于内部而言，由于新设企业管理层级较少、结构简单，公司战略可通过正式或非正式的渠道被员工所了解，并影响其工作行为，使得整个战略沟通相对简单。而对于外部而言，新设企业的战略与外部投资人进行沟通时阻力较大，会影响投资人与创业者之间的信任关系，最终导致双方的冲突。

2. 企业战略管理的选择

创业企业战略管理对新设企业十分重要，一般而言，创业企业战略管理包括战略分析、战略选择和战略控制三个方面。其中战略分析主要是针对企业内外部环境的分析，其主要目的是发现外部环境给企业带来的机会和威胁，同时考虑企业内部条件的优势和劣势，为新设企业找到一个合适的位置，并选择一个合适的战略与其他企业竞争。下面介绍新设企业可供选择的几种基本战略。

（1）模仿战略。

模仿战略是指不占资源优势的新创企业实施追随策略，通过模仿竞争者提供的产品与服务达到快速学习发展目的。正如杰克·韦尔奇所说："商业活动的精髓之一就是学会如何利用别人的智慧。"采用模仿战略并不意味着单纯地照抄照搬，企业必须在模仿的基础上结合市场需求进行改进和创新。模仿战略应在法律的规范下进行，应避免侵权行为，这是模仿者必须遵循的准则。

企业采用模仿战略之前应进行必要的学习和技术准备，为模仿战略的实施打下基础，同时还要注重通过模仿培育企业自主开发的能力。模仿战略的优点在于回避投资风险，加快技术扩散，但也有以下缺点：一是具有时滞性。模仿创新必须等到自主创新完成后才能进行，在创新活动中处于比较被动的地位，而且模仿产品需要更大的市场开发力度。二是新技术并不总是可以被模仿。有一些技术的破译和解密是非常困难的。

（2）差异化战略。

差异化战略也称别具一格战略、差别化战略，是指为使企业的产品、服务、形象等与竞争对手有明显的区别，以获得竞争优势而采取的战略。

差异化战略的类型主要有顾客差异化战略、产品差异化战略、服务差异化战略、人事差异化战略和形象差异化战略。顾客差异化指不同的顾客具有不同的需求、偏好和财务状况等，不同的顾客对产品和服务的满意期望值也各不相同，即使同一顾客在不同的时间或地点对产品和服务的要求也可能不一样。因此，差异化顾客的存在，就成为企业差异化战略选择的外在依据。产品差异化可以从很多方面入手，如产品的质量、价格、售后服务等。服务差异化特别指服务性行业，在顾客的物质生活越来越丰富的今天，企业应注重针对不同的顾客提供针对性、特殊性、个性化的各种服务。人事差异化指企业内部人员的素质、精神面貌、言谈举止等都是决定企业能否实施差异化的因素。形象差异化指随着感性消费时代的来临以及市场的日趋规范，在全球经济一体化的大背景下，品牌形象差异也成为企业赢得优势的重要工具。它可以培养顾客认牌购买的习惯，把企业的品牌根植于顾客的心中。

在被称作个性化、多样化的多元价值的时代差异化战略尤为重要。在这种差异化战略中最重要的问题是如何差异化的问题即在哪一环节或以什么方式差异化。这种差异化的选择实际上就是以什么为武器与竞争对手进行竞争的竞争武器的选择。差异化的产品或服务能够满足某些消费群体的特殊需要，这种差异化是其他竞争对手所不能提供的，可以与竞争对手相抗衡。产品或服务差异化也将降低顾客对价格的敏感性，使其不大可能转而购买其他的产品或服务，从而使企业避开价格竞争。其缺点是：企业进行产品差别化时投入的成本过高；在竞争对手的模仿和进攻下，实施差异化策略的企业已建立的差异缩小甚至转向，从而失去竞争优势。

（3）集中型战略。

集中型战略即聚焦战略，是指把经营战略的重点放在一个特定的目标上，为特定的地区或特定的购买者集团提供特殊的产品或服务。该战略的前提思想是：企业业务的专一化。企业能以更高的效率和更好的效果为某一狭窄的细分市场服务，从而超越在较广阔范围内竞争的对手们。这样可以避免大而弱的分散投资局面，容易形成企业的核心竞争力。

集中型战略适应了本企业资源有限这一特点，可以集中力量向某一特定子市场提供最好的服务，而且经营目标集中，管理简单方便。集中型战略使企业经营成本降低，有利于集中使用企业资源，实现生产的专业化，实现规模经济的效益。其缺点是：对环境的适应能力较差，有较大风险，放弃了其他市场机会，一旦企业的产品或服务的市场萎缩，企业就会面临困境。

（4）成本领先战略。

成本领先战略即低成本战略，是指企业通过降低自己的生产和经营成本，以低于竞争对手的产品价格获得市场占有率，并获得同行业平均水平以上的利润。

根据企业获取成本优势的方法不同，我们把成本领先战略概括为以下几种主要类型：①简化产品型成本领先战略；②改进设计型成本领先战略；③材料节约型成本领先战略；④人工费用降低型成本领先战略；⑤生产创新及自动化型成本领先战略。

成本领先战略可以吸引对产品或服务价格敏感的消费者，降低替代品的威胁，同时增强企业讨价还价的能力。其缺点是：过度关注成本控制，忽视消费者需求的变化，而且技术的进步将降低企业资源的效用。

四种战略主要的优缺点如表3-2所示。

表3-2 企业四大战略优缺点对比

企业战略	优点	缺点
模仿战略	1. 回避投资风险 2. 加快技术扩散	1. 时滞性 2. 模仿技术难度大
差异化战略	1. 产品独特性 2. 降低顾客敏感程度	1. 研制差异化产品成本高 2. 易被模仿，失去竞争优势
集中型战略	1. 经营目标集中，管理简单方便 2. 经营成本低，生产实现专业化	对环境的适应能力较差，风险较大
成本领先战略	1. 吸引价格敏感型消费者 2. 降低替代品威胁 3. 增强企业讨价还价能力	1. 过度关注成本控制，忽视消费者需求的变化 2. 技术进步降低资源的效用

3. 企业战略管理的实施与控制

战略实施和控制就是将战略转化为行动。战略的制定解决的是"应该做什么"的问题，强调的是分析和决策能力；战略的实施解决的是"怎么做"的问题，强调的是执行能力；在战略实施过程中，如发现偏差，应及时控制，采取纠正措施。

企业战略实施包含四个相互联系的阶段，如图3-4所示。

图3-4 企业战略实施的四个阶段

（1）战略发动阶段。

调动起大多数员工实现新战略的积极性和主动性，要对企业管理人员和员工进行培训，灌输新的思想、新的观念，使大多数人逐步接受一种新的战略。

（2）战略计划阶段。

将经营战略分解为几个战略实施阶段，每个战略实施阶段都有分阶段的目标，相应的有每个阶段的政策措施、部门策略以及相应的方针等。要对各分阶段目标进行统筹规划、全面安排。

（3）战略运作阶段。

企业战略的实施运作主要与各级领导人员的素质和价值观念、企业的组织机构、企业文化、资源结构与分配、信息沟通与控制及激励制度六个因素有关。

（4）战略的控制与评估阶段。

战略是在变化的环境中实践的，企业只有加强对战略执行过程的控制与评估，才能适应环境的变化，完成战略任务。这一阶段主要包括建立控制系统、监控绩效和评估偏差、控制及纠正偏差三个方面。

按照战略控制的职能，新设企业战略控制存在三项基本活动，即考察新设企业的内外部环境、分析战略绩效的度量和偏差以及纠正偏差。这三项活动分别承担了对战略实施条件的审视、对战略实施效果的评价和对战略基于反馈的调整。三项基本活动之间在时间顺序上前后连接、相互联系，构成战略管理的控制职能。新设企业战略控制是一项系统的工程；企业战略内外环境的考察和战略绩效的度量与分析构成了战略评价的内容；采取纠正措施是战略控制的手段。

3.4.2　创业企业市场营销管理

1. 市场营销管理的内涵及类型

市场营销管理又称营销管理，是企业管理的重要组成部分，指的是为实现企业或组织目标，建立和保持与目标市场之间的互利的交换关系，而对设计项目的分析、规划、实施和控制。营销管理的实质是需求管理，即对需求的水平、时机和性质进行有效的调解。

新设企业强调团队合作，强调供应链，因此，各个环节的需求都要考虑到，只有这样的营销政策才是好政策。但在营销中，企业制定营销政策要充分考虑营销政策推行的各个方面，其中主要是企业、消费者、经销商、终端、销售队伍五个方面。营销管理要满足企业的需求、满足消费者的需求、满足经销商的需求、满足终端的需求、满足销售队伍的需求。在不断满足需求的过程中企业得到了发展。

市场营销管理包括八大类型，具体如表 3-3 所示。

表 3 – 3   八大市场营销管理类型

1. 扭转性营销	需求状况：负需求，即全部或大部分潜在购买者对某种产品或服务不仅没有需求，甚至厌恶。营销的任务是扭转需求
2. 刺激性营销	需求状况：无需求或对新产品、新的服务项目不了解而没有需求，或产品是非生活必需的"奢侈品""赏玩品"等，是"有闲阶级""有钱阶级"的选择。营销的任务是激发需求，要在预期收益上做文章，设法引起消费者的兴趣，刺激需求
3. 开发性营销	需求状况：潜在需求，即消费者对现实市场上还不存在的某种产品或服务的强烈需求。营销的任务是实现需求，设法提供能满足潜在需求的产品或服务
4. 平衡性营销	需求状况：不规则需求，即在不同时间、季节需求量不同，因而与供给量不协调。营销的任务是调节需求，设法调节需求与供给的矛盾，使二者达到协调同步
5. 恢复性营销	需求状况：需求衰退，即消费者对产品的需求和兴趣从高潮走向衰退。营销任务是恢复需求，设法使已衰退的需求重新兴起。但实行恢复性营销的前提是：处于衰退期的产品或服务有出现新的生命周期的可能性，否则劳而无功
6. 维护性营销	需求状况：饱和需求，即当前的需求在数量和时间上同预期需求已达到一致，但会变化。一是消费者偏好和兴趣的改变；二是同业者之间的竞争。营销的任务是维护需求，设法维护现有的销售水平，防止出现下降趋势
7. 限制性营销	需求状况：过剩需求，即需求量超过了卖方所能供给或所愿供给的水平。营销的任务是限制需求，通常采取提高价格、减少服务项目和供应网点、劝导节约等措施
8. 抑制性营销	需求状况：有害需求。营销的任务是强调产品或服务的有害性，从而抵制这种产品或服务的生产和经营

2. 企业营销战略的实施与控制

营销管理是一个过程，新设企业营销管理的过程是营销内容和程序的体现，具体可概括为分析市场机会、选择目标市场、设计市场营销策略、执行和控制市场营销计划等几个阶段。市场营销战略的实施是指企业为确保营销目标的实现，将营销战略和计划转为具体营销活动的过程。营销控制指的是市场营销管理者用来跟踪企业营销活动各个环节的一整套程序，其目的是确保营销活动按期望目标进行。

新设企业的市场营销实施过程包含五个相互制约的方面：

（1）落实行动方案，即将营销计划具体落实安排；

（2）确定组织结构，明确各部门的职责和协调任务；

（3）决策与报酬制度，涉及决策营销策略的运用和营销人员的报酬、评估与激励；

（4）人力资源，主要是对营销人员的开发与管理；

（5）企业文化和管理风格，要求建立独具特色的企业文化和营销理念。

新设企业的营销战略是否能落实到营销计划中，营销计划能否有效实施，关键取决于三个技能：

第一是发现和诊断问题的技能，即企业对营销信息的及时收集处理和运用，其能运用 SWOT 分析法确定营销规划；

第二是对公司存在的问题的层次做出评估的技能，这是企业内部的营销决策能力，取决于高层管理者、营销经理和营销人员三个层次的快速反应能力；

第三是实施计划的技能，指的是分配、监控、组织和协调（相互配合）的技能。

市场营销战略的控制一般可分为六个步骤：确定控制对象、确定衡量标准、确定控制标准、确定检查方法、分析偏差原因和采取纠正措施，如图 3 – 5 所示。

图 3 – 5　市场营销战略控制步骤图

企业营销战略的控制主要有年度计划控制、盈利能力控制、效率控制和战略控制四种方法。年度计划控制通常可通过销售分析、市场占有率分析、营销费用与销售额的比率分析、财务分析和顾客满意度追踪分析来衡量计划的执行情况。盈利能力控制主要是衡量新设企业各种产品、地区、顾客群、分销渠道和订单规模等方面的获利情况，以帮助创业者决定如何调整产品营销结构。效率控制是对企业销售人员、广告、促销和分销等方面的工作绩效评估。战略控制是对企业制定的各种目标、政策、战略和计划，随着市场环境的变化和竞争格局的变化，进行适时的调整控制。

3.4.3　创业企业财务管理

1. 企业财务管理的目标

财务管理是在一定的整体目标下，关于资产的购置（投资）、资本的融通（筹资）、经营中现金流量（营运资金）以及利润分配的管理。财务部门不同于其他部门，其本身并不能创造什么价值，但由于企业财务管理部门直接向管理层提供第一手的信息，因此它实际上是一个隐性的管理部门。

目前，我国企业财务管理的目标有多种，其中以利润最大化、股东财富最大化、每股收益最大化和相关者利益最大化等目标最具有影响力和代表性。

（1）利润最大化。

利润最大化是指企业通过对财务活动和经营活动的管理，不断增加企业利润。这一观点认为，利润代表企业新创造的财富，利润越多则说明企业的财富增加越多，越接近企业的目标。

厂商从事生产或出售商品的目的是赚取利润。如果总收益大于总成本，就会有利润。需要注意的是，这里讲的利润指的是超额利润，不包括正常利润，正常利润包括在总成本中。厂商从事生产或销售活动不仅要获取利润，而且要获取最大利润，厂商利润最大化原则就是产量的边际收益等于边际成本的原则。边际收益是最后增加一单位销售量所增加的收益，边际成本是最后增加一单位产量所增加的成本。如果最后增加一单位产量的边际收益大于边际成本，就意味着增加产量可以增加总利润，于是厂商会继续增加产量，以实现最大利润目标。只有在边际收益等于边际成本时，厂商的总利润才能达到最大值。

利润最大化的发展初期是在 19 世纪初，那时企业的特征是私人筹集、私人财产和独资形式，通过利润的最大化可以满足投资主体的要求。利润最大化的缺点表现在没有考虑利润的取得时间，没有考虑所获利润和投入资本额的关系，没有考虑获取利润和所承担风险的关系。

（2）股东财富最大化。

股东财富最大化又称股价最大化或企业价值最大化，是指通过财务上的合理经营，为股东带来最多的财富。持这种观点的学者认为，股东创办企业的目的是增长财富。他们是企业的所有者，是企业资本的提供者，其投资的价值在于能给所有者带来未来报酬，包括获得股利和出售股权获取现金。股东财富最大化以每股价格表示，反映了资本和获利之间的关系。受预期每股收益及企业风险大小的影响，其反映了每股收益的大小与风险。需要注意的是，股东财富最大化适用于资本市场比较发达的美国，不符合我国国情。股东财富最大化与利润最大化存在较大区别，如表 3 - 4 所示。

表 3 - 4　　　　　　　　　股东财富最大化与利润最大化的对比

财务管理目标	考虑货币时间价值	考虑资本与投入关系	决策行为倾向	适用主体
利润最大化	×	×	决策带有短期行为倾向	非上市公司
股东财富最大化	√	√	权衡股东近期与未来的财富价值	上市公司

（3）每股收益最大化。资本利润率最大化又称每股利润最大化或每股收益最大化，是指将企业实现的利润与投入的资本或股本进行对比，可以在不同资本规模的企业或期间进行对比，揭示其盈利水平的差异。这种观点认为，应该把企业利润与投入的资本相联系，用资本利润率（每股利润）概括企业财务管理目标。

但是这种观点仍然存在两个问题：一是没有考虑资金的时间价值；二是没有考虑风险问题，也不能避免企业的短期行为。

（4）相关者利益最大化。企业的利益相关者包括股东、企业债权人、企业经营者、客户、供应商、员工、政府等，在确定企业财务管理目标时，不能忽视这些相关利益群体的利益。这种观点有利于企业长期稳定发展，实现企业经济效益和社会效益的统一，较好地兼顾了各利益主体的利益，体现了前瞻性和可操作性的统一。

关于利益相关者的理论研究认为利益相关者参与了企业决策并承担了相应的风险（Freeman，2010），不能仅以股东财富最大化作为财务目标，应当兼顾企业各个利益相关者的利益。但相关者利益最大化存在以下问题：一是企业利益相关者较多，利益相关者利益最大化将导致公司财务目标多元化；二是资源的有限性决定了不能满足每个利益相关者的利益要求；三是过多的财务目标使得公司经营决策更加困难。

2. 企业财务管理的控制

新设企业财务控制的总体目标是在确保法律法规和规章制度贯彻执行的基础上，优化企业整体资源综合配置效益，厘定资本保值和增值的委托责任目标与其他各项绩效考核标准来制定财务控制目标，是企业理财活动的关键环节，也是确保实现企业总体发展目标的根本保证。财务管理控制将服务于企业的发展目标。

从工业化国家发展的经验来看，企业的控制存在着宏观和微观两种不同模式。企业财务的控制是内部控制的一个重要组成部分，是内部控制的核心，是内部控制在资金和价值方面的体现。

创业企业的财务控制应当从建立严密的财务控制制度、现金流量预算、应收账款、实物资产、成本和财务风险的控制等方面入手。创业企业由于经营规模较小、资本和技术构成较低、发展时间一般不长、受自身体制和外部环境影响大等因素的影响，财务控制方面存在一些薄弱环节，如财务控制制度不健全、现金管理不当、实物资产控制薄弱、成本管理粗放、会计人员素质不高等。创业企业财务控制中存在的问题是由宏观经济环境和自身因素造成的，针对这些问题，创业企业必须结合自身特点，从多方面搞好财务管理的控制。

3.4.4　创业企业人力资源管理

1. 企业人力资源管理的内涵

人力资源管理是指在经济学与人本思想指导下，通过招聘、甄选、培训、报酬等管理形式对组织内外相关人力资源进行有效运用，满足组织当前及未来发展的需要，保证组织目标实现与成员发展的最大化的一系列活动的总称。

随着社会主义市场经济的快速发展，人力资源管理在企业管理中的作用也变得日益重要。一个企业能否健康发展，在很大程度上取决于员工素质的高低，取决于人力资源管理在企业管理中的受重视程度。创业企业必须塑造一个以人为本的企业经营管理环境，树立"人尽其才，人事相宜"的用人理念，正如彼特·F. 杜拉克所说，"不在于如何减少人的短处，而在于如何发挥人的长处。才能越高的人，其缺点也往往越显著"。重视人才的培养和开发，才能在人力资源的激烈竞争中保持自身的竞争优势。

对于人力资源的管理，可以分为宏观和微观两个方面。人力资源宏观管理是对社会整体的人力资源的计划、组织、控制，从而调整和改善人力资源状况，使之适应社会再生产的要求，保证社会经济的运行和发展。人力资源微观管理是通过对企业、事业组织的人和事的管理，处理人与人之间的关系，完善人与事的配合，充分发挥人的潜能，并对人的各种活动予以计划、组织、指挥和控制，以实现组织的目标。

2. 企业人才资源管理与人力资源管理的区别与联系

企业人才资源管理与人力资源管理并不是完全割裂的，人才管理是在公司建立了人力资源管理的基础上按其自身逻辑进一步发展的必然结果。它们在管理内容、管理负责部门、管理功能上存在明显区别。

（1）管理内容。

人才资源管理强调的是对人才的关注，例如吸引、聘用、安置、发展和保留人才。而人力资源管理强调的是平均主义，关注于流程，如薪酬体系、考勤、福利等。

（2）管理负责部门。

人才资源管理是人力资源管理部门与高层管理者共同的责任，其责任往往下放至业务主管。而人力资源管理往往只是人力资源管理部门的责任，其负责设计与宣传系统，并检验结果。

（3）管理功能。

人才资源管理的出发点是"人"与"人才"。在人才资源管理中，管理功能不是分裂的，而是紧密连接的，围绕着人才紧密耦合。而人力资源管理的各个模块是割裂的，关注点是功能的实现，而不是"人"。

虽然人才资源管理与人力资源管理在以上三个方面存在明显的区别，但是二者也有一定的联系。首先人才管理是人力资源最新的主题之一，人才管理是人力资源流程的全部范围，旨在吸引，培养，激励和留住高绩效员工。其次，人才管理涉及所有关键的人力资源领域，从招聘到入职，从绩效管理到保留。最后，人才管理和人力资源管理的最终目的都是为留住人才，提高员工绩效，最终建立可持续的竞争优势并超越竞争对手。两者的主要区别如表3-5所示。

表3-5 人才资源管理与人力资源管理的主要区别

项目	人才资源管理	人力资源管理
管理内容	强调对人才的关注	强调平均主义
管理负责部门	人力资源管理部门和高层管理者共同负责管理	往往只由人力资源管理负责管理
管理功能	管理功能紧密连接	管理模块间相互割裂

3. 创业企业人力资源管理的策略

创业企业获取其发展所需的关键核心人才，并通过有效的人力资源管理使人事相宜、人尽其才，已成为企业生存和发展的关键。

（1）端正态度，加强重视。

创业型企业由于规模小、人员少，对人力资源管理不够重视。创业企业的领导者和管理者认为员工流失对其影响不大，而且招聘员工比较容易。这种认识对企业的长远发展是不利的，容易造成企业人才的中断和关键人才的缺乏，进而会造成企业生产的中断。因此，从长远发展的角度来看，企业应当建立健全的人力资源管理制度，而且要加以重视。企业只有依靠稳定数量的员工和掌握关键、高端技术的人才，才能够不断进步和发展。

（2）完善机制，科学选拔。

建立科学的用人机制和选拔制度，对于优秀的、表现突出的人才要给予奖励和职务提升，以此来鼓励员工的工作积极性，同时也可以吸引外来的人才。要严格控制和避免关系提升，维护员工的工作积极性。创业者要高度重视企业的环境，为员工营造和提供良好的工作和学习环境，从而让企业员工的价值得到最大体现。

（3）有效激励，吸引人才。

企业要建立基本的福利保障机制，以保证员工对企业的依赖。对于工作上表现突出的、积极主动的、专业能力强的人才要给予一定的薪资奖励和职务提升，并对激励措施和机制加以完善，进而可以减少和避免人才的流失。

（4）文化建设，凝聚力量。

通过企业文化的建立和不断完善，将企业的员工和企业发展凝聚在一起，充分挖掘和利用感情留人、事业留人的激励政策的潜力，增强创业企业的和谐文化，注重关键核心人才的职业生涯发展，建立员工的归属感和成就感。

在新经济时代背景下，创业企业不仅需要做好以上四个方面的工作，而且要在此基础上不断创新企业管理策略，通过科学的方式发挥好人力资源管理的作用，让态度、机制、人才、文化等方面的管理策略进一步升华。

3.4.5　创业企业创新管理

管理是企业永恒的主题，是企业发展的基石。创新是现代企业进步的原动力，是增强核心竞争能力、获得跨越式发展、实现持续成长的决定性因素。正如张瑞敏所说，资源是有限的，创意是无限的。创业者必须要把握管理创新发展的新趋势、新要求，与时俱进，把创新渗透到管理的整个过程。冯佳（2019）认为在新经济环境下，企业组织管理创新的目的就是帮助企业充分适应新环境，从而提高自身市场竞争实力。王佳宁（2019）认为企业管理是否具有科学性和合理性会直接影响企业的发展。企业应在管理理念、形式、组织过程等方面进行创新。李康（2019）认为基于大数据技术的企业管理模式的创新是企业发展的大势所趋，其相对于传统的企业管理而言有许多突出的优点，相关企业要投入大量的资金进行技术方面的开发。总体来说，在信息化、市场化、一体化日益深化的背景下，企业要取得持续发展，必须要在理念、技术、组织及制度上不断创新，运用新的理论指导企业管理，在变化中求生存，在创新中求发展。

1. 理念创新

理念创新是企业管理创新的灵魂。正如松下幸之助所说，今后的世界，并非以武力统治，而是以创意支配。理念创新是指革除旧有的既定看法和思维模式，以新的视角、新的方法和新的思维模式，形成新的结论或思想观点，进而用于指导新的实践的过程。

管理理念创新首先要突破传统的思维模式，摒弃"等、拿、靠、要"的思想，打破"大锅饭"，实现多劳多得，充分调动全体员工的积极性、主动性和创造性；其次要适应市场经济发展的需要，努力做好内部挖潜，积极开拓外部市场，树立自觉维护企业形象的意识，建立严格的成本观念和全面质量管理观念，强化品牌战略意识和竞争意识，树立以人为本、超值服务的理念。

2. 技术创新

技术创新是企业管理创新的基础。技术创新是指生产技术的创新，包括开发新技术或者将已有的技术进行应用创新。技术创新已成为企业赢得市场的根本途径和有力锐器。企业的技术创新包括技术研发和技术改造。企业可根据自身的技术条件充分开展技术创新活动，通过技术创新取得核心技术优势。

在信息时代，企业取胜的关键因素是企业自身的技术优势，而不一定是资金和资源优势。因此，现代企业技术创新要有规范有序的内部运行机制和良好的外部环境。就企业自身而言，必须建立有效的激励机制和稳定的技术支撑体系，形成有自己知识产权的技术创新能力，有自己的核心技术项目，同时对该项目有较强的控制能力。对外部环境来讲，企业应该积极争取国家有关政策支持，充分利用技术优势大力开发外部市场，形成一个稳定、多元、互惠、友好的外部市场环境。

3. 制度创新

制度创新是企业管理创新的保证。制度创新是指在人们现有的生产和生活环境条件下，通过创建新的、更能有效激励人们行为的制度、规范体系来实现社会的持续发展和变革的创新。

所有创新活动都有赖于制度创新的积淀和持续激励，通过制度创新得以固化，并以制度化的方式持续发挥作用，这是制度创新的积极意义所在。制度创新是管理创新的最高层次，是管理创新实现的基础保障。企业制度创新的目的是建立一种更优、更高效的管理制度，综合协调企业所有者、经营者、劳动者的权力和利益关系，使企业具有更高的管理效率。

4. 组织创新

组织创新是企业管理创新的关键。现代企业组织创新就是为了实现管理目的，将企业资源进行重组与重置，采用新的管理方式和方法、新的组织结构和比例关系，使企业发挥更大效益的创新活动。

组织创新的方向就是要建立现代企业制度，真正做到"产权清晰、权责明确、政企分开、管理科学"。企业的组织创新不但要适应企业当前的经营管理需要，更要着眼于企业的后续发展，要对企业未来的发展方向、经营目标以及活动范围进行系统筹划。企业的组织创新要不断优化各项生产要素，大力开发人力资源，在加强实体管理的同时，注重企业价值形态意识的培养。企业的组织创新还需要建立能对市场信息变化做出及时反应的应变体系，适时调整管理思路和经营方式，完成安全生产、资产经营、项目发展等各项目标任务。

综上所述，企业管理创新对于促进企业发展十分重要，并且能够有效地提升企业在市场竞争中的地位，其通过充分调动企业员工的工作积极性，促进企业员工树立正确的经营理念，搭建良好的人才资源管理体系，培育企业文化，达到提高企业竞争力和凝聚力的目的。但是企业想要快速达到管理创新相对较难，所以其应当不断提升管理创新能力，从而达到可持续发展的目的。

 案例分析

克莱斯勒公司的起死回生之道[①]

一、公司背景

克莱斯勒汽车公司是美国第三大汽车公司，其汽车销售额在全世界汽车公司中名列第九。它的前身是麦克斯韦尔汽车公司。

克莱斯勒公司以经营汽车业务为主，也涉足游艇、钢铁、艇外推进器、军用物资等业务，以及出口、运输、金融、信贷、租赁和保险领域。公司在国内拥有 36 家汽车制造厂和汽车零部件厂、22 个零部件仓库以及 10 家国防及宇航业工厂。公司产品（业务）分两大类：一是汽车产品。其包括成品汽车及其零部件。公司也从其他汽车公司进口并为其销售小汽车，生产所需的工程技术、设计制造设备由克莱斯勒技术中心提供。二是克莱斯勒金融业务。克莱斯勒金融机构及其附属机构为克莱斯勒的客户提供各式金融服务。公司也提供批发和零售金融服务、租赁服务、库存金融服务和消费信贷。此外还有其他的业务，主要指五星运输公司及其附属机构从 20 世纪 80 年代末开始提供的汽车租赁服务。

二、墨守成规，陷入低谷

克莱斯勒公司在二战以前曾有过辉煌的历史，创业短短十年便迅速上升为美国第二大汽车公司。然而，由于 20 世纪 40 年代公司为降低成本一直不肯改进原有车型，墨守成规，未进行重大技术创新，其在汽车市场迅速扩张的时期丧失了大好机会，丢

---

① 周家高. 艾柯卡何以使克莱斯勒公司起死回生 [J]. 世界汽车，2002（3）：43 – 44.

掉了很大部分市场份额。此后，公司以购买克莱斯勒澳大利亚公司的大部分股权为开端开始了在北美以外扩张的历史。然而在公司努力扩充业务的同时，内部却不断发生人事摩擦，致使其一度陷入濒临破产的窘境。尽管如此，这一时期公司还是进行了一系列较大规模的扩张活动，与此同时还开展了规模不大的多样化经营活动。此外，公司还兼并了许多汽车零部件制造商，以增加产品种类。

在 20 世纪 70 年代的石油危机中，为应付原油价格上涨、激烈的国际竞争、不断上升的投资成本，公司被迫将大部分重要的国外资产处理掉或进行改组。这时公司并没有吸取以往的教训——当时石油价格飞涨，消费者不得不选用省油、质高、价低的小型车，对此公司则缺乏正确的判断力和对形势的客观估计，在这重要的转型时期并没有迅速调整生产方向，而是继续保持大型车的生产，公司市场占有率再度迅速下降，几乎破产。

三、调整战略，力挽狂澜

1978 年艾科卡担任总裁后，才针对公司内部人浮于事、部门重叠、任人唯亲、秩序混乱、缺乏沟通、效率低下的种种弊端进行了改革，两年内，艾科卡关闭 20 家工厂，裁员半数以上，解聘 33 名副总裁，高级管理人员减薪 10%，将留用职工薪金减少 12 亿美元。同时引进财务人才，建立公司内部沟通制度，聘用一流的广告公司。

公司还采取措施紧紧团结经销商。多年来，克莱斯勒与经销商的关系不好，因为所有经销商几乎都习惯于收到克莱斯勒的新车后再重装一次。艾科卡到任后，很快组织与经销商见面，与他们交流意见，告诉他们公司准备在各领域树立纪律观念，并再三许诺保证产品质量；之后又多次召开经销商讲习会，为他们提供商品信息，介绍汽车技术知识等。修复好关系后，利用经销商的社会影响与惊人的活动能力，克莱斯勒得到了新的贷款，获取了新的战斗机会。

艾科卡逐渐使人们认识到：我们从阔舅舅那里借到一笔钱，现在得证明，咱们不会欠债不还。首先，艾科卡把自己的薪水减到每年一块钱，并把当前的情况如实向工会说出来，阐明：如果不帮忙，那么明天公司如果破产，大家全部都会失业。总裁带头，经理主管人员相当服从，工人们也做了相当大的让步。克莱斯勒团结工人的办法：一是让工人拥有公司股票，让工人分享利润，把员工的个人利益与企业紧紧结合起来；二是与工会一起对少数旷工、不好好干活的人严厉处罚，并制定了处罚规章；三是关闭一些厂子、裁员。

为此艾科卡走遍公司每个生产车间，与工人直接对话，在一系列职工大会上，他感谢工人在艰苦的日子里与公司合作。他承诺，待情况好转，一定使工人们重获与福特和通用汽车公司工人相同的待遇。

艾科卡很善于应用心理学的理论调动员工的积极性。他的基本做法是：

（1）与员工交流。他认为好的经理人员不仅应具有向董事会或委员会说明自己脑子里的想法的本领，而且花在听上的时间至少要跟讲的时间一样多，真正的交流须有来有往。经理们要善于听取意见，这样才能调动员工积极性。作为经理人员，艾科卡最得意的事情莫过于看到被称为中等或才能平庸的人受到赏识，使他们感到自己的意见被采纳，并发挥了作用。

（2）让员工了解经理人员的行动。艾科卡说，他发现动员员工的最佳方法是让他们了解整个精心策划的行动，使他们各个成为其中的一部分。

（3）要掌握好奖赏的时机。艾科卡认为提升某人的时候就是增加其责任的时候。下属如果心情好，经理人员要肯定他们的成绩，同时又要鼓励他百尺竿头，更进一步。当下属高兴时，就让他多做点事；如果下属因自己的失败闷闷不乐，经理人员如果再在此时落井下石，就有伤害他、打消其上进心的危险；当下属心灰意冷的时候则不要让他太难堪。

艾科卡认为一个经理人员如果能调动另一个人的积极性，他的成绩就很大。要使一个部门能够正常顺利运转，一切都要靠调动积极性，经理人员可以做两个人的工作，但经理人员不能是两个人。经理人员应激励其副手，副手再激励其部下，层层激励就能焕发极大的工作热情。

后来，克莱斯勒又与银行艰苦谈判，获得了政府保证的借款，在技术上则转产新型省油的汽车，直到石油价格下降才恢复生产克莱斯勒大型车和新型敞篷车。通过努力，3 年之中，公司发生了根本变化，比原定偿还期提前 7 年还清贷款。

想一想

1. 案例中，克莱斯勒公司在战略调整前的企业资源管理方面存在哪些问题？
2. 艾科卡是从哪些方面挽救公司的？关于创业企业的生存管理，你有哪些启示？

本 章 总 结

复习要点

3.1　创业企业的内涵及类型

创业企业是创业者发现市场机会、收集各项优势资源、组织特定团队实施创业活动而组建的一个工作组织。

创业的企业主要分为三种类型：谋生型创业企业、成长型创业企业及创新型创业企业/风险企业。

3.2　创业企业的特征

创业企业具有以下一般性特征：

（1）内部结构简单，办事效率较高；

（2）创业者充满探索精神，勇于冒险，对未来的期望值大于已有成就；

（3）在行业内，创业企业具有首创精神，不断推陈出新；

（4）创业企业先天居于规模和资源劣势；

（5）创业企业伴有较高风险，抗风险能力弱。

从创业企业的发展方向看，它有以下特征：

（1）发现并抓住机遇；

（2）能够创造新价值；

（3）明确市场竞争战略；

（4）有效的商业模式设计；

（5）火箭发射式或断崖抽水式。

3.3 创业企业与创业资源

创业资源是企业在创立和成长过程中所能获取的所有要素及其组合，是新创企业创立与运营的必要条件。

新创企业所拥有的创业资源越丰富，创业战略也越有保障；另外，创业资源还可以适当校正企业的战略方向，帮助新创企业选择正确的创业战略。因此，企业获取的创业资源越多，对创业战略的实施越有利。

基于资源的可获得性，将创业资源划分为：直接资源和间接资源。人才资源、资金资源、经营管理资源是直接资源；政策资源、信息资源、科技资源是间接资源。

资金、人才、时间资源的管理将是创业资源管理的关键因素。

3.4 创业企业的生存管理

创业企业战略具有以下特殊性：环境更具复杂性、调整更具柔性、沟通更具投资导向性。

市场营销战略的控制一般可分为六个步骤：确定控制对象、确定衡量标准、确定控制标准、确定检查方法、分析偏差原因和采取纠正措施。

创业企业财务管理的目标以利润最大化、每股收益最大化、股东财富最大化和相关者利益最大化等目标最具有影响力和代表性。

创业企业人力资源管理的策略：

（1）端正态度，加强重视；

（2）完善机制，科学选拔；

（3）有效激励，吸引人才；

（4）文化建设，凝聚力量

创业企业创新管理内容包括：理念创新、技术创新、制度创新、组织创新。

▌关键术语

创业企业　　市场竞争战略　　商业模式　　创业资源

人才资源　　资金资源　　经营管理资源　　政策资源
信息资源　　科技资源　　战略分析　　战略选择
战略控制　　每股收益　　股东财富　　跨越式发展

 思考题

1. 什么是创业企业？它有哪些类型？

2. 创业企业具有哪些一般性特征？从创业企业的发展方向来看，它又有哪些不同于一般的特征？

3. 你认为企业发展中最重要的创业资源是什么？请简述原因。

4. 如果你是一位创业企业的领导者，你将如何进行人力资源的管理？

5. 创新是现代企业进步的原动力，是增强核心竞争能力、获得跨越式发展、实现持续成长的决定性因素，创业者应怎样将创新渗透到管理的全过程？

第4章

识别创业商机

【学习要点及目标】

了解创业商机的概念及其识别过程，并培养自身的创业商机识别能力。

 案例导读

大器晚成宗庆后，白手起家的创业路[①]

在中国的天南海北，随便走进一间小店，然后把所有的商品目录都抄下来，你会发现，重复出现的品牌不会超过三种，而娃哈哈就可能是其中的一个；在过去的 15 年里，让每个中国人都掏钱买过的品牌不会超过三种，而娃哈哈也可能是其中的一个。这个从校办企业起家的企业，如今在神州大地上的影响力绝不容任何人小觑。

宗庆后，娃哈哈的创始人。15 年间，他筑起一个饮料王国。如今，当年的"小不点儿"已成长为拥有资产 55 亿元、在全国 19 个省市建有 50 余家全资或控股子公司、年销售收入可达 70 亿元的中国最大的食品饮料巨人。"娃哈哈"品牌驰骋全国。

42 岁的宗庆后带领两名退休老师，靠着 14 万元借款，靠代销人家的汽水、棒冰及文具纸张赚一分一厘钱起家，开始了创业历程。当他戴着草帽、蹬着平板车走街串巷，叫卖棒冰、文具的时候，当他为了发煤炉子需要的爆花，和隔壁同在教育局下面的兄弟单位吵架的时候，还想不到自己 10 年后会成为一个左右中国饮料市场格局的人。

1988 年，他们开始为别人加工口服液，1989 年成立杭州娃哈哈营养食品厂，开发生产以中医食疗"药食同源"理论为指导思想、解决小孩子不愿吃饭问题的娃哈哈儿童营养口服液，靠着确切的效果，靠着"喝了娃哈哈，吃饭就是香"的广告，产品一炮打响，走红全国。1990 年，创业只有 3 年的娃哈哈产值突破亿元大关，完成了初

---

① 大器晚成宗庆后，白手起家的创业路 ［EB/OL］.（2007－07－13）［2021－04－01］. http：// news. ppzw. com/article_Show_91563. html.

步原始积累，发生在小学校园里的经济奇迹开始引起社会和各级政府的广泛关注。

为什么小小的"儿童营养口服液"能成功？宗庆后回忆创业史时说："娃哈哈做营养液的时候，全国有 38 家企业生产营养液，但是我发现了一个市场空白点，就是儿童营养液。"那个时候，爷爷、奶奶、爸爸、妈妈追着喂食的情景几乎日复一日地在每个家庭上演。因此，宗庆后说："我选择了'促进儿童食欲'作为进入点。"而当时，其他营养液生产企业没有一家注意到这个即将浮出水面的巨大商机，给娃哈哈留出了极大的市场空当。

如今十几年过去了，家长们在为孩子不愿吃饭而愁眉不展时，仍然会想起"喝了娃哈哈，吃饭就是香"的广告语。在营养液市场，娃哈哈虽然没有能够全面称霸，但却几乎吃掉了儿童这个消费断层。

在宗庆后与娃哈哈声名大噪之后，曾有人问，人生最应大有作为的 15 年，他却在农村中度过，是否后悔？他说："这 15 年，尽管是我人生当中最年轻、最有成长希望的大好时光，看起来好像在农村没有什么作为，但对整个人生道路确实有很大帮助，至少这 15 年艰苦的生活磨炼了我的斗志。能吃得起苦，同时也练就了比较好的身体，为我 42 岁以后再重新创业打下了比较雄厚的基础。"

想一想

1. 42 岁的宗庆后发现市场空白点并成功创业后名声大噪，通过本案例你觉得商机对创业的重要作用有哪些？

2. 宗庆后的成功创业给你带来了哪些关于商机挖掘方面的启示？

4.1　创业商机相关概念

4.1.1　创业商机定义

商机顾名思义就是商业机会，是成功必要的砝码，也是成功必须具备的客观条件，是有利于达到某种结果或目标的时机、阶段的条件。创业商机主要是针对创业者而言的，是能让个体或组织的创业者在创业过程中达成创业目标的时机。

卡森（Casson）认为，创业商机是新产品、新服务、新原材料和新的组织方式能被应用或者出售以获得高于成本的收入情况。卡森对创业商机的定义意味着创业商机一定能给创业者带来利润。如果依照这个说法，现实情况中也有不少创业者的创业未能盈利，但就因此认为对于这些创业者来说创业商机并不存在，显然是不合理的。蒂蒙斯认为创业商机是有吸引力的、具有时间期限的并且存在潜在的、能够创造或增加价值的产品和服务。奥地利学派经济学家约瑟夫·熊彼特认为，创业商机就是把资源创造性地结合起来，迎合市场需求，创造价值的一种可能性。辛格（Singh）则认为，创业商机是指可行的、追求利润的、具有潜在的风险、在市场上提供一种新的产品和服务并提高了现有的产品或服务水平的机会；或者在一个较不饱和的市场中模仿一种可获利的产品或服务，以满足市场的需求的机会。从现实经验中得知，辛格的定义概括得比较全面，涵盖了产品或服务自主创新和市场模仿两方面。我国学者左凌烨和雷家骕（2002）[①] 认为创业商机是指创业者可以利用的商业机会，而且这个机会必须具有吸引力、持久性、适时性，其所涉及的产品或服务能给它的购买者或终端使用者创造一定的价值。

无论学者们从哪个角度去研究创业商机的定义，我们都可以总结出创业商机的显著特征：隐蔽性、创新性和潜在盈利性。创业商机不是任何人随便看一眼就能发现的，只有具备一定的能力和素质，积累经验，通过细心的观察，用心体会，才能发现创业商机的所在。创业商机本身就具备一定的创新性，才能吸引人们的注意，为大众提供更为便利或更优质的产品或服务。最重要的是，创业商机具备一定的可持续性的经济价值，激励创业者寻找并利用创业商机。

4.1.2　创业商机类型

创业过程中通常可能产生技术机会、市场机会、政策机会三类创业商机。

技术机会。即技术变化带来的创业机会，主要源自新的科技突破和社会的科技进步。具体表现在三方面：（1）新技术替代旧技术。（2）实现新功能、创造新产品的新技术的出现。（3）新技术带来的新问题。多数技术的出现对人类的影响具有两面性，即在给人类带来新的利益的同时，也会给人类带来某些新的困难。这就会迫使人们为了消除新技术的某些弊端，再去开发新的技术并使其商业化，这就会带来新的创业机会。

市场机会。即市场变化产生的创业机会。一般来看，主要有以下四类：（1）市场上出现了与经济发展阶段有关的新需求。（2）当期市场供给缺陷产生的新的商业机会。非均衡经济学认为，市场是不可能真正"出清"——供求平衡的，总有一些供给不能实现其价值。因此，创业者如果能发现这些供给结构性缺陷，同样可以找到可以利用的商业机会。（3）先进国家（或地区）产业转移带来的市场机会。（4）从不同国家或地区比较中寻找差距，差距中往往隐含着某种商机。

政策机会。即经济发展、科技变革等引发的政府政策变化带给创业者的商业机会。

创业是从发现、把握、利用某个或某些商业机会开始的。无论是市场机会还是政

---

① 　左凌烨，雷家骕. 创业机会评价方法研究综述［J］. 中外管理导报，2002（7）：53－55.

策机会都是难得的，但想要获得长期发展还是要依赖技术机会。所谓创业机会，即创业者可以利用并从中获利的商业机会。

4.2　创业商机来源

如前文所述，创业商机是需要识别的。贺尊（2013）认为可以从环境变化、个体需求、市场缝隙中寻找创业商机。刘春宇（2015）认为大学生的创业商机来源于技术、市场、政策三个方面。因为商机以不同的形式存在，所以对商机的识别也有相应不同的方式。本书认为，创业商机最常来源于市场需求，其次是经济发展与政策变化，最后是技术创新与发现先进的经营管理模式，如图 4－1 所示。本节将对这些机会识别进行更深一步的分析和研究。

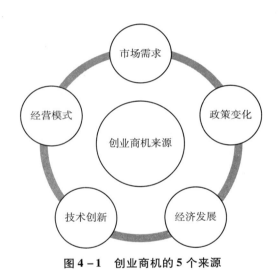

图 4－1　创业商机的 5 个来源

4.2.1　市场需求

创业者往往通过分析市场的需求来识别创业商机。市场可以分为现有市场和潜在市场。市场需求则是指在一个特定的地理范围内，经过一个特定的时期，在已经存在的销售市场环境下，经过一系列的销售计划，促使市场内的消费者群体可能购买某种产品的总量。对市场需求的分析主要通过估计某种产品的市场规模大小、可能存在的替代品情况以及该产品的潜在需求量等。创业者通过对市场的调查与研究，往往能从中发掘创业商机。

在现有市场中，虽然已经存在某种产品，但其在数量上不能满足消费者的需求，或者产品的数量可以满足需求，但是消费者对产品的某些功能尚不满意，此时若能对产品进行完善升级，让消费者满意，这样就找到了一个明显的创业商机。

对于同一种产品，在不同的地域下，其市场需求可能存在完全饱和或完全缺失的相反情况。创业者如果能通过完善的消息渠道获取不同地区对不同产品的需求情况，同样可以达到识别商机的目的。例如，在相对偏僻的地区，樟木制品是一种家家户户都会使用的很普通的产品；但在沿海发达地区，人们对这种樟木制品有不同的用途和喜好，造成了其市场需求的飙升。同一种产品，相对于不同的消费群体，在不同的市场或者不同的时期内可能存在完全不同的需求。如果能从中发现两个市场需求的差别，那么创业商机就能在市场分析中得以识别。

潜在市场需求是指一群特定的消费者对某种产品或服务存在一定的兴趣，但尚未明确表现出来。相对于现有市场而言，潜在市场需求隐蔽性较强，它通常隐藏在现有市场的背后，不容易被人们发现，识别难度大。但也正因为如此，潜在市场往往蕴含着更大的商机。但这也要求创业者对市场有更深层次的研究和认识，其依靠更敏锐的观察力和更准确的判断力，才能慢慢揭开潜在市场的神秘面纱，从中探出创业商机。随着时代的不断发展，个性化的需求使得人们对市场上的产品提出了更高、更新的要求。创业者通过对现有市场的认识和研究发掘或预测出顾客在现有市场背后的潜在需求，通过提供相应的产品和服务满足了人们的这个潜在需求，才能识别出创业商机，踏出创业的第一步。正如菲利普·科特勒所说，如果企业创业的话，第一件事就是做研究，也就是说要理解市场，要通过研究决定市场的细分和目标定位。

由此可见，无论是现有市场还是潜在市场，都存在未能完全满足消费者需求的情况，只有通过对市场的认真研究，充分利用敏锐的洞察力和分析力，才能在市场上发掘出新的创业商机，识别出创业机会。

4.2.2 政策变化

在任何一个国家，政治和经济都是相辅相成的，国家政策的变化为创业者提供了许多创业机会。宏观环境的变化无疑为创业商机的浮现提供了有利的条件。曾经政府只允许集体经营模式存在，现在个体也可以进行经营活动；原来的小渔村也因为改革开放而吸引了人才和投资，从而得到了发展。经济发展意味着国内经济规模将扩大，人们的经济和社会生活水平也会得到相应的提升。创业者通过观察这些变化，可以从中识别出宏观环境变化给他们带来的创业机会，开拓他们的创业之路。

政治环境的变化，给人们带来的不只有挑战，还有能改变命运的机遇。从 1978 年开始，在邓小平同志的领导下，中国进入了改革开放的新时代。改革开放包括对外开放和对内改革。对内改革首先从农村开始，当时拥有 8 亿农民的中国农村，率先打破平均主义的"大锅饭"，实行新的家庭联产承包责任制，使个人的付出能直接与其收入联系起来，这大大提高了农民的生产积极性，解放了农民的生产力，由此拉开了历史性的改革序幕。此时，农民创业者就可以借着改革开放的东风，充分利用国家政策的变化，从中识别出创业商机。可见，国家政策的改变势必会打破原有的经济格局，令人们的思想随之发生变化。正是在这种破旧立新的环境下，创业者们瞄准了创业商机。2022 年创业政策总结如表 4 - 1 所示。

表 4 - 1　　　　　　　　　　　　　2022 年主要创业政策总结

序号	主要创业政策
1	强化企业创新主体地位，持续推进关键核心技术攻关，深化产学研用结合，促进科技成果转移转化
2	提升创业担保贷款担保基金效能，简化担保手续，推动担保基金有效履行代偿责任，对符合条件的按规定免除反担保要求
3	促进创业投资发展，创新科技金融产品和服务，提升科技中介服务专业化水平，给创业营造良好的资金配套环境。发挥好普惠小微贷款支持工具作用，鼓励金融机构稳定普惠小微贷款存量，扩大增量。用好再贷款再贴现政策，引导金融机构重点支持小微企业，特别是加大对劳动密集型企业的政策倾斜
4	鼓励有条件的地方对借款人实施跟踪指导服务，加大支持力度，适当放宽创业担保贷款借款人条件、提高贷款额度上限，由此额外产生的贷款贴息由地方自行承担
5	深入开展大众创业万众创新，增强双创平台服务能力。增强创业带动就业作用
6	优化市场主体登记办理流程，提高市场主体登记效率，推行当场办结、一次办结、限时办结等制度，实现集中办理、就近办理、网上办理、异地可办，提升市场主体登记便利程度

4.2.3　经济发展

为了摆脱贫困落后的状态而走向经济和社会生活现代化的过程被称为经济发展过程。创业者若能准确判断经济发展趋势，就会发现许多的创业商机。在中国改革开放40 多年的进程中，有许多创业者是根据当时的经济发展趋势识别出创业商机的。经济发展包括国民经济增长、产业结构变化、人民福利的改善、环境与经济的可持续发展等几方面。随着全国实行改革开放的步伐越迈越大，国民经济得到了空前的发展，民营企业、个体户都解放了思想，放开了手脚，乘势前进，不断创造新的财富，各行各业的生产积极性得到了最大限度的提升。在这个快速求进的时代，如果创业者能对经济发展的趋势做出合理的分析和预测，朝着经济发展的方向提前做好准备，在经济发展的高速路上，为众多企业提供更具潜质的产品或服务，那么其将踏上创业成功之路。国家经济发展是一个宏观的概念和方向，在经济发展浪潮中，只有抓住发展的方向，并根据经济发展现状对经济发展的趋势做出大胆而准确的预测，及时提供经济发展的潜在需要，才能成为时代的佼佼者。

4.2.4　技术创新

随着互联网的飞速发展，不少创业者通过技术创新嗅到了创业的商机。他们利用计算机和互联网的迅速发展所提供的平台，将原来高深莫测、复杂难懂的计算机知识与信息技术转化为人们所能理解或容易使用的计算机软件产品，使每个计算机和互联网用户都能享受到现代信息技术给日常工作和生活带来的翻天覆地的变化，帮助人们站在科学技术的前沿，使其看到技术创新所带来的新希望。通过技术创新解决市场需求问题，对创业者而言，就是一个值得开发的创业商机。技术创新往往更多地体现在降低成本、提高生产效率和减少能耗等方面。在 20 世纪 90 年代，计算机和互联网的广泛发展和利用为经济和技术的发展提供了广阔的操作平台。一些极具经济头脑的科学技术人员透过科学研发的窗纱，发现计算机和互联网的技术创新能给人们的生活带来便利的同时也能为其走上创业之路提供帮助。然而，技术的创新除了对创业者本身有比较高的技术要求外，还需要创业者对新技术的市场运用有一定的了解，这就要求创业者具备一定的知识和技术水平。

4.2.5　经营模式

在众多创业商机识别案例中，通过经营模式的改进来识别创业商机的比例较小，但通过这种方式可以实现创业成功，因此我们应对经营模式变化进行研究。所谓经营模式，是企业根据企业的经营宗旨，为实现企业所确认的价值定位所采取的某一类方式方法的总称。通俗来讲，就是企业对其在生产运营中涉及的各种资源进行组织整合，以达到使经营更具经济性、更能提升企业利润的目的的方式。

不同的经营模式可以给企业带来不同的命运，同样，一个新的科学合理的经营模式也可以给市场带来革命性的启示，为创业者提供一个全新的创业商机。创业者通过观察现有经营模式，学习并吸取先进的经营模式理念，可以识别出新的创业商机，比如由向消费者提供单一的产品和服务，转向提供多元化的产品和服务，一次性地满足消费者的多种消费需求。

创业商机就主要来源于以上五个方面。任何创业者想创业都会涉及商机寻找的问题，可以通过对上述五个方面进行分析，广泛收集创业信息，树立正确的创业观念与思维模式，更好地识别与发现创业商机。

4.3　创业商机识别

商机识别是创业过程中的重要部分，是指企业家通过向市场提供新产品或服务、改进现有产品或服务，或者在低饱和市场中模仿有利可图的产品或服务等经营活动中发现一个潜在可行的、盈利的商业机会。商机识别是创业者进行机会评估以及机会开发等其他创业行为的先导，也是现存企业产生持续竞争优势的资源。

大多数学者认为，商机识别包括 3 个不同过程：察觉或感知市场需求及严峻的就业形势；认知或发现特定市场需求与特定资源之间的"匹配点"；以商业概念的形式在这种需求和资源之间建立新的匹配点。我国学者聂艳华（2005）则通过对四个方面的分析与判断对特定商机进行识别，分别是特定商机的原始规模、时间跨度、市场规模成长速度、实现性。对机会的捕捉和占据是创新优势的重要来源，机会识别水平高的创业者能够从丰富的来源中获取可利用的信息和知识，并在组织边界内进行传递和转化，从而产生新产品和组织变革。创业商机识别正迅速成为创业领域研究的一个关键点。

综上所述，要发现商业机会，关键在于了解特定商业机会的原始动力。只有把握商业机会的原始动力，随时关注"原始动力"的变化，才可能发现现有的商业机会，辨别潜在的商业机会，预测未来的商业机会。引发商业机会的原始动力有很多，包括科学技术、市场结构、国家政策、国际环境等。较早地发现和预测这些变化，就能够发现机会、利用机会、把握机会，从而率先创业，赢得成功。本书接下来主要从技术商机、市场商机、政策商机的角度出发阐述商机的发现与识别。

4.3.1　技术商机的发现与识别

科学技术的发展为创业者提供源源不断的技术商机。现阶段，创业者可从以下几个方面发现和识别技术商机：

（1）具有新功能的新技术的出现。比如在智能电视中使用语音识别和手势识别系统，使电视更加人性化。智能手机的广泛使用也是具有新功能的新技术得到典型应用的代表。

（2）新技术代替旧技术。依托新技术开发出的高科技产品具有广泛的应用价值。移动电话代替固定电话，使人与人之间可以随时随地进行沟通和交流。它的出现满足了人们便捷地进行沟通和联络的需求，所以移动电话市场占有率迅速提升，城市中的固定电话和 IP 卡电话迅速被替代。

（3）"竞争前技术"的新突破。竞争前技术是一种应用于未来商业或为特殊的商业原型所进行的早期的、非常不确定的技术研究与开发活动。竞争前技术可以提供大范围的潜在应用机会，并且形成未来特定产品的重要的技术基础。比如通信领域的运营商通过竞争前合作，在技术的某一方面取得突破，并迅速将技术应用于产品当中，形成在同类产品中技术竞争的巨大优势。

（4）国家间或国家内部区域间技术的转移与扩散。比如改革开放以来，随着外资（外商独资、中外合资和中外合作经营）企业的设立和成长，越来越多的外资企业通过进口机械设备、培训中国员工等方式将其部分技术以及专有技能转移到中国。中国企业可以学习先进技术与管理理念，寻找国内尚未被发现的商机。

（5）新技术带来的"新技术问题"引发的商业机会。比如管理的现代化和生产的数字化带来了提高人员素质的问题，使培训机构适时产生。

4.3.2 市场商机的发现与识别

市场机会的发现与识别可分为四个层次、八个方面，包括表面市场机会与潜在市场机会的发现与识别、行业市场机会与边缘市场机会的发现与识别、目前市场机会与未来市场机会的发现与识别、全面市场机会与局部市场机会的发现与识别。如图 4 - 2 所示。

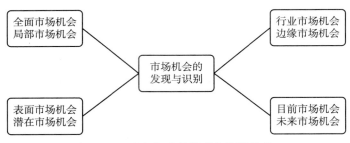

图 4 - 2　市场机会的发现与识别分类

一是表面市场机会与潜在市场机会的发现与识别。表面市场机会是指市场中的产品或服务存在明显的、没有被满足的现实需求。潜在市场机会是指市场中的产品或服务存在未能满足的或尚未完全被人们意识到的、隐而未见的需求。表面市场机会容易被创业者或企业发现与识别，利用这一机会的人或企业较多。潜在市场机会由于不易被创业者和企业发现与识别，抓住和利用这一机会的个人或企业较少，机会效益较高。

二是行业市场机会与边缘市场机会的发现与识别。行业市场机会是指在行业或经营领域中出现的市场机会。边缘市场机会指在不同行业之间的交叉或结合部分出现的市场机会。创业者一般都非常重视行业市场机会，但行业内竞争激烈，机会效益较少。如果创业者能在行业之间的交叉或结合部分寻找到边缘市场机会，其竞争者较少，更容易成功。

三是目前市场机会与未来市场机会的发现与识别。目前市场机会是指当前市场上出现的未被满足的需求。未来市场机会是指随着环境的变化和时间的推移，目前市场机会的需求转变为更多的消费倾向或者需要。企业要在立足目前市场的前提下，准确评估未来市场机会，提前开发产品，并在机会到来时迅速将其推向市场，占据领先地位和竞争优势。

四是全面市场机会与局部市场机会的发现与识别。全面市场机会是指在国际市场或国内市场上出现的未满足的需要。局部市场机会是指在某一地区市场上出现的未满足的需要。全面市场机会意味着整个市场环境变化的一种普遍趋势；而局部市场机会则意味着某一特定市场的特殊变化趋势，它只对进入该市场的企业有意义。

4.3.3　政策商机的发现与识别

政策是国家调控社会、经济、科技等一切事业和活动的规范。它是一个庞大的体系，包括国家政策、行业政策和地方性政策等。创业者要从政策的变化中发现与识别商业机会，必须时刻关注政策的出台、调整与变化，注重研究政策，从中寻找政策中的有利信息，尤其是要善于利用鼓励支持性优惠政策。政策的变化带来的是企业经营的外部环境和成本的变化。积极的政策变化会使某一领域或行业的经营成本降低。利用好政策变化带来的商业机会，就会抢得经营发展的先机，甚至取得市场竞争的独占优势和地位，从而创造财富。

4.4　大学生创业商机识别能力培养

商机对企业来说是未来的可盈利机会。对大学毕业生来说，其创业更需要有敏锐的洞察力，要善于发现社会中的变化、社会中的需求以及新知识、新技术的出现而带来的商机。徐江璞（2007）认为准确地识别商机和有效地把握商机是大学毕业生创业成功的重要着力点。商机经常出现在我们的日常生活之中，对每个人来说，接触商机的机会都是平等的，但只有有准备的人才能准确及时地把握和利用商机，从而走上创业的成功之路。当前，大学毕业生就业竞争日趋激烈，许多毕业生在毕业后或工作一段时间后走上了创业之路，这样不仅解决了自己的就业问题，而且为社会创造了财富，也吸纳了社会其他人员就业，是值得鼓励和提倡的。在创业中，把握商机十分重要，这也是毕业生创业成功的重要因素。因此大学生创业商机识别能力的培养至关重要。下面我们从三个方面讨论大学生创业商机识别能力如何培养。

4.4.1　引导大学生关注市场变化，培养其快速反应能力与创业警觉性

美国著名的管理学家斯蒂芬·P. 罗宾斯（Stephen P. Robbins）与玛丽·库尔特（Mary Coulter）指出：创业是一种过程，它包括三个重要的核心理念，即追求机遇、创新、成长。对创业者来说，首要的事情是识别机会和可能的竞争优势，一旦他们做到了这一点，他们就做好了创立新企业的准备。因此，大学生创业时首先需要的是对商机的快速反应能力，要广泛收集信息，用独到的眼光及时准确地识别潜在机会，要揭示企业理念，观察竞争对手，了解自己的竞争优势和可能遇到的困难，分析解决问

题的办法，在此基础上迅速地组织和调动资源，生产和提供相应的产品和服务来满足市场需求，实现赢利目标。大学生创业时可先选择自己熟悉的行业，有意识地培养商机的识别能力，以在商机来临之际先声夺人，抢占先机。

创业警觉性是一种创业精神与创业能力相结合的能力，其要求大学生要有强烈的创业意识、时刻注意市场需求与国家政策的变化带来的机会。柯兹纳（Kirzner）[①] 提出了创业警觉性的概念，指出创业警觉性是对创业信息保持持续关注和寻求的行为。创业警觉性是指创业者将自己置于信息流中，以便在没有刻意寻找特定机会的情况下将遇到商机的可能性最大化。企业家通过使用不同类型的信息（信息线索）来预测潜在的新商机，提高其对可能的商业机会的警觉性。梅强等（2020）认为创业警觉性对大学生的创业意向有提升作用。蔡林和郭桂萍（2019）认为大学生创业警觉性在先验知识和创业机会识别之间的链式中介作用显著。创业者通过对外界信息保持警觉性来提高其创业商机识别能力，该能力使得创业者在特定的环境中发现潜在的有价值的商业机会，实现其价值并获得利润。创业商机识别的本质是对市场环境中存在的商业机会的感知。创业者感知到可以利用的机会，进而创建新的企业。可见，经验性地获取知识和警觉性是"注意"或"发现"创业商机的关键。创业警觉性已经被广泛地认为是机会识别过程的基础，其对创业机会识别的影响体现在对新信息的扫描和搜索、连接以前不同的信息、评估新信息是否是创业机会三个方面。

综上，要培养大学生的创业警觉性需要其时刻保持对创建公司的激情，不能遇到挫折就放弃创业；需要其保持积极性的思考，对每一个创业商机都能进行深思熟虑；需要其提升适应能力，能够调整自身情况以适应外界需求。同时要引导大学生主动关注社会、市场和政策的变化，从变化中发现创业商机。例如，引导大学生关注主流媒体的推送、关注行业公众号、阅读相关网站文章等，培养其信息收集能力。此外，学校可以聘请行业精英为学生开展专题讲座，进行技术和政策引领，使大学生可以获取创业领域的第一手信息；还可以组织大学生开展合作学习，以创业目标为单位组成创业小组，通过模拟或参与创业大赛提升大学生识别创业商机的能力。

4.4.2　注重大学生人际关系培养，完善其社会网络

创业需要丰富的信息来源，社会情境的变化多数是由错综的社会网络通过一定途径传递给大学生创业者的。因此，大学生需要畅通咨询渠道，打通属于自己的社会网络，这样才能更好地获取创业机会。社会网络除了能够给大学生创业者提供创业咨询服务之外，还可以为新企业运营提供其所需要的各种社会资源，从而使其顺利应对创业之初的各种困难。而现行的大学教育体系重智育和知识性培养，缺乏对大学生的情感教育和人际交往技能的培育。创新能力的培育需要以人际交往能力培养为基石，将

---

① Kirzner, I. M. Competition and entrepreneurship ［M］. Chicago：University of Chicago Press，1973.

大学生社交技巧列入通修课程，并以微课或讲座的形式传播人际交往知识和技巧。要鼓励学生参与学生会或其他社团的工作，在实践中培养其与人交往的能力，以校园活动为载体，为学生社交知识的转化提供平台。

　　要把握好某项商机，除了本团队人员的共同努力外，还需要在社会环境中调动一切有利的因素。对大学生而言，了解和利用国家对大学生创业的优惠政策，建立广泛有效的社会关系，充分发挥自己的智力优势，是摆脱与社会创业者竞争中处于不利地位的重要因素。正因如此，许多大学生选择毕业后先工作一段时间，熟悉本行业的规则并建立起良好的社会关系后再创业。事实证明，毕业生在某一行业工作实践多年、积累了丰富的经验，能大大提高创业的成功率。

4.4.3　关注大学生核心素养教育，提升其创新创业能力

　　创新创业教育的转型发展，应以提升大学生创业核心素养为突破点。大学生的核心素养是由多维度要素构成的，除了前文论述的创业商机识别能力之外，其还应具备创业动机、创业警觉性、决断力、自信等，只有通过创新创业教育使此类素养整体提升，才能够达到提升大学生创业能力的目的，因此大学开展的创新创业教育要真正实现从教育理念到教学方法的全方位变革。教育理念的转变主要是指将"专业教育"与"创业教育"相融合。互联网时代的推进给大学生创业的机遇和规律都带来了新的契机，高校在课程设置中应注重对大学生创业核心素养的培养，引导大学生发现商机，将创造性思维习惯化，保持较高的创业警觉性，并积极拓展自身的社会关系网络。

　　对于部分大学毕业生而言，创业是十分重要的，而创业成功的关键在于准确地识别和把握商机。商机是瞬息万变、稍纵即逝的，察势而谋、顺势而变是很高的创业境界。大学生需要在市场变化、人际关系、自身素质三个方面提升自己的能力，这样才能准确识别商机并运用自如，从而走上成功的创业之路。

4.4.4　做好思想和资金上的准备

　　把握好商机是大学生创业成功的前提，实践证明，一些大学生由于能及时识别和把握商机，从而赢得了第一桶"金"，为事业的进一步发展创造了条件。在我国，许多专家（企业家）并不支持大学生毕业后就创业，原因很简单，因为创业的风险很大。毕业生如果没有准备好就创业的话，失败率会很高，失败的后果也是非常严重的。第一个风险就是因创业失败带来的资金压力，即欠款。第二个风险是发不出工资可能会迫使学生丧失诚信，从而影响今后的发展。因此面对商机，一定要做好充分的思想准备，要进行可行性研究，根据自己的实力确定项目，选择机会并做好资金上的准备。学生刚刚踏上社会，很少有足够的资金积累，学生创业者应更多地具有"有多大实力做多少事"的观念，应尽量选择投资较少的服务行业或资金回笼较快的项

目创业，等积累了一定的资金再做大做强。

 **案例分析**

找到咖啡市场的蓝海：Joe Cafe[①]

在星巴克依旧独自受到大众的青睐，充满奶泡的拿铁或又苦又浓的美式咖啡才是标准的咖啡，如何找到自己的蓝海策略？Joe Cafe 的案例值得我们关注。

在美国纽约随处都能接触到各国的饮食文化，也因其饮食业发达，经常会被误认为它远比美国西岸其他地区更早出现精品咖啡，但事实上纽约在咖啡的发展步调上是比较慢的。直到 2000 年初期，来自西雅图的星巴克依旧独受纽约客的青睐，当时习惯喝星巴克的许多纽约客们甚至认为充满奶泡的拿铁及又苦又浓的美式咖啡才是标准的咖啡。当时纽约客对精品咖啡的认识几乎是零，贩卖自家烘焙咖啡的咖啡店少之又少。

在这种情况下 Joe Cafe 登场了，为咖啡市场注入了一股新鲜的活力。Joe Cafe 的共同创办人乔纳森·鲁宝斯坦和嘉贝利·鲁宝斯坦兄妹俩从 2003 年首家店面开张后便一直经营至今。

他们提供的咖啡与既有的咖啡不同：苦味较少，且华丽的拉花艺术足以吸引客人消费。他们的咖啡引起轰动，让纽约客们为之疯狂。Joe Cafe 的咖啡品项以拿铁为主，其锁定大学生族群来抢占这个利基市场。现在不只纽约，他们甚至将咖啡业务拓展到了费城。在席卷纽约的星巴克风潮中，Joe Cafe 提供了高品质的拿铁，让整个城市的咖啡水准更上一层楼，并且 Joe Cafe 还在不断地改进中。

Joe Cafe 的成功秘诀在于：

（1）美味的拿铁会呼唤常客。完美调和咖啡及牛奶比例的拿铁和美式咖啡一样，都是咖啡店的人气品项。如果能够提供好喝的拿铁，常客就会增加，效果十分显著。若能以完美的比例将浓缩咖啡与牛奶调和出一杯美味的精致拿铁，必定能让顾客死心塌地地来消费。

（2）专心设定一个目标客户。Joe Cafe 将大学生设定为主要目标客群，因此刻意把店面开在纽约的大学校区周边。以此设定目标的话，在拓展新店的时候就能轻易掌握商圈的性质和消费者。将现有店面的案例直接套用在新店上时，反而能让新店发展成一间更好的店，如此也大大有助于维持咖啡厅的一致性。

（3）用彻底的员工培训来维持咖啡品质。新员工需要适应期是必然的，不过因此而让咖啡品质下降的话则是不被允许的。所以从萃取咖啡到拉花，Joe Cafe 比任何

---

① 张哲彰．创新创业管理案例汇编［M］．武汉：华中科技大学出版社，2018：34．

咖啡厅都要注重新员工的培训。从认识咖啡的基础课程开始，通过定期举办的咖啡课程，让员工们都能持续地学到咖啡知识。

（4）在开始新事业前一再慎重评估。咖啡店开始使用的设备大部分都是高单价的产品。规模小的咖啡店收入有限，所以从开业前就需要缜密计算，找出能够让投资效益达到最佳的方法。Joe Cafe 在自己开始烘豆前也是先租借烘豆机来用，得到了充分实验的时间。

（5）哪里都会有利基市场。Joe Cafe 成功的其中一个原因，正是他们给只知道星巴克的纽约客们展示了咖啡拉花。如此，即使在星巴克势力区域还是有利基市场可寻。到目前为止，精品咖啡还是只有少数人才会上门来喝，如果能建立一个更加大众化的商业模式，对利基市场来说就成功了。

想一想

1. 请说明 Joe Cafe 是如何找到市场商机的？
2. 一个市场机会成为创业机会必须具备哪些条件？

本章总结

 复习要点

4.1　创业商机相关概念

创业商机的定义是指可行的、追求利润的、具有潜在的风险、在市场上提供一种新的产品和服务并提高了现有的产品或服务水平的机会；或者在一个较不饱和的市场中模仿一种可获利的产品或服务，以满足市场的需求的机会。

创业商机包括技术机会、市场机会、政策机会。

4.2　创业商机来源

创业商机的来源包括市场需求、政策变化、经济发展、技术创新以及经营模式的改变。

4.3　创业商机识别

创业商机的发现与识别包括技术商机、市场商机、政策商机的发现与识别。

市场商机的识别与发现可分为四个层次、八个方面，包括表面市场机会与潜在市场机会的发现与识别、行业市场机会与边缘市场机会的发现与识别、目前市场机会与未来市场机会的发现与识别、全面市场机会与局部市场机会的发现与识别。

4.4　大学生创业商机识别能力培养

对大学生创业商机识别能力的培养应当包括引导大学生关注市场变化，培养其创业警觉性；注重大学生人际交往，完善社会网络；关注大学生核心素养教育，提升其创新创业能力。

关键术语

创业商机	市场需求	技术商机	市场商机
政策商机	创业商机识别	市场商机识别	表面市场机会
潜在市场机会	行业市场机会	边缘市场机会	目前市场机会
未来市场机会	全面市场机会	局部市场机会	创业警觉性

 思考题

1. 假如你是创业者，如何识别市场需求结构变动带来的商机？
2. 对创业者来说，创业商机识别的最重要部分是什么？
3. 进行创业商机识别的动因是什么？
4. 如何分辨良好的创业商机和不良的创业商机？
5. 创业商机的识别过程中会不会出现风险？若出现，则会出现哪些风险？

第5章

创业企业融资

【学习要点及目标】

通过本章学习，了解创业企业的融资困难，认识创业融资的渠道，并能够为创业企业找到合适的融资对象提供建议。

 案例导读

多渠道生产"苹果"①

在创业融资时，创业者不能追求单一的融资渠道，要通过多种渠道同时进行融资。苹果公司最初通过多渠道吸取创业资金不失为一个生动的案例。1976年，苹果公司的创始人乔布斯、沃兹奈克和韦恩设计出了一款新型的个人计算机，取名为"苹果一号"，该样品在展示之后成为大众瞩目的焦点。由于没有启动资金来小批量生产，于是乔布斯出售了自己的大众汽车，沃兹奈克出售了个人计算机，大约凑出1300美元，开始踏上生产苹果电脑的征程。

不久后，苹果公司接到一笔50台电脑的订单，但九牛一毛的自有资金根本不足以支付批量生产费用。通过负债融资，乔布斯以公司的名义借了5000美元现金和价值15000美元的零部件。由于韦恩害怕肩负巨大的负债压力，毅然决然地退出了苹果公司，乔布斯只好收购韦恩的股份，成为最大股东。韦恩的突然退出对原本负债累累、岌岌可危的苹果公司无疑是雪上加霜。

乔布斯四处寻找投资人，通过别人的介绍找到了红杉资本的投资人唐·瓦伦丁，但那时的唐·瓦伦丁根本不看好乔布斯的项目，因此错失了绝佳的投资机会。不过恰好此时，已退休的百万富翁——英特尔公司原销售经理马库拉慧眼识珠，意识到未来计算机行业的巨大发展潜力，以个人名义注资9.1万美元，并以自己为担保人，帮助

---

① 案例改编自：谢作渺，朱晋品，褚萍. 零起点创业投资［M］. 北京：清华大学出版社，2016：127.

乔布斯争取到了美洲银行 25 万美元的信用贷款。接着，乔布斯通过一份完善的商业计划书，与风险资本家谈判，最终成功融资约 60 万美元。最后，以总共大约 100 万美元的创业资金，乔布斯、沃兹奈克和马库拉注册成立了新的"苹果电脑有限公司"。1977 年，苹果 II 电脑首次面世，引起轰动，并最终赢得了声誉。在新公司的架构下，苹果电脑公司有了生产苹果 II 电脑所需要的资金。苹果 II 电脑风靡一时，销量数百万部。

苹果公司在初始融资的过程中采用了多种融资方式，包括自有资本、银行借款（负债融资）、投资者注资入股等，说明创业企业的融资过程困难重重、一波三折。假设乔布斯刚开始遇到融资难题时不坚持到底，轻言放弃，不可能建成如此强大的苹果王国。因此，创业者需要不断积极争取，开动脑筋，通过多种渠道同时进行融资。

❓ 想一想

1. 创业企业应该如何选择正确的融资渠道？
2. 创业企业如何与风险投资家进行谈判？

5.1 创业企业的融资渠道

创业融资是企业在设立与发展期间的重要行为。企业在不同发展阶段，采用不同的组织形式，其融资方式的选择也会有差异。创业企业开展运营活动需要庞大的资金支撑，因此创业融资成为创业者面临的首要难题。在融资时，创业者需要了解融资现状，以便更好地为企业安排适合的融资方式。如果创业者无法为项目筹集到充足的发展资金，那么再优质的项目也是纸上谈兵，无法为企业带来收益增值，甚至无从谈起"企业"的存在。因此，创业融资的成败直接决定企业的存亡。

5.1.1 创业企业的融资现状

创业企业主要是中小企业，其在发展阶段容易受到市场歧视，从而造成其融资难、融资贵的问题。在已有文献中，关于科技型中小企业融资难问题的研究主要集中在科技型中小企业面临的外部环境方面。学者们主要从政策法规、金融体系、信息不对称等方面进行剖析。然而，着眼于科技型中小企业内因方面的研究相对匮乏。在不同的企业生命周期阶段，科技型中小企业必然会遇到各种不确定性的因素，从而导致更大的企业经营风险。阿格沃尔（Agarwal，2010）认为企业规模小、内部制度不健全、信息内部化严重等问题是造成资金供需主体之间存在严重的信息不对称的主要原因。杨芳（2018）从市场对创业企业融资不友好、企业融资渠道狭窄以及创业企业融资风险较高三个方面分析了创业企业融资困难的原因。因此，通过分析创业企业融资难的现状及原因，帮助企业了解其瓶颈所在，才能更好地为企业提供实际性的融资渠道建议。

1. 银行支持贷款少，启动资金来源单一

青年创业启动资金来源方面，近九成来自个人或家庭积蓄、亲友借贷，来自创投公司及其他渠道较少，整体资金来源较为单一。数据显示，2022 年，个人或家庭积蓄、亲友借贷为创业启动资金两大重要来源，75.00% 的创业者利用个人或家庭积蓄作为创业启动资金，通过亲友借贷进行创业的群体占比 14.40%，而借助创投公司和其他渠道资金启动创业的群体占比 10.60%，较 2021 年上升 1 个百分点，但体量仍然有限，说明创业启动资金来源较为单一。具体如图 5-1 所示。

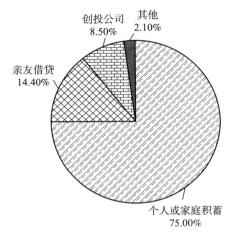

图 5-1　创业者启动资金来源

资料来源：2022 年《中国青年创业发展报告》。

2. 外部融资限制较多，融资贵、融资难

随着社会大众创业热潮的开启，创业企业作为中小企业的典型代表，其外部融资难、融资贵的问题也逐渐突出。虽然我国金融机构对创业企业的支持力度逐年加大，但融资门槛也随之水涨船高。中国人民银行的调查报告显示，长期性权益资本缺乏、货币政策调控冲击等因素已成为创业企业融资的新难点。创业企业外部融资状况并不理想，银行实际信贷业务操作中还是更倾向于大型企业，这表明我国创业企业融资受到信用歧视的状况没有得到改善。

融资成本较高是创业企业融资活动较为突出的特点之一。对于创业企业来说，由于存在信用问题且未知风险较大，除银行以外的投资主体也不轻易注资。这就导致创业企业的融资受限，产生融资成本较高的问题。只有提高融资成本，创业企业才能吸引更多投资主体的资金。当创业企业寻求外部融资时，一般会受到较多的借贷限制，且出于安全性的考虑，出资机构往往对创业企业的借贷收取较高的担保费用或贷款利息，这无形中增加了创业企业的融资费用。同时，如果企业突然出现资金紧缺的情况，其可能会陷入财务困境。因此，创业企业在外部融资时需要付出极高的风险成本，进一步增加了融资成本。

3. 融资活动缺乏规划，造成盲目融资

企业的融资规划应该按照企业的发展需求事先做出统筹规划，从而确保企业的融资活动与企业的发展战略协调匹配，否则会造成盲目融资的问题。但是，大多数创业企业没有形成适合其自身发展战略需求的融资规划，其在开展融资活动前没有对企业资金状况进行全面正确的了解，这使得企业无法正确评估其资金需求，所以在此基础上进行的融资活动容易出现融资过度或融资不足的局面。并且，融资活动的规划是一个十分严谨的过程，可能涉及企业的各个部门，但目前来看，绝大多数创业企业的融资规划由企业管理层直接制定，而不是由专门的融资规划人员进行有效规划。企业管理者可能对融资认识不足，对市场风险、金融风险等各种融资风险考量不到位，这就使企业的融资难以达到预期效果。

资金是一个创业者或者一个初创公司的血液，如果没有资金流动，很多项目就无法正常运转。但是创业企业中又存在着内部融资渠道单一、外部融资限制多与融资活动缺乏规划等问题，这也是许多创业者在创业道路上半途而废的主要原因。故创业企业应该做好融资方面的管理工作，编写完善的商业计划书，寻找合适的风险投资家，解决融资难的问题，从而避免融资问题成为创业道路的绊脚石。

4. 直接融资渠道窄

直接融资是指企业直接在证券市场上发行股票或发行企业债券获得资金。从现行上市融资、发行债券的法律法规和政策导向上看，创业企业很难通过股权和债权融资等直接融资的渠道获得资金。

5. 缺乏为创业企业提供长期资本的、发达的、规范的创业投资市场

我国目前与创业投资直接相关的法律主要是《中华人民共和国公司法》和《中华人民共和国合伙企业法》，以及有关外商投资的法律法规。但是其中个别法律法规在起草之时还没有来得及考虑创业投资企业。因此，它们不仅不适合创业投资企业，反而在诸多方面构成了法律障碍，限制了创业投资市场的发展。

5.1.2 创业企业的融资渠道

融资渠道是指企业筹措资金的方向和通道，体现了资金的来源和流量。了解企业的融资类型和融资方式，对企业的生存和发展是极其关键的。西方学者迈尔斯和米卢夫（Myers and Majluf，1984）提出了"啄序理论"，[①] 又称优序融资理论，其基本观

---

① Myers, S. C. & Majluf, N. S. Corporate Financing and Investment Decision When Firms Have Information That Investors Do Not Have［J］. Journal of Financial Economic，1984（13）：187－221.

点是在信息不对称的背景下，源于对融资成本的考虑，企业在融资时，外源融资容易释放出财务状况不佳的信息，而内部资金具有隐蔽性的特点，不会对股价造成不利的影响。企业融资首先选择的应是内源融资，然后是发行可转债进行债权融资，最后才是考虑股权融资。基于融资的"啄序理论"对创业企业同样适用，创业企业应先尽可能地实现自有资金的积累，首先考虑内源融资，再考虑外源融资，以降低融资成本。啄序理论概述如表 5 - 1 所示。

表 5 - 1　　　　　　　　　　　　　　啄序理论概述

项目	内容
企业背景	企业内部人与外部投资者之间存在信息不对称
假设前提	企业管理层代表现有股东利益
扭曲来源	当企业价值被低估时发行股票，将使新投资者获得超额收益、现有股东蒙受损失，这与管理层的立场矛盾。因此，外部投资者产生逆向选择心理：企业进行外部权益融资，说明企业的价值被高估
经济后果	发行新股将导致企业股价下跌，外部融资成本高昂
基本观点	企业将依照先内源、后债务、再权益的顺序进行融资

创业企业的融资渠道可分为内源融资与外源融资。内源融资涉及企业经营活动产生的资金，主要包括留存收益与折旧，是企业将储蓄进行再投资的过程。内源融资成本低，仅涉及企业内部关系，不会对企业的控制权造成影响，是一种高效益的融资方式。但是创业企业往往产品不成熟、市场占有率低，企业的收益在绝对和相对量上都较低，仅靠内源资本基本上难以维持其生存发展。因此，外源融资成为创业企业的主要融资方式。买忆媛等（2012）认为创业企业主要有 4 种可选择的融资方式：商业银行贷款、天使投资、风险投资和直接上市融资。基于此，本书将外源融资按债务与股权细分为以下几种融资渠道，如图 5 - 2 所示。

1. 债务融资

当创业企业需要从外部获得资金时，进行债务融资使用较多的方式是银行借贷。银行贷款被誉为创业企业融资的"蓄水池"，在创业者中很有"群众基础"。商业银行提供的贷款主要有保证贷款、抵押贷款和质押贷款三种。此外，金融租赁和民间借贷也是重要的融资渠道。

（1）商业银行贷款。

①保证贷款。目前在全国 31 个省份中，已有 100 多个城市建立了中小企业信用担保机构。这些机构大多实行会员制管理，属公共服务性、行业自律性、自身非营利性组织。担保基金一般是由当地政府财政拨款、会员自愿交纳的会员基金、社会募集的资金、商业银行的资金等几部分组成。会员企业向银行借款时，可以由中小企业担保

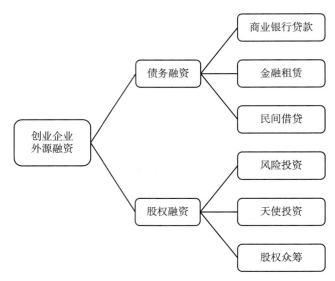

图 5 - 2　创业企业资金来源渠道

机构予以担保。中小企业还可以向专门开展中介服务的担保公司寻求担保服务。当企业提供不出银行所能接受的担保措施时，如抵押、质押或第三方信用保证人等，担保公司可以解决这些难题。因为与银行相比而言，担保公司对抵押品的要求更为灵活。当然，担保公司为了保障自己的利益，往往会要求企业提供反担保措施，有时担保公司还会派人到企业监控资金流动情况，并且只有当创业企业成为会员之后这些机构才能提供担保服务。

②抵押贷款。抵押是目前最为常用的担保方式。一般以厂房、机器设备做抵押，所抵押的厂房、机器设备须办理价值评估，评估价值需高于借款金额（银行一般将贷款额度控制在抵押物评估价值的 60% ~ 80%），还要办理财产保险。采用此种担保方式花费较多，但借款期限较长，额度也较高。

③质押贷款。质押是较为少用的担保方式，但不需花费。银行对质押物的要求较为严格，一般限于本银行开具、代理或签发的存款单、凭证式国库券、金融债券、银行汇票、银行本票以及保险单等。质押价值要高于借款金额（银行一般将贷款额度控制在质押物评估价值的 80% ~ 90%），且在质押期间不能支取。但是，由于初创企业的自身属性决定了其业务经营的高风险性，银行对其评估时，对质押物的要求较高，使得其不易从银行获得质押贷款。

从本质上来讲，银行贷款是一种商业行为。既然是商业行为，银行就需要出于三性原则，对创业企业的放贷风险、成本和收益等诸多方面进行权衡和控制，在此基础之上才能进一步考虑商业银行所承担的扶持和促进创业企业的发展的社会责任。可见，虽然国家政策不断降低对创业企业的银行贷款的门槛，但实际中受诸多因素影响，银行对创业企业的贷款扶持力度仍是有限的。

（2）融资租赁。

融资租赁是一种集信贷、贸易、租赁于一体的，以租赁物件的所有权与使用权相分离为特征的新型融资方式。设备使用厂家看中某种设备后，即可委托金融租赁公司出资购得，然后以租赁的形式使用设备。企业在合同期内把租金还清后，最终拥有该设备的所有权。融资租赁可以解决创业企业初期资金不足，进而无法购买所需的设备进行生产的问题，是融资与融物形式的彼此相结合的筹资模式。它的主要优势有三点：第一，这种融资租赁模式对于租赁者的资金和担保要求不高。第二，通过融资租赁形式获得的设备或物资，后期将通过租金形式向外转移，降低了企业一次性付清的资金压力。第三，融资租赁属于资产负债表外融资，不会影响公司的整体资产状态，便于企业后期通过其他形式进行融资。

（3）民间借贷。

由于向商业银行提供足够适当的资产担保并非易事，民间借贷成为获得创业资金的另外一个重要渠道。民间借贷主要包括私人借贷、贸易信贷或商业信用、企业集资、典当以及民间小额贷款等。这些形式各异的民间借贷尽管存在着因缺乏有效监管而产生风险等问题，但却在客观上起到了对商业银行贷款的补充作用，为创业企业寻求外源性债务融资提供了可行甚至必要的途径。

其中，小额贷款公司和中小型贷款银行是创业企业获得债务融资的重要方式。小额贷款是指金融机构吸收民间资本向企业发放贷款，这些机构包括各种类型的小额贷款公司和融资平台等。小额贷款公司受到“只贷不存”的约束，即只能向外发放贷款而不允许像银行一样吸纳社会存款，这使得其可用于小微企业贷款的资金规模非常有限，难以满足创业企业旺盛的资金需求。而中小型贷款银行可以吸收社会存款并且贷款额度相对较高，更能够适应创业企业的融资需要。由于中小型贷款银行的业务活动多数都具有强烈的地域性，其目标客户群主要由本地企业构成，因此其与当地创业企业之间的信息不对称程度和信用调查监督成本也相对较低，从而使其相对于商业银行能够更好地控制贷款风险。

民间借贷属于一种民间调剂资金，解决部分生产经营、生活中的特殊需求的信用补偿机制。它在银行和信用社力所不及的领域和范围内，起着拾遗补阙、取长补短的作用；从某种程度上，也体现了社会系统内部成员之间一种相互信赖、相互帮助的民间关系，尤其是在我国各种经济成分高速发展的今天，民间借贷的存在和发展，对于实体经济中中小企业的互动和发展有着重要的价值和实际意义。它对借款人的资信条件要求低、手续简便、灵活、可以满足急需，是中小企业、个体工商业主和居民个人的快捷融资渠道。

2. 股权融资

对于创业企业而言，债务融资存在一定局限性，还要进行相应的股权融资。对于高新技术创业企业而言，由于风险高、投入大，并且在创业初期没有销售更没有盈利，因而几乎不能从以稳健性原则作为经营宗旨的银行获得贷款。而且债务融资通常条件较为严苛，对企业资质要求较高。创业企业的债务融资成本较高、期限较短，所获资金并不适合用于企业的资本项下的开支。因此，向创业投资公司寻求资金上的支持，引入创业资本成为高新技术创业企业采用的股权融资的主要渠道。目前，我国主流的引入创业资本的股权融资渠道有风险投资、天使投资以及近年来较为流行的互联网股权众筹。2019 年 6 月 24 日，中国人民银行、中国银保监会首次发布中国小微企业金融服务白皮书——《中国小微企业金融服务报告（2018）》。该报告提出要加快建设多层次资本市场，拓宽小微企业资本补充渠道，推进科创板建设，构建多元融资、多层细分的股权融资市场，积极培育天使投资、创业投资等早期投资力量，促进小微企业早期资本形成。而大部分创业企业也是小微企业，该报告能够很好地引导天使投资与创业投资对创业企业的支持。

（1）风险投资。

风险投资对创业企业的筛选以及参与企业的经营成为其获得较高收益的决定因素。蒋伟与顾汶杰（2015）从风险投资对创业企业作用的机理分析出发，实证研究了风险投资对创业企业创生和成长的作用。已有研究表明，创新能力成为风险投资考量的标准之一，得到风险投资的企业往往具备很强的创新能力。张学勇、张叶青（2016）通过研究证实，创新能力的建立才是获得风险投资的企业得到更好的 IPO 市场表现的关键，且 IPO 的抑价率较低。这可以说明，风险投资资助的往往是未来发展前景较好的创业企业，在对创业企业首轮投资后，IPO 成为风险投资者退出投资、获得高额回报的主要途径之一。由于风险投资高风险、高回报的特征，IPO 后没有退出的风险投资者，为更好地把握企业的营运与盈利，必然会积极地参与、监督和影响有关资源利用、调配的管理决策。

风险投资因为其背景不同而拥有不同的优势，创业公司在 IPO 之前应进行考量，从而做出合理选择。在我国企业融资难、融资贵的客观情况下，风险投资可以说是一种较好的融资选择，国内不少的知名企业（如腾讯、百度、阿里）都是风险投资的成功案例。但应该更多考虑风险投资能够给公司带来的资源和增值服务，而非仅仅在意投资价格和投资条件，要规避风险投资对公司造成不良影响。

（2）天使投资。

天使投资最大的特点在于它是创业企业种子期的主要融资手段。虽然投资于种子阶段的创业企业并不需要太多资金，但由于风险较大，而且需要花费较长的管理时间并历经较长的投资周期，因此风险资本较少涉及种子阶段的投资，大多数风险投资主要投向成长期、上市阶段的项目，即便是最激进的风险投资机构对种子阶段项目的投资也不会超过 6%。因此，这就造成了创业投资领域的真空地带，而天使投资恰巧弥补了这个空白。天使投资主要投向构思独特的发明创造计划、创新个人及种子期企业，为尚未孵化的种子期项目"雪中送炭"，但它只是将发明计划或种子期项目"扶上马"，而"送一程"的任务则由风险投资来完成。

天使投资行为直接映射出投资主体的意愿。天使投资更看重的是创业企业的短期盈利能力，对创业企业的回报与发展有一定要求。天使投资大多依托于投资人对被投资人的了解与信任。投资人愿意在被投资人创业的初期投入资金，"小额多投"的分散投资策略能够很好地帮助投资人规避风险。近年来，不少公司也愿意出资参与到初创企业种子轮的投资过程中，同时也有不少天使投资人愿意对其看好的项目进行大额投资。天使投资对创业企业的发展贡献巨大。天使投资人一般不直接参与企业的经营管理，这使得创业企业能获得较多的自主选择权。从 IT 产业中的谷歌到计算机制造业中的苹果，从日用品行业的美体小铺到饮食业的星巴克，作为各自行业的领头企业，其在创业初期均受到过天使投资的资助。天使投资与风险投资在许多方面有所区别，如表 5 - 2 所示。

表 5 - 2　　　　　　　　　　天使投资与风险投资主要区别对比

项目	风险投资	天使投资
投资阶段	初创期、成长期	种子期、初创期
投资主体	机构偏多	个人偏多
投资金额	多在 1000 万元以上	几十万元到几百万元
介入方式	一般参与经营管理	一般不参与经营管理

（3）股权众筹。

股权众筹融资主要是指通过互联网的形式进行公开小额股权融资的活动，具体而言，是指创新创业者或小微企业通过股权众筹融资中介机构互联网平台（互联网网站或其他类似的电子媒介）公开募集股本的活动。股权众筹能让一些小企业、创业者的项目迅速获得资金支持。我国股权众筹起步略晚于国外。虽然早在 2001 年美国的 Artistshare 众筹网站作为世界上最早的众筹平台开始运营了，但自 2009 年 Kick-starter 作为美国第一家综合性众筹平台运行以后，才真正带动了众筹行业的快速成长。中国最早的互联网众筹平台是 2011 年 7 月份上线的点名时间。

在中国，股权众筹由于受《证券法》的限制，还不能向非合格投资者开放，也不能公开发行或者进行公开广告宣传。股权众筹在中国疯狂发展的过程中经常名不副实，整个行业鱼龙混杂。因此，我国的股权众筹实际上属于一种半公开或私募的融资行为，和传统意义上公开透明的股权众筹有所区别。

股权众筹投资者一般是出于单纯资本增加的目的而为种子阶段的创业企业注资。相较于风险投资，股权众筹在企业控制权、融资成本方面更有优势。郭菊娥和熊洁（2016）研究发现，风险投资的融资成本更高，创业企业进行股权众筹融资更有利于实现创业者对企业的管理控制权，减少了在单一风投融资时失去企业控制权的风险。骆金成（2016）认为股权众筹可以为创业企业带来附加价值：在平台传播项目信息的同时，创业企业也获得了各类外部资源，在"领投＋跟投"的模式下，领投人对企业给予较大的资金支持和专业指导，带来了企业发展初期所需的资源。

股权众筹的兴起给无数创业企业带来希望。股权众筹不仅有门槛低、成本低、效率高和限制少等诸多优点，其"筹资、筹人、筹智"的社会化创新的本质也为创业企业融资难提供了一个新型解决方案，有利于激活企业的发展活力。众筹投资者一般为小额投资，以天使汇、创投圈与大家投为代表的股权众筹平台成为主流融资选择。股权融资打破传统的融资模式，使得各行各业的大众都可以成为融资活动的出资人。但是，在我国处于发展初期的股权众筹，并没有呈现出健康的发展状态，容易诱发各种风险。由于众多的股权众筹平台存在低质量、管理混乱的现象，不乏存在平台倒闭跑路、创业企业诈骗的现象，这极大地扰乱了金融业的秩序。因此，创业企业在筛选平台时要提高警惕，寻找规范化、完善化的平台进行项目发布。对此，政府也不断出台与修订相关政策法规，以便更好地规制企业与投资者的行为，保障双方的权益。

3. 平台贷款

在创业初期有时可以直接借助电商平台提供的融资渠道。常见的平台有京东和阿里小贷。京东为其平台的店铺提供了相应的供应链金融服务，其中包括了订单融资、入库单融资、应收账款融资等。在对客户进行筛选时，平台依托电商数据有效地对融资申请者的信用水平、偿还意愿、还款能力进行分析，制定准确度极高的用户画像，进而选择可贷对象。针对创业者小额、分散、抵押担保不足的融资要求来说，平台贷款是非常有效的支持。

以上各种融资渠道各有特点，创业者可以根据所创企业的行业特点与未来发展规划进行选择。同时，创业企业在对各种渠道进行比较并做出选择的同时一定要了解并遵守国家关于创业融资的各种法律法规。这样，创业企业可以通过参与创业扶持的项目来获得相关的资金扶持，争取政府项目贷款等其他融资渠道。总之，创业融资要多渠道发展，多管齐下，唯有这样，所需创业资金才能真正得到保证。

【案例 5-1】乐视体育 8 亿融资创纪录①

2014 年 12 月，国务院发布了《关于加快发展体育产业促进体育消费的若干意见》，文件指出：到 2025 年，基本建立布局合理、功能完善、门类齐全的体育产业体系。政策的风向带动了资本的热情，乐视体育成为众所关注的热点，代表了大众对体育产业的理解，而乐视体育也有望打造成为体育产业的领头羊。2015 年 5 月乐视体育宣布，经过 A 和 A＋两个阶段，A 轮由万达投资领投，A＋轮由云锋基金领投，东

---

① 本刊编辑. 乐视体育 8 亿融资创纪录［J］. 商周刊，2015（11）：8.

方汇富和普思投资等 7 家机构和个人跟投。成立仅 1 年的乐视体育，以 28 亿元估值，融得人民币资金 8 亿元，创造了中国体育产业首轮估值及融资额的双重纪录。因此，政策导向作用对乐视体育融资的效果影响显著。政策导向影响市场环境与大众预期，进而对企业融资效果产生作用。创业企业要关注相关政策，更好地运用政策帮助自身融资。

5.1.3　中国创业企业融资模式发展与探讨

根据前文对我国中小创业企业的融资现状的探讨，结合我国具体的经济背景和金融环境，我们认真比较和分析了各种融资对策和渠道的可行性，对如何建立和完善适合科技型中小企业特点的融资体系以及不同的融资渠道选择进行了比较与分析。

第一，间接融资存在"惜贷"现象。惜贷是指商业银行的信贷投放意愿走弱，尤其是针对一些风险偏高的客户群体，即使里面有资质较好、满足信贷投放标准的个体，银行也表现得非常谨慎。造成银行信贷投放不力的原因有很多。其产生的客观原因包括监管指标约束、业务不太合规；主观原因包括"不愿投、不会投、不敢投"。面对国有大型银行对中小企业的"惜贷"现象，有专家建议我国中小企业融资应当找中小银行。这是因为，与大型金融机构的经营取向不同，中小金融机构比较愿意为中小企业提供融资服务。关于惜贷的缓解措施，从短期来看需要推出银行愿意放款的"信用中介"；从中期来看需要我国逐渐放宽货币政策来缓解企业的流动性压力，减轻银行担忧；从长期来看需要银行内部建立长效机制，如银行内部的考核、激励等长效机制的建立与完善。

第二，培育专业的金融机构。金融机构具有严谨规范的流程，且专业高效，可为创业企业和资金提供方提供一个安全的融资环境，从而能够避免因流程不规范或信息泄露引起的纠纷。金融机构利用专业知识，从创业企业经营不稳定、可抵押物少等特点出发，结合创投企业的需求，设计适合的金融产品，再利用云计算、大数据分析进行匹配，并在互联网金融平台进行推广，加上政府的扶持政策，既使得创业企业获得高效安全的融资，又能吸引资金提供者进行投资，还能使金融机构本身获得大量客户。目前，我国创业企业数量庞大且每年都在大量增加，资金需求量很大，然而互联网金融产品还很少，专门为创业企业服务的金融主体也很少，大多数创业企业很难在市场中找到适合的金融产品，难以得到个性化金融服务，互联网金融发展较慢。这就需要政府的扶持，特别是在互联网金融革新方面。政府应通过设立专门服务于创业企业的金融机构，拓宽创业企业现有的融资渠道，并通过大量服务创业企业收集信息数据，运用互联网云计算、大数据分析，得出创业企业的发展特性，开发适合创业企业不同阶段的融资产品。另外，由于金融机构与创业企业之间的不信任，在网络融资过程中存在一些信任问题，阻碍了互联网金融的发展。通过成立专业的金融主体，制定透明而专业的标准，加以政府的支持，可以一定程度解决信任问题，保障资金提供方和融资企业的信息安全，避免双方因信息泄露而遭受损失。

第三，建立多层次多品种资本市场，完善直接融资体系。从国际经验看，美国的高新技术产业之所以能在全球范围内长期保持领先地位，一个重要的原因就是美国拥有世界上最发达的资本市场，该市场具有更加多样化的交易方式、交易规则和多层次的投资群，为处于不同风险期的企业和拥有不同风险偏好的投资者之间提供交易平台。创业板市场只是科技型中小企业众多直接融资渠道中的一种，即使是在美国，以科技创新型为主体的中小企业能够在纳斯达克上市的也不到5%。因而，对科技型中小企业股权融资更有意义的直接融资渠道是包括产权交易市场、技术转让市场、互助式中小企业投资公司、创业投资基金等众多形式在内、以场外交易市场为主要形式的多层次资本市场体系。针对我国金融体系不完善、市场发育不平衡、服务体系不健全和法律法规滞后的具体情况来讲，建立多层次多品种资本市场，完善直接融资体系。

第四，加大政府扶持力度，降低融资压力。从西方国家的先进经验来看，要构建高效的互联网金融体系，政府的顶层设计与引导必不可少。我国互联网融资模式处于发展初期，需要政府加以引导。政府可为创业企业提供一定的担保，解决创业企业因缺少抵押物而难以从金融机构获得贷款的难题。同时，政府应鼓励成立更多的服务于创业企业的非政府担保机构，以满足增长迅速的创业企业。另外，政府应转变职能，构建服务型政府，为创业企业提供便捷、高效的服务。此外，由于互联网信息庞大，真假信息难以辨别，使得金融机构与创业企业互相不信任，导致双方成本上升，且阻碍了互联网金融的发展。要解决这一问题，首先就是要适当提高互联网金融市场的门槛，制定准入条件，并通过完善相关法律法规加强对互联网金融机构以及创业企业的监管力度。明确政府在创业企业融资中的引导职能，制定助力创业企业高效安全融资的专门政策法规，如规定政府购买比重，使得创业企业能够获得政府、法律法规的多重支持，建立起多层级的风险防范体系，得到安全和谐、公正公开的融资环境。

5.2 寻找合适的风险投资家

撰写完商业计划书后，创业企业开始进入了寻找、接触、会谈和说服风险投资家，以引入风险资本的过程。这个过程好比创业企业与风险投资家的"联姻"。只有双方的兴趣、爱好和价值取向一致，有机会充分沟通交流，进一步了解彼此，并能够接受对方开出的条件，才能成就一桩美满的"姻缘"。

5.2.1 定位合适的风险资本

创业投资涉及创业企业与风险投资家双方的利益，是个双向选择的过程。对于风险投资家而言，在投资方式、偏好行业、评估标准等方面，每个投资家都会根据自己的特定需求侧重评估每个项目，即使为同一个项目，不同投资家的感兴趣程度也会有差别。对于创业企业而言，欲速则不达。急于寻求资本的创业企业，可能没有对风险投资者进行仔细筛选，这将给企业今后的发展埋下巨大的隐患。因为大多数投资家不仅提供资金，还会参与企业的经营管理，带来很多其他资源，所以为帮助创业企业更好地定位适合的风险资本，我们给出以下建议。

1. 风险投资家的方向与创业企业相一致

不同行业的企业、不同发展阶段的创业企业都有与其相适应的风险资本。因此，不同的风险投资支持企业的类型、青睐的行业及所偏好的产品和服务各有不同。有的风险投资家专门投资于早期的企业，有的风险投资家专门投资于后期的企业甚至是业务回转期的企业。因此，在接触风险资本时，创业企业应谨慎地根据自身需求仔细排查，选出适合自己的风险投资家，淘汰掉对企业产生不良影响的投资家。

2. 风险资本偏好科技型企业、革新性的产品或服务

大多数风险投资家青睐高科技性质的行业。因为这个领域的市场和利润存在迅猛增长的机会，而且国家政策也大力支持高科技企业的发展。政策导向对风险投资的影响至关重要。但是，不乏有一些风险投资家专门在零售、餐饮等传统行业中寻找迅速成长的企业。

风险投资家偏好于革新性的产品或服务，如个人计算机、数码相机、新的通信产品以及互联网在商务上的应用等。这些产品或服务有巨大的用户需求，但还未达到普及的程度，因此存在着巨大的市场需求与利润空间。同时，也有风险投资家偏好于替代性的产品或只比竞争者领先一步的进化类产品。因此，只要创业企业的产品或服务前景足够好，就不必担忧缺少风险资本。

3. 选择和评估风险投资家

制定目标，把企业设想的理想投资人的详细情况描述出来，分析投资人的投资要求、投资范畴、以往的投资金额。每个行业都投资的投资人很少，多数投资人有明确的投资范畴。要根据实际需求，从长久价值考虑和筛选。重视投资人的投资团队的经历、经验和习惯。一般而言，投资人的团队都具有多年的市场经验，可以判断出其对商业计划书的侧重点，针对这些关注点主动修改计划书的不足之处。

4. 风险投资的规模与融资需求相适宜

企业在初创期融资困难，很难在初始阶段就筹集到足够的资金一直支持其发展到成熟稳定阶段。因此，创业企业要依据自身不同的阶段，向风险投资筹集足够多的资金，并且对于中小型的初创企业而言，股权融资比债券融资更易筹集到资金。所以，明智的做法是确保在第一轮融资中得到足够的资金，使得企业稳步进入下一个发展阶段，以使下一轮融资的成本明显低于初始融资的成本。假如企业已经达到了阶段性目标，就比较容易从其他投资家那里获得更多的资本，从而在融资中占据主动。

总之，要广泛了解不同类型的风险投资。创业企业需要寻找那些投资于类似本企业性质、本企业发展阶段的企业和产品的最合适的风险投资家。因为风险投资家不仅是为创业者提供资金上的支持，为了确保项目的成功和可观的利润回报，其还会为企业提供经营管理方面的帮助，随时保持对企业资金运用的监督。因此，选择那些专注于自己擅长领域的风险投资家对创业企业发展的帮助是巨大的。

5.2.2　寻找风险投资家的渠道

一旦筛选出适合的风险投资家，接着要开始寻找接触投资家的渠道或方式，常见的渠道如图 5-3 所示。

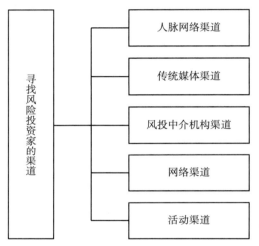

图 5-3　寻找风险投资家的各种渠道

1. 人脉网络渠道

分析企业团队拥有的人脉网络，从中找到有途径或有办法接触到风险资本的人，通过其为创业企业的融资搭桥牵线。

2. 传统媒体渠道

关注各种与投资和投资人有关的媒体。可以检索一些报纸和商业周刊关于投资并购、刚建立的投资基金的新闻以及企业寻求收购或企业进行投资的广告信息。

3. 风投中介机构渠道

直接与风险投资机构接触这种获得风险投资基金的方法难度较大。由于目前国内尚未形成风险投资的有效机制，所有风险投资机构都是分散经营的，而且国外机构占主要地位，因此直接申请的难度相对较大。但是，对于有一定经济基础的创业者而言，利用专业化的风险投资咨询机构的帮助是比较有效和便捷的寻找投资商的方法。

创业者寻找风投中介机构时要注意以下两点：

第一，创业者应尽可能找著名的中介机构或大型的中介机构，一定要注意风投中介机构的个人与整体素质。如果只能找到中小型中介机构，应首先让他们展示成功的案例，如录像、照片、媒体报道等，并可以要求其提供某一个成功案例近半年的发展情况、联系人和电话号码等。创业者可以与那家成功吸引风险投资的企业进行联系，了解实际情况。

第二，中介机构的费用普遍较高，对于创业者而言可能是沉重的负担。而且在中介机构提供服务的过程中，创业计划的保密性可能受到影响，增加了泄密的可能性。因此，可以要求中介机构指定专人负责具体工作且提供此人的工作经验介绍，并要求中介机构不得单方面更换工作人员，这样可以保证工作的连续性。

4. 网络渠道

目前，网络上风险投资的信息和网站成千上万，创业者需要的信息在网络上都可以轻松获得。几乎所有的风险投资机构都建立了网站或主页，有些是风险资本机构直接建立的宣传、联络的网站，也有些是由行业协会、学术机构或各种中介机构建立的服务性网站。网站上介绍了风险投资机构所偏好的企业类型、行业、产品或服务、融资和决策的过程，使创业企业寻找资金的过程更加主动、便捷和公开。

5. 活动渠道

参加会议和一些专业论坛是创业者寻找投资商的重要途径之一。论坛与会议是一个行业内信息非常集中的地方，参加者可以得到最为有效和及时的信息。

创业者可以通过以上五个渠道寻找风险投资家，在创业者遇到资金问题时，能够寻找到合适的风险投资家并与其进行合理的谈判，谈判结果令双方满意，那么对创业企业而言，可谓是"雪中送炭"，能够很好地解决融资问题。

5.3　与风险投资家谈判的技巧

作为融资企业，在与资金方的沟通与谈判中，经常会遇到两类情况：一是企业团队对与融资相关的专业知识、资金方的运作流程及金融法规等不够了解，甚至经常出现重大误解，导致双方交流很难达成一致，甚至不欢而散；二是有些企业不注重融资计划书和项目计划书的撰写，不注重准备与融资相关的书面资料，致使融资合作很难有大的进展。因此，与风险投资家谈判，作为融资成功的关键一环至关重要，创业企业需要掌握与风险投资家谈判的相关技巧。

5.3.1　谈判原则

融资谈判虽然不同于外交谈判，但也要求参与者有很高的政治业务素质和谈判能力。无论谈判规模大小、层次高低，创业者都要严肃认真对待，绝不允许草率行事。因为协约合同是项目或企业发展的生死状，一旦失误就会给企业带来难以挽回的经济损失和不良的政治影响。

1. 坚持合适的谈判原则

一切融资活动都是以项目为基础，以谈判、签约为先导的。谈判、签约的水平如何，关系经济利益也关系政治影响，所以，一些基础的原则必须坚持：

第一，有备而谈的原则，要事先做好充分的准备；

第二，互惠互利原则，融资合作的目的是促进企业的发展，必须根据实际计算核定合理的利益标准；

第三，平等对等原则，虽然企业有融资需求，但是创业者切不可有低人一等的想法，双方是处于平等地位的；

第四，政策策略原则，要适当运用政府策略帮助企业更好地获得融资。

2. 维护企业的利益

（1）商业秘密的保护。企业提供的商业计划书会涉及企业的商业计划、市场、技术和策略等。商业秘密的保护主要取决于企业对计划书资料分寸的把握以及对投资者身份的判断，也可以用保密协议等方式来制约。

（2）事先确定融资方式与策略。这样可以避免在谈判过程中因没有准备而仓促决策，做到有备无患。

（3）无形资产价值的合理确定。很多中小企业，尤其是技术密集型企业，在引资过程中会面临此问题，这主要取决于企业和资金方的协商定价能力。

（4）请外部专家提供支持。很多企业还未认识到这一问题的重要性。现实中，企业一般重视实物投资的价值，对智力和外脑的价值不太重视。这是很多中小企业应该改善的地方。当然，对外部专家的利用也需要企业具有一定的分辨能力。

综上所述，创业企业与风险投资家谈判时，需要遵守以上的原则。遵循必要的谈判原则是谈判获得成功的基本保证。充分了解谈判原则有助于掌握和运用谈判的策略和技巧，保护创业企业的权利与利益，这也是获得风险投资家资金的关键一步。

5.3.2 谈判建议

1. 企业亮点要清晰

企业家应以一种简洁、有条理、诚恳的方式来表现自己。同时，在服饰穿着上，企业家应着装正式、稳重，给人一种踏实可靠的感觉。在交流中，企业家应诚实地表现自己，因为达成一项风险投资交易，企业家和投资者之间就达成了一种与婚姻相似的关系。尽管在双方会谈之前，企业家已经预先递交了一份商业计划书，但企业家在表述时仍应把经营计划的主要内容复述一遍，只有这样才能保证风险投资公司了解你的计划，因为有些参加会谈的风险投资家可能还未读过商业计划书。

此外，企业家应尽量以直观的方式表述自己的思想，少用抽象的名词。如果可能，最好制作一些幻灯片。企业家的演讲内容包括与这一商业机会有关的所有重要因素。他应该很好地准备和组织自己的材料，以便演讲能在 20 分钟之内结束。这样一方面可以保证内容简明、清楚，另一方面还可以节省更多的时间来回答投资者的提问。而面对投资者的提问时，不要因想规避责任而扯开话题或给予模棱两可的答案，更不要虚构内容、过多修饰方案，预先做好充足的准备会给企业家带来更多信心。

2. 保持客观、现实的态度

风险企业家在做财务预测和分析时，应该基于基本的客观现实和数据进行推论。在一个特定的行业中，绝大多数企业都只能获得一般利润或稍高一点的利润。如果一项经营计划显示该企业能获得行业平均利润的几十倍，那么风险投资家往往认为其不可信。因此，创业者在与风险投资家谈判过程中，在利用事实数据说话时，还应该尽量保持客观、现实的态度，给予对方可信的认可感。

3. 利用数据说话

那些努力收集数据信息的企业家总会取得最大的成功。他们总是可以充满自信地说："根据我知道的情况，我会这样做所谓的现代管理，实际上就是通过数字来进行的管理。"每个企业家都希望市场像水晶球一样透明，以便他们可以了解市场增长有多快、规模有多大。但并不是每个企业家都愿意花心思去收集市场信息和数据，他们总是依赖于第三方对市场的预测和评估。这些企业家不仅不能说服投资者，实际上他们自己也常常受到这些预测的愚弄。

4. 尊重和重视对方

这样的沟通建立在信任的基础上。商务礼仪是个人品质的体现也是对对方的尊重，虽然法律在合同谈判中具有重大意义，但是不要将你的律师带到商业计划书提交及谈判的现场，更不要强迫对方迅速做出决定。要用钱包里的钱去买一个看不到、摸不着的东西，任何人都需要思考，何况是用一笔可观的资金投入一纸计划书中。要给对方一些时间，但是也要保持跟进，让对方感觉你对这个计划书的重视。

5. 定价问题

与风险投资家谈判，主要就是融资（即定价）问题。当产品做出之后，风险就会降低，再与投资家谈判融资定价问题时，所要求的回报就会降低；当市场开发完成之后，风险又会进一步降低，并且企业在行业内已经有了一定的影响与地位，融资的目的是扩大生产规模或增加研发投入，此时的融资回报率比种子期融资回报率低得多。因此，在谈判过程中可以强调这一点，尽量争取对等的方式来吸引投资家，比如，需要融资 500 万元，而自己的企业实物价值也为 500 万元，则应该争取 50% 的股权，以免过分压低自己的股份而产生太多的损失。

不过，创业者也不要对投资家施加压力，对风险资金有过多苛求，应预先有一个预计数字和期望的浮动范围，如果融资金额上不能达成一致，双方可以通过调整获取收益的方式、占有股份等方式来进一步沟通融资额，或者采用分期谈判降低每期投资额的方式投入资金。因此，关于定价的谈判与沟通方式有很多种，创业者不要对融资额有过多的苛求。

5.3.3　谈判过程中的注意点

对于创业者而言，初次与投资人接触时，都不会得到详细展示创业计划的时间和机会。为了赢得详细展示的机会，创业者就要在短暂接触的时间内引起投资人的兴趣，并给投资人留下深刻、良好的印象。即使企业拥有优秀的项目，但由于创业者的沟通与谈判技巧不到位，也很容易导致信息不对称问题，这样融资将很难成功。因此，与风险投资家谈判作为融资成功的关键一环至关重要，为此创业企业需要掌握与风险投资家谈判的技巧，以便成功争取到融资。

1. 沟通的注意事项

（1）言简意赅。

在几分钟的时间内，最好的介绍方法就是抓住投资人的关注点进行主要介绍，语言要简练准确。

（2）充满自信和活力。

在向投资人介绍项目之前，要反复练习"推销词"，使整个介绍过程准确流利，而且充满自信和活力，这样可以给投资人留下深刻的印象。

（3）态度诚恳。

在沟通中，给投资人以正确、坦诚的回答。回答语言准确，态度诚恳，毫不隐瞒，可增进互相之间的信任，并有助于双方以明朗的态度交谈。

（4）照顾投资人的立场。

在交谈过程中，特别是在谈到项目价值时，理解和接受投资人的感受是非常必要的。不要轻易否定投资人的想法，如确实需要进行反驳，则要注意态度和方式。

（5）适时沉默，重视沟通。

在准确表达了项目内容的同时，更要重视与投资人的沟通，认真倾听投资人的问题、意见和建议等，争取营造轻松愉快的谈话气氛并建立融洽的人际关系。

（6）保持分寸，过犹不及。

要注意介绍商业计划书的场合和时机，把握进退的分寸，不要将适度的表现变成夸张的表演。

2. 争取展示商业计划书的机会

现场展示商业计划书的机会来之不易，这说明项目存在一定价值，投资家愿意倾听，让企业详细展示项目的具体细节，因此要格外珍惜，要认真准备展示材料和现场答疑。

展示的主要材料是幻灯片演示文件，演示模式多种多样，具体内容一般是结合商业计划书中的执行概要的具体内容进行设计和编写。编写时可根据投资商的具体特点和兴趣点，对部分内容进行详细描述和突出展示。

投资人听完演示后，往往不会立即决定是否进行投资，而要亲自提出一些不同意见来确认一下自身关心的问题，以消除疑虑。因此，正确解答疑问就成为融资的关键。

3. 明确谈判内容

如果进入实质性谈判阶段，标志着离融资成功已经不远了。在该阶段，双方谈论的内容一般涉及：一是融资金额；二是股东构成与股权结构设置，资金方是否可以控股；三是双方的出资方式；四是无形资产的价值确定及处置方式；五是原有债务和或有负债的处置；六是人员的安排及薪酬；七是管理团队的组建及激励方式；八是政府有关部门政策的争取；十是双方工作的分工与日程安排等。上述内容大部分属于双方合作协议的框架内容，还包括公司未来运营的一些考虑事项。

在谈判的初期，企业经营者不要轻易出面或表态，不要轻易放弃控股权。同时，企业要注意了解和询问投资家的想法和意见。每次谈判都是企业形象的展示，因此企业必须予以重视，必要时可请融资顾问提供技术支持。

4. 签订融资协议

融资协议是资金需求双方为明确其权利义务、协调双方关系的重要法律文件。该阶段是对谈判结果的体现和巩固，也是资金安排和双方实质性合作的前提。一般资金方都有固定格式的协议，企业可以在此基础上修订，以更好地体现双方谈判的成果，保护企业的利益。

舒适高效的沟通贯穿于整个谈判过程，会给风险投资人带来良好的印象。而商业计划书的展示与谈判内容的确定，更能展示创业企业的专业性，能让风险投资家加深对整个项目的了解。当双方谈判结束后，融资协议的签订体现出双方谈判的成果。所以，创业企业与风险投资家谈判过程中一定要注意这几个方面。

 案例分析

马化腾和他的腾讯帝国①

一、创业艰难，融资更难

马化腾，1993 年毕业于深圳大学计算机系，当时他在深圳的一些中小公司打工。

---

① 案例改编自：傅晓霞. 创业案例精编［M］. 上海：上海财经大学出版社，2008：57－60.

一次偶然的机会，马化腾接触了ICQ这个以色列人开发的即时聊天工具。马化腾觉得ICQ能够在计算机上提供即时信息传递功能，但有一个很大的缺点，那就是ICQ没有中文版本，用起来很不方便。因此，马化腾想开发一个中文的ICQ，于是，他和几个朋友成立了一个公司开始创业。跟其他刚开始创业的互联网公司一样，资金和技术是腾讯最大的问题。腾讯先是缺资金，有了资金软件又跟不上。1999年2月，腾讯开发出了具"中国风味"的ICQ，即腾讯QQ。它受到用户欢迎，注册人数疯长，很短时间内就增加到几万人。人数增加就要不断扩充服务器，而那时一两千元的服务器托管费对马化腾来说可谓是不堪重负，他只能到处去借人家的服务器用，最开始只是一台普通PC机放到具有宽带条件的机房里面，之后是把程序放到别人的服务器里面运行。2000年，是互联网的冬天，也是腾讯的冬天。那时候，马化腾觉得养不起QQ就不如卖掉，但是在卖QQ时碰到了麻烦。马化腾跟许多内容提供商（ICP）谈，他们都要求独家买断。这让本想靠QQ软件多卖几家公司赚钱的马化腾非常犹豫。当时与深圳电信数据局的谈判，对方准备出60万元，马化腾坚持要卖100万元，交易始终谈不拢，最后以失败告终。软件卖不掉，但用户增长却很快，运营QQ所需的投入越来越大，马化腾只好四处去筹钱：找银行，银行说没听说过凭"注册用户数量"可以办抵押贷款的；与国内投资商谈，对方关心的大多是腾讯有多少台计算机和其他固定资产。

二、风险投资拯救腾讯

1999年下半年，受丁磊海外融资的启发，马化腾拿着改了6个版本、20多页的商业计划书开始寻找国外风险投资，最后碰到了IDG和盈科数码。他们给了马化腾220万美元，分别占公司20%的股份。QQ发展到2000万用户时，这笔钱还没用完。有了这笔资金，马化腾买了20万兆的IBM服务器。尽管有了一笔钱，暂时没有生死存亡的忧虑，但是QQ的注册人数继续疯狂增长，盈利模式却依然找不着，实际上QQ的先驱ICQ也一直都没有盈利模式。无奈之下，2001年7月，腾讯开始对用户注册实施控制，并推出各类在线广告。在2000年7月25日的新一版软件中，一个广告条被塞在消息接收端中。尽管腾讯的网络广告销售开展得很不错，曾经在《网络广告先锋》的调查中排第三位，紧跟新浪、搜狐之后。但是，相对于每天新增注册用户几十万（最高时每天新增用户曾达80万）、一个月就要新加两台服务器的投入而言，广告收入太少了。

三、找到盈利模式，为上市打下基础

2000年底中国移动推出移动梦网。当时腾讯拥有将近一亿的互联网注册用户量，但腾讯却苦于没有收费的渠道。这时移动梦网推出了手机代收费的"二八分账"协议，运营商分二成、应用服务提供者（SP）分八成，给腾讯以前所未有的契机。腾讯迅速开展了收费会员业务，限制页面注册，并开展了移动QQ业务，一时间，腾讯成了移动梦网的骨干，在移动梦网的份额最高时占据了七成。腾讯赚钱的速度和它当初注册用户的疯长一样，仅到2001年7月，就实现了正现金流。到2001年底，腾讯实现了 1022 万元人民币的纯利润。在 2002 年，腾讯净利润是 1.44 亿元，是上一年的 10 倍之多；2003 年，腾讯净利润为 3.38 亿元，比 2002 年又涨了 1 倍多。2004 年第一季度腾讯盈利 1.073 亿元，比 2003 年同期增长 87%。如此快速的盈利增长能力，为其成功上市打下了坚实的基础。

四、上市前风险投资商转手退出

腾讯控股的前身是腾讯计算机技术有限责任公司。1998 年 11 月在深圳成立，注册资本为 50 万元人民币，两名出资人黄惠卿和赵永林分别持有 60% 和 40% 的股权。经过历次股权转让，腾讯控股的 5 位主要创办人马化腾、张志东、曾李青、许晨晔和陈一丹共同全资拥有深圳市腾讯计算器系统有限公司。1999 年，由于政策的限制，外国投资企业不能在中国投资电讯增值服务，而 IDG 和香港盈科有意投资腾讯，腾讯的 5 位主要创办人于当年年底成立腾讯控股有限公司（以下简称"腾讯控股"）作为腾讯各公司的控股公司。由此引入的两笔风险投资共 220 万美元，IDG 和盈科分别持有腾讯控股总股本的 20%，马化腾及其团队持股 60%。

2001 年 6 月，香港盈科以 1260 万美元的价格将其所持腾讯控股 20% 的股权悉数出售给 MIH（米拉德国际控股集团公司，南非的传媒集团 Naspers 全资子公司），以 110 万美元的投资短时间内获得 1000 余万美元的回报已经堪称奇迹。但事实证明盈科还是低估了腾讯的成长潜力。南非的 MIH 在纳斯达克和阿姆斯特丹证券交易所同时上市，主营业务是互动电视和收费电视，年营业额约 2.5 亿美元，市值 40 多亿美元，是个传媒巨头。MIH 从盈科手中购得 20% 腾讯股权的同时，还从 IDG 手中收购了腾讯控股 12.8% 的股份。2002 年 6 月，腾讯控股其他主要创始人又将自己持有的 13.5% 的股份出让给 MIH，腾讯的股权结构由此变为创业者占 46.3%、MIH 占 46.5%、IDG 占 7.2%。但在持股比例和公司经营管理的界定上，MIH 与腾讯创业团队经过一番良好的协商，在 MIH 短暂控股时期，腾讯控股的具体经营管理主要还是由马化腾等主要创办人负责，MIH 方面派出的两名非执行董事并不负责腾讯控股的具体事务。直到 2003 年 8 月，腾讯创业团队才将 IDG 所持剩余股权悉数购回，并从 MIH 手中回购少量股权，经过股权结构的重新调整，最终完成了上市前 MIH 与创业团队分别持股 50% 的股权结构。

五、PE 享受上市盛宴

2004 年 6 月 16 日，腾讯正式在香港联交所挂牌上市，上市简称为腾讯控股，股票代码为 00700，HK。腾讯以每股 3.70 港元的价格发售了 4.202 亿股，募集资金达 15.5 亿港元。同时，这一定价位于初始价格区间的顶部。高盛（亚洲）是此次上市的全球协调人及保荐人。此次上市，腾讯造就了五个亿万富翁、七个千万富翁。根据持股比例，马化腾持有 14.43% 的股权，账面财富是 8.98 亿港元；张志东拥有 6.43% 的股权。账面财富为 4 亿港元；另外三位高层曾李青、许晨晔、陈一丹共持有 9.87% 的股权，三人的财富合计约 6.14 亿港元。此外，腾讯的其他 7 位高层拥有着另外的 6.77% 股权，7 人共有财富 4.22 亿港元。

想一想

1. 马化腾是如何因时度势进行创业投资的，他所依靠的融资渠道有哪些？
2. 请结合腾讯融资案例，说明创业者融资时应注意哪些问题？

本 章 总 结

复习要点

创业企业的融资过程，主要有三部分：准备商业计划书、确定融资渠道以及寻找风险投资家并与其谈判。

5.1　创业企业的融资渠道

创业企业的融资现状主要来源于三个方面：银行支持贷款少，启动资金来源单一；外部融资限制较多，融资难、融资贵；融资活动缺乏规划，造成盲目融资。

由于内源融资规模的局限性，创业企业主要采用外源融资渠道，分为债务融资和股权融资。

债务融资包含商业银行贷款、金融租赁与民间借贷。股权融资包含风险投资、天使投资与股权众筹。

5.2　寻找合适的风险投资家

定位合适企业的风险资本。风险投资家不仅提供资金，还有可能参与企业的经营管理。创业企业需要寻找那些投资于类似本企业性质、本企业发展阶段的企业和产品的最合适的风险投资家。

寻找风险投资家的渠道有许多，如：人脉网络渠道、传统媒体渠道、风投中介渠道、网络渠道、活动渠道。

5.3　与风险投资家谈判的技巧

与风险投资家谈判时，创业者要坚持一定的谈判原则，以双方平等的视角维护企业的利益。

与风险投资家沟通以及展示商业计划书的技巧，都需要创业者提前准备。

关 键 术 语

啄序理论　　金融租赁　　小额贷款公司　　中小型贷款银行

风险投资　　天使投资　　股权众筹

思考题

1. 试述创业企业的融资症结所在。

2. 创业企业的外部融资渠道具体有哪些？除了书本上的渠道，请额外举出其他的渠道。

3. 若创业企业急需长期资金，作为决策人，你会选择债务融资还是股权融资？

4. 创业者是否对所有的风险投资家都来者不拒？请分析并说明理由。

5. 创业企业为寻找到风险投资家，需要经历哪些具体过程，每个过程的注意点有哪些？

6. 作为科技型创业企业，为得到资金青睐以满足融资需求，企业需考虑哪些方面的因素并做好哪些方面的准备？

第6章

创业团队的组建与管理

【学习要点及目标】

通过本章学习，明确创业团队的组建原则、步骤等，了解创业团队招聘的现状与渠道，并为创业团队的管理与股权分配提出一些参考建议。

 案例导读

团体与分工——好咖啡的故事①

"遇到一杯好的咖啡，遇到一个对的人"，2013 年 9 月 1 日，Meet Coffee 咖啡店开始正式营业，也撑起了五邑大学文艺旗号。

Meet Coffee 的经营者由五邑大学管理学院大三学生廉明、陶宛军和信息学院大二学生冯杰文组成。在 Meet Coffee 咖啡店成立前，三位经营者都通过兼职赚了一些钱，并积累了一定的经验。这些实践经验为他们的创业提供了很好的社会经验以及人脉。三人萌生了共同创业的念头后，还特意去广州大学城做了市场考察。他们相信，正确的市场考察，确定符合目标消费者消费需求的项目，是创业首要之选。他们之所以选择到广州大学城考察，是因为这一区域大学生分布密度高、学生消费市场相对完善，不仅能够充分了解到大学生的市场需求，还可以寻找到适合在五邑大学发展的商机。最终综合考虑人流量和客户需求，三人决定在西南校区宿舍楼下开一间以"舒适"为主题的咖啡店。他们觉得大学生的生活相对悠闲，营造能够放松身心、舒适型的消费场所，会吸引学生群体课后消费。咖啡店以"舒适"为主题，主题鲜明统一。从 Meet Coffee 为店名，到"遇到一杯好的咖啡，遇到一个对的人"为宣传口号，再到淡雅清新的店内装饰，整体都突出了文艺、悠闲的风格，使消费者的需求得到满足。

咖啡店开业后，三个老板进行了明确分工：廉明理性，负责财务、原材料购进

---

① 张哲彰. 创新创业管理案例汇编［M］. 武汉：华中科技大学出版社，2018：24－26.

等；陶宛军执行力强，负责店面卫生、微博营销；冯杰文考虑问题较全面，负责出纳和店面装饰等。这种分工是经过深思熟虑的，根据各人不同的性格安排不同的工作，做到了资源的优化配置。这样三人可以发挥各自的特长，同时分工的细化能够避免责任不到位、权力交叉混乱的问题。

充分利用可调动的人力资源，避免资金浪费是他们三人的共识。大学校园的消费时段是很鲜明的，一般消费高峰都是在课余时间，上课时间几乎没有人流量，这样的话，聘用全职员工按正常工作时间发放工资的话就会造成一定的资金浪费，而招学生兼职，除了兼职时间吻合之外，其 8 元/小时的工价也相对全职员工低，从而实现了资源的充分利用。此外，鉴于对食品质量的坚持，他们聘请了一位专业的师傅调制饮品。他们认为经营手法是其次，食品质量才是经营的核心价值。为了保证向同学们出售的是健康美味的饮品和食物，店里的奶茶原料选用雀巢全脂蛋奶、糖和现泡茶叶，不仅港式风味正宗，还保证了健康。

另外，他们还通过转发抽奖和赠饮等方式提高了知名度，再通过高质量的饮品留住顾客。咖啡店的运营宣传充分利用学生熟悉的各种网络媒体，借助各类宣传手段宣传优惠促销等活动吸引顾客。三位合伙人学以致用，把老师上课的一些思路应用到咖啡店实际运营中。

在实际经营中，三人是否会有意见不合的时候？这个答案是显而易见的。因此以下三点很重要：财务清晰透明，把工作和感情分开，做到相互理解。很多合伙创业者失败不是因为项目不好，而是合伙人之间的经济矛盾或者性格不合，因此一份清晰明了的财务统计报表会加强合伙人之间的信任感，工作和感情不混为一谈能使团队和谐，促使项目继续发展。廉明就主张把工作和感情分开。陶宛军也提道："合作开这家咖啡店使我认识到，合作很重要，要学会考虑他人的想法。"

陶宛军说："我五年都没有处理过税务问题，而廉明温和细心，从 18 岁起就按季度交税。他善于处理文件工作，注重细节，而我喜欢创造性的工作。正是发挥了我们各人所长，才能确保公司的成功。即使分工明确了，灵活性仍是关键。有时为了公司的利益，你要模糊分工的界限。例如，无论相关的工作是不是属于你的责任范畴，当涉及人际关系时，你也责无旁贷。我们必须承认，有时我们的职责分工是基于工作本身，但有时由人际关系说了算。我们都需要知道，当这样的情况发生时，越界是无可厚非的。"

有时当谁都不愿接手某项工作时，合伙人也会面临僵局。建议这时候可以采取轮流制，即"你做一年，我做一年"。如果你和你的合伙人坚决不想接这个烫手山芋，那么不妨考虑外援。冯杰文曾就网页设计、经营和可持续发展方面寻求过外援。他说："不要害怕外包，这本来就是术业有专攻。当我们陷入困境时，接受外界专业的援助无疑是值得的。"

即使工作描述得已经很清楚了，他们认为最好还是就各个层面正式明确一下个人的职责，特别是涉及高层运作方面时，而不只是问问"销售是你负责还是我负责"。

建议使用一些常见的组织工具，比如一个完善的但可能略显过时的组织架构图。只用在纸上以某种方式写下来，哪里是你的责任范围，哪里是我的。然后在每个范围内将所有工作细化。即使在责任都明确以后，也要不时再拿出来看看。创业初始阶段和成长阶段所需要的领导风格是不同的。当企业逐步发展，有更多的人加入，责任就需要进一步细分。所以当企业高速发展时，不时重审这些责任范围是关键。

想一想

1. 对于大学生创业，你觉得哪些因素是必须要考虑的？
2. 对于如何选择创业团队，您有何建议？
3. 你认为创业后创业团队间应如何分工、如何协调？

6.1 选择正确的合伙人

对于创业者而言，如何选择合伙人，使合伙人在团队中充分发挥自己的优势，进而为项目带来最大的增值效益，增强企业自身的竞争力是至关重要的。正如马云所说："创业要找最适宜的人，不必须要找最成功的人！"创业者选择合伙人的方式、原则将直接影响到组建的创业团队的整体素质和为企业创造的经济效益。创业者在选择合伙人时一旦出现失误，就会导致创业失败。那么，该如何选择合适的合伙人呢？

6.1.1 创业团队的概述

创业团队指的是有共同目的、共享创业收益、共担创业风险的一群经营新成立的营利性组织的人，他们提供一种新的产品或服务，为社会提供新增价值。创业团队是为创业而形成的集体。肖恩克（Shonk，1982）较早把团队定义为两个或两个以上为完成共同任务而协调行动的个体所构成的群体。卡曾巴赫和史密斯（Katzenbach and Smith，1993）认为团队是才能互补、根据共同的目标设定绩效标准，依靠互相信任来完成目标的群体。但从各国高科技创业团队的情况来看，创业团队成员的出资比例因个人经济条件而各不相同，这意味着创业团队成员股权并不一定相等。朱仁宏等（2012）认为，创业团队是由两个或以上具有共同愿景和目标，共同创办新企业或参与新企业管理，拥有一定股权且直接参与战略决策的人组成的特别团队。张广琦等（2016）将创业团队界定为：两个或两个以上的创业者从创业初始阶段组建的团队。其将创业团队成员界定为：在创业过程中组建创业团队，处在企业中高层管理岗位，有权力参与企业经营管理和重大问题决策，并在企业中分享经济性收入的企业内部管理人员。

综上，当今社会的多元化和多极性，科学技术的精细化和综合性以及创业本身的复合性和复杂性，都终结了单枪匹马闯天下的个人英雄主义时代，从而使团队创业成为创业的主流。创业团队成为很多创业企业盛衰进退的关键因素。创业团队的凝聚力、合作精神、敬业精神会帮助新创企业渡过艰难时刻，加快其成长。另外，团队成员之间的互补、协调以及与创业者之间的补充和平衡，对新创企业能起到降低管理风险、提高管理水平的作用。

6.1.2 选择正确合伙人的原则

企业创立的第一步就是建立创始团队，创始团队与项目会决定企业未来的发展方向。合伙做事业，人是首要核心要素。为了企业的长远发展，合伙人的选择至关重要，选择正确的合伙人的基本原则如下。

1. 互补原则

互补原则是选择合伙人的核心原则与重要内容。曹祎遐（2014）认为团队创业的优势在于合伙人之间的技能、经验和知识等方面的异质性，有利于形成优势互补，促进创业成功。因此，合伙人之间要构建一个完整的互补关系网，互补团队能创造"1 + 1 > 2"的效果。

（1）性格互补。

朱仁宏等（2012）认为合伙人之间通常"天生"就有家族或泛家族关系，如家人、亲戚、朋友、同事或同学等关系。由此可见，一般而言，本着互相信任和熟悉并易于沟通的需求，创业者倾向于在自己的交际圈选择成员，这样导致团队成员性格多少会有些相似。而且，进一步分析就可发现，若创业团队没有仔细考虑过性格互补的问题，没有分清工作与生活，将个人日常生活的相处融洽程度与性格搭配合适程度混为一谈，随着创业阶段的深入发展，这个隐患将会引发巨大的矛盾。

（2）知识能力互补。

在进行创业活动时，必然会有技术、市场、管理等不同类型的工作任务，这就需要明确合伙人之间的分工，如此便产生了知识能力互补的人才需求。一个团队的创始人不可能掌握各方面的能力与知识，所以在引进合伙人时需要考虑专业型人才，也需要考虑复合型人才。

（3）资源互补。

引入了不同知识背景的合伙人，也意味着为团队传送了不同的资源。所有的合伙人必须利用一切可以利用的资源为创业服务，包括人脉资源、信息资源、融资资源等，努力提高资源利用率，利用广泛的人脉关系为创业提供方便，通过各种渠道广泛收集信息，为创业成功打下坚实的基础，降低创业过程的融资成本，解决创业融资难的问题。

许多有凝聚力和战斗力的企业都采取这样内外互补的组合赢得了成功。比如，海尔的张瑞敏和杨绵绵、娃哈哈的宗庆后和杜建英、阿里巴巴的马云和何一兵等，都是内外互补的典范。

2. 价值观统一原则

价值观统一原则即要求团队成员志同道合、目标明确。每个人的价值观都是经过环境的影响形成的，一般很难改变，因此，一个团队的价值观是否一致，对创业企业的发展影响重大。余胜海（2019）认为团队的成员应该是一群认可团队价值观的人。团队的目标应该是每个加入团队里的成员所认可的。价值观一致对团队影响体现为：

第一，可以保证合伙人在原则性问题上的认知与判断比较一致，不会出现根本上的冲突。因为一旦成员在这些问题上出现不同的认知，便很难再达成共识。

第二，高效率的沟通协调。拥有同质性价值观的合伙人团队，一般会更加积极地探讨和处理企业事务，更易营造浓厚的创业氛围。所以，创业者在组建团队初期应当重视价值观的一致性问题，将其设置为引进人才的重要考核要素。

3. 求同存异原则

求同存异原则要求在创业团队中有矛盾冲突的各方暂时避开某些分歧点，在某些共同点上达成一致，以逐渐化解矛盾与冲突。由于合伙人之间认识上的差异、信息沟通上的障碍、态度的相悖以及利益的互斥，矛盾冲突在所难免。求同存异原则是在解决合伙人之间的矛盾冲突的同时不影响企业正常运行的最好办法。求大同、存小异，做到大事讲原则，小事讲风格，在枝节问题上不苛求于人，不但可以避免冲突的发生，而且还会调解或消除现有的矛盾冲突。

综上所述，选择正确的合伙人是创业者在创业初期十分重要的一步。第一，合伙人之间一定要互补，所谓的"人无完人，金无足赤"，你有你的优点，也有缺点，你的合伙人也是一样的，问题在于你和合伙人的优点和缺点是否能够优势互补。第二，合伙人之间一定要志同道合，"道不同，不相为谋"。合伙创业，彼此之间最直接的认同就是志同道合。这里的所谓"志同"是指你们创业的目标、动机或者说梦想是一致的，比如，都是为了赚钱，都是为了出名，或者都是为了实现人生理想。这里所谓的"道合"，就是指合伙人的经营思路和经营策略是大致相合的，要能求同存异，不能有太大矛盾。所以在选择合伙人时一定要重视上述原则。

6.1.3 基于"TOPK 理论"选择合伙人

创业搭档管理学家黄德华提出了最佳创业搭档的"TOPK 行为风格理论"，即可以根据"TOPK 理论"来选择出最佳的创业团队。所谓"TOPK"，由 tiger（老虎）、owl（猫头鹰）、peacock（孔雀）、koala（考拉）四个英文单词的首字母组成。例如，如果创业者属于"老虎型"性格，那么就需要寻找具有猫头鹰型、孔雀型、考拉型三种性格的创业合作伙伴，从而形成一个最佳合拍的创业团队。依据"TOPK 理论"选择出最佳的创业团队，其互补性和融合性最强，进而可以减少成员之间的摩擦，便于创业者对团队进行领导和管理。不同风格的管理者表现出不同的特点和处事风格，如表 6 – 1 所示。

表 6 – 1 　　　　　　　　　　　"TOPK" 各类管理者处事特点

TOPK	处事特点
tiger（老虎）	做事当机立断，敢于冒险，对事敏感，对人不敏感，属于工作导向性，只注重结果而忽略过程
owl（猫头鹰）	做事严谨，关注细节，最信奉"细节决定成败"，倡导"以事实为依据"的处事原则
peacock（孔雀）	热情奔放，精力旺盛，容易接近，有语言天赋，做事直接，喜欢竞争，对人敏感，而对事不敏感
koala（考拉）	总是避免风险，做事不紧不慢，总营造人与人相互尊重的气氛，对事不敏感，对人的感情很敏感，属于"关系导向型"

1. 各类型管理者的特点

（1）T 型管理者。

大多数 T 型管理者处事果断，敢于承担和冒险，倡导"以自己的方式时刻去做"的理念。在 T 型管理者的眼中，现在要远远比过去跟未来重要得多。T 型管理者待人接物"对事不对人"，属于工作导向型，非常看重结果，工作节奏快，较容易跟下属产生冲突。

（2）O 型管理者。

O 型管理者做事严谨，井井有条，有坚韧的意志和很强的纪律性，讲求逻辑和原则，倡导"以事实为依据"的处事原则。O 型管理者能面面俱到地分析现状，很注重以过去的事实来预测未来，如果没有让其信服的证据，很难说服其根据他人的理念办事。与 T 型管理者类似，O 型管理者也属于工作导向性，但是工作节奏比较慢，为人严厉，如果环境变化得十分迅速，容易与下属产生摩擦。

（3）P 型管理者。

P 型管理者做事富有热情，精力充沛，平易近人而且很有语言天赋，擅长演讲与沟通。但是，P 型管理者对事情不敏感，而对与人相处比较感兴趣，其工作节奏较为舒适，偶尔可能较快。P 型管理者更专注于追逐梦想，看重未来，有时可能会忽略现实中的某些细节。因此，与员工交流时，P 型管理者更着眼于企业未来发展的描绘，而不会给员工踏实的指导和意见，有时候员工会很难跟上其跳跃性的思维。

（4）K型管理者。

K型管理者属于群居型，喜欢众人一起工作的氛围，也会营造团队之间相互尊重、欣赏的气氛。在决策时，K型管理者总是希望与相关工作人员的意见一致，导致工作节奏非常慢。K型管理者倾向于规避风险，做事不温不火，对事情不敏感，但是注重关切人的感情，属于关系导向性。因为其真诚随和的个性，使其成为员工倾诉的对象，但在倾听之后，K型管理者并不会做出什么决定，常常表现出犹豫不决、优柔寡断的迹象。

2. 运用"TOPK理论"选择创业团队的注意点

当创业者想运用"TOPK理论"选择创业团队成员时，需要谨记以下几点注意事项。

（1）熟悉自身的个性和风格，理性对待"TOPK理论"。

创业者首先需要了解自身的个性和风格，与合伙搭档形成自然的区别和互动。如果创业者较为熟悉"TOPK理论"，并能有意识地运用到创业中，不仅能增加创业成功的概率，而且能增加企业长期发展良好的概率。同时，在创业过程中，创业者需要自觉或不自觉地调整个人的个性与风格。但是，创业者需要清楚，运用"TOPK理论"选择了创业合伙人，并不代表创业就一定成功。因为创业成功需要很多因素，在其他条件全部具备的基础上，"TOPK理论"的应用才可能成为创业成功的关键因素。美国马凯特大学企业家精神研究中心曾经以2000家企业为调查对象进行研究，结果显示，94%的高成长企业都是由合伙人共同组建的，其中有三位以上创建者的占70%。[①] 不过，如果创业者并没有深入了解创业伙伴的个性以及风格，那么合伙关系的破裂也可能使企业遭受巨大的损失。

（2）核心领导者并没有绝对的个性和风格。

任何一种个性和风格的人，都可能成为创业团队的核心领导者并获得成功。核心领导者并没有绝对的个性和风格。创业团队组建成功的关键在于选择互补性的人才，避免选择同类个性的人才所带来的团队冲突。因此，组建创业团队更看重全面性，注重宽度，而不是一味追求专业的深度。例如，西游记就是根据"TOPK理论"来挑选创业团队的，以"西天取经"的艰辛程度，选取了不同风格的取经人组成了取经团队：猫头鹰型的唐僧、老虎型的孙悟空、孔雀型的猪八戒及考拉型的沙僧。虽然猪八戒和沙僧的专业程度并不是该领域最突出的，但这个最佳互补型团队最终历经了九九八十一难取得真经。

（3）一边创业，一边物色合伙人。

组建创业团队之后，并不意味着创业团队需要完全具有四种个性的成员，只要创业者在后续创业过程中坚持找到合适的合伙人即可。当然，寻找过程需要效率，不可拖拖拉拉，也不可急于求而成。但是，如果创业者想要比竞争对手更强，那么创业合

---

① 吴文辉. 创业管理实践：新创企业的成长模式［M］. 北京：中国经济出版社，2014.

伙人的选择可能需要比竞争对手多一种风格。对于多出来的这种风格的合伙人，创业者可以通过寻找新的伙伴而拥有，也可在原来的核心成员的基础上训练而成。

总之，"TOPK 理论"可以使创业者看清自己的优势和不足，扬长避短，同时能够使其更加客观地看待创业合伙人的喜好，将彼此之间难以融合的"盲点"消除掉。如果创业者想要取得成功，那么就需要明确各自的行事风格，做到知己知彼，然后达成团队默契，进而不断攻克各自擅长的领域，这样才能在成功的起跑线上领先竞争对手。

【案例 6 – 1】英特尔之 TOPK 的三元配方[①]

成立于 1968 年的英特尔的联合创始人为：戈登·摩尔和鲍伯·诺伊斯。诺伊斯是芯片的联合发明人，也是英特尔的导师和灵魂，为英特尔带来了远见和灵感，摩尔则热衷于技术，这两个天才的合作创造了一家处于创新前沿的公司。诺伊斯热情奔放，全身心投入——饮酒、唱歌、施展谋略，而且从不认输，敢于迎接任何挑战。而摩尔总是同几个最亲近的朋友围坐桌旁，轻声细语地闲聊。摩尔的性情相当沉着、冷静。他是一个害羞、有条理的人。他有两大爱好：一是在岸边执竿垂钓；二是在湖上划船游憩。摩尔甘于默默无闻，但他是英特尔的心脏。在硅谷历史上，摩尔不是个抛头露面的人物，在其职业生涯中，经常被同伴遮去光辉。但是在硅谷，尤其在英特尔，摩尔是最令人敬佩的创始人之一，是受人尊敬的科学家，他比任何人都更能体现英特尔的特点：才华横溢、待人处事温和、不断自我超越。严格来说，摩尔和诺伊斯共同成就了英特尔，而安迪·格罗夫则是他们雇用的第一位员工。显然，这可能是他们一生中所做的最英明的决策。事实证明，格罗夫身上具有他们所欠缺的东西：无情、强硬的管理才能以及执着、严谨的工作作风。因此，诺伊斯是公司的外交家和业界英雄，摩尔是研究方面的天才，格罗夫能够做使企业走向成功所必须做的事。

根据"TOPK 理论"分析可知：戈登·摩尔属于猫头鹰型风格；鲍伯·诺伊斯属于孔雀型风格；工艺开发专家安迪·格罗夫属于考拉型风格，他的加入使得他们联合创立的"TOPK 三元配方"造就了英特尔神话。

6.1.4　选择合伙人的误区

根据相关经验，创始人对合伙人的选择容易存在以下误区。

---

① 刘亚洲. 那些成功的联合创始人［EB/OL］.（2012 – 02 – 06）［2021 – 05 – 04］. https：//business. sohu. com/20120106/n331378028. shtml？qq – pf – to = pcqq. c2c.

1. 资源承诺者

很多创始人会认为，某人很有资源、需要深度绑定，所以，即便此人是兼职的、不符合长远发展需求的，也会分配股权给他，风险也就此埋下。事实上，企业针对这一类型的人可以考虑通过项目合作的方式来实现共赢，对于资源承诺者而言，项目合作所获收益更为直接，而对创始人来说，也降低了资源承诺者不靠谱所带来的风险。

2. 纯财务出资者

创业者要谨记，不是谁投入的资金多，谁就必然是控股股东，创业公司的控制权应掌握在具有创业梦想、公司管理能力、可以全面对创业项目负责的人手上，即核心创始人。而财务出资者应该以更高的价格来换取少量的股权，即类似于天使投资。

3. 初创公司的核心员工

有些创业者认为，在公司初创时期，员工非常重要，所以也要给员工分配股权。但无论是从长期绑定员工的角度看，还是从利于公司管理和发展的角度看，通过股权激励、奖金制度等方式来吸引、维护员工都会更为妥帖。

4. 兼职外部专家

对于外部专家，建议创业者优先选择支付顾问费，简单明了。如果外部专家执意要股权，给予其的股权数量也不宜太多。

创业者选择合伙人时一定避免走入以上 4 个误区，否则在未来创业道路上会承担巨大的成本，选对合伙人事半功倍，选错合伙人事倍功半。

6.2 创业团队的组建

创业团队是整个企业的栋梁，其好坏直接决定了企业的兴衰成败，没有绝对优秀的个人，只有绝对优秀的团队。重视创业团队的组建是创业者获得成功的第一步。麻雀虽小，五脏俱全，一群才能互补、责任共担、愿为共同的创业目标而奋斗的人所组成的特殊团队才能成为企业持续发展的人才基石。

6.2.1 创业团队的组成要素

创业团队成为很多创业企业盛衰进退的关键因素。创业团队的凝聚力、合作精神、敬业精神会帮助新创企业渡过艰难时刻，加快其成长步伐。另外，团队成员之间的互补、协调以及与创业者之间的补充和平衡，对新创企业能起到降低管理风险、提高管理水平的作用。本书将一般的创业团队的组成要素归结为以下五种（5P 要素），如表 6 - 2 所示。

表 6 - 2 　　　　　　　　　　　　创业团队"5P"要素概述

5P 要素	概述
目标（purpose）	创业团队要有一个创业目标，使其成为共同奋斗的理想
人员（people）	任何计划的实施最终还是要落实到人的身上去。人作为知识的载体，所拥有的知识对创业团队的贡献程度将决定企业在市场中的命运
定位（place）	创业团队的分工定位问题，即创业团队中的具体成员在创业活动中扮演什么样的角色
权力（power）	创业团队成员承担较多事务，需要赋予他们一定的权力，使其能够在特定条件下做决策
计划（plan）	创业团队的发展需要计划，计划是目标和定位的具体体现

1. 目标

创业团队的存在使得创业活动中的各项事务依靠团队来运作而不是依靠个人英雄。创业团队应该有一个既定的创业目标，使其成为团队共同奋斗的理想。团队成员共同的目标能够将所有成果凝聚起来，是创业成功必不可少的因素。

2. 人员

创业团队的构成是人，人作为知识的载体和资源传输的纽带，是实施任何计划的根本和基础。在创业企业中，人力资源是所有资源中最活跃、最重要的资源。正如松下幸之助所说，企业最大的资产是人。团队的共同目标是通过人员的行动与分工来实现的，所以人员的选择是创业团队建设中非常重要的一个部分，创业者应当充分考虑团队成员的能力、性格等各方面的因素。

3. 定位

定位指的是创业团队中的具体成员在创业活动中扮演什么样的角色，也就是创业团队的分工定位问题。定位问题关系到每一个成员是否对自身的优势与劣势有清醒的认识。创业活动的成功推进不仅需要整个企业寻找合适的商机，同时也需要整个创业团队各司其职，并且形成合力。因此，每个创业团队成员都应当对自身在团队中的位置有正确的认识，并且根据定位充分发挥主观能动性，推进企业成长。

4. 权力

为了实现创业团队成员的良好合作，赋予每个成员一定的权力是有必要的。事实上，团队成员对于控制力的追求也是他们参与创业的一个重要的原因。为了满足这一要求，需要分配权限给他们，以达到激励的效果。对于创业活动来说，其所面临的是更为动态多变的环境，管理事务也比较复杂，创业团队中的每个人都需要承担较多的管理事务，客观上也需要创业团队成员有一定的权力，能够在特定的条件下进行决策。因此，权力的分配也有利于团队的运作效率。

5. 计划

计划是创业团队未来的发展规划，也是目标和定位的具体体现。在计划的帮助下，创业者能够有效制定创业团队短期目标和长期目标，能够提出目标的有效实施方案以及实施过程的控制和调整措施。这里所讨论的计划尚未达到商业计划书那种复杂程度，但是，从团队的组建和发展过程来看，计划的指导作用自始至终都是存在的。

因此，为了充分推进创业过程，创业成员必须不断磨合，形成一个拥有共同目标、人员配置得当、定位清晰、权限分明、计划充分的团队。实际上，很多团队组建的时候会设置试用期来考验团队成员之间能否形成必要的默契，这在一定程度上降低了团队组建的潜在风险。

6.2.2 创业团队的组建步骤

创业团队的组建是一个相当复杂的过程，不同类型的创业项目所需的团队不一样，创建步骤也不完全相同。概括来讲，大致的组建程序如图 6-1 所示。

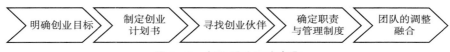

图 6-1 创业团队组建步骤

1. 明确创业目标

创业目标必须明确与合理，只有这样才能更好地将团队的行动、信念、组织、规划与营销等组建成一致的联系脉络，推动团队实现每个阶段性的子目标，最终达成总目标。目标明确，才能更加详细地围绕实现目标而制定计划。

2. 制定创业计划书

在确定完总目标与阶段性子目标之后，才能够撰写创业计划书。以团队整体为出发点，创业计划书核心的主题必须围绕如何实现目标而周密地确定。对不同的子目标，创业计划要具体制定步骤，进而通过逐步实现子目标而达到总目标。

3. 寻找创业伙伴

招募合适的创业成员成为决定创业成功的关键环节。创业者可以根据前文提到的三大基本原则，寻求满足自身实际需求的合作伙伴。专业化的分工必须要求成员间各方面特征的异质性。创业者可以通过媒体广告、亲戚朋友介绍、招商洽谈会、互联网等形式寻找合适的创业合作伙伴。一般而言，创业团队的规模应该为 2~12 人。

4. 确定职责与管理制度

在找寻到理想的合作伙伴之后，需要成员之间进行沟通，分析各自的优劣势，确定各自分工与职责。合理的分工能够使后续工作有序开展，职责权限必须明确。双方还需要就创业计划、股权分配等具体合作事宜进行深层次、多方位的全面沟通。只有前期的充分沟通和交流，才不会导致正式创业后创业团队因沟通不够而解体。在双方充分交流达成一致意见后，创业团队还需对合伙条款进行谈判，并建立起属于自己团队风格的制度体系，更好地约束成员在创业中的行为与观念。

5. 团队的调整融合

完美组合的创业团队并非创业一开始就能建立起来，很多时候是在企业创立一定时间以后随着企业的发展逐步形成的。随着团队的运作，团队组建时在人员匹配、制度设计、职权划分等方面的不合理之处会逐渐暴露出来，这时就需要对团队进行调整融合。由于问题的暴露需要一个过程，因此团队调整融合也应是一个动态持续的过程。

综上所述，每个步骤在创业团队的组建过程中都至关重要。首先，明确创业目标是首要步骤，没有创业目标，一切都是空谈。其次，制定创业计划书与寻找创业伙伴是必要步骤，完美的商业计划书与正确的创业合伙人能使创业成功的概率大大提高。最后，只有创业团队各自的职责明确并建立完善的团队管理制度，使创业团队人员互相融合调整，创业团队的组建才算完成。

6.2.3　创业团队的招聘渠道分析

按照团队成员的来源，可将招聘渠道分为内部招聘与外部招聘。内部招聘是指当企业出现职位空缺时，从内部提拔或者调动员工到该职位进行工作。创业团队本身就需要多领域、复合型的人才作为团队成员，而且团队成员一般较少，内部招聘不适用于创业团队进行成员招聘。因此，外部招聘就成为组建创业团队的主要选择方式，根据邹广严等（2005）对创业型组织的外部招聘渠道的划分，本书主要将外部招聘分为以下几种。

1. 内部推荐

内推是非常适合且更容易满足创业团队的招聘需求的招聘方式。因为创业团队招聘渠道不多，较少的求职者愿意加入创业团队。直接通过已有的团队成员的推荐，获得相应的满足企业需求的人才，降低了企业招聘费用。同时，团队成员对团队缺少哪类人才更清楚，因此对寻求的人才定位更清晰。内推人才有益于沟通，从而能够助力项目的开展。但是内推招聘面狭窄，可能招不到优秀的人才。

2. 现场招聘

现场招聘可以面对面与求职者交流，求职者的语言表达能力及印象有着直接的认识。招聘双方的需求可以直接现场得到确认，方便快捷。但是目前现场招聘较为被动且效率较低，企业要等待求职者的寻找，因此可能错过优秀人才。

3. 广告媒体招聘

从早期的报纸、广告等传统媒介到地铁、公交车等移动公共交通工具，再到现在通过网站、App 等方式来发布企业招聘信息，企业希望有意愿的求职者主动与其联系。因此这种招聘方式覆盖面非常广，但较为被动，而且一般公众对广告媒体的招聘信息不会太注意。

4. 校园招聘

校园招聘可以联络大学的就业指导中心，寻求校园宣讲的机会。创业团队需要能力较强的成员，在不同领域具有专长，这样才会加大创业成功的概率。因此，除非可以找到非常优秀的人才，一般的大学生都不具有这种客观条件，再者大学生一般希望找到较为稳定的工作，创业具有太多的潜在风险，所以大学生一般不倾向于选择创业型企业。目前国家大力支持大学生创业，给予其较多的优惠政策，而且大学生思维更活跃，可能会有意料之外的效果。

5. 委托猎头公司招聘

对于某些技术性、专业性非常强的岗位，通过其他渠道寻找人才非常不容易，因此，委托猎头公司寻找人才成为创业团队的不二选择。猎头公司通过建立专门的人才库精准定位，分析企业需求，能够为创业企业找到适合的高端人才。但是一般这种方式企业需要花费的成本较大，对于创业企业来说是个较大的运营负担。

6. 互联网招聘

互联网招聘也被称作电子招聘或网络招聘，主要是指利用互联网发布招聘信息吸引求职者向企业寻求职位的模式。[①] 源于美国的互联网招聘现在已经变成世界上许多国家用来招募人才的一种方式。随着计算机网络的发展，互联网招聘已经被大多数公司和应聘者认可。企业纷纷从传统招聘向互联网招聘转变，采用互联网招聘来节约人力成本，互联网招聘逐渐成为企业员工招聘和求职者投递简历的主要渠道之一。本书将互联网招聘分为以下几个方式。

（1）商业性招聘网站和软件。

商业性招聘平台是互联网招聘渠道中利用最为广泛的一种形式，如拉钩网、智联招聘、中华英才等，其通过互联网技术帮助雇主和求职者实现招募和求职。这些网站和软件为雇主提供了品牌广告、视频、公司简介等产品，能够智能地锁定地方、地区和国家性的就业广告，同时通过向求职者和招聘者收取中介费来赚取利润。

（2）公益性招聘网站。

政府联合地方性企业设立公益性招聘网站，提供全方位的公益性引才服务，为求职者提供了大量的就业岗位，助力待业人员寻找工作。公益性招聘网站不收取应聘人员的费用，为家庭困难的求职者或应届毕业生提供免费的机会，不仅能够减轻这些求职者对于招聘费用的压力，还能够拓宽公司的招聘范围，扩大求职者的基数，使公司

---

① 徐晗，赵鑫. 互联网时代网络招聘面临的机遇、问题及对策分析［J］. 江苏科技信息，2022，39（20）：53－56.

得到更多选择的机会。

（3）社交网络招聘。

社交招聘也被称为社会化招聘，是基于社交网络的一种特殊招聘方式，即企业利用微信、微博等社交软件在社交媒体平台进行人员招聘的相关工作。社交网络招聘作为一种新兴的招聘模式，为企业人才招聘带来了巨大优势。社交网络招聘使企业对个人才能的了解不再局限于履历表，还可以通过个人的人际交往活动。此外，抖音、微视等短视频平台招聘可以更加形象生动地展示企业的信息，也更容易被大众所接受，其使用率不断提高。

6.3 创业团队的管理

组建创业团队是创业开始的第一步，一个成功的创业者需要知道如何管理团队，同时还需具备领导团队运作的能力。随着创业外部环境的不断变化，如何凝聚团队成员、调动成员创业的激情和工作积极性，如何对团队进行管理和领导是创业者需要重点思考的关键问题，也是创业企业发展中人力资源管理所面临的重大挑战。

6.3.1 创业企业的管理原则

1. 注意团队精神培养，齐心一致

创业团队所共有的价值观直接影响着团队精神的培养，团队精神又进一步影响着企业的发展。所谓团队精神就是指一种集体的英雄主义，在团队精神带领之下，集体利益与个人利益能够达到较高程度的一致性，创业团队成员之间能够互相帮助、相互合作，发挥出"一加一大于二"的效果。团队精神的建立不仅要靠共同的价值观，更要靠共同的创业目标。创业者应当把创业目标分解到每一个部门、每一位创业伙伴身上。这样创业团队成员才能做到"心往一处想，劲往一处使"。

2. 事先明确合作原则，公平公正

多数创业者的合伙人都来自身边的好友，因此在创业开始之前，成员之间就拥有较多的信任，能够产生较强的共鸣，核心价值观和团队精神建设也比较容易。但是在具体的工作中，创业者不能够让这种朋友关系影响工作的推进。在准备合作时，创业者应当与合伙人签订一个正式的书面文件，把可能出现的争端以及解决方案都写入合作条款中，这样，在出现问题的时候能够以比较规范、双方都认可的方式协商解决。

3. 明确团队成员职责，有序高效

分工明晰是团队运行效率的保证。创业者先要对自己的职责和权利十分明确，在此基础上设定各个团队成员的角色。职责分明的优点在于充分降低了创业活动给予创业者带来的压力，虽然创业活动事务繁多，但通过分工的形式，能有效地降低领导者管理工作的难度，提升管理效率。同时，职责分工明确也正是企业内部规范管理制度的开端，能够为企业后期的规范化成长奠定基础。

4. 核心领导敢于决策，勇担责任

创业团队的运行需要围绕一个核心，这个核心就是初始核心创业者，也是创业团队的组织者与领导者，即所谓"领头羊"的角色。在管理团队时，创业者需要有足够的魄力，在团队成员之间有不同意见的时候，创业者要能做出清晰的判断，选择具体的处理方案，尽可能做到公平、公正，这样才能不断增强团队的凝聚力。当然，在创业团队的发展出现问题时，创业者也应主动承担责任，不能将责任推卸给其他团队成员。这是核心领导者威望和领导魄力的表现。

5. 团队成员换位思考，将心比心

创业团队的工作是一个合作的过程，成员之间不是简单的契约关系和上下级关系。合作意味着团队成员之间能够优势互补、协调发展。创业团队必须要以一个整体来推进创业活动。团队成员之间合作需谨记"己所不欲勿施于人"，事先为他人着想可以促进团队成员之间更好地合作，而互相体谅、互相为他人着想的理念也能够为培养团队精神打好基础。

6.3.2 创业团队的管理模块

高效的管理对于一个创业团队来说十分重要。吴俊键（2019）认为创业团队想要在竞争日益激烈的创业市场中立于不败之地，就必须看清自身管理存在的问题并及时做出改进。为什么有的团队高手如云，最后还是失败？为什么有的部门业绩频出，员工还是不欢而散？为什么有的企业人才俱全，还是做不起来？事实上，大部分团队、企业的失败归根结底还是归结于管理的失败。人最可怕的不是犯错或失败，而是在危机来临之前没有防范机制。在这个飞速发展的时代，知识加速更新，市场环境日新月异，创业者和管理者更要有危机感和管理意识。以下将从团队分工与激励等方面讲述创业团队该如何管理。

1. 创业团队管理之分工

（1）权责分明。

团队的任何一项工作都离不开其他人的配合，只有协作配合好，才能顺利完成管理工作。对于初创的创业团队来说，人员分工一般都比较粗放，很多事情不分彼此，一起决策，共同实施。在此过程中一定要注意落实责任、权责分明，避免出错或出现失误后互相推诿，造成团队成员之间的矛盾。

（2）分工适当。

分工并不是越细越好，分工过细会导致工作环节增加，往往容易引起工作流程延长，从而削弱分工带来的好处。解决扯皮事情的关键是整个团队成员在团队精神的指导下相互协调，以完成总体目标。在高绩效团队中，成员的角色往往是互补的。高绩效团队的成员都应清楚自己在团队中的角色，而且明白相互之间的角色有时可以相互替代。因此，在高绩效团队中，有时一个人可以充当几个角色，有时几个人又可担当同一个角色。

（3）适时联动。

适时联动是指为了完成特定任务，成立打破部门分工、跨越部门职能的专门工作小组。小组成员具有双重身份，既要向本部门主管汇报工作，又要向跨部门小组组长负责。这种模式适用于已经具有一定规模的创业企业，小组成员各司其职，在企业规模不是很大的情况下，运行状况较好。但随着企业规模的不断扩大，尤其是在新产品更新速度不断加快的情况下和一些比较重大的项目上，这种模式缺乏全盘的统筹和协调，容易造成企业运转困难。因此，一个专门负责新项目或一些重大项目的组织协调工作的机构就显得尤为重要。

2. 创业团队管理之激励

创业团队的激励制度关系到创业团队成员的工作动力和工作的积极性。如果缺乏有效的激励，新创企业难以保持长久的生命力。而有效激励是新创企业保持团队士气的关键。创业团队要实现高效运作，需要有有效的激励机制，使团队成员看到随着创业目标的实现，其自身利益将会得到怎样的改变，从而达到充分调动成员的积极性、最大限度地发挥团队成员作用的目的。

创业团队可以根据每位成员的工作能力和实际贡献提供激励，主要包括两种形式：一种是物质激励，即经济利益的激励，是与货币相关的激励方式；另一种是非物质激励，如创业成就感和地位，感受到尊重、认可和友爱等。

（1）经济利益的激励。

创业企业的产权一般比较明晰，机制灵活，所以创业者可以把增加股权作为经济利益激励的一项重要内容来实施，从而把传统的以报酬为代表的短期经济激励和以股权为代表的长期经济激励结合起来，体现人力资源的价值。此外，还要建立奖励机制，将团队成员的一部分报酬（尤其是浮动薪酬）与创业团队成果有机地结合起来。在进行年度固定薪酬调整时，也要考虑成员的工作绩效表现。

（2）团队文化的激励。

团队文化是固化剂，创业团队凝聚力的培养离不开团队文化的建设。团队文化激励对创业团队建设的积极作用主要表现在：团队文化通过营造一种积极向上、相互信任的文化氛围来协调创业企业内外人际关系，通过调动创业团队成员的积极性、主动性和创造性来增强团队凝聚力和竞争力。

（3）心理满足的激励。

在知识经济时代，创业者需要具有良好的进取精神，创业团队通常是高知群体。

团队成员进行创业活动不仅仅为了追求经济利益，也为获得成就感以及权力和地位上的满足。从创业团队的生命周期来看，团队发展到追逐权力的阶段，团队冲突增加，矛盾加剧，会导致团队效率降低，使得部分核心成员选择离开团队，因此许多创业团队在"争权夺利"这个阶段就停止了发展。对于创业企业而言，此时的生存和发展可能会面临着重大危机。如何突破这个"瓶颈"，实现团队自我超越是创业团队建设应考虑的关键问题。因此，随着创业企业的发展，创业团队领导者要注重权力和地位的激励机制，将创业成员的工作成效、职业生涯发展和地位提升有效地结合起来，建立并维护好创业团队的运作原则，使团队成员之间相互尊重和信任，能够倾听彼此的意见。基于不同的工作情景和分工，创业团队成员可以共享领导角色，在各自的领域中发挥领导作用。

综上所述，团队成员权责分明、分工适当，部门之间的适当联动可以有效提高团队的工作效率，减少成员之间的矛盾。管理分工的同时，也要进行相应的激励管理。管理人员需要熟练掌握激励员工的"诀窍"，充分发掘并调动员工的积极性，使员工迸发出百分之百的激情与潜能。

3. 创业团队管理之绩效激励

绩效评估体系考核必须与团队成员的能力、团队的发展、扮演的角色以及取得的成绩结合起来。这样的绩效评估可以让员工意识到企业很重视团队合作。企业会让员工培养和深化其团队合作的意识，以便在工作过程中进行自我调整，更好地为企业发展做出贡献。

（1）绩效评估原则。

绩效评估是创业团队管理的有效途径。它既是团队管理的基本方法之一，也是团队评价的一项基本内容。对团队的绩效评估应注意三个方面的问题：一是考核目标要合理。要根据成员的职责分工制定出每个岗位的考核细则，边界要清晰，权责要明确，分解要科学，要从发展的需要出发，用现实目标来鼓舞士气，使每一个成员心中有数，从而能够围绕考核目标扎实有序地开展工作。二是评估体系要科学。要建立完善的、科学的绩效评估体系，抓住关键指标，突出重点环节，体现核心要素，通过评估体系反映团队抓住主要矛盾的决心，从而推动创业团队的工作实现重点推进，实现整体发展。三是评估方法要简单。在初创阶段规模不大，绩效评估不宜过分复杂，要简单、明了、具体。这样不仅便于每一个成员了解规则，使其做起事来心中有底，也便于大家了解评估方法，使评价公开透明，易于掌握和比较，还便于大家监督评估过程。

（2）建立绩效评估体系。

绩效考核必须与个人的能力、团队的发展、扮演的角色和取得的成绩结合。郑鸿和徐勇（2017）研究发现创业团队成员的沟通互动、互惠原则能促进创业团队信任的形成与维持，团队信任能促进团队绩效的提升。因此，绩效考核不能单单只考察单个成员的绩效。某个成员绩效高的原因固然离不开自身的实力，但团队的凝聚力、团队间的互帮互助对每个成员的绩效情况影响也是巨大的。传统的绩效评估体系和绩效管理只关注个人绩效如何，而不去考虑个人绩效与团队绩效的结合。而造成这种状况的原因多种多样，包括评估不及时、各方意见不能真实反映实际情况、评估含糊不清、易掺入情感因素、忽略被评估人的绩效给他人带来的影响等。成功的绩效管理不再限定于只注重个人的绩效，而是更加注重整体表现。这样的交流更能让员工了解团队合作的重要性，个人需要不断进行自我调整，以适应不断变化的环境和业务发展。

4. 创业团队管理之创业退出

创业团队的组建必然意味着未来创业团队成员的退出。德蒂恩内（DeTienne, 2010）将创业退出定义为：私营企业的创始人或创业团队离开所创建的公司，不同程度上是从公司主要所有权和决策架构中退出的过程。陶雅等（2018）认为，实际上，每一次的创业进入都意味着将来潜在的创业退出，所有的创业者都终将退出创业，只有完成创业退出才算真正结束一段创业历程。德蒂恩内同样提出创业不仅是创建一个新企业，也不止于新企业和团队的创建，而应该是包含创业退出构成的完整过程。因此，如果没有设定退出机制，允许中途退出的合伙人带走股权，这是对退出合伙人的公平，但对其他长期参与创业的合伙人来说是最大的不公平。

对于退出的合伙人，一方面，可以全部或部分收回股权；另一方面，必须承认合伙人的历史贡献，按照一定的溢价或折价回购股权。至于如何确定具体的退出价格，涉及两个因素：一个是退出价格基数，另一个是溢价或折价倍数。可以考虑按照合伙人购买股权的价格的一定溢价回购或让退出合伙人按照其持股比例可参与分配公司净资产或净利润的一定溢价回购，也可以按照公司最近一轮融资估值的一定折扣价回购。有些退出价格则是当时投入的本金加上合理的利息回报。至于选取哪个退出价格，不同的公司存在差异。

6.4　重要准则：确定股权和利润分配

在创业的初始阶段，一定要具有合理利益分配的意识。这就是说，创业主导者寻找一些志同道合者共同起步发展，要做到清晰且无争议的利益分配。余胜海（2019）认为对于创业者来说，从企业创立开始就需要制定相对完善的股东协议，明确各个创业者之间和原始投资人之间的关系。面对来自内外部的压力与挑战，越来越多的创业型企业开始关注自身的股权分配设计，部分企业在创业初期就制定了明确的股权分配设计思路，希望通过这种最直接的公司治理方式来解决企业高速发展带来的挑战。

通过合理的股权分配设计，创业企业能够团结创业团队核心成员、吸引高质素职业经理人、提高内部核心员工的能动性。这种激励方式从某种程度上改变了所有者与经营者的关系。然而，股权分配设计真的能够为企业带来期望的结果吗？由于许多创业型企业对股权激励这个概念的理解相对模糊，从而导致激励对象过于广泛或狭窄、激励方式模糊、激励结果不明确。面对有限的股权资源，如何通过合理有效的股权分配设计实现"留住创业团队核心成员、吸引高质素职业经理人、提高内部核心员工的能动性"这一系列战略人力资源管理目标，对于高成长性的创业型企业尤为重要，甚至可能关系到这些企业的存亡。

通常认为确立股权分配时需要考虑三个因素，分别是股东在资源层面的贡献、股东在公司治理层面的把控以及公司未来的融资造血空间。当然上述三个因素仍有分解的空间，如资源就可以按出资、投入时间细化，出资又可以区分货币、实物、知识产权分类等，对公司的价值进一步细化，以便更好地衡量股东的出资利益。

6.4.1　确定核心创始人的持股比例

初始股权形成要素主要包括：创业者的工作时间、现金或实物等资产、基础设施、创意、知识产权或专用技术、人脉资源和其他资源。

我国公司法的表决权规定。《公司法》第四十二条规定：股东会会议由股东按照出资比例行使表决权；但是，公司章程另有规定的除外。《公司法》第四十三条规定：股东会的议事方式和表决程序，除本法有规定的外，由公司章程规定。股东会会议作出修改公司章程、增加或者减少注册资本的决议，以及公司合并、分立、解散或者变更公司形式的决议，必须经代表三分之二以上表决权的股东通过。

结合实际情况，创业公司往往有多个创始人，加之股权众筹方式众多，核心创始人的持股有可能达不到绝对控股比例（即持股区间等于或超过公司注册资本的51%～67%）。此情形下若想保障核心创始人的控制权，就需要充分利用公司的章程，将表决权与持股比例分开，并以公司章程的形式予以落实，或通过一些协议来联合持股，确保实现一定比例的持股权。这样才能保证公司管理的通畅以及在后续的融资过程中，公司创始人团队始终保持公司的控制权。

6.4.2　合伙人的股权分配

合伙人的贡献表现为合伙人为企业带来的资源，一般包括：现金投资、未领取相应报酬的劳动和服务、企业所需办公场地和物资设备、融资和担保、岗位职责外的资源贡献等。合伙人可以对这些资源分别进行计算，例如劳动报酬体现为 2 万元/月，现金贡献体现为投入资金的 1.5 倍（适合于缺钱的企业），知识产权贡献体现为一个可计算的使用许可费（如每件产品的许可费贡献为 N 元）等。

合伙人的贡献一定是可以量化和明确区分的，但并不是所有的贡献都可以作为股权分配的依据。可量化是指可以为企业带来实质的价值，这样才能作为股权分配的贡献，比如，人脉资源关系、明显超出实际需要的资金、创意想法等就不适合作为股权分配的贡献。可以明确区分是指合伙人的工作可以按报酬或费用计算为对企业的贡献。但是，若合伙人岗位职责以内的工作带来的贡献已在其应得的工资报酬里体现，就不应当作为股权分配的贡献。

6.4.3　动态股权分配方法

传统的股权分配主要是以资金为依据，即投多少钱占多少股份，多投多占，少投少占。但存在的问题是，初期投资多的合伙人不一定会在公司的后期发展中做出较大的贡献，而初期投资少的合伙人也不一定不会在公司的后期发展中做出较大的贡献。如果有些合伙人只是在公司的创立之初投了较多的资金，因而占据了公司较大的股份，此后他并未对公司的发展做出突出贡献，但依然凭借占据公司较多的股份而分得较多的利润，那么这种现象就一定会引起其他投资者的不满。因此这种股权分配方式是不合理的。在此背景下，动态股权分配方式应运而生。

1. 动态股权制度

动态股权制度是在传统股权制度之下衍生出来的一种全新的、能适应新的社会发展要求的股权制度。所以，它与传统的股权制度有相似之处，但二者之间也存在着一定的差异。与传统股权制度相似，动态股权制度的入股方式也可以是资金、技术、实物。但与传统股权制度不同的是，在动态股权制度中，这些入股要素的价值不是恒定不变的，而是会随着时间、条件等因素的改变而发生变化。由于动态股权制度的特点主要表现在一个"动"字上，这也就意味着在这种股权分配制度下，股权拥有者的收益是不同的。各种入股要素都是会随着时间的推移而发生价值上的变化，因而由它们价值所决定的动态股权收益也会随之发生变化。

因此，对创业企业的合伙人来说，应当根据企业的实质价值来进行股权分配，这与个人的贡献值计算是相匹配的。动态股权制度可以使用两种方法进行股权分配：一种是全动态股权分配，另一种是半动态股权分配。

全动态股权分配是指通过计算全体合伙人的贡献，确定各合伙人的贡献占比，从而使其获得相应比例的企业股权。全体合伙人投入的贡献即为企业的实质价值，与企业估值没有直接关系。

半动态股权分配是指创业企业中有一到两个合伙人是企业的主导人，他们贡献了绝大部分的现金及其他资源，并且全心投入项目运作，担任了企业的董事或执行事务合伙人，那么创业企业的部分股权（如 30%）可以先行确定为该合伙人所有，剩下的部分按照前述方法进行动态分配。

注意，在股权分配时，不要分配掉 100% 的股权。因为，第一，企业还在发展，还可能引入更多的人才和资源，因此需要预留部分股权。第二，有些合伙人的贡献可能在前期占比很高（比如现金在创业初期作用巨大），在中期和后期会相对较低。虽然前期合伙人承担的风险是最大的,获得更多分配是公平的,但公平是相对的,企业长期发展需要在每次的公平中得到平衡,这个对合伙人之间的关系是非常重要的。

2. 动态股权分配制度的注意事项

一旦创业企业选择了动态股权分配制度,需注意以下几个问题。

(1)保证存在一个处于支配地位、能掌控整个企业局面的股东。

缺乏支配者的创业团队往往在重大问题的决策上缺乏效率。保证所有合伙人对同一问题持相同的看法,这几乎是不可能的。要是股东权利一致,那么当企业面对重大问题时,股东都会优先考虑自己的利益,导致企业无法做出决策。

(2)坚决杜绝平均主义和拖延的行为。

实行平均股权分配只会让合伙人滋生享乐和懒惰的思想。显然,这不利于合伙人提高工作积极性,将会阻碍公司的发展。拖延主义的危害性更大,它会降低整个团队的办事效率,使得整个团队的战斗力大大降低。由此看来,动态股权分配制度应该与等级性和及时性联系起来。

(3)实行股权绑定,分期兑现制。

动态股权制度的优越性不仅体现在当前阶段中,更多地体现在未来的激励中。企业是以持续经营为目标的,经营企业是一场持久战。实行股权绑定,可以让合伙人及公司员工与公司之间形成一种更加紧密的关系。而分期兑现一方面可以减轻公司现阶段的财务压力,另一方面则可以起到留住人员的作用。人员的稳定与否对公司的经营发展影响巨大。

6.4.4 设置期权池

期权池是指在不稀释创业团队原始股份的前提下,将一部分股权预留出来,用于未来引进高级人才。该制度用于激励员工,包括核心创始人、创始团队成员、高管、骨干、普通员工,是初创企业实施股权激励计划最普遍采用的形式,在欧美等国家被认为是驱动初创企业发展必要的关键要素之一。

期权池应提前设置好。一方面,这是为了激发整个团队的斗志;另一方面,设置好期权池可以在为暂缺的合伙人留好股份的同时不稀释现有合伙人的股份。

硅谷的惯例是预留公司全部股份的 10%～20% 作为期权池,较大的期权池对员工和风险投资来说有更大吸引力。风险投资家一般要求期权池在其进入前设立,并要求在其进入后达到一定比例。由于每轮融资都会稀释期权池的股权比例,因此在每次融资时需重新调整期权池,从而不断吸引新的人才。

期权本质上来源于现有股东所持的股份,但若由各股东按比例分散持有,未来恐怕难以统一运作企业,易引发争议并影响实行效率。因此,在拟议股权分配方案时,期权池就要从各股东处划分出来,由核心创始人一并代持,其他股东可通过协议明确代持股权的性质和处置限制。

6.4.5　设置好股权回购制度

对于创业公司来说，股东之间的志同道合尤为重要，因此股权分配需要从正向和反向两个维度进行考虑。既要从正向保障创业者同舟共济时的公平和激励，也要从反向考虑某些特殊情形下（如创业者离职退出、离婚、继承等情形）公司股权的回收问题。张项民（2012）认为在组建团队时就应考虑好成员的退出机制，这样既可以使团队成员更安心、积极地为企业工作，也可以更好地保障所创立企业的长久发展，不至于因有关成员退出而元气大伤，还可以使团队成员有公平的回报，并为其实现当初创业时的梦想提供保障。

股权回购制度是当创业团队成员退出时，企业将其股权按照一定的价格购买的制度，是平衡股东退出对公司利益和公司稳定运营的影响的重要制度途径。在设计回购条款时，应注意几个问题：一是回购条款最好由公司指定的其他股东实施，同时应注意回购定价的公平性；二是回购条款的适用范围应能够涵盖公司股权分配的反向所需；三是应将回购条款和股权转让制度综合考虑、糅合设计。

总之，创业企业的股权分配制度是一个弹性可塑的动态交互模式，创业者应充分考虑公司的发展方向、经营状况和融资需求，以及出资人价值、投资额、收益兑现等因素，在进行深入分析后，合理设计股权结构，并根据公司的发展变化及合伙人变动等实时调整股权架构。

 **案例分析**

中国合伙人之"新东方"①

一、新东方介绍

1991 年 9 月，俞敏洪从北京大学辞去英语教师的职务，开始自己的创业生涯。1993 年的冬天，他在一次免费英语讲座中看到了中国人对学习英语与出国的渴望，凭借着他的一腔热血，新东方培训学校成立了。创业伊始，俞敏洪单枪匹马，仅有一个不足十平方米的漏风的办公室，零下十几度的天气，自己拎着糨糊桶到大街上张贴广告，招揽学员。

当时的新东方就在俞敏洪的独自管理下发展壮大。到 1994 年，俞敏洪已经投入 20 多万元。随着 20 世纪 90 年代的出国潮的兴起，俞敏洪意识到出国留学将带来更

---

① 王磊. 俞敏洪：破解组建核心创业团队之道［J］. 国际人才交流，2011（10）：31－33.

大、更具有诱惑性的教育市场，而这时的新东方发展也有了一定的起色，新东方这个品牌在北京的教育培训行业中被部分人所熟知。但是，在有几千学员的学校中，俞敏洪不仅要做一个教师，做一个校长，还要做一个教育家，复杂繁多的任务压得他喘不过气来。1994 年的一天，俞敏洪独自爬到长城，痛哭了一场。此时的俞敏洪清晰地认识到，他需要合作伙伴，只有优秀的人才加入新东方，新东方未来才能走得更远。

二、团队组建

前几年，俞敏洪对创业初期如何组建核心团队谈了自己的看法，他认为凭借利益很难吸引人才，价值观和创业愿景以及对彼此的尊重才是最大的吸引力。这也与他在创业初期挑选合作伙伴的思维不谋而合。作为合作伙伴的首选要求，俞敏洪认为作为团队的一分子，需要有思维上的共性、过硬的专业知识和能力，以及对办学理念的认同，这样的合作才能长久、坚固。因此，俞敏洪从自己在北大认识的同学、好友入手，寻找合作伙伴。

1. 共同梦想的"教育家"——杜子华

杜子华更像一个漂泊的游侠，研究生毕业后游历了美国、法国和加拿大，凭着对英语的透彻领悟和灵活运用，在国外结交了很多朋友，也得到了不少让人羡慕的机会。但是他在国外待的时间越久，接触的人越多，越感觉到民族素质提高的重要和迫切。他意识到，唯有投资教育才能提高一个人和一个民族的素质。

因此，1994 年在北京做培训的杜子华接到了俞敏洪的电话，几天后，两个同样热爱教育并有着共同梦想的"教育家"会面了。谈话中，俞敏洪讲述了新东方的创业和发展、未来的构想、自己的理想、对人才的渴望……这次会面改变了杜子华独自实现教育梦想的生活，杜子华决定在新东方实现自己的追求和梦想。

2. 良师益友——徐小平

1995 年，俞敏洪来到加拿大温哥华，找到曾在北大共事的老师兼朋友徐小平。这时的徐小平已经在温哥华享受了 10 年稳定而富足的生活。俞敏洪不经意地讲起自己创办新东方的经历，文雅而富有激情的徐小平突然激动起来："敏洪，你真是创造了一个奇迹啊！就冲你那 1000 人的大课堂，我也要回国做点事！"

3. 留学生——王强

随后，俞敏洪又来到美国，找到当时已经进入贝尔实验室工作的同学王强。1990 年，王强凭借自己的教育背景，3 年就拿下了计算机硕士学位，并成功进入著名的贝尔实验室，成为留学生中成功的典型代表。白天王强陪着俞敏洪参观普林斯顿大学，让他震惊的是，只要碰上一个黑头发的中国留学生，竟都会向俞敏洪叫一声"俞老师"，这里可是世界著名的大学啊。后来谈到这件事时，王强说自己当时感到很震惊，受到了很大的刺激。俞敏洪说："你不妨回来吧，回国做点自己想做的事情。"

最终，徐小平和王强都站在了新东方的讲台上，加入了俞敏洪的创业团队。1997 年，俞敏洪的另一个同学包凡一也从加拿大赶回来加入了新东方。因此，从 1994 年到 2000 年，俞敏洪陆续邀请杜子华、徐小平、王强、包凡一等一起组建了新东方的核心团队。新东方就像一个磁场，凝聚起一个个年轻人的梦想，这群曾经在不同土地上为求学洗过盘子、贴过广告、做过推销、当过保姆的年轻创业者，终于找到一个契机，聚集在一起，渴望在新东方将身上蕴藏已久的能量尽情释放。

三、团队管理

1. 团队氛围

俞敏洪的成功之处是为新东方组建了一支年轻而又充满激情和智慧的团队，核心团队成员具有的不同性格，使得团队成员各自发挥出不同的作用。俞敏洪的温厚，王强的爽直，徐小平的激情，杜子华的洒脱，包凡一的稳重，五个人的鲜明个性让新东方总是处在一种不甘平庸的氛围当中。

俞敏洪敢于选择这帮"大牛"作为创业伙伴，成就了一个新东方传奇，从这一点来说，他是一个成功的创业团队领导者。新东方团队中的成员大多是性情中人，从来不善于掩饰自己的情绪，也不愿迎合他人想法，有话直说。包凡一曾言："这里没有 office politics（办公室政治），一切都在桌面解决，它是那么的充满活力。"爱激动的徐小平说："在新东方，个人的才能可以得到最大的发挥，个人的报酬可以得到充分的体现。在新东方，不是没有机会，而是缺少时间。"因此，新东方逐渐形成了一种批判和宽容相结合的文化氛围，批判使新东方人敢于互相指责。成员间互相不记仇，只关注到底谁对谁错谁公正。

2. 企业不断创新业务

新东方定位教育行业，师资力量构成了其核心竞争力，但是如何使这些拥有高素质与实力的人才最大限度地发挥作用，成为俞敏洪进行团队管理与企业经营时重点考虑的问题。俞敏洪从学员需求出发，合理搭建了自己的团队，使新东方的业务体系得以不断完善。比如，当时新东方就开发了由一个加拿大人主持的出国咨询业务，学员可以就近咨询，获得基本申请步骤、各个国家对待留学生的区别、各个大学颁发奖学金的流程和决策的不同之处、读研究生和读博士生的区别等必要知识。新东方依靠朴素的创新思维，寻找和抓住英语培训市场上别人不能提供或者忽略的服务，不断提高市场占有率。

3. 根据市场需求，划分成员职责

1995 年，俞敏洪逐渐意识到，学生们对英语培训的需求已经不限于出国考试。1995 年加入新东方的胡敏根据当时的市场需求，开发出了雅思英语考试培训，广受欢迎，胡敏本人也因此被称为"胡雅思"。同时，徐小平、王强、包凡一、钱永强等人分别在出国咨询、基础英语、出版、网络等领域各尽所能，为新东方搭起了一条顺畅的产品链。徐小平开设了"美国签证哲学"课，把出国留学过程中学生关心的重要程序问题上升到一种人生哲学的高度，让学生在欢笑中思路大开。王强开创了"美语思维"训练法，突破了一对一的口语训练模式。杜子华设立的"电影视听培训法"已经成为国内外语教学培训极有影响力的教学方法。此外，还有很多新东方的老师根据自己教学中的经验和心得著书立说，并形成了自身独有的特色，让新东方成为一个富有思想和创造力的地方。

4. 团队股权分配问题

股份制改革给新东方带来了巨大的冲击。在创业之初，新东方一直保持着合作伙伴各管一方，各自划定地盘，除去上缴 15% 的管理费，其余利润全部归属自己。但是，这种潜在的利润分配模式的平衡被股份制改革给打破了。自从股份制改革以后，合作伙伴转变成为股东，新东方同时也要求他们将经营权统统上交，收益按照股权的比例分配。这就意味着年底团队成员可分配的现金大大减少，使新东方产生了股权分配矛盾。

由于处于创业初期，成员对新东方未来的发展情况不得而知，而作为股东，万一未来发展不理想，那将大大损失他们自身的利益。因此，对于股份留存企业，团队内部当时存在很多质疑声，是否继续留在新东方成为摆在成员面前最大的问题。作为最初创始人的俞敏洪提出了多种方案，例如自己收购其他成员的股份或者直接解散团队等，经过一番挣扎，最终大家得出结论：团队成员轮流担任新东方的核心管理人。因此，自 2001 年到 2004 年，团队的每个成员都担任过董事长和总裁，但是最终发现，只有俞敏洪才能带领好新东方，于是，俞敏洪还是重新回到了原本属于他的岗位上。

股份制改革后，新东方进行了全面的财务制度化改革。团队成员要求撤换公司的财务人员，以防俞敏洪独揽财务大权，因此，到 2006 年上市时，新东方的财务账目相当完整。这表明了当组织结构不断扩大，仅靠一个人的力量无法完成整个机构的运转时，吸取他人的意见和建议成为管理成功的关键。在现代化的管理组织机构建立的过程中，领导者的决策能力必然会被越来越多的智囊所淡化，同事们的直言甚至可能伤害其尊严。因此，作为一个管理者，要对团队成员有足够的了解，这样才能让大家在一起进行批评与自我批评。

2005 年得到融资后，新东方就在为上市做准备。2006 年，新东方成功登陆纽约证券交易所，俞敏洪拥有该公司 31.18% 的股权。随后，在学校发展壮大过程中，核心创业成员频频出走：原总裁胡敏、原董事江博、主管国际合作的副校长杜子华、IT 培训创始人周怀军，他们或自立门户，或另投他主。一些分析人士认为，导致俞敏洪和核心成员矛盾激化的关键原因是新东方股份制改革对股东既得利益的重新分配。

？ 想一想

1. 新东方的团队是如何组建的？成员有什么特点？

2. 案例中，俞敏洪在新东方发展的不同阶段对创业团队管理模式进行了不断创新，对此你有什么启发？

3. 对于新东方创业核心成员频频离开的现象，你有什么看法？

本 章 总 结

复习要点

创业团队的组建与管理，分为两部分：如何组建创业团队以及核心创业者如何领导创业团队。

6.1　选择正确的合伙人

创业合伙人的选择要遵循三个方面的原则：互补原则、价值观统一原则和求同存异原则。

基于"TOPK 行为理论"来选择适合不同创业者的不同合作伙伴，以及合理地避免相关误区，才能使不同性格和行为的专业高素质人才组成一个最佳创业团队。

6.2　创业团队的组建

选择合适的创业合伙人是创业成功的奠基石，决定了企业发展进程和企业运营开展的顺利度。

创业团队的组建要素——5P 要素和组建步骤是完整组建团队的必要内容。

创业合伙人的招聘渠道包括：内部招聘、现场招聘会、广告媒体发布信息招聘、校园招聘、委托猎头招聘、互联网招聘。创业者应依据自身的资源和能力，适当地选择相关招聘渠道。

6.3　创业团队的管理

领导者组建创业团队之后，只有对创业团队进行有效的管理，发挥团队的最大效益，才能成为一名成功的创业领导者。

领导者对创业团队的管理要根据模块分别制定不同的管理手段，具体模块：团队的分工管理、团队的激励管理、团队的绩效管理以及团队成员的退出管理。

6.4　重要准则：确定股权和利润分配

确保核心持股人的持股比例，使核心领导者在日常运营以及后续的融资过程中始终保持对公司的控制权。

创业合伙人的贡献一定是可以量化和明确区分的，而且并不是所有的贡献均作为股权分配的依据。

创业企业可以依据动态股权分配制度来分配团队各成员的股份，这样更能动态地适应企业的日后发展情况，保证各成员的公平权益。

要将期权池和股权的回购设置也纳入创业企业的股权分配制度。

关键术语

创业团队	TOPK 行为理论	5P 要素	综合招聘
社交招聘	垂直招聘	移动网站招聘	分类信息招聘
创业退出	动态股权分配制度	全动态股权分配	半动态股权分配
期权池	股权回购制度		

思考题

1. 组建创业团队的基本要素与渠道有哪些？

2. 在组建团队时，创业者需要注意哪些问题？

3. 创业者应该如何运用"TOPK 理论"选择创业合伙人？

4. 如何处理创业团队的股权分配问题？

5. 与传统股权分配方式相比，动态股权分配存在哪些优势？

6. 当创业团队成员有退出的想法时，核心创业者应该采取哪些措施？

第7章

创业企业的成长

【学习要点及目标】

通过本章学习，了解企业组织形式的选择和注册流程，以及企业建立后面临的各项挑战，包含创业资源的分类与整合、商业模式的设计与开发以及创业企业扩张及其过程中面临的难题，向创业者清晰地介绍创业初期发展情况。

 案例导读

"盛大"传奇①

1999 年 11 月，复旦本科毕业不久的陈天桥从陆家嘴集团辞职。凭借着对网络的热爱，他通过小道消息得知——当时名声赫赫的中华网正在寻找可以投资的小型网站。陈天桥和几个朋友作为较早接触网络的一批人，自筹 50 万元资金，依靠从相关渠道获得的资金资源、科技资源、软硬件资源和营销渠道资源等，在一个不足 10 平方米的小屋子里成立了"上海盛大网络发展有限公司"。

一、资金资源

公司创立伊始，陈天桥凭借着在证券公司和政府机构工作时的人脉资源，主动找到中华网高层，获得了中华网 300 万美元的股权投资。这笔巨额的资金无疑给初创期的盛大注入了强大的生命力。但双方很快因经营理念与运作方式的不同产生分歧，经几次商谈无果，陈天桥终止合作，拿回全部股份，只获得了 30 万美元的股本费。

二、科技资源

此时的盛大内部管理出现了较大的问题，人员的离职与裁员使得盛大陷入了困难。2001 年 7 月 14 日，陈天桥以 30 万美元买到了韩国著名网络游戏《传奇》的中国运营权。此时的陈天桥孤注一掷，盛大已无资金再支付后期运营游戏所需的服务器、宽

---

① 案例改编自：张哲彰. 创新创业管理案例汇编［M］. 武汉：华中科技大学出版社，2018：111－113.

带网、销售渠道等相关软硬件设施的巨额资金开销。盛大将如何渡过此次难关呢？

三、"借鸡生蛋"——软硬件资源

在如此困难的情况下，陈天桥依然自信满满，发挥出惊人的资源利用能力，"零成本"借用外部"软硬件资源"解决了《传奇》的运营难题。自信的陈天桥拿着与韩国公司签订的代理《传奇》的合同，拜访了当时国内两大著名服务器提供商戴尔和浪潮，由于之前的合作，加上陈天桥出众的表达和感染力，最终得到了免费试用两家服务器两个月的权限。解决了硬件问题，陈天桥拿着手中的两份免费试用合同，又找到了中国电信，"故技重施"，最终中国电信也答应为《传奇》提供两个月的免费宽带支持。至此，软件问题也得到了解决。

四、营销渠道资源

陈天桥意识到，没有良好的营销，即使《传奇》内核再好，一切也都是纸上谈兵。而关于销售渠道，陈天桥没有这方面的经验，经过多番考察，全球连锁的大型网络游戏公司——育碧进入了陈天桥的视野。而上海育碧分公司刚刚成立，正"求贤若渴"，迫切想找一家网络游戏的合作伙伴，开拓新的业务领域。最终，盛大和育碧于 2001 年 8 月签下合作合同，育碧公司负责《传奇》的市场推广、客户端光盘和充值卡的销售，并从中分成。2001 年 9 月《传奇》正式开始运营，仅上线两个月人数便突破 40 万。

陈天桥后来回忆解释说："游戏、设备、销售都不是盛大的，盛大只不过是将各方资源整合到一起，形成一种应用，然后卖给玩家。"

陈天桥盛大创业的故事极好地演绎了创业企业获取、开发与整合创业资源的真谛。年轻的陈天桥在创业之初只有自筹的 50 万元资金，堪称资源匮乏，但通过创新地运用各种资源，最大限度地整合调动大量的资源，为己所用，实现了"盛大"的成功，也创造了另一个"传奇"。

? 想一想

1. 陈天桥成就的"传奇"运用了哪些资源，其商业模式的结构是怎样的？
2. 结合本案例，你认为创业企业面临的难题有哪些？你会如何解决？

7.1　新企业的开办

创业团队组建成功之后，创业者需要思考企业组织形式的选择，以及在开创新企业过程中的注意点。在此过程中，需要明确法律上的企业组织形式的含义与分类，分析各组织形式的优缺点，这样才能更好地为创业者选择适合的组织形式，并结合新企业创办的特点，为创业者提供相关建议。

7.1.1 企业的组织形式

对于创业者而言，企业组织形式的选择是首要考虑的难题。不同的组织的形式表明企业承担不同的法律责任，其财产组织、内部分工、与外部的经济联系等方面也有所不同。各组织形式均有自身的优势和劣势，所以创业者需分析有关的法律规定进行比较，以选择最适宜的组织形式。根据《中华人民共和国公司法》（2018 年修订）以及《合伙企业法》（2006 年修订）和《个人独资企业法》，我国新创企业可选择的组织形式有：个人独资企业、合伙企业、有限责任公司（包括一人有限责任公司①）和股份有限公司。②

1. 个人独资企业

个人独资企业是指在中国境内设立，由一个自然人投资，财产为投资者个人所有，投资人以其个人财产对企业债务承担无限连带责任的经营实体。个人独资企业的典型特征为个人出资、独立经营、自负盈亏和风险自担。

（1）个人独资企业的优势。

第一，聚散灵活的经营方式，在企业的设立、转让、解散等手续的办理中较为便捷，使得企业在激烈的市场竞争中有较强的应变方式。第二，无限连带责任使得企业主有较强的商业信誉。第三，独资经营使得在经营过程中受到的约束较少，自主决策度高，经营方式灵活，技术和经营决策的保密性较强，利润全归企业主所有。第四，无企业所得税，综合税负较低。

（2）个人独资企业的劣势。

第一，当企业破产清算时，企业主需承担无限连带责任，经营风险较大，一定程度上限制了企业主向风险较大的部门或领域进行投资。第二，个人独资企业单靠企业主的个人信誉和渠道，获取外部资源受限，企业的规模难以扩大。第三，企业所有权和经营权高度统一，这意味着企业主的病、死以及个人及家属知识和能力的缺乏，都可能导致企业破产。

因此，如果创业者希望新企业能快速成长并获取巨大的财务成功，个人独资企业的组织形式并不合适。

2. 合伙企业

合伙企业是指自然人、法人和其他组织在中国境内设立的普通合伙企业和有限合伙企业，③ 是两个及以上的合伙人之间通过签订合伙协议，共同出资经营，共负盈

---

① 《公司法》第五十七条规定：本法所称一人有限责任公司，是指只有一个自然人股东或者一个法人股东的有限责任公司。

② 本书中，各企业组织形式的含义均摘录于这三部法律文献，因此不再一一赘述来源。此外，关于各组织形式的设立条件、设立程序、所需资料等要求详情也可参阅这些法律，本书不做阐述。

③ 有限合伙企业由普通合伙人和有限合伙人组成，普通合伙人对合伙企业债务承担无限连带责任，有限合伙人以其认缴的出资额为限对合伙企业债务承担责任。

亏，共担风险的企业组织形式。在我国，合伙组织形式仅限于私营企业。合伙企业一般无法人资格，不缴纳企业所得税，只需缴纳个人所得税。

（1）合伙企业的优势。

与个人独资企业相比，合伙企业具有下列优势：第一，合伙企业可以充分整合合伙成员各自资源，充分发挥各自专业所长，提高企业的科学决策能力和经营管理水平，容易扩大企业的规模。第二，合伙人共担风险，避免独资决策产生的失误和盲区。第三，合伙企业的资金来源较广，信用度也大有提高。合伙企业的合伙人也不需要缴纳企业所得税，只需缴纳个人所得税，盈利更多。

（2）合伙企业的劣势。

第一，无限合伙人承担无限连带责任，资金风险较大。第二，相比责任制公司，合伙企业吸收新的合伙人相对麻烦，不利于融资。第三，企业决策受到所有合伙人的行为约束：合伙人的自主决策性较弱，企业的决策需要征求其他合伙人的同意，容易产生意见分歧，可能导致决策滞后。第四，合伙协议的制定需要较强的法律性，企业运营过程中受合伙协议的法律约束。第五，合伙企业内部在决策、执行、监督职能方面没有严格的组织机构分工。

相对于资金较少的创业者，合伙企业的准入门槛较低，收入分配灵活且税负较低，因此合伙企业比较适合创业企业。有限责任给予有限合伙人财产保护机制，但是有限合伙人不执行合伙事务，不得对外代表有限合伙企业，其无法干预企业的运营。因此，有限合伙人不适合初期创业者。

3. 有限责任公司

有限责任公司是由1人及以上、50人以下的股东共同出资，股东以其认缴的出资额为限对公司承担责任，公司以全部财产对公司债务承担责任的法人组织形式。

（1）有限责任公司的优势。

第一，设立程序比较简单，不必发布公告，也不必公布账目，尤其是公司的资产负债表一般不予公开，公司内部机构设置灵活。第二，企业运营成本低、结构简单、管理方便，并且其利益捆绑机制也适合创业企业的发展。第三，股东只承担其出资额度的"有限责任"。在公司破产清算时，分离了公司和个人的财产，可以避免创业者在创业期间出现某种意外波及个人财产，能够规避不必要的财务风险。第四，有限责任使得股东投资风险较小，因此可以吸引到相对较多的股东投资。

（2）有限责任公司的劣势。

第一，相比于前两种组织形式，企业组建的注册资本要求较高，注册程序较为复杂。第二，公司不能公开发行股票，筹集资金范围和规模一般都比较小，难以适应大规模生产经营活动的需要。因此，这种企业组织形式一般适于中小型非股份制公司。第三，存在委托代理问题，股东为委托人，经营者为代理人，代理人可能为了自身利益而伤害委托人利益。第四，存在双重课税，公司作为独立的法人，其利润需缴纳企业所得税，企业利润分配给股东后，股东还需缴纳个人所得税。第五，股东的股权转让需征得其他股东的同意，股权流动性较差。

4. 股份有限公司

股份有限公司是指将全部资本划分为等额股份，股东以其认购的股份为限对公司承担责任，公司以全部财产对公司债务承担责任的法人组织形式。

（1）股份有限公司的优势。

第一，可以公开发行股票且可以自由转让，使得公司容易吸收大量的小额投资者的闲散资金，有充足的后备资金支援。第二，同有限责任公司一样，股东投资的风险较小。第三，股份有限公司总股本一般较大，一方面抵抗经营风险的能力相对较强，另一方面有可能获得规模经营所带来的高收益。单个股东有可能以较小的投入得到规模经营所获得的高收益。

（2）股份有限公司的劣势。

第一，公司设立条件、程序比较严格、复杂。第二，同样存在委托代理问题，由于小股东无法参与公司的经营决策，公司易被少数大股东操纵和控制。第三，公司经营和财务信息严格保密性低，需要定期公开披露公司信息。第四，也存在双重课税问题。第五，公司的机构设置要求高，必须设立董事会、监事会，还要定期召开股东大会等。

因此，相比于股份有限公司，有限责任公司是比较合适的创业企业组织形式。因为在这种组织形式下公司的结构设置灵活，限制较少，治理成本较低，适合创业企业这种小规模企业。而且，大部分的投融资方案、风险投资架构等都是基于有限责任公司进行设计的，未来引进投资的过程也会比较顺利和方便。但是，有限责任公司筹资方式不是很灵活。若创业者一开始成立企业时，有近几年上市的企业发展规划，且在短期内出现紧急的资金需求，股份有限公司可能是较合适的选择，可以省去股改的时间成本和中介成本。

综上，创业企业的组织形式需要依据自身所处的行业、项目等各方面进行综合考虑后再做选择。创业者需要仔细翻阅相关法律文件，为自己的权益和企业的发展情况做出最有益的选择，降低自己的财产风险和企业的运营风险，这样才能较好地实现企业的不断扩张。不同公司组织形式对比如表 7-1 所示。

表 7-1　　　　　　　　　　不同公司组织形式比较分析

公司组织形式	优势	劣势
个人独资企业	1. 经营方式灵活 2. 无限连带责任，企业有较强商誉 3. 约束较少，灵活性较强	1. 承担无限连带责任，经营风险较大 2. 外部资源受限 3. 企业管理者个人能力限制

续表

公司组织形式	优势	劣势
合伙企业	1. 充分整合合伙成员资源，提高经营水平，易扩大规模 2. 合伙人共担风险 3. 资金来源较广 4. 无须缴纳企业所得税	1. 承担无限连带责任，资金风险较大 2. 不易吸纳新合伙人，不易融资 3. 企业决策受约束，存在决策时滞 4. 内部决策、执行、监督无严格组织分工
有限责任公司	1. 设立程序简单，公司内部机构设置灵活 2. 企业运营成本低 3. 股东以其出资为限承担有限责任 4. 易吸引投资	1. 公司注册资本要求较高，程序复杂 2. 不能公开发行股票，筹资范围和企业规模较小 3. 存在委托代理问题 4. 双重课税
股份有限公司	1. 可以公开发行股票，易于融资 2. 股东投资风险较小 3. 抗风险能力强 4. 收益较高	1. 公司设立条件、程序严格 2. 存在委托代理问题 3. 定期公开披露公司信息 4. 双重课税 5. 公司机构设置要求高

7.1.2 开办新企业的注意事项

在大众创业的政策下，新公司注册数量大幅度上升。但是由于前期创业者对注册公司没有考虑周全，后期不仅要搭上时间精力，而且还会花费大量钱财，甚至情况严重者可能会被拉入黑名单。不少创业者认为注册只是一种形式，无论是注册公司，非公司企业法人，还是私营企业，各种文件的准备都显得非常草率，对自己的权利和义务不甚了解，没有推敲其中的细节问题，而这些细节往往为以后出现经济纠纷的法律依据。本书为创业者们列出注册公司的注意事项，以避免不必要的麻烦与纠纷。

1. 企业注册

创业者选择完企业的组织形式，并进行详细的企业规划后，需要进行新企业创办。主要流程按步骤依次包括：设立申请咨询；企业名称预先核准；租房；编写公司章程；公章备案及刻制；办理验资报告；工商登记注册；领取《营业执照》；企业法人代码登记；开立银行账户；税务登记；统计登记；社会保险登记；申请领购发票；等等。注册流程比较繁杂和琐碎，创业者需要付出较多的耐心，不能急于求成。

2. 新企业选址

创业企业还要考虑新企业的选址，这与国家政策、地区经济、自然环境、社会环境等因素息息相关。此外，在税收方面，目前我国主要根据注册地址划分，工商局允许注册地和经营地不一致。尽量选择有招商引资政策的区域，落户到该区域。企业应尽量避开严格税收管理的地区，选择税收管理相对人性化、有优惠政策的区域。因此，在创办公司时，选择正确的区位，可为公司将来节约不少的税收。若初始选址没有选择正确，注册后再做变更，特别是跨区变更，手续和流程都相当麻烦，操作难度也大，成本较高。

3. 开户行的选择

大多数公司都选择实力雄厚、服务体系完整的四大行。因为其网点多，办事便利。企业在选择开户行时，可结合以下因素：第一，与公司的距离；第二，银行的服务质量；第三，企业后期生产经营的便利性与需求性。一旦选定开户银行，要再变更较为麻烦，因此企业需要慎重选择。

4. 经营范围的填写

初次创业者注册公司，在填写营业范围时通常不能很好地把握范围和尺度。有些创业者认为范围越大、越全面越好。但是，其实这样存在弊端。因为，税务局在核税种时，需要参照经营范围。某些存在前置许可的经营范围，需要额外办理经营许可证，才可以填写经营范围。因此，企业可以根据所处行业，参考同行的经营范围，对其进行适当修改。

5. 合伙协议或公司章程

合伙协议或者公司章程的制定应全面，对每个主体的权益与责任的界线需明确。第一，明确各个成员的出资份额及出资时间；第二，划分成员的权利和义务；第三，规定出现分歧或纠纷时的解决办法；第四，成员退出机制界定清楚，保护各成员的利益；第五，其他需要注意的事项。创业企业可以参考相关法律专业人员的建议或寻求专业咨询公司的帮助，避免日后出现利益纠纷。

6. 纳税人形式的选择

新公司注册后，默认为小规模纳税人，税率为 3%，而一般纳税人的税率为 17%，建筑业的税率为 11%。在小规模纳税人情况下，如果在一个年度内开票金额超过 500 万元，自动转成一般纳税人，税务方面是考虑的重点。

上述六点，一般是公司新注册时需要考虑的，如果找代理公司，只需要在某些问题上做出选择即可，无须操心过多。代理公司长期与银行、税务部门打交道，经验十分丰富，可以节约公司注册登记时间。

7.2　创业资源整合

新企业开办之后，企业的后续成长与扩张过程，是整合各方面的资源创造价值、实现持续扩张的过程。创业企业要通过自身的不断反思，建立对不同资源的区别性认识，识别周围的创业资源，这样才能有效地综合取舍创业资源，进行优化整合。

7. 2. 1　创业资源整合的含义

创业资源是指企业在创业活动过程中所拥有或支配的能够帮助企业实现战略目的的要素及要素集合。资源整合则是指企业将有关资源进行绑聚，进而形成和改变企业能力的过程。创业活动的开展需要各项创业资源的支撑。创业的过程就是创建、整合与利用资源的过程。创业者要善于发现并识别身边的各种资源，并合理地、最大限度地获取这些资源，进而发挥不同资源的优势，更好地为创业助力。对资源的识别和整合成为创业者推进企业发展不可或缺的能力。

马鸿佳等（2011）认为创业资源整合应该是对原有的不同来源的资源体系进行识别重构，摒弃无价值的资源，以形成新的核心资源体系的复杂的动态过程。彭学兵等（2016）将创业资源整合分为资源内聚和资源耦合两个维度，实现了同类与异质资源的融合。刘玥伶等（2018）认为，资源内聚实现了同类资源高度关联和彼此促进的互补效应，企业得以在剔除无效资源、保留有效资源的基础上，将细分好的子类资源按性质进行科学排序、有机融合，进而实现同类资源的互补效应；资源耦合为的是使不同类型的资源形成协同效应，将异质资源整合在一起，结束了资源之间的孤立状态，实现了资源的优势互补和分工合作。

综上，创业资源整合即创业者将不同来源的资源融合，剔除无用资源，以获得最优资源解的决策过程。不同的创业者对把握商机过程中所需要的资源以及对这些资源的所有权和管理权有着自己独特的看法。资源整合是一个动态的过程，必将伴随着创业企业整个生命周期。

在创业过程中，创业者应不断强化整合资源的能力，形成自己的资源整合体系。成功的创业者在新创企业成长的各个阶段，都会努力做到用尽可能少的资源来推进企业向前发展。创业资源的所有权并不是关键，关键的是对其他人的资源的控制和影响。换言之，创业者要善于合理地整合一切可以获取的资源（即使是没有所有权的资源），将资源效益发挥到最大，取得"1＋1＞2"的资源整合效果。

7. 2. 2　创业资源整合的方式

资源整合伴随着整个创业过程，每个阶段都需要创业者整合不同资源，形成不同的新资源体系，进而为企业带来利益。创业初期缺乏创业资源的创业者，必然会想方设法地通过各种途径将创业资源为己所用。创业初期资源匮乏，但这会更加激发创业者的热情，使其运用一切途径寻求可动用的资源。因此，创业者需要掌握一些创业资源整合的技巧，以发挥出有限资源下的最大优势。

对创业者而言，一方面要发挥自身的创造力，用有限的资源创造尽可能大的价值；另一方面更要设法获取和整合各类资源，尤其是那些具有明显竞争优势的资源。

整合创业资源不是盲目地、随意地将所拥有的资源融合在一起，而要讲究策略，根据企业和项目的特点，按照不同资源的重要性分配资源，从而形成一个新的、有效的、最优化的资源体系。

王晓文等（2009）从租金创造机制角度出发将创业资源整合分为现有资源开发战略（创造性资源拼凑）和潜在资源探索战略（利用资源的杠杆效应）。张玉利（2011）同样提出创业资源整合的技巧可分为善用资源整合技巧、发挥资源杠杆效应与建设有益于资源整合的利益机制。梅胜军等（2017）根据初创企业资源整合实践，总结出了创造性整合、拼凑、步步为营、杠杆4种被普遍接受的资源整合模式。综上，基于已有文献，本书将创业资源整合方法分为四种：资源拼凑、步步为营、资源杠杆效应与建设合理的资源整合利益机制。

1. 资源拼凑

资源拼凑指的是脱离传统的资源环境分析范式，不拘泥于资源属性，从一个全新的视角审视现有资源的价值，通过"将就"与重新整合，构建新的手段目标导向关系，从而把握创业机会。自法国人类学家列维－斯特劳斯在《野性的思维》一书中提出的"拼凑"（bricolage）概念开始，许多学者对创业的资源拼凑进行了进一步的研究。资源拼凑由美国创业学者贝克和纳尔逊（Baker and Nelson，2005）提出，主要内容为创业者面临资源约束时的一种行动战略，其通过现有资源的"将就"利用，实现新的创业机会或以此来应对挑战。孙永磊等（2018）将资源拼凑定义为充分利用手头的资源来解决问题或进行创新整合。这些资源可能使用在其他的地方或是被认定为无用的、不符合标准的资源，因此，资源拼凑就是在已有创业资源的基础上，从身边众多资源中挑选出适合下一步发展规划的创业资源，将其添加进已有的资源中整合形成新的创业资源体系的过程。

资源拼凑的关键就是发现现有资源的新用途或使用价值，重构或创造性地利用现有资源，突破现有资源先前利用经验的束缚，创造创业机会。很多创业者都是拼凑高手，他们通过让一些新元素与已有的元素重新组合，形成在资源利用方面的创新，这些创新可能带来意想不到的惊喜。但是，在创业初期，创业资源尚未形成一个完整的系统，零零散散，这时候创业者就有可能"东挑西拣"，没有目的性地摸索前进。整合创业资源的过程好比拼图，也是需要讲究策略和方法的。创业者如何在众多的"拼图"中找到自己下一步所需要的那张图，拼好关键的每一步，从而拼凑出全新的完整版图片，是其要深思熟虑的问题。

创业者需要利用身边的一切资源进行创业，虽然有些资源对其他人是无用的、废弃的，虽然有些资源并没有所有权，但是创业者可以通过自己丰富的经验与技巧加以融合，创造性地开发出自己的新资源体系。例如，很多高新技术企业的创业者并不是专业科班出身，可能是出于兴趣或其他原因，对某个领域的技术略知一二，却凭借这个略知"一二"敏锐地发现了机会，并迅速实现相关资源的整合。

2. 步步为营

魏瑶（2014）将"步步为营"定义为创业者在创业过程中分多个阶段投入资源，并在每个阶段投入最有限的资源。这种做法的目的是设法降低资源的使用量，降低管理成本。但过分强调降低成本，会影响产品和服务质量，甚至将会制约企业发展。比如，为了求生存和发展，有的创业者不注重环境保护，或者盗用别人的知识产权，甚至以次充好。这样的创业活动短期内也许可以获取较大的收益，但长期来看，企业发展潜力有限。因此，创业者追求低成本的同时，必须遵循市场法则，做到合理合法，符合伦理道德。

步步为营的管理资源的理念有益于创业企业的发展。创业企业从外部获得资金受限，与此同时创业者也倾向于掌握企业的自主决策权。因此，很多时候步步为营不仅是一种做事最经济、风险最小化的方法，也是创业者在资源受限的情况下实现企业理想和目标的有效途径，更是在有限资源的约束下获取满意收益的方法。习惯于步步为营的创业者会形成一种审慎控制和管理的价值理念，这对创业型企业的成长与发展尤其重要。

3. 发挥资源杠杆效应

创业者仅开发现有的资源很难满足生产需要，此时需要探索新的、潜在的资源。换言之，创业者要善于利用关键资源杠杆效应，利用他人或者别的企业的资源来实现自己的创业目的，即用一种资源补足另一种资源，产生更高的复合价值或者利用一种资源撬动以获得其他资源。这与王晓文等（2009）的利用杠杆效应是整合他人资源的有效手段的观点一致。其实，大公司也不只是一味地积累资源，它们更擅长于资源互换，进行资源结构更新和调整，积累战略性资源，这是创业者需要学习的。资源杠杆效应强调要创造性地、有选择地吸引新的资源，既要考虑资源与创业机会的匹配，也要考虑创业者资源特点和创业环境的影响。

对创业者来说，容易产生杠杆效应的资源主要包括人力资本、技术资本与社会资本等非物质资源。就技术资本来说，例如创业者通过展示学历、证明行业经验或技术专长得到风险投资，此时创业者将人力资源的杠杆作用整合到财务资源。对于人力资本和社会资本来说，教育和从业经验能够形成最初的人力资本和社会资本。教育一方面使个人具有知识、技能、名誉等人力资本，另一方面提供了同学、老师以及其他的社会资本；从业经验提供了行业知识、工作技能、管理技能、产品市场经验以及行业内广泛的连带。这时，创业者的人力资本和社会资本会直接影响企业获取风险投资的难易程度。

徐凤增（2008）认为创业企业的规模不大、研发投入的力度不足，单纯依靠企业自身的力量去获得杠杆资源，能力上有所欠缺。因此企业可以采取与其他企业建立学习型战略联盟和建立广泛的社会关系网络的方式来培育合作能力，从而提高杠杆资源利用效率。这一想法在蒙牛的创业资源整合的案例中体现得淋漓尽致。

4. 设置合理的资源整合利益机制

（1）构建利益整体。

提供创业资源的主体大多是以盈利为目的的，与此同时其与创业者构成了一个利益整体。因此，创业资源通常和利益相挂钩，这就使得创业者在整合资源时，需要尽可能多地找到利益相关者，设计好有助于资源整合的利益机制，从而把各方资源提供者整合起来，借力发展。同时，要分析清楚这些组织或个体与自己以及自己想做的事情的利益关系，利益关系越强、越直接，整合到资源的可能性就越大，这是资源整合的基本前提。

（2）寻找利益共同点。

创业者需要找到和利益关系者一致的利益共同点。有利益关系也并不意味着能够实现资源整合，还需要找到或发展共同的利益，或者寻找利益共同点。因此，识别到利益相关者后，认真分析每一个利益相关者所关注的利益非常重要，多数情况下，将相对弱的利益关系变强，更有利于资源整合。

（3）建立合作共赢机制。

创业者需要与利益关系主体建立合作共赢的机制，实现互相信任的长期合作关系。即使有了共同的利益或利益共同点，也并不意味着就可以顺利实现资源整合。资源整合是多方面的合作，切实的合作需要各方面利益真正能够实现的预期得以保证，这就要求寻找和设计出多方共赢的机制。对于在长期合作中获益、彼此建立起信任关系的合作，双赢和共赢的机制已经形成，进一步的合作并不难。但对于首次合作来说，建立共赢机制尤其需要智慧，要让对方看到潜在的收益，为了获取收益而愿意投入资源。因此，创业者在设计共赢机制时，既要帮助对方扩大收益，也要帮助对方降低风险，降低风险本身也是扩大收益。在此基础上，还需要考虑如何建立稳定的信任关系，并加以维护和管理。

创业者要通过上述四种资源整合的方式，运用一切途径寻求可动用的资源，将企业的有效资源价值发挥到最大，给企业带来更大的利润。

7.3　商业模式的开发

商业模式并非学习经营方式，也非盈利模式，而是企业内外部独特的资源交易整合。世界级管理大师德鲁克认为，当今企业的竞争，不是产品和服务之间的竞争，而是商业模式之间的竞争。独特的商业模式"不可复制"，可以帮助企业"持久盈利"，"灵活应对"变幻莫测的市场和行业发展。所以，创业者要有效地整合创业资源，打造无法复制的商业模式，形成企业独特的核心竞争力，帮助企业良好地成长。

7.3.1 商业模式的含义

商业模式指的是创业者的创意，而商业创意来自机会的丰富和逻辑化，并有可能最终演变为商业模式。简言之，商业模式是公司通过什么途径或方式来赚钱。成文等（2014）追溯商业模式的演化过程发现，"商业模式"这一名词最早出现在 1947 年国外学者撰写的研究文献中。随后，"商业模式"被计算机方面的著作大量提及，直到21 世纪，随着电子商务和互联网的兴起，商业模式才作为一种经营方式应用，与此同时越来越多的学者对"商业模式"进行普适性的定义。"商业模式"这一词虽然频繁出现，但目前还没有权威的定义，学术界对商业模式的界定各有不同。

王伟毅和李乾文（2005）认为商业创意来自于机会的丰富和逻辑化，经过创业者的创意与一系列的设想，最终演变为商业模式。林海等（2011）认为由于商业模式的复杂性，目前仍没有权威性的定义。已有学者大致从系统论、价值论与盈利论三个角度界定商业模式：（1）系统论商业模式是由多个相互作用以维持企业运行的要素所组成的系统，要素涉及流程、客户、资源、合作方等方面；（2）价值论商业模式表述为：商业模式是企业为自身、供应商、合作伙伴、客户等相关利益群体创造价值的核心所在；（3）盈利论商业模式认为，商业模式是描述企业获取利润的一种逻辑，相关逻辑变量包括收入来源、定价方法、成本结构、最优产量等。

美国学者迈克尔·汉默（Michael Hammer，2005）指出商业模式就是一家公司"运行经营的创新"。《商业模式制胜》的作者，国内著名学者栗学思（2015）指出，一个成功的商业模式必定满足两个必要条件：持续的盈利与跳跃的增长。栗学思还提出商业模式分为 7 种类型，分别是价值需求模式（以客户为中心）、价值载体模式（以产品为中心）、价值创造模式（以运营为中心）、价值传递模式（以渠道为中心）、价值选择模式（以经营者为中心）、价值驱动模式（以管理机制为中心）、价值保护模式（以竞争壁垒为中心）。索特（Zott，2010）认为商业模式创新重在改良现有的运营系统，即对各种资源的重组。萨拉（Aspara，2010）关注商业模式创新创造顾客价值等方面。

基于以上学者对已有商业模式的定义，本书将"商业模式"定义为：针对特定的市场或行业状况，企业利用核心优势、客户群体和自身的发展与价值追求等各方面的要素和资源，为企业以及与其相关的利益群体创造价值，从而获取核心竞争力以支持企业持续成长的总体逻辑架构。因此，商业模式具有以下几个内涵。

第一，根据市场定位，进行企业内外部资源与要素的整合。企业依靠自身准确的市场定位，整合和依赖各方面的信息、人才、技术等资源和要素，形成具有企业独特风格的架构。

第二，商业模式的核心价值在于为企业和利益相关者创造持续收益，这需要有正确的盈利模式，从而形成核心竞争力。

第三，关键资源和能力是确保业务系统顺利运转的首要因素。企业需要根据自身的商业模式来考虑哪些优势可以作为自己的关键资源和能力。例如：盒马鲜生可以将其完善的热链、冷链供应系统以及物流配送体系作为关键资源和能力；腾讯游戏拥有的最庞大的社交用户量则是其关键资源和能力。只有将关键资源和能力与商业模式进行匹配，才能确保业务系统的顺利运转。

第四，为了确保企业生产经营活动围绕其顺利运行，业务系统作为核心要素，显得尤为重要。不同的业务系统之间的差距，可能就是影响企业竞争成功与否的重要因素，也是决定其商业模式是否成功的关键。

第五，现金流结构作为商业模式的落脚点，是定位、业务系统、关键资源和能力、盈利模式这几个关键因素运行之后，企业获得价值以及继续投入的表现形式。在互联网时代，依赖于用户流量的视频网站更需要稳定的现金流来保证其日常经营与维护，所以现金流结构是衡量一种商业模式是否运转成功的标准，对企业的持续经营来说更是至关重要。

综上所述，企业商业模式的五个要素存在着相互影响、相互连接的关系。最重要的是，每个企业适配的商业模式不同，即使有相同的定位，关键资源和能力也可能会完全不一样，或者盈利模式不同。因此，在确定企业的商业模式时，要综合考虑各个要素之间的联系，保证商业模式运行良好。商业模式的五要素示意图如图 7-1 所示。

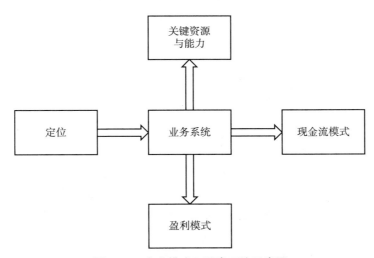

图 7-1　商业模式五要素理论示意图

7.3.2　商业模式的开发方法

开发和选择合适的商业模式对企业的发展至关重要。因为一个独特的商业模式不仅能帮助企业获得较多的盈利收入，形成企业独特核心竞争力，还能为企业提供广阔的成本空间。

不同学者对商业模式的开发方法选择不同。王逸和张蓓蓓（2012）基于新建资源型企业的分类基础，运用 SWOT 法分析了商业模式的选择方法。王胜洲（2012）提出从价值链视角构建商业模式结构体系，通过整合资源关系、改进运营过程和创新收益来实现商业模式的优化。刘凯宁等（2017）采用价值链分析方法开发商业模式，将价值链的商业模式分为价值链成员、企业内部价值（企业资源、组织形式）、渠道选择和客户价值（价值主张、目标市场）四个要素。康宇航等（2018）认为对价值链子模块价值活动的创新会改变构成商业模式的要素及要素间的关系，从而形成新的商业模式。

基于已有学者的研究，本书认为商业模式的开发方法可采用价值链分析法。价值链分析法最初由波特教授提出，他认为企业的生产是借助基本活动和辅助性活动创造价值的过程。企业的价值创造是通过多个基本活动和多个辅助活动构成的，这些互异互连的生产经营活动，形成了一个创造价值的动态过程，即价值链。不是每个经营生产活动都可以为企业创造价值，企业价值实际上真正来源于价值链上的某些特定的经营活动，即企业价值链的战略环节。企业依靠价值链上的战略环节产生优于竞争对手的产品或服务，在行业中凸显出来，进而可以保持长期的市场竞争优势。因此，企业要善于把握关键战略环节，协调好各个环节间的关系，掌握整个价值链，从而促使企业的价值增值。

对价值链的研究可作为企业选择商业模式的理论基础和依据。对价值链进行改造和创新，能够开发新的商业模式。要通过分析价值链上的各关键战略环节，挖掘活动的价值，寻求适合企业发展的商业模式。

7.3.3　商业模式的构建要素

综合以上各个概念，我们可以把商业模式的构成要素概括为：战略定位、业务系统、关键资源能力、盈利模式、现金流结构、企业价值及其相互关系等。对一个完整的商业模式构成要素的清晰了解，对企业探寻合适的商业模式至关重要。已有学者对商业模式的设计或构建要素的研究较为完善，且框架大多较为一致。原磊（2007）从价值主张（目标顾客、价值内容）、价值网络（网络形态、业务定位）、价值维护（伙伴关系、隔绝机制）和价值实现（收入模式、成本管理）四个方面设计商业模式。这和张红等（2016）的商业模式设计类似，以价值主张（目标顾客、价值内容）、价值创造（分销渠道、核心能力、伙伴关系、隔绝机制、客户关系）、价值实现（收入模式、成本管理）三个维度来构建。刘凯宁等（2017）将价值链商业模式分为价值链成员、企业内部价值（企业资源、组织形式）、渠道选择和客户价值（价值主张、目标市场）四个要素。

基于对已有文献的研究，本书将商业模式的构成要素分为四个方面：价值主张、价值创造、价值维护与价值实现，如图 7-2 所示。

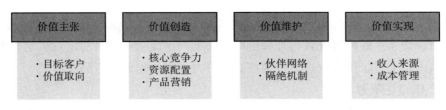

图 7 - 2　商业模式的构成要素

1. 价值主张

价值主张是指对客户来说什么是有意义的，即对客户真实需求的深入描述。娄永海（2009）认为价值主张是企业通过产品或服务所能向客户提供的价值，它对客户问题、解决问题的方法以及解决方案价值（从客户的角度）进行描述。价值主张体现了企业的产品和服务的差异性和独特性。商业模式的价值主张要解决目标客户是什么的问题。因此，价值主张包含目标客户和价值取向，故客户价值主张是一种针对竞争对手的战略模式，既有和竞争对手的相似点，又有比竞争对手更优更好的差异点。

（1）目标客户。

目标客户是企业产品或服务所针对的客户群体，要解决"企业要向哪些市场主体传递价值"这一问题。目标客户常常具有某些共同特征，如地理位置或者社会人口统计特征。首先，价值主张需要明确目标客户群体的需求。较高的性价比、低风险、使用便捷的产品或服务总能在市场中凸显优势。其次，企业需要开发目标客户。在具体的产品营销中，企业还需对目标客户群进行识别，之后需要设法接触目标客户，然后建立长期、良好的关系来保持客户。企业可以利用互联网和信息与通信技术（ICT）来收集客户信息和开发客户群体，方便快捷；还可以结合数据仓库、数据挖掘和人工智能等重要技术，更好地理解客户需求，提供个性化的产品或服务，建立和维持企业与客户之间的长期信任关系。

（2）价值取向。

价值取向是指企业将提供何种产品和服务为顾客创造价值，要解决"企业传递给客户的是哪种价值"这一问题。一个企业的价值取向使其区别于它的竞争者，也使得其所针对的目标客户对其忠诚。企业从功能价值、效用价值、成本价值、服务价值四个角度来设计产品或服务。功能价值是产品或服务中满足客户需求的某种物理属性。客户注重功能效用。效用价值是客户购买产品或服务时，从心里体验和感受到的商品满足需求的程度，对功能效用做出一定的评估。客户成本价值是指客户在本企业消费时，所花费的各项成本少于消费其他产品或服务的成本，涉及产品或服务可得的便捷性和低成本。企业需要控制生产成本、中介成本，为客户节省更多的费用，以此来吸引目标客户。服务价值是指客户消费时，企业应提供优质的导购服务和相应的售后服务，这样才能保持良好的客户关系。

2. 价值创造

价值创造是企业整合配置内外部资源和要素，形成企业完整的运营机制和方法的过程。从内容上看，价值创造可包含核心竞争力、资源配置、产品营销。

（1）核心竞争力。

核心竞争力是指相对于竞争对手来说，属于企业自身所独有的、引导企业产品差异化或实现持续低成本结构从而获得竞争优势的力量。核心竞争力来源于资源和能力，如核心技术研发能力和企业独有的各项资源。每个企业所获取的能力与资源都不尽相同，越是难以模仿的资源和能力，越有可能形成企业内部的核心竞争力。

（2）资源配置。

为了进行价值创造活动，公司需要资源。资源是指企业可以从开放的市场上获得和控制的各种要素。通过利用这些要素和企业核心能力，结合生产机制、管理机制、激励机制等，资源最终被转化为产品或服务，实现价值取向。资源配置是企业资源的一种合理安排，用于支持价值增加活动、产品营销活动和一般管理活动。

（3）产品营销。

商业模式强调对价值的实现，因此将产品营销作为一个组成部分，用于描述企业将经过价值增加和资源配置形成的产品或服务推向市场的方法和手段。产品营销是企业销售产品或服务的过程，强调对企业创造价值的市场实现。产品营销需要考虑渠道管理和品牌建设，要解决"企业如何接触目标客户以及如何树立企业形象"这一问题。渠道管理是指在合适的时间和地点为合适的人群（即目标客户）提供合适数量的产品或服务。品牌建设是使客户识别和信任企业产品的过程。企业在设计商业模式时，需要认真考虑品牌建设，这样相比竞争对手，客户可以对其产品或服务有所识别和区分。企业可以依靠互联网下的技术进行品牌建设，进而获得客户的信任和忠诚，为商业模式的价值维护提供良好的基础保障。

3. 价值维护

价值维护是企业通过加强顾客与供应商的忠诚度来阻隔竞争对手、保护利润的控制手段，是保证企业商业模式正常运转的必要手段。商业模式构建完成之后，需要一定的机制来维护。大量案例证明，许多企业由于没有建立价值维护机制，其商业模式都以失败告终，无法有效地为企业创造价值。价值维护包含伙伴网络和隔绝机制。

（1）伙伴网络。

伙伴网络是指一系列与企业相关的合作伙伴形成的关系网络。伙伴网络可以被认为是企业的外部资源。每一个伙伴关系是一个自愿发起的合作性协议，主要在两个或多个独立企业间形成，目的是通过协调各个企业的能力、资源和活动来执行特定的对参与方都有价值的任务，实现共赢。企业的伙伴网络是企业与其他企业之间的纽带，在战略上往往有重要的意义。

（2）隔绝机制。

隔绝机制是为价值主张和价值创造免受外部侵害所提供的保护机制。外部侵害可以破坏价值主张，导致价值创造无法进行。没有隔绝机制的商业模式容易被竞争对手模仿，进而使得商业模式的价值创造活动能力减弱。

4. 价值实现

价值实现是商业模式的核心所在，即为企业创造盈利。它体现的是企业如何权衡经营行为与财务目标，从而实现利润最大化。具体而言，价值实现包含企业的收入来源与成本管理。

（1）收入来源。

收入来源简言之就是企业通过何种方式实现盈利，因此，它要交代企业如何对创造出来的价值进行最大化地回收。价值收入衡量了企业将提供给客户的价值转换成资金或等价物的能力。企业收入可以来自出售、出租、业务分成、广告等各个不同的方面。企业提供有价值的产品或服务，根本目的是盈利，这样企业才能实现持续经营和不断的成长与扩张。

（2）成本管理。

成本管理就是指企业在价值创造的活动中，如何平衡各方面的成本，体现企业的成本控制和布局能力。成本包括原材料、零配件、场地租金等有形成本，以及知识产权、人力成本、电力成本等无形成本。合理的成本控制能提供较好的产品或服务的定价策略，从而实现利润最大化。

通过商业模式的四种构成要素，可以清晰地了解企业的商业模式。它是企业通过产品或服务向客户提供价值，整合配置内外部资源和要素，形成企业完整的运营机制和方法的过程。商业模式构建完成之后，需要一定的机制来维护。这些要素最终体现的是企业如何权衡经营行为与财务目标并以此来实现利润最大化。

【案例 7 - 1】沃尔玛的"天天平价"商业模式[①]

20 世纪五六十年代，以西尔斯（Sears）、凯马特（Kmart）为代表的大多数美国零售商都将目标瞄准大中城市的中高收入阶层，忽略了小城镇中的中低收入阶层。但是，沃尔玛则洞察到中低收入阶层，这一拥有具有巨大消费潜能的消费群体的需求没有得到有效满足。因此，沃尔玛选择了中低收入者为其目标客户群。尽管中低收入消费者没有能力消费高档商品，但对于价格低廉、消费需求弹性小的生活必需品，他们的购买力不容小觑。这种锚定中低收入群体的创新商业模式为沃尔玛带来了巨大的商

---

① 案例改编自：李时椿，常建坤. 创新与创业管理：理论·实战·技能［M］. 江苏：南京大学出版社，2014：62.

业成功。

所有的大型连锁超市都采取低价经营策略。但沃尔玛与众不同之处在于，它想尽一切办法从进货渠道、分销方式以及营销费用、行政开支等各方面节省资金，构建了高效的价值网络。为建立先进的物流配送系统，早在 20 世纪 80 年代初，沃尔玛就花费几亿美元买下一颗通信卫星，建立了集电子信息系统、卫星通信系统和电子数据交换系统于一体的先进信息处理系统，将制造商、物流商和全球几千家门店都纳入信息系统的控制之中。

沃尔玛为打造成本最低、价格最便宜的商品，降低采购成本，建立先进的物流配送系统，严格控制费用支出，从而实现了价格比其他商号更便宜的承诺。其创始人沃尔顿曾言："我们重视每一分钱的价值，因为我们服务的宗旨之一就是帮每一位进店的顾客省钱。每当我们省下一块钱，就赢得了顾客的一份信任。"

因此，"天天平价"的商业模式成就了沃尔玛的辉煌。

7.3.4 "互联网＋"商业模式的创新

随着信息技术的全球化扩展，互联网商业环境的形成给创业企业带来了更多的挑战。许多创业企业都试图借助"互联网＋"，加速向相关的技术、产品以及服务方向发展，实现跨界渗透和商业融合，随之而产生的新兴商业模式正在改变着企业的价值创造方式和优势增长来源。与已建立技术或商业优势的大企业不同，高度的资源约束和激烈的竞争环境使得创业公司在技术竞争和商业模式构建方面面临着双重压力。在这种情况下，创业公司的生存发展不仅需要追赶已有企业的技术优势，而且更依赖于对已有企业成熟商业模式的突破。因而，建立在技术演化追赶基础上的商业模式创新已经成为创业企业优化资源配置、释放技术价值、赶超在位企业并建立新一轮竞争优势的关键所在。

互联网时代下，商业模式创新要素和逻辑脉络日趋清晰，平台企业的商业模式同样受到了众多学者的关注。基于社区逻辑下的平台模式，国内学者罗珉和李亮宇（2015）从价值创造的角度探讨了互联网时代商业模式创新的一般路径。吴晓波和付亚男（2019）研究指出商业模式创新转向平台创新、生态创新、数字创新，网络平台商业模式创新是管理创新领域的重要研究方向。李文莲和夏健明（2013）以"大数据"为背景提出了商业模式创新的系统性分析框架。宋立丰等（2020）以海尔、小米和猪八戒网为案例，研究了平台—社群商业模式的构建。纪雪洪和王钦（2017）比较分析了传统商业模式和互联网商业模式的区别，从价值主张、价值创造、价值获取和价值网络等方面，整理归纳了互联网企业采取的战略措施——战略创新、合作与建立商业生态、技术创新等。瑞塔拉（Ritala，2014）等通过对亚马逊的案例研究发现，基于竞争与合作的平台商业模式能够比传统商业模式创造更多的价值。

"互联网+"被大量应用在平台上，把不同用户连接起来。淘宝就是一个大家熟知的典型商业平台。"互联网+平台"商业模式相当于一个池子（pool），把不同用户聚集起来，以满足各自的需求。互联网就是池子里的进出管道，加上池子里的东西，构成了"互联网+平台"商业模式。这是一个简单的商业模式，其原理如图7-3所示。

图7-3　"互联网+平台"商业模式示意图

　　小米公司成立于2010年3月3日，主要专注于智能硬件和电子产品研发，是以智能手机、互联网电视和智能家居生态链建设为核心的创新型科技企业。小米始终秉持着"为发烧而生"的产品理念，仅仅用了5年的时间，其估值就增长了180倍，成为中国乃至全球成长最快的企业。小米能够在如此短的时间内成长迅速并创造奇迹，很大程度上得益于其在商业模式上的创新。其一，小米紧跟时代潮流，将"互联网思维"成功融入传统制造业，其对许多急需转型的传统企业来说是一个不可多得的学习案例；其二，独特的营销模式使得小米收获了大量的"发烧友"，其依靠平台的力量，在获得口碑的同时及时发现漏洞并弥补，这种饥饿营销模式完全可以在其他的渠道被吸收模仿；其三，小米致力于技术创新，可以说技术事关小米的存亡，在"互联网思维"不再成为优势的情况下，小米以5G+人工智能（AI）+物联网（IoT）为核心战略，继续转型升级，走在5G浪潮的前端。正所谓越努力越幸运，只有积累了足够的资本，才有能力在合适的时机一战成名。小米公司的种种举措促成了它的成功，这种成功绝非偶然，而是其商业模式不断创新的结果。

7.4　创业企业的扩张

　　创业企业的扩张是衡量创业成功的重要尺度，也是为社会创造财富、增加就业率和促进实体经济发展的关键推动力。创业企业的持续扩张意味着其被市场认可和接受，在行业中逐渐形成一定的规模与地位。明确企业成长或扩张的动力来源以及扩张

　　①　案例改编自：马晓苗. 从物质思维到信息思维：互联网时代产品创新模式——以小米公司为例［J］. 科技进步与对策，2017，34（10）：19-26.

的阶段，才能更好地把握企业发展，进而通过不断的市场营销实现持续的收入，使得创业企业进一步向高质量、实力雄厚的大企业迈进。

7.4.1 企业成长的理论基础

企业成长的动力源泉始终是企业成长理论研究的基础和主题。明确企业成长的动力系统才能更好地理解企业成长的来源和过程，实现企业扩张。下面主要介绍 5 种企业成长理论。

1. 企业外生成长理论

杨林岩和赵驰（2010）认为企业外生性成长即企业的边界和生产率由外生变量决定，即给定的技术、成本结构和市场供需条件等，该理论的代表学派为新古典经济学和新制度经济学。新古典经济学中，涉及企业成长的理论应是当要素需求、技术等外部条件变化时，企业的规模发生从非最优向最优的调整过程。也就是外部需求因素对供求曲线产生影响，进而导致企业生产规模的扩大，即企业的成长。新制度经济学认为企业的成长应是企业边界的变化，而企业边界则是生产要素集合的边界。

2. 企业内生成长理论

企业内生成长理论最早可追溯到亚当·斯密在《国富论》中所提及的"劳动分工理论"，劳动的分工可以为企业带来收益，而收益又会驱动企业家进行生产规模的扩大，而规模扩大又产生收益的提高，最终表现为企业的成长。企业内生成长理论应是企业内部拥有的各资源构成的要素集合，决定了企业的成长速度、方式和规模。企业各部门相互学习、合作竞争与自主创新构成了企业内部的核心资源与成长动力来源。以此为基础，企业内部通过与外部资源的结合，即关于资金、技术等资源的互换，产生内部自我创新、自我提升的企业内生成长性理论。

3. 企业资源成长理论

企业成长理论认为企业的成长就是企业内部资源不断优化的过程。企业内部资源的集合状况，不仅制约着企业的成长速度，同时还是企业成长的内在基础，决定着企业成长的市场方向。企业内部拥有的资源状况影响企业能力，进而决定企业成长的速度、方式和界限，而企业能力最重要的载体是企业家能力，即企业家发现和利用潜在的成长机会的能力。因此，企业家——作为"企业能力"的人力资源载体，是创意的提出者与资源的整合者，在企业的成长过程中起着主导作用。黄谦明（2009）也认为企业家运用创意和创新能力对资源进行整合，可以产生新的、难以模仿的商业模式，从而获得企业的核心竞争力。企业技术、学习、经营管理等多因素或资源的混合形成企业的核心竞争力。由此可见，企业资源的巧妙整合可以使企业在行业中获得持续竞争优势，从而实现不断扩张。

4. 企业创新成长理论

熊彼特认为，创新就是要"建立一种新的生产函数"，即"生产要素的重新组合"。他从创新的角度阐述了企业成长理论，认为企业成长是一个非连续性、革命性的创新过程。创新是企业内部自发的行为，不是外部主体和要素强加产生的，其主体为企业家，可以为企业带来新价值。企业家在创新过程中将技术创新成果或制度创新成果引入企业的生产体系中，从而推动企业的持续扩张性成长。只有在企业实现了创新发展的情况下，才存在企业家和资本，才产生利润和利息。

5. 企业生命周期理论

"生命周期"理论指出可以分阶段来看待企业的成长，由于管理的不足会导致企业成长过程中出现停滞、消亡等现象。因而，企业生命周期理论也可以被认为是企业阶段成长理论，它对企业的成长和发展进行分阶段讨论。企业生命周期是企业成长的动态轨迹，随着环境的变化而变化。不同的学者对企业生命周期理论的划分阶段和依据各不相同，各阶段的代表成果有：斯坦梅茨的四阶段模型、丘吉尔和刘易斯的五阶段模型、弗莱赫特的七阶段模型、爱迪恩的十阶段模型等。但各生命周期理论也存在共同之处，如企业生命周期都是沿着相似的生命周期曲线进行各个阶段的演变和发展，各阶段有一定的先后顺序之分。

7.4.2　创业企业的成长阶段

已有学者的研究对创业企业的成长阶段划分没有统一的标准。彭华涛（2010）基于创业企业的社会网络演化图谱的差异性，将创业企业的阶段划分为：起业阶段、建业阶段、守业阶段、传业阶段以及再创业阶段。根据企业生命周期理论，蔡莉等（2007）将新企业划分为三个阶段：创建期（1～3年）、存活期（4～6年）以及成长期（7～8年）。基于关系网络嵌入视角，丁良超（2015）将创业阶段划分为创业生存阶段、创业成长阶段、创业成熟阶段、再创业阶段。彭莹莹等（2018）将创业企业的阶段分为：初创期（3年以下）、存活期（3～5年）和成长期（5年以上）。综上，本书将创业企业的成长阶段划分为：初创期（3年以下）、存活期（3～5年）和成长期（5年以上）。不同阶段的经营特点各异，企业在每个阶段都会面临特定的问题，恰当地解决这些问题，企业才能快速成长。

1. 初创期

初创期一般指新企业成立之后的前3年营业期。这一阶段，企业的主要任务是保证存活：把握创业机会，运用好的项目寻求足够的资金，组织创业资源开展生产经营和市场营销。这个阶段企业需要大量的资金，基本很少盈利。

（1）先求生存，再求发展。

创业者在这个阶段的失败率较高，因此需要保证不被行业中的竞争对手排挤，甚至"消灭"。显而易见，一个连续亏损的初创企业是无法继续经营下去的。无论是创业团队还是投资人都会对企业的发展前景感到迷茫。因此，在这个阶段如何保障企业的存活是创业者面临的首要难题。

（2）充足的资本积累。

这一阶段企业的资本主要为注册资本，一般资金实力较弱的企业规模较小，企业人员数量也很少，一般为少数几个创业团队的成员。创业团队的核心任务就是为企业或项目拉拢资金，获取利润，为企业的持续发展形成充足的资本储备，这样才能进一步制定更长远的发展战略。因此，创业者需要重点考虑如何以独特的项目吸引投资，维持企业项目开展。

（3）定位主营业务。

创业意味着一切事情的发生都是未知的，但是创业者应切记不可盲目确定主营业务。因为如果将大量的时间、人力、资金等成本投入于最初的主营业务后，创业者发现后期无法开展业务，这势必对企业员工的心态和精神产生极大的打击，容易导致企业的混乱，使员工产生对企业的不信任感。因此，创业者对企业前期的主营业务的定位一定要仔细和全面考察。

（4）粗中有细的管理方式。

此时的企业一般属于创业团队领导的集中管理制。企业重心为保证生存，对企业的管理可适当地放松，采取"粗中有细"的管理方式。"粗"是指每个员工都可独当一面，不用引入大公司的日常烦琐的管理制度；"细"是指对每个员工的利益划分需要严格细致，这对企业以后的经营至关重要。

2. 存活期

存活期一般为企业创业后的第三至第五个营业期，需要2～3年，甚至更长的时间。在这一阶段，创业企业应当以学习经营和管理、强化自己的核心优势、建立长期稳定经营的成长基础为目标。否则，刚刚存活下来的企业也可能在激烈的市场竞争中被淘汰。企业形成的资源优势和核心能力，决定着企业今后的发展方向、主导领域、成长势头和发展速度。

这一阶段企业的产品或服务得到部分消费者认可，可为企业带来稳定现金流，有些企业可能会快速成长、达到收支平衡，甚至实现略有盈利。但一旦产品或服务不被消费者接受，且受到竞争对手攻击，部分企业就可能无法盈利甚至难以为继。

（1）选择适合的经营战略方式。

企业需要找到一种适合自己的经营方式，以增强抗风险能力，提高经营业绩。应通过选择专业的企业管理咨询公司筹划专业化的营销战略，占据一定的市场份额；强化人员分工，提高业务执行效率；细化财务管理方式与分工；等等。要形成企业自身的业务模式、盈利模式以及财务管理模式，以保证公司快速运转。

（2）规范组织结构和管理。

企业应将组织结构相对固定化和制度化，规范日常经营管理工作，健全管理制度，建立内部正常的信息流通渠道。否则，企业组织运行和经营管理极有可能陷入无序和随机的状态。

（3）培训员工，学习经验。

企业的员工数量将达到一定规模。此时，企业领导者需要考虑通过不断的员工实训来提高员工的工作技能，要让他们学习和积累相关技术、经营、管理知识和经验。同时，在此过程中，企业可以发掘和培养优质员工成为管理层。因为当企业逐渐壮大之后，原始的创业团队成员可能会退出企业，这时候如果企业在前期培养了管理层，就可以迅速弥补空缺，避免企业内部管理大波动。

3. 成长期

成长期是指第五个营业期之后的阶段。经过前两个阶段，创业企业已经拥有了较为充足的经营资源和资金实力，拓展了一定的成长空间，迈入了快速发展阶段。这一阶段决定着企业能否成为行业中的"常青树"，成为受大众认可的优质大企业。在这一阶段，创业企业的主要目标是：寻找新的机遇和切入点、突破口，依靠创新寻求超常规增长。

（1）寻求新商机。

创业者要善于发现、把握和利用某个商机，进行不断的创新，步步为营，这样才能使企业超常规地成长，在行业中独树一帜。此时企业也需要确保存在稳健的前瞻性规划，企业的稳健性远远重要于高速发展。但是，切记不可轻易跨行发展。很多实际案例证明，跨行发展的企业容易产生经营危机，过度扩张、跨行发展的乐视和南孚就是最好的证明。

（2）再次定位市场。

企业准备开发新商机时，要再次对企业需要的市场中的目标客户、合作伙伴等利益相关方进行重新定位。同时，对企业自身的战略目标、营销方式进行再次规划，充分发挥企业的资源优势和核心能力，确保企业能够进入既定的行业市场，掌握有效的用户群并达到应有的市场地位，获得应有的经济效益。

（3）适当运用财务杠杆。

创业企业的前两个阶段的发展大部分都会选择股权融资的方式。依靠内部积累资金和股东投资，前期负债经营的创业企业大多会经营不善而倒闭。但是，在此阶段，企业想要实现超常规增长、寻求新商机并开展企业经营活动，需要更多的资本支持。因此，企业可适当利用债券融资，发挥其杠杆效应优势，放大企业收益。

每个企业虽然不同，但都会经历这些阶段，也都会面临着不同的问题。企业只有经历过这些阶段，克服了这些阶段所带来的问题，才能够快速地成长。

7.5 创业企业成长面临的难题

创业企业的发展为实体经济带来了巨大的经济效益。但是，创业企业由于自身的特殊创业性质，受到诸多负面因素的影响，制约了企业成长的速度与规模，影响了企业经营的存续性。创业企业成长面临的难题主要是资金困境、人才困境和企业家素质缺陷。

7.5.1 资金困境

1. 创业企业资金困境现状

创业企业成长的首要难题就是缺乏合理的资金资助体系，融资困难，且融资方式单一。随着社会大众对创业热潮的开启，创业企业作为中小型企业的典型代表，其外部融资难、融资贵的问题也逐渐凸显。一方面，创业企业大多资质较差、创业规模小、抗风险能力弱，创业者缺乏经营管理经验，相关信息不透明等，导致创业企业在资本与市场中处于劣势，很难获得外部融资。吴彦琳（2020）认为银企之间的信息不对称以及自身经营、财务状况特征导致了中小企业具有高风险的特征，这是造成我国中小企业融资困境的根本原因。另一方面，虽然我国对创业企业的支持力度正逐年加大，但商业银行对创业企业的融资门槛也随之水涨船高。创业企业初期的发展规模较小，没有固定资产进行抵押，也没有信用记录，面对这些风险商业银行不敢借款或放贷。李杨和杨思群（2001）通过对 6 个城市商业银行及其分支机构进行抽样调查发现，中小企业自身存在信用不足问题是中小企业存在融资缺口、申贷获得率低的主要原因。因此，创业企业通常很难获得商业银行的贷款，而一些地方信用合作社所提供的资金支持远远不能满足企业的发展需求。受限于资金储备的创业企业，企业规模与市场发展较为缓慢，甚至难以存活。

目前，我国处于经济转型时期，提倡产业结构转型升级，再加上科创板和创业板的逐渐开放，为我国创业企业提供了一定的政策优惠，不可否认，此举在一定程度上缓解了创业企业的融资难题。但是由于政策具有时滞性，政策发挥效用与大规模落实需要一定的时间，目前创业企业的融资高门槛仍存在。

2. 应对措施

（1）政府的推动作用是基础。

政府进一步优化和调整产业规划布局，发挥财政和政策引导作用，有效整合产业和金融资源，集合各方力量构建"产业供应链 + 企业行为信息 + 综合性金融产品 + 行业前沿分析 + 投融资建议 + 财务金融培训 + 产业政策"的综合服务平台，打破政银企三者之间的信息壁垒，有效解决信息不对称问题。[①]

（2）金融机构的主导作用至关重要。

首先，金融机构特别是分支领域的头部机构要充分发挥头雁作用，注重横向联合，开发设计更有针对性的金融产品。其次，金融机构应配合政府提供普惠式金融培训、财务培训，提供前瞻性行业分析报告、投资建议，为创业企业决策提供参考。最后，金融机构要充分利用金融科技力量，丰富完善综合服务平台，将产品、服务、信息整合到平台中，真正做到一键式、直达式解决金融问题。

（3）企业的主动参与不可或缺。

创业企业获得金融支持的前提是稳健经营、规范管理，尽管政府和金融机构可以为创业企业提供信息、培训和便捷服务，但仍需创业企业充分利用资源，不断提升核心竞争力。同时，创业企业需提供真实、有效的基础数据，与金融机构建立诚信共赢的良好关系。

7.5.2 人才困境

1. 人才困境现状

大多数创业企业缺乏相应的专业管理人才。特别是科技型创业企业，对人才的需求最为迫切，创业企业的持续成长需要技术创新人才，更需要高素质管理人才。吴红（2012）认为创业企业由于自身综合实力的不足和人事管理的不当，往往容易形成"找人难、留人难、用人难"的三难境地。在发展初期，一般都是依靠创业团队的成员来经营和发展企业，往往一人身兼多职，这既不能很好地发挥其应有的专业技能，也会对其不熟悉的领域造成业务障碍。大部分创业企业的发展初期管理人员是极度缺乏的，无论是生产、营销、会计都需要有水平的管理人才，无论是哪个部门缺乏管理人才，都会让创业企业走向险滩。

在人力资源管理方面，创业期存在诸多不足之处。第一，没有正确认识和对待企业内部的人力资源管理工作。在创业初期，企业重心在于发展业务，对人力资源管理部门不够重视，缺乏相应的人力资源开发的规划方案，使得人力资源未得到有效的培训与开发。第二，人员的激励模式不全面。创业企业善于用物质激励的方式留住人才，多数忽略了员工或团队成员的精神激励，进而没有注重企业文化精神的培养，使得员工的归属感、安全感不强，忠诚度不高。这样会使得企业的人才流失且流动过于频繁，损害企业的成长。陈莉和李东福（2009）认为在当今以人力资源为核心的市场竞争中，企业文化精神的培养能作为薪金的补充，吸引企业所需要的高智能个体加入，提高人力资源的竞争力。

---

① 屈丽. 转换思路缓解中小企业融资难 [J]. 中国金融，2022（24）：98-99.

因此，创业企业存在人力资源投入能力低与高品质人才需求的矛盾，用人风险高以及所有者和经营者目标认识分歧突出的困境。

2. 应对措施

为实现企业发展战略，人力资源管理的重点是：确保企业快速发展对人力资源数量和质量的需要；完善培训、考评和薪酬机制，充分调动全体员工的工作激情，加速企业发展；建立规范的人力资源管理体系，使企业人力资源管理工作逐步走上法治化的轨道。为顺利实现企业人力资源的战略重点，企业人力资源管理工作的主要策略如下。

（1）进行人力资源需求预测，制定人力资源规划。

成长阶段企业人力资源要求数量多，而且要得急，要求拿来即用。为应对这种情况，企业人力资源管理要具有一定的前瞻性，通过人力资源需求预测制定人力资源规划可以较好地解决这一问题。要开展工作分析，建立岗位规范标准，为企业人力资源的规范化管理奠定基础。

（2）保持充足的人力资源来源。

要与人力资源市场建立广泛而灵活的联系，通过多种渠道及时获取企业所需要的人力资源。通过不断的、多样化的培训提高员工的岗位技能和素质，满足企业发展需要。

（3）完善企业人力资源管理制度。

要完善企业人力资源管理制度，特别是培训制度、绩效考评和薪酬激励制度，充分调动广大员工的工作积极性，保证企业快速发展。在这个阶段，特别是期初的企业人力资源管理工作会面临很大的压力，主要是因为工作量和工作难度迅速增加。企业人力资源管理部门的工作质量成了影响企业快速发展的关键之一。因此，人力资源管理部门自身的建设也必须同步进行。

7.5.3　企业家素质缺陷

1. 企业家素质缺陷现状

创业企业的成长一方面受企业所处的制度环境的影响，另一方面也受企业家自身素质的制约，如个人能力、心理因素、创新动机、创新能力等。熊彼特提出了企业家的三要素：有眼光、有胆识、有组织能力，以此来驱动企业的创新与成长。而创业企业对企业家的高度依赖性会导致企业家的个人素质与能力直接决定企业的存亡。一旦创业者出现以上任何一方面的缺陷，企业的成长将受到严重的阻碍。随着政府对双创的政策扶持力度不断加大，许多人凭着一腔热血加入到创业大军中来，但受限于自身认知、经历、能力的不足，或再次创业从事和以往不同的行业，成功的创业者极少。因此，创业者自身知识面及能力的局限往往为企业的管理发展带来极大风险。

对于影响创业企业成长的企业家缺陷的具体分类，可分为以下三种。第一，职业理想缺乏，创新进取心不足。这会导致创业者出现"小富即安"的心理，不能很好地依靠创新驱动企业的成长。中国企业家调查系统（CESS）在 2015 年对 2446 位企业家的调查显示：随着"新常态"与"创新驱动战略"的提出，企业家的创新能力与意识有所提高，而且创新投入的持续增加有效地提高了企业的绩效，但是人才和资金短缺，以及企业家的创新能力尚且不足仍是制约企业成长的难题。[①] 第二，系统性知识缺乏，学习能力不足。这主要表现在创业者的普遍素质都不是很高，系统知识缺乏，以及创新与学习能力整体上有所欠缺等。第三，创业失败时的高退出倾向。创业者在创业初期往往容易受到挫折就退出创业市场。虽然熊彼特认为企业家拥有百折不挠的企业精神，但是我国市场和商业环境较为复杂，不确定性较大，企业的成长风险较高，导致创业者易受打击而退出。

2. 应对措施

（1）倡导学习型创业团队和创新型团队文化。

创业企业可以倡导创业者个人学习与团队学习，将个人创新与组织创新紧密结合。在引导创业者个体不懈学习知识的过程中，企业要注重团队的学习与组织创新，倡导创新型团队文化。尤其是对于传统一代的创业企业家或经营者，要以积极的舆论引导，鼓励其"重新学习"与"二次创业"，推动起整个创业企业家群体的学习与创新热潮。

（2）强化自身的生存危机感与创新感，塑造现代创业企业家。

在金融危机背景下，创业企业家要时刻有竞争与并购的危机意识，迫使企业家自我素质的提升，带动企业的创新发展。企业家要不断培养和强化自身创新的满足感和社会认同感，培育自身"锐意进取"与"勇于创新"的意识。在创新驱动发展的背景下，诸多机遇与困境并存，创业企业家应懂得把握机遇，引导并鼓励企业的发展向政府政策不断靠拢，顺应时代发展的潮流，不断成长为有职业理想、善于创新发展的现代创业企业家。

综上所述，在市场经济发展的背景下，创业企业在缓解就业压力、提高产品质量、提升经济效益上起关键作用。创业企业发展中存在融资能力差、招工用工问题突出、企业家自我发展能力不足等困境，可从建设社会服务体系、激发企业发展动力、减税降负、拓展融资渠道、通过高待遇吸引人才、定期对员工进行培训等方面着手，在提高小微企业竞争力的情况下，促进企业发展。

[①] 中国企业家调查系统. 新常态下的企业创新：现状、问题与对策——2015·中国企业家成长与发展专题调查报告［J］. 管理世界，2015（6）：22－33.

 **案例分析**

"蒙牛"借力成长①

一、蒙牛介绍

蒙牛乳业集团成立于 1999 年，总部位于呼和浩特，形成了以呼和浩特为中心向外延伸的产业经济区。蒙牛创始人牛根生和 9 位合伙人共同出资 1000 多万元成立了最初的内蒙古蒙牛乳业股份有限公司。在牛根生的带领下，初创期的蒙牛以平均每天超越一个对手的速度前进。到 2002 年，蒙牛跃居全国乳制品企业第四名。蒙牛致力于打造国际一流乳业品牌，建设世界乳业中心。目前，蒙牛营业收入仅次于伊利，成为享誉全国乃至国际的知名乳业品牌。

牛根生带领"蒙牛"跑出火箭速度，演绎了中国企业快速发展传奇。回顾十年前的蒙牛集团，创业之初的"三无"企业——无市场、无奶源、无厂房，从 1999 年 3700 万元销售收入，飞速增长到 2018 年大约 690 亿元的销售收入（伊利约为 800 亿元），资源获取与整合是蒙牛取得飞速发展的有效战略。分析其类型，蒙牛的资源获取主要为外取资源，资源外取战略包括借用、交易和协作等模式，而资源整合则体现出蒙牛强大的创业能力。

二、蒙牛初期的资源整合

1. 外部资源的借用

资源的借用是指企业付出较低成本获取外部资源供企业自身使用。借用资源可以包括借用合作伙伴的资源、借用竞争对手创造的市场品牌等。

（1）品牌资源的借用。

蒙牛在创立初期，实施了借用地域品牌和行业领军品牌的"借船出海"的资源战略。在乳制品行业，没有品牌的企业很难展开销售，因为乳制品与人们的生命安全息息相关，知名品牌代表安全、可靠，更容易赢得消费者的青睐。蒙牛的牛根生意识到，乳品和其他产品不同，需要先打开市场与品牌的知名度，让消费者建立起蒙牛品牌的消费观与信任度。因此，牛根生采用"先建市场、后建工厂"的战略，创造性地借用外部资源，进行借势、整合。

"先建市场"。牛根生运用 300 多万元，借已有的知名乳业品牌对蒙牛进行广告宣传。一方面，打出"向伊利老大哥学习，做内蒙古乳业第二品牌"这个看似"谦卑有礼"的广告，实则大智若愚，迅速让蒙牛这个不知名的品牌借国内最大乳业品牌——伊利的名气被全国人民熟知。另一方面，牛根生不只是借伊利之势助力，更是

---

① 案例改编自：（1）刘沁玲，陈文华. 创新与创业管理 ［M］. 北京：清华大学出版社，2016：240.

（2）杨伟民，李兴旺. 创业企业高成长的"资源外取"模式分析——以"蒙牛"集团为例［J］. 广播电视大学学报（哲学社会科学版），2010（4）：3－8＋12.

把蒙牛的品牌同内蒙古几个知名的品牌联系起来，打出口号"伊利、鄂尔多斯、宁城老窖、蒙牛为内蒙古喝彩！"前三个都是内蒙古驰名的品牌，蒙牛紧随其后，让消费者形成一种蒙牛为第四品牌的认知。牛根生借伊利、鄂尔多斯、宁城老窖的品牌资源的优势，将自己的品牌整合进这三个知名品牌，瞬间让消费者熟知蒙牛，使蒙牛成为国内知名乳业品牌。

（2）工厂资源的盘活。

作为乳品企业，"得奶源者得天下"。但当时呼和浩特的奶源已被大企业瓜分殆尽。蒙牛若要自建奶源基地，自建工厂，需要一两年的时间，甚至更长。当时已经40多岁、从伊利辞职自主创业的牛根生野心勃勃，创业热情高涨，如果遵循常规企业的创业之路，按部就班，那么很难在强大的竞争对手中凸显出蒙牛的优势，也很难从市场上分一杯羹。面对窘境，公司管理层创造性地提出"先建市场，后建工厂"的战略。

"后建工厂"。蒙牛在创业之初，派遣自己的管理和技术人员，用标准、技术和品牌，把别人的工厂变成了"自有"车间，盘活了其他乳制品企业。1999年成立之初的蒙牛公司派出杨文俊远赴呼和浩特，和当时处于破产边缘的几家乳制品企业谈判，达成了蒙牛出技术、出管理、出人才、出品牌，并派遣专业人员到困难企业进行设备改造和更新的战略合作方式。以此战略，蒙牛总共运作了8个经营不善的乳制品企业，盘活资产7亿~8亿元，实现了合作双方的互利共赢：困难企业得以经营，蒙牛得以确立品牌并展开市场营销。

因此，蒙牛借自己的管理、经验、技术和人才等核心资源，整合外部困难企业的工厂设备资源，形成新的创业资源体系，短时间内使蒙牛乳制品投入生产，并实现了快速、大规模的产品上市。"蒙牛"与这些困难企业和工厂的合作，打破了传统企业的组织结构层次，自愿互利，各取所需，没有上下级之间的约束关系，没有控制与被控制的压力，创造了一种弹性的合作伙伴关系。

1999年底，蒙牛开始自建工厂，截至2002年，蒙牛的三期工程全部建成，正式拥有了自己强大的系统化的工厂生产资源。正是蒙牛的外部资源整合策略，通过与外部资源合作，充分发挥企业外部和内部资源优势，提高资源利用效率，使得处于初创期的"蒙牛"只用几个月就完成了一般企业几年才能实现的扩张目标。

2. 外部资源的合作

资源合作是指企业为了获得所需资源，而与资源所有者签订短期契约的互利合作方式。

（1）奶源资源的整合。

蒙牛整合了农户、农村信用社与奶站三方面的资源，解决了没有奶源的问题。对于乳制品企业，奶源是最基础的资源，没有充足、优质的奶源，任何事情都是纸上谈兵。由此，最初属于"三无企业"的蒙牛，想出了资源整合的方式：蒙牛采用"分散饲养＋集中挤奶＋统一加工"的商业模式，即由蒙牛公司做担保，通过农村信用社为农户融资购买奶牛，并由农户分散饲养奶牛，使得奶牛得到更好的照料；然后将饲养奶牛集中到奶站挤奶，进行奶源的统一加工，再由蒙牛对产品进行市场营销。由此，农户和蒙牛形成了互利共同体，这样既使农户受益，市场销路打开的蒙牛又得以偿还借款，实现双赢。

那么对于最初没有奶站的蒙牛来说，奶站又是从何而来的呢？

（2）政策资源的协作。

蒙牛利用当地政府和民间资本投资建奶站，进行奶产品的加工生产。自建奶站需要花费大量的资金，当时建立一个奶站需要花费 40 万元，这对刚成立的蒙牛而言，无疑是一笔巨大的开支。于是，牛根生充分利用当地资源与政府联合建奶站。蒙牛没花一分钱，与当地政府协商后达成协议，由民间资本和政府共同出资建奶站，给予投资人合理的利益，然后通过奶站为自己的企业供货。蒙牛品牌的影响力使政府和当地人放心，与蒙牛签订常年供应合同，形成了双赢。

（3）科技资源的交易。

资源的交易是指企业购买所需要的外部资源，得以自用的方式。由于企业的内部资源是有限的，关键性资源的缺乏使得企业必须采用外部交易的方式获取资源，特别是专利性资源。

对于乳制品企业来说，产奶的母牛是企业所需要的，而在自然条件下奶牛分娩的雌雄比为 1：1。乳制品企业需要采用一定的专业技术（X、Y 精子分离性控技术）控制出生的奶牛性别。因此，蒙牛购买了拥有此专利技术的内蒙古赛科星生物技术公司的部分股权，共同组建了内蒙古蒙牛繁育生物技术有限公司，进行奶牛繁育技术研究和产业化应用推广。

（4）资金资源的获取。

蒙牛利用境外投资搭建国际化发展平台与品牌。在短短的 3 年时间内，蒙牛的资产从 1000 多万元增长到 10 多亿元，年销售额从 4365 万元增长到 20 多亿元。如此惊人的增长速度吸引了许多国外投资机构的目光。由于蒙牛一直致力于国际化发展，因此最终蒙牛选择与三家国际投资机构达成融资协议。2002 年，摩根士丹利、英联投资公司和鼎晖投资公司同时投资蒙牛，注入现金两亿多元，持股比例达 66.7%；并于 2003 年再次注资，蒙牛成为摩根士丹利在亚洲地区直接投资额最大的企业。2003 年 4 月，蒙牛更名为内蒙古蒙牛乳业（集团）股份有限公司。2004 年 6 月，蒙牛在香港联交所主板成功上市，融资约 14 亿港元。这标志着蒙牛又朝国际化平台迈进了一个新台阶。

三、上市后的蒙牛

1. 蒙牛的快速成长期

2005 年，蒙牛借助超级火热综艺"超级女声"，将牛奶从日常生活中带入时尚领域，为普及国人饮奶尤其是青少年饮奶开辟了一条重要途径。同年，蒙牛与国际乳业巨头丹麦阿拉福兹公司签订协议，双方合作研制、生产高标准奶粉。

2006 年 10 月，在第 27 届国际乳品联合会（IDF）世界乳业大会上，蒙牛一举夺得被誉为全球乳业"奥斯卡"的 IDF 世界乳业创新大奖，为中国乳业赢得了首枚世界金牌。

2007 年，蒙牛成为中国首个年度营业额超过 200 亿元的乳品企业，成功跨入了世界级乳业战舰的行列。

2008 年，"问题奶粉"事件后，为了保护奶农利益，蒙牛敞开收购合格原奶，在短短一周内，倒掉近 3 万吨原奶，承担损失达 1 亿元。为了确保产品质量、保护消费者利益，蒙牛主动将市场上的产品全部下架，因此承受了巨大损失。同时蒙牛对所属奶站实施 100% 托管，并通过人盯人、人盯挤奶厅、人盯运奶车和 24 小时监控的"三盯一封闭"措施严防原奶掺假，赢得了消费者信任。

为了更好地促进生产管理，蒙牛启动了"牛奶安全工程"，向消费者和中外媒体敞开了牧场和工厂，公布从收奶、生产、包装到成品入库、出库的全过程，增强了社会各界对中国乳业的信心。同时，蒙牛推进牧场化战略，规划再建设 20 座超大型牧场，进一步提升原奶的品质成为蒙牛下一步稳健发展的新起点。

2009 年 3 月，根据国家统计局发布的信息，蒙牛在全国同类产品（液态奶、酸奶、乳酸饮料、冰激凌等）中的销售量均为第一。在多个省市开展的乳业品牌调查活动中，蒙牛是消费者首选乳品品牌。7 月，中粮持股比例达到 20.3%，成为蒙牛第一大股东。

经过 10 年的快速成长期，蒙牛已经在全国建立了 40 多家生产基地，拥有近 3 万名的员工，日均收奶量过万吨，成为中国最大的乳制品供应商，代表中国跻身全球乳业前 20 强。从蒙牛与伊利的营业收入对比可看出（见图 7-4），蒙牛在 2011 年之前几乎业绩完全优于伊利，特别在 2007 年和 2008 年，优势较为明显。

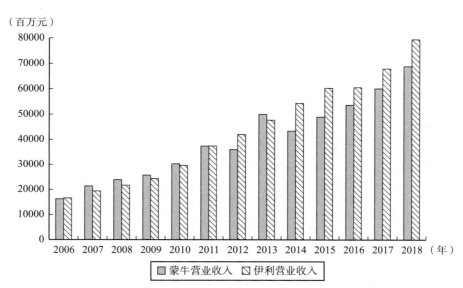

图 7-4 2006~2018 年蒙牛与伊利营业收入对比

资料来源：蒙牛与伊利公司年报。

2. 蒙牛营业收入分析

2008年的"三聚氰胺"事件，给蒙牛带来了沉重的打击，2009年中粮成为第一大股东，全面接管蒙牛，此时的蒙牛实际上已经成为带有国企色彩的上市公司，但牛根生仍然担任公司主席。2011年，牛根生辞去蒙牛董事会主席的职务，这标志着蒙牛正式进入中粮系主政的阶段。由图7-4可知，也就是在这一年，蒙牛的营业收入再次被伊利超过，且差距也有越拉越大的趋势。

自进入2011年之后，伊利业绩完全占优，且近几年一直保持大幅领先的优势。不只是营收，蒙牛的一些优势产品的市场份额也被伊利赶超。以白奶市场为例，白奶是中国规模最大的乳制品细分市场。据兴业证券研报，伊利的白奶市场份额从2012年超过蒙牛后，一直占据市场首位；在基础白奶市场，2016年伊利的市场份额已达到37%，而蒙牛仅为28%。

自中粮入驻后，蒙牛前五大股东均为机构，已经是典型的职业经理人治理结构。因此，进入成熟期的蒙牛发展进入瓶颈期，无法实现快速扩张。蒙牛无法另辟蹊径吸引大众消费，经营战略无法灵活应对市场需求，使其在面对愈发激烈的乳制品行业的竞争时，逐渐被其他企业的创新型产品占领市场份额，因此自然无法成为"乳业硅谷"。

3. 销售费用分析

其实，从销售费用方面对比，蒙牛与伊利的销售费用占比的成长轨迹较为相近，均经历了"上升—下降—上升"的阶段（见图7-5）。这说明了乳制品行业的宣传和产品费用的竞争较为激烈，有互相追随的现象，这样才能维持市场份额。乳制品的销路需要依靠大力度的宣传与精美的包装才能普及更多的消费者，以此扩张市场。

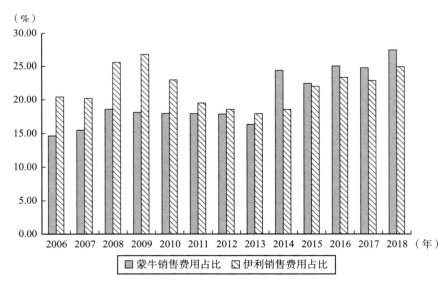

图7-5 2006~2018年蒙牛与伊利的销售占营业收入的比值

资料来源：蒙牛与伊利公司年报。

在 2013 年之前，处于快速成长期的蒙牛的销售费用占比显著少于伊利，后几年才开始有所提高。但是，在销售费用总额上，蒙牛从未高于伊利。显然，前期的蒙牛虽然重视广告宣传，但是扎根于乳业更久的伊利的广告宣传更到位，毕竟创业初期的蒙牛是借"伊利"之力造势宣传的。在企业的经营管理方面，依靠牛根生的带领，蒙牛快速崛起，但是随着中粮控股与牛根生离职，蒙牛的股权结构发生重大变化，导致了企业的销售与管理方面出现瓶颈。虽然蒙牛的销售费用占比逐年增加，但是伊利仍是朝着市场愈加壮大的趋势发展，蒙牛未来的市场份额是否会逐渐被伊利占领？没被三聚氰胺打倒的蒙牛，是否真的要在中粮入主和"职业经理人们"的执掌下丢掉乳业双寡头的地位？这一切掌握在蒙牛手中。

想一想

1. 蒙牛借力对象与资源有哪些？它们与蒙牛有什么联系之处？

2. 蒙牛的资源整合为何使其实现快速成长与扩张？

3. 如果你是蒙牛的职业经理人，面对伊利的强势竞争，你会从哪些方面扭转蒙牛的竞争劣势？

本 章 总 结

 复习要点

7.1　新企业的开办

创业企业开办可以选择多种组织形式，分为企业制和公司制，具体包括：个人独资企业、合伙企业、有限责任公司（包括一人有限责任公司）和股份有限公司。

创业者需要根据自身特点，对比分析各种组织形式的优缺点，选择适合团队发展的组织形式。

创业企业开办时的注意事项有许多，包含：新企业的注册、选址；经营范围的填写；开户行的选择；合伙协议/公司章程的编制等。

7.2　创业资源整合

创业资源整合即创业者将不同来源的资源融合，剔除无用资源，以获得最优资源解的动态决策过程。

创业资源整合的方式包含：资源拼凑、步步为营、发挥资源杠杆效应和设置合理的资源整合利益机制。

资源拼凑就是在已有创业资源的基础上，从众多资源中挑选出适合下一步发展规划的创业资源，将其添加进已有资源，整合形成新的创业资源体系的过程。

步步为营即创业者分多个阶段投入资源，并在每个阶段投入最有限的资源，以便降低资源的使用量，降低企业的管理成本。

资源杠杆效应即创业者利用一种资源撬动另一种资源来实现自己创业的目的。

创业者在设计共赢机制时，应寻找共同利益点，建立和维护双方稳定的信任关系，以便长远合作。

7.3 商业模式的开发

商业模式是指针对特定的市场或行业状况，企业利用各方面要素和资源，创造利益价值，获取核心竞争力以支持企业持续成长的总体逻辑架构。

商业模式的开发可以采取价值链分析法，只有价值链上的某些特定的经营活动（即企业价值链的战略环节）才可以为企业创造价值。

企业依靠价值链上的战略环节产生优于竞争对手的产品或服务，在行业中脱颖而出，进而可以保持长期的市场竞争优势。

商业模式的基本要素包含：价值主张、价值维护、价值创造和价值实现。

"互联网＋"被大量应用在平台上，通过搭建平台，把不同用户连接起来，以满足各自的需求。

7.4 创业企业的扩张

创业企业成长的动力源泉始终是企业成长理论研究的基础和主题，主要有企业外生、内生、资源、创新和生命周期成长理论。

将创业企业的成长阶段划分为：初创期（3 年以下）、存活期（3～5 年）和成长期（5 年以上）。不同阶段的经营特点各异，企业面临不同阶段的特定问题需要采取不同的应对措施。

7.5 创业企业成长面临的难题

基于企业的考察角度和创业自身的特殊性，创业企业在成长和扩张过程中最容易面临的难题为：资金困境、人才困境和企业家素质缺陷问题。

资金困境表现为融资难，企业在采用外源性融资时，可以适当发挥自身的创业特殊性，呼应政策；同时也要注意企业的投资和股权分配问题。

人才困境表现为人才获得的不易性和较快的人员流动性，企业需要从内部加强人力资源管理并保持充足的人员获取来源。

企业家的三要素：有眼光、有胆识、有组织能力，以此来驱动企业的创新与成长。创业企业对企业家的高度依赖性，使得企业家的个人素质与能力直接决定企业的存亡。

▌关 键 术 语

个人独资企业　　　　合伙企业　　　　　有限责任公司　　　　股份有限公司

创业资源整合　　　资源拼凑　　　　　步步为营　　　　资源杠杆效应
商业模式　　　　　价值链分析法　　　价值主张　　　　价值维护
价值创造　　　　　价值实现　　　　　企业外生成长理论　企业内生成长理论
企业资源成长理论　企业创新成长理论

思考题

1. 创业者可以选择哪几种企业形式？请对比各种形式的优缺点。

2. 创业者一般拥有哪些资源？为什么创业者会经常受到资源匮乏的约束？

3. 资源拼凑有什么特点？资源拼凑对创业者的资源整合能力有什么要求？

4. 如何设计商业模式？商业模式所要解决的核心问题是什么？

5. 影响创业企业成长模式的驱动因素有哪些？

6. 创业企业的成长阶段如何划分？不同阶段的发展战略是什么？

7. 人们常说"创业是白手起家，无中生有"，请阐述你对此观点的看法。

第8章

创业企业的风险管理

【学习要点及目标】

通过本章学习，了解创业企业风险的类别、防控和处理方法，创业企业激励约束机制的设计，以及企业内部的监控体系。

 案例导读

瑞幸咖啡的财务造假事件[①]

瑞幸咖啡成立于 2018 年 3 月 28 日，是中国最大的连锁咖啡品牌，其创始人兼 CEO 钱治亚曾任神州优车集团首席运营官。瑞幸咖啡采用了融合移动互联网和大数据技术的新零售模式，与各领域顶级供应商深度合作，为客户提供高性价比、高品质、方便快捷的咖啡产品。其成立仅 18 个月就在美国上市，成为历史上上市速度最快的企业，曾受到过资本市场的高度关注。欲速则不达，其上市不到一年就曝出财务造假事件，引起世界各方关注，令人不得不对瑞幸咖啡的控制环境重新进行评估。

一、瑞幸咖啡财务造假事件经过

2020 年 1 月 31 日，知名做空机构浑水声称，收到了一份匿名的做空报告，举报瑞幸咖啡财务数据存在舞弊行为。2 月 3 日，瑞幸咖啡否认了浑水的指控。然而，在 2020 年 4 月 2 日，瑞幸咖啡董事会成立的特别委员会在调查中发现，公司虚增相关的成本和费用——虚增了 2019 年度第二至第四季度销售额约 22 亿元人民币。此消息被曝出后，瑞幸咖啡市值大幅缩水，当日即经历了多次熔断，股价同时暴跌 85%，跌破发行价。4 月 3 日，中国证监会对该公司财务造假行为高度关注，同时对其财务造假的行为给予了强烈的谴责。4 月 5 日，瑞幸咖啡对此行为向公众发布了道歉声

---

① 案例改编自：韩志萍，刘子惠. 瑞幸咖啡财务造假问题思考 ［J］. 合作经济与科技，2020（20）：174 –175.

明。4 月 27 日，中国证监会派驻调查组对瑞幸咖啡进行调查，多位审计人员审计瑞幸咖啡的财务状况。5 月 19 日，瑞幸咖啡接到通知，被要求从纳斯达克退市。6 月 29 日，瑞幸咖啡在纳斯达克正式停牌、摘牌，并进行了退市备案。7 月 5 日，瑞幸咖啡事件相关董事被免职。

二、由瑞幸咖啡事件引发的思考

1. 完善公司内部控制治理

瑞幸咖啡董事会缺乏独立性、关键人员不诚信以及公司在发展过程中急于求成，为瑞幸咖啡财务舞弊提供了内部机会。其内部控制整体水平和业务流程水平也存在着严重缺陷。因此应完善我国 A 股市场内部控制审计制度。

公司内部治理结构不合理，也为财务造假提供了便利条件。首先，合理的股权结构至关重要。要适当调整长期投资者的比例，避免大股东操纵整个企业，要推进多元化、多层次的股权结构。其次，要保护独立董事的独立性。企业中小股东可以通过实名制投票选择自己认为能够代表和保护中小股东利益的人员，而不是由管理层或大股东直接指定。同时，应该考虑如何将独立董事直接从企业获得报酬的机制中剥离出来，使其不受企业薪酬的限制。最后，确保监事会独立于董事和高级管理人员。为保证监事会有效发挥其职能，应提高非关联监事和独立监事在监事会中的比例，确保监事会不受公司管理人员的控制。在聘任监事会成员时，应考虑将监事的委派权与股东大会分开，由监事会负责提名，避免监事会的监督权落入大股东手中，造成监督失效。

2. 完善上市公司监管体系

无论是在我国还是在其他国家，上市公司监管制度不完善的问题都普遍存在。在美国，由证券管理委员会发现的财务舞弊案件仅有 7% 左右。在我国，上市公司财务舞弊行为的经济处罚力度过小，不足以引以为戒。甚至在中国证监会近三年的处罚中，对会计师事务所的经济处罚比对财务舞弊的上市公司的处罚力度更为严厉，存在不合理的情况。我国资本市场的发展时间还比较短，尽管监管部门根据实际情况不断采取各种措施加强监管，相关法律法规也在不断修订中，但仍存在诸多不足，上市公司监管体系仍需要不断完善。

3. 加大对财务造假处罚力度

对报表数据进行简单的修改即可达到财务造假的目的，对于涉及财务造假的人员来说，造假成本极低，收益却十分高。收入和风险的不平等为财务舞弊人员提供了野心。加强法律制裁是打击财务舞弊的最有效方法。上市公司财务舞弊问题在被披露之前，已经为利益相关者带来了许多的经济利益。财务造假被发现之后，利益相关者很难受到相对应的惩罚，或者处罚力度较小，与财务舞弊带来的经济利益相比，经济处罚显得严重不足，这就助长了利益相关者财务造假的嚣张气焰。因此，只有加强处罚力度才能遏制利益相关者的不法行为。

三、结论

瑞幸咖啡虽然已被摘牌，但中国企业重拾国际资本市场信任之路才刚刚开始。对于资本市场而言，上市公司充分、真实的信息披露是资本市场健康发展的关键。瑞幸咖啡的财务造假对中国企业在境外的经营活动产生了极其负面的影响。这一事件不仅可能给我国企业和产品在防疫期间"走出去"带来一些不利影响，还可能对疫情结束后中国企业的海外投资、融资和贸易活动产生一定的负面影响。

❓ 想一想

1. 瑞幸咖啡的内部监控体系存在哪些缺陷？
2. 瑞幸咖啡的财务造假事件给中国的资本市场哪些启示？

8.1 创业企业的风险概述

创业企业在日常经营过程中会面临各种风险。而且，企业需要不断开发新项目、寻求新的创业机会以进行企业扩张，这必然需要承担较大的未知风险。但是首先要明确地界定何为创业风险。

8.1.1 创业风险管理理论

创业风险是指创业者在创业过程中各种意想不到的困难与情况，导致偏离创业目标的可能性，其来源于创业环境的不确定性与创业相关因素的不确定性。关于创业风险的界定，目前学术界还没有统一的观点，大多数国内外学者都只针对自己所研究的领域或角度进行界定，而并没有将其一般的概念提炼出来。蒂蒙斯（Timmons，1999）将创业风险视为创业决策环境中的一个重要因素，其中包括处理进入新企业或新市场的决策环境以及新产品的引入。陈震红和董俊武（2003）认为创业环境的不确定性，创业机会与创业企业的复杂性，创业者、创业团队与创业投资者的能力与实力的有限性是创业风险的根本来源，创业过程中往往会存在融资缺口、研发缺口、信息缺口、信任缺口、资金缺口、管理缺口等，这些缺口导致了创业风险的产生。赵光辉（2005）认为创业风险就是指人才在创业中存在的风险，即由于创业环境的不确定性，创业机会与创业企业的复杂性，创业者、创业团队与创业投资者的能力与实力的有限性，而导致创业活动偏离预期目标的可能性及其后果。段锦云（2008）基于心理学对创业风险中的决策风险进行研究。巩艳芬等（2011）在"创业带动就业"的大背景下，基于企业生命周期理论对我国创业企业的风险进行分析，并将企业的风险分为资金风险、技术风险、市场风险、人力风险与管理风险，最终作者认为创业企业是一个动态概念，创业企业在不同的生命周期面临的主要风险是不同的。

在实务中，政府和社会对大众创业的重视力度逐渐加强；与此同时，在理论界学者们也对创业风险进行了探索。如王赛芝（2011）从组织设立、组织运营、组织终止等方面对大众创业可能涉及的风险进行了论述。朱文星（2009）侧重论述了大众创业法律风险对策研究的目标和内容。陈力（2009）则重点提出了大众创业中财税法律、金融等方面的风险防范措施。黄麟（2015）将风险管理与内部控制结合起来，针对互联网企业的风险点提出在内控机制方面的改进措施等。袁立（2017）基于创业企业风险管理进行研究，针对创业企业在发展中面临一定的风险，将研究中的创业企业风险因素、风险影响以及风险管理等问题进行了系统性的分析及总结，核心目的是通过对风险管理内容的优化，明确风险管理问题。综上，本书把创业风险定义为：在创业过程中，创业者在投入大量的人力、物力和财力，引入和采用各种新的生产要素与市场资源，建立或者对现有的组织结构、管理体制、业务流程、工作方法进行变革这一过程中有关因素产生的不确定性。

8.1.2　创业风险的类别

创业风险是一个广泛的概念，对创业风险进行不同角度地分类，既是对其内涵的深层挖掘，也是将这一概念进行科学的细化，有助于创业者快速识别在创业时所遭遇的风险，并有针对性地采取措施控制风险，提高创业成功率。

首先，按照风险可控程度分类。黄海燕和刘霞（2008）列举出 12 种新企业创业风险因素，基于解释结构模型法（ISM）将其提炼为：不可控风险，包含政策法规、社会环境、自然条件；可控制风险，包含市场波动、行业环境、宏观经济；而团队、资源、技术、组织管理、市场营销、信息沟通是最直接、最容易控制的风险。其次，按照创业要素分类。张航燕等（2011）将创业风险归纳为创业机会风险、创业资源风险、创业主体风险、创业环境风险与创业主体行为风险。最后，其余学者对创业风险的分类有：按风险来源的主客观性划分，分为主观创业风险和客观创业风险，按风险影响效果划分，分为安全性风险、收益性风险和流动性风险；按风险内容划分，分为技术风险、市场风险、资源风险、环境风险、政治风险、管理风险、生产风险和经济风险等。

创业企业的最大的特殊性在于从无到有的成长过程，其中充满各种不确定性，这些不确定性一旦给企业带来损失就是风险。一般来说创业企业是风险集中的组织，按照风险内容的表现形式，本书将创业风险主要分成六种：项目选择风险、市场营销风险、财务风险、技术风险、人力资源风险和环境风险。

1. 项目选择风险

创业企业新产品的开发是一个十分复杂的过程，无论是从无到有的全新产品开发或者是对原有旧产品的改造，都面临着诸多风险与不确定性。而这种不确定受多方面因素的影响，主要来源于市场对项目需求的不确定。

（1）客户需求的不确定。

在企业投入研发产品之前，通常会对潜在客户市场进行深入调研，但是由于客户需求不稳定与不可控，且对潜在市场进行准确分析具有一定困难，因此可能导致决策的失误，这必然对后期的市场营销带来阻碍。

（2）市场接受产品的时间的不确定。

每年市场上都会出现很多同类型的新产品，新产品投入市场可能广受欢迎，也可能从滞销状态逐渐转为畅销状态，或者始终处于滞销状态最后被市场淘汰。这也表现出新产品市场竞争力的强弱。因此，一旦企业的产品缺乏竞争力，则无法收回研发的成本，使企业遭受损失。因此新产品较大的市场不确定性，给企业带来了项目选择风险。

2. 市场营销风险

企业在市场营销的过程中受到事前无法预料的不确定性因素的影响，使其实际营销收益与期望收益产生偏差，从而使企业在初创期遭受损失或者获得额外收益，这体现出了市场营销风险的双面性。它可能由于诸多因素的干扰而产生，本书将市场营销风险分为内部和外部影响因素进行区分。

（1）外部影响因素。

第一，客户需求的变化。客户需求受主观性主导，是一个不可控的因素，且无时无刻不在改变。目前，我国消费者对产品的性能、质量以及售后的要求越来越高，消费者需求已从数量型转向质量型。因此，即便是一个非常成熟的企业，也很难捉摸消费者的需求，对初创企业亦是如此，而这对产品的设计与市场营销更是巨大的挑战。

第二，竞争对手力量的变化。创业企业缺乏市场竞争力，一旦对手采用信用销售的方式吸引客户，企业市场份额将会受到挤占。如果创业企业也采取相同营销策略，一旦客户违约，将对资金需求量极大的创业企业的正常运营产生阻碍。

第三，科技进步的影响。我国的网络营销已经进入了白热化的阶段，随着微商、网购平台的崛起，消费者有了更多的选择，我国的电子商务交易额呈现每年递增的趋势。因此，科技的不断进步为企业的营销策略和方式带来了极大的挑战的同时，也意味着有巨大的机遇。

（2）内部影响因素。

企业内部的营销原因是直接决定产品销售情况的根本原因。从产品的营销方案的规划到市场战略与布局的确定再到售后的服务，每一环节都存在诸多不确定因素。第一，企业营销人员的专业素养不高是主要根源所在。例如，营销人员无法专业分析市场风险和制定销售方案、销售人员跳槽与工作积极度不高等因素，都可能导致企业产品营销结果不理想。第二，甚至有些营销人员凭借主观判断来做市场决策，缺乏相关的专业知识和营销经验，导致产生错误的营销策略。第三，企业内部也未建立相关的营销管理机制，未对营销可能产生的风险提早进行规划准备，使得企业难以采取有效措施进行防控和解决营销风险。

3. 财务风险

财务风险是指企业在资金运动过程中所面临的风险，不仅包括筹资活动，而且包括投资和用资等活动，是指因企业管理不当而产生的丧失偿债能力的可能性。创业企业规模较小，资金有限，产品投入生产与销售的时间不长，市场占有率一般较低，因此其财务风险主要是指因资金不能适时供应而导致初创企业运营与扩张失败的可能性。在创业初期，由于创业企业几乎没有投资活动，而且资金流出量远远大于资金流入量，因此筹资活动成为其唯一财务风险来源。随着经验业务的发展与扩大，企业的资金净流入量从趋向于零逐渐增加为正值，同时企业也拥有了对外投资的能力。因而，此时的创业企业的财务风险就由筹资、投资与用资等活动生成。

（1）筹资风险。

筹资风险是指与企业筹资活动相关的企业财务风险，包括自有资金和负债的风险。企业筹集资金时要统筹考虑投资形成的资产的流动形态，考虑资金收付的时间性，如果企业现金流入和流出的发生出现严重的不同步，就会造成临时性的资金紧张，使得创业企业处于捉襟见肘、难于应对的风险境地。它表现为：创业者对创业所需资金估计的不足、难以筹措到创业资金、融资方式不当、企业的财务结构不合理等。这些都会使企业无法收回预期收益，进而偿债能力下降，产生筹资风险。

（2）投资风险。

投资风险是指投资项目的实际收益与预期收益之间可能存在的偏差，给投资者带来的不利或亏损的可能性，主要包括收益风险、投资额风险、资产变现风险和购买力风险等。

（3）用资风险。

用资风险是指企业在日常经营过程中，对资金的使用不当所致的资金流动性不足。一方面，企业产品出售后，从产品资金转化为结算资金，再从结算资金转化为货币资金，两个转化过程存在时间上和金额上的不确定性。另一方面，还存在由于收益分配而给企业今后的生产经营活动带来的不利影响。对投资者收益分配方式的不当以及会计使用方式的不当会导致大量资金提前流出企业而引起企业财务风险。

4. 技术风险

技术风险是指在限定的时间范围内，由于技术的研究、开发和利用导致创业企业可能发生的利益损失。创业技术风险是因新技术的不确定性而带来的风险。例如，在美国等科技相当发达的国家，高新技术企业的科技研究计划只有 60% 能在技术上获得成功，这些在技术上获得成功的高新技术中只有 30% 能够转化为产品并推向市场。因此，技术风险是创业企业在扩张过程中必然要面临的挑战。

（1）企业自身的技术不够成熟。

在新产品研发的初期阶段，企业技术是可行的，随着研发进程的不断深入，对技术的难度与新颖程度的需求逐渐显露，而创业企业由于刚刚成立不久，无法满足技术的需求，可能导致产品的研发停滞不前。

（2）技术被模仿或取代的不确定性。

市场上的技术日新月异，一旦企业的研发时间过长，很有可能导致技术被同行超越或者技术还未研发出来就被市场淘汰。因为研发新产品需要大量资金与人力的投入，这无疑对创业企业是致命一击。

（3）技术前景的不确定性。

企业使用技术研发出的新产品能否得到市场的认可，这是无法提前预估的，客户的需求瞬息万变。一旦新产品滞销，创业企业是否拥有再次研发新产品的能力存在不确定性。

5. 人力资源风险

人力资源风险是指由于人的因素，包括创业者、创业团队成员及员工等，对创业活动的开展产生不良影响或偏离经营目标的潜在可能性。

（1）创业企业的扩张需求。

处于初创期的企业所面对的高风险性和不确定性等特征因素决定了企业在初创阶段想吸引人才和留住人才都具有明显的劣势，这也是导致初创企业面临较大人力资源风险的主要原因。

（2）人员流动风险。

经历创业初期的重重困难之后，企业经营管理逐渐步入规范化，产品销路逐渐壮大与稳定，财务状况也逐渐好转，但是由于人为因素的风险，如管理团队或者员工不忠诚，完全有可能将刚刚步入正轨、经营渐有起色的初创企业推向"死亡"的边缘。

6. 环境风险

环境风险是指由于创业活动所处的社会、政治、经济、法律环境等变化或由于意外灾害导致企业蒙受损失的可能性。无论是实体企业还是网络企业，都处于国家经济的大环境和背景中运行，企业的经营管理与经济效益都与宏观经济形势以及国家举措息息相关。例如，战争、国际关系变化或者国家政权的更迭、政策的改变、宏观经济环境发生重大波动或大幅度调整、相关法律法规的修改，或者创业企业的相关活动或事项没有得到政府的许可、合作者违反契约等都可能给创业企业带来风险。

了解创业企业会面临哪些风险，企业才能积极主动地采取合理的方法去预防甚至避免风险的发生，提高企业的成功率。创业风险的类别如图 8-1 所示。

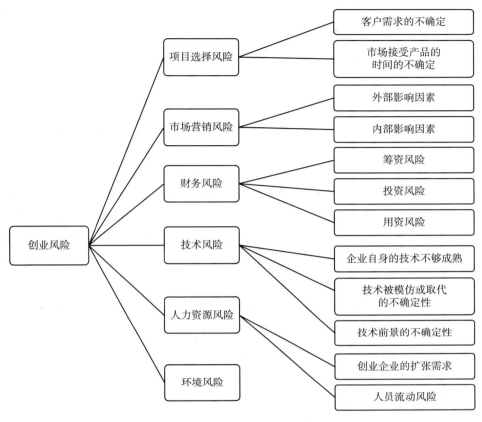

图 8 - 1   创业风险的类别

8.1.3   创业企业不同时期存在的风险

任何事物在不同时期都有不同的发展，创业企业也是，在不同的时期会面临着不同的风险。

1. 种子期存在的风险

种子期也称初创期，是创业企业筹建创立的阶段，该阶段企业规模小、经营前景不明朗。种子阶段是由那些具有高技术、特别创新理念或有着计划性的商业模式的企业家对于初创企业的开发，整体设想创业的可行性仍处于理论验证阶段，系统性和完整性还相当缺乏。这一阶段组织系统刚开始建立，创业企业家极富热情，技术优势和人力资本显得极其重要。这一时期企业内外部之间严重的信息不对称导致企业自有资金有限，外部筹资难度大，且由于这一阶段创业企业死亡率高，创业资本面临极大的不确定性。在种子时期，初创企业的产品或市场都尚未形成，几乎没有销售，而且具有较高的研发成本，无法带来收益。从财务数据上看，企业通常处于亏损状态，投资风险过高导致领导者投资决策压力加大。对于处于萌芽阶段的新创企业，必须要直面的就是：取得企业设立的相关资格证书，取得专利研究成果，补充高素质高学历的研发人员，发掘正规资本来源等。所以，现阶段企业承担的主要风险是技术、资金、人员、政策和管理方面的风险。

2. 创建期存在的风险

在该阶段，企业已经完成了前期可行性目标的论证，并朝着商业化阶段迈进，开始尝试初期的产品操作。这一阶段的主要任务是针对产品有关设备进行融资，建立本身的网络销售系统，并考虑开发的后续进度。随着单位职能的逐步完善，创业企业职工的成本也逐渐增加。销售量逐渐增加再逐步转向盈利，企业就开始步入迅速发展的阶段。然而，这一阶段新产品刚流入市场，产品各种性能尚处于要密切观察的阶段，技术和设备需要等待时间的检验。现阶段，初创企业需要着力解决新产品的流水化生产、市场开发和资金开发等问题。所以，现阶段要面临技术、市场、营销战略和财务融资等诸多风险。

3. 成长期存在的风险

成长期是指技术成果转化为新产品或新服务走向市场，营销推广日益加强的阶段。该阶段的企业不断快速发展，在产品市场逐步具有一定的品牌形象，同时形成了自己的定位。在这个阶段，成功的商业模式和同质品的竞争局面都已经基本形成，需要初创企业扩大生产能力，扩大规模，不断开拓新的市场渠道，提升市场占有率，找到属于自己的竞争优势并树立良好的企业形象；企业增长趋平稳，市场占有率达到预期，所带来的投资回报率开始逐渐显露，财务开始缓和，良好的发展前景使企业能够从银行获得贷款。在这个阶段企业的投资风险较低。如果资金不足，那么资金要用于美化报表数据、科学的内部管理和树立企业形象等方面，为企业融资上市做充足准备。但企业要想可持续发展，则需要加大力度开发新产品并进行品牌的创新。为了在同行中保持领先的地位、保持技术的先进，企业要形成良好的、未雨绸缪的心态。虽然这一阶段的发展是好的，但投资家不能看轻任何细节。这一阶段的创业企业还需要关注企业现金流，重视营运资金控制，保持合适的现金净流量，以确保企业生产经营的可持续性，同时伴随着产销量的扩大，需要随时关注本企业市场占有率、客户满意度等指标的变化，要做好销量、产量、利润预测和产品定价决策等。

4. 成熟期存在的风险

该阶段作为发展的高峰期，企业技术已经相对成熟，最终进入稳定生产阶段。市场需求已经基本平稳饱和，替代品之间的竞争越来越激烈，客户需求逐渐清晰，整个行业包括企业的收益能力将下跌，利润率稳定增长空间不大。产品的认知度高是进入成熟阶段的企业的标志，一些高质量的企业可能获得市场或行业的龙头地位。但是，在现阶段过后，公司的产品将逐渐老化，基本上丧失优势；研究人员也可能不再有新的想法和创意，开始不在意新产品的开发；即使是研发出新产品，也可能导致资金链断裂。所以，技术、竞争和人力资源风险在这个阶段尤为突出。

5. 获利期存在的风险

衰退期出现前，为了长期的利润，会不断涌现出新技术、新产品和替代品，后果就是技术开始落后，产品链断裂，市场份额逐渐萎缩，企业利润停滞不前，这会使企业无法维持必要的生存发展而逐渐走向破产。在这个阶段，企业如果想继续发展，唯一的解决办法就是不断创新技术，实现革命性创新。总的来说：如若想要实现两次飞跃的意愿，一般将其定义为重建阶段（重建期）。在现阶段，企业应主动承担技术风险、财务风险、人才流失风险、资金撤离所带来的信贷风险等。

总而言之，各个阶段的风险因素都有大致相同的共同点，但由于不同发展阶段的不同特点，其关键因素也会受到影响而变化。通过了解创业企业在以上五个阶段所面临的风险，企业可以提前采取相应的措施来减轻甚至避免其面临的风险，为其发展奠定良好的基础，在保证安全的情况下获取最大的利润。

8.2　创业企业的风险防控途径

面对诸多的内外部创业风险，创业者应有创业风险意识，并能够在创业过程中有效地发现、识别和防控创业风险。任何风险防控途径都不能杜绝风险，它们只是为了降低风险发生的概率、减少风险损失而采取的合理的、有效的处理方式。如果创业者能够识别和分析风险发生的可能性，并对创业风险加以管理和控制，将加大企业和项目成功的概率或者避免很多损失。

8.2.1　创业企业风险防控方法

风险防控是指通过不同的方法和措施，使因风险而发生的损失最小化。目前，创业风险的防控方法主要有：回避风险、实施风险损失管理计划、自担风险和转移与分散风险。

1. 回避风险

回避风险是指企业在投资经营决策和实践活动中应尽量消除或避免风险，通常以放弃或拒绝承担风险因素对应的企业经营活动为代价。当创业企业发现从事某一项活动会涉及过高的风险时，可决定减少或放弃这项活动，以便减少甚至完全避免风险。例如，不在洪水区域建造工厂就可以避免洪灾损失；为了避免坏账或呆账的产生，在销售过程中可以不采用赊销方式；为了避免产品研发风险，可以不实施技术更新。但是，对于创业初期的企业而言，避免风险的同时意味着放弃诸多可以扩张企业的机会，只有当预估损失超过企业承受能力或能够将风险发生概率降为零时这种方法才更有效。因此，创业者需要仔细权衡成本与收益后再做出避免风险的决策。

2. 实施风险损失管理计划

风险损失管理计划作为一种积极的风险处理手段，是指当创业企业面对那些不愿放弃而又无法转嫁的创业风险时，企业为实现降低风险发生概率或者缩小其损失程度而采取的各种技术和方法。通常，根据控制目的的不同，风险损失管理计划分为防损计划和减损计划，前者以降低损失概率为目的，后者以缩小损失程度为目的。

防损计划是指在创业风险损失发生前，企业为了消除或减少引起损失的各项因素而采取的具体措施，即通过控制风险因素而降低风险发生概率，通常采用风险事故树或情景分析法事先模拟风险发生的潜在因素，在预防过程中，切断风险链条达到此目的。对创业企业来说，要从各种不可预知的风险角度出发，例如：加强创业企业各类人员的职业培训和教育，消除人为风险因素；对生产设施进行定期检修和保养，减少机械故障可能；在物资采购与保管过程中，责任到人，保质保量，根据生产需要保持供需比例的合理性；对企业生产经营的内外部环境能合理评估；等等。这些措施能极大地预防创业风险发生，最起码能够避免"多米诺骨牌"效应。

减损计划是指在创业风险损失发生前，通过采取措施减少损失发生范围或损失程度的行为。一个合格的创业风险管理者应该预先假设风险事故发生导致的损失范围和危害程度，主动采取风险发生的事前或事后措施来降低损失或损后救助。例如，创业企业在做好客户资信、合同、货款、产品开发、生产、人员等方面的风险控制额的同时，也要健全管理制度和措施，对客户信用进行评估，做好市场调研，建立员工激励约束机制，健全企业内部监督，提前做好防范，避免企业形象受损或市场地位的震荡。

3. 自担风险

创业企业要积极采取措施减少风险损失发生的可能，但是企业总是处在瞬息万变的环境当中，如果对风险发生的存在性和严重程度估计不足，出现无法控制的局面，很多时候要由企业自己承担，通过企业内部资金融通来补偿损失。通常的做法是：如果损失额度少，可以将损失摊入经营成本，利用现金流来弥补损失，如产品不合格、价格下跌、货款拖欠、员工操作失误等风险；如果面对损失额度大又无法摊入成本的风险，则需要企业在日常运作时建立风险损失基金，以在发生风险时用于补偿（不发生风险时可以对外投资），如坏账准备金。当然，如果企业一时无法从内部融资补偿，而又急需弥补损失，还可以对外借款，以补偿投资经营决策不善或灾害、事故带来的损失。

4. 转移与分散风险

创业风险的不确定性导致了即使企业做到了提前防控，有些风险还是会突然发生。一旦发生风险，企业应积极采取补救措施，但是创业企业可能无法独自承担较大的风险损失，这时，企业就应该在风险发生之前，提前寻求外来资金补偿经济损失，达到分散风险和转移风险的目的。转移风险是指一些单位和个人为避免承担风险损失而有意识地将损失或与损失有关的财务后果转嫁给另外的单位或个人去承担。转移风险有非保险转移和保险转移两种形式。保险转移是指向保险公司缴纳保险费并同时将风险转移给保险人。非保险转移包括：通过订立合同免责条款来设置免责约定和保证书、通过公司联营方式将风险分散等。这些措施都能更好地减轻企业创业风险。

企业自身也应该在日常运营过程中做到风险分散，谨记"不要把鸡蛋放在一个篮子里面"的分散投资组合风险管理理念。万一企业有某处发生风险损失，也不至于影响其他各项业务的正常进行。例如，企业可将存货分别储存在不同的地点，将原料分由几家供应商供应，将投资项目组合分散等。

8.2.2　常见创业风险的防控处理

除了一般的风险防控途径能适用于所有种类风险的防控，对创业者而言，在面临每一个风险的时刻都必须有一套完善的防范系统，做到"临危不惧"。下面主要针对一些创业企业常见的、具体的风险防控途径进行阐述。

1. 项目选择风险的防控

在做好前期市场调研的基础上，与创新用户合作是企业防控项目选择风险的最佳途径。创新用户是消费者群体中对新产品和新技术最感兴趣的那一部分，他们会为企业提供相关的研究成果。与创新用户的合作，可以让企业提前对产品的市场需求做出准确的定位，研制出功能更符合市场需求、更容易使用的产品，让更多的大众消费者能迅速地对新产品产生依赖，比如：小米就是依靠创新用户崛起的。小米在开发手机操作系统时采用的方法就是在论坛上与创新用户对话，了解他们的需求，满足他们的需求，不断改造小米手机，进而形成产成品。普通消费者一般不知道自己对产品的需求，只是被动地判断产品是否适合自己，而创新用户有自己对产品的追求，知道自己的具体需求是什么，比一般消费者有更好的对产品的改造性和接受性。创新用户凭借对自己熟悉产品的狂热，会不断地给产品提出改装、调整的建议。这些宝贵的财富是创业企业无法从前期调研中得到的。因此，通过创新用户，企业可以获得关于用户潜在需求的更高质量的潜在知识和更好的产品概念，以此为基础形成企业与客户"双赢"的策略，创造市场，提高产品竞争力，进而能很好地避免产品的客户需求和市场接受时间不确定的风险。

2. 市场营销风险的防控

市场营销风险防控的源头应以内部防控为主导。因为，在外部因素对中，特定时期内的科技进步几乎不会发生重大改变，而市场竞争对手力量的变化是企业无法控制的，至于客户需求的防控可以通过前期市场调研和与创新用户合作来得到有效控制。因此，来源于企业内部的市场营销风险的防控，创业企业可通过以下途径来实现。

（1）防范营销人员的风险。

高专业水平的营销人员能很好地把握市场需求的变动方向，分析市场风险，并灵活地调整营销策略，为企业创造良好的营销业绩。虽然创业企业对营销人员的需求较大，但不可盲目招聘，要谨记：第一，招聘时应筛选专业水平、素质优异的营销人员，杜绝道德缺失的人员，注重员工的定时培训。第二，全方位监控营销团队的工作情况，强化售前与售后的优质服务，减少信息不对称造成的道德风险。第三，加强营销团队的文化建设。团队精神与凝聚力对打造一个优质的团队至关重要。要在思想上为营销人员灌输风险防控意识，做到真正的源头防控。

（2）建立营销风险防控机制。

企业内部需要建立一套完善的营销风险防控机制，这样才能更好地配合营销人员的管理工作，更好地防控市场营销风险。第一，建立与风险预防配套的法规与制度。创业企业可以适当借鉴同行业其他优质企业的预防制度，针对自身的特点加以适度地修改。第二，建议设立专职风控职位，有条件的企业可成立专有部门，对市场营销过程进行监控。第三，对营销人员，应设立配套的评级制度并采用适当的激励制度增强工作积极性。第四，考虑风险发生后对风险处理的相关事宜。

3. 财务风险防控

资金可以说是创业企业最敏感的一项资源，只有正确认识财务风险，健全财务风险管理机制，加强风险防控，创业企业才能夯实发展基础。

（1）培养高素质的财务管理人员。

财务风险的敏锐估计和防范需要一定职业素养的财会人员进行职业判断，创业者需定期会同财会管理人员审计检查企业财务相关报表，教育财会人员遵守会计准则，完善内部稽核和监督制度，及时发现和估计潜在风险，防患于未然。

（2）积累企业财务实力。

雄厚的资金实力是防范财务风险的根本，因为风险损失一般都是经济价值的补偿，提高企业的财务实力，可提高企业抗风险能力。第一，保证充足的资金流动率，其能够通过建立资金预算制度、保证合理的资金流转量需求、加强应收账款的管理等措施实现。第二，重视财务报表分析，找出差异产生的原因并加以改进，以提高企业绩效。

（3）掌握财务风险控制技术。

在充分认识财务风险的基础上，运用相关技术对风险进行控制和处理，使财务风险得以规避。一般来说，可采取以下方法和措施：第一，降低风险法，如通过给予客户现金折扣以加速账款回收；第二，分散和转移风险法，通过保险与联合经营、多元化经营等方式实现；第三，缓冲风险法，即企业计提风险补偿金或专项风险准备金，用作弥补所遭受的风险损失，避免对企业造成较大的冲击；第四，建立科学的财务预测机制，企业可以预先预测财务需求，提前安排融资计划，估计可能筹措的资金，再据以安排生产经营，避免二者脱节造成的资金周转困难。

4. 技术风险的防控

企业应在技术创新中建立相应的机制提高自身抵抗风险的能力，从而在技术创新中取得成功或减少损失。

（1）建立技术风险管理机构。

技术风险管理机构应由企业决策人、技术主管、经济（市场）主管、财务主管、创新有关部门负责人、专家和必要的日常工作人员组成，负责不同的职能和管理方向。

（2）建立技术风险预警管理系统。

风险预警管理系统在企业的技术创新活动中发挥着以下作用：第一，环境识别，即对技术创新的环境因素进行评价、估测与分析；第二，预测功能，即对市场需求、科学技术发展趋势、竞争对手状况等进行综合预测；第三，判断与推断功能，即对技术创新的机会与风险进行推断；第四，跟踪监控功能，即对具体的技术创新项目的进度、费用、困难、成功的可能性、风险隐患等进行跟踪监控。这样可以及时防范技术创新过程中的风险。

（3）技术风险的转移与分散。

技术风险转移是指通过技术转让、技术交易等方式，向其他主体转让技术风险。例如，新产品在生产阶段失败时，就可以将技术卖给有能力生产该产品的企业。技术风险分散，例如：一种产品的经营失败可以由另一种产品的成功来补偿，实际上就是一次技术创新实施的失败可以用另一次技术创新实施的成功来弥补，从而大大降低企业技术创新的整体风险。

5. 人力资源风险的防控

企业员工素质决定着企业各项经营方针、经营策略的执行效果。创业企业在人力资源风险的管理中可以运用以下措施。

（1）注重员工的选拔与日常管理。

第一，完善企业人才选拔的标准、原则和程序，健全企业人员培训、提拔、绩效评定与员工监督和激励措施；第二，加强企业人事、工薪方面的内部控制，实施人性化管理，创业者也应该注意关心员工情绪，改善员工工作条件；第三，严格执行企业发展规划和企业战略部署，分工明确，各司其职，杜绝一言堂。在创业期，很多风险或许仅需要创业者加强与员工的交流就可以化解，只有营造民主氛围，最大限度调动员工的积极性，防止人才的过频流动，企业才能持续发展。

（2）建立制衡机制。

制衡机制是一种权力的制约与平衡制度，主要目的是既要确保经营者有职有权，又要确保股东及其他利益相关者利益最大化，并防止出现股东过度干预和经营者内部人控制问题，警惕并抵制绝对权力的产生。对于初创企业而言，完善法人治理、建立决策者的制衡机制能够在很大程度上规避企业管理的政治色彩、创业者独断专行等风险。

6. 环境风险的防控

创业者选择某一行业进行创业，应该对该行业的鼓励措施和相关政策进行了解，对所选择创业行业的环境做详细的调研并进行预测，防范政策、法律等风险。

创业者在创业前应该仔细密切关注当地政府或招商部门政策的期限、连续性和保障措施等，并进行研究、分析、论证，避免因对政策的片面理解或了解不够而盲目投资，造成损失。一旦创业后，政策发生变化，可以及时咨询律师或权威人士，同时与相关部门积极谈判，签订合约，以法律形式来保障自己的合法权益，将风险化解。遇到所从事的行业属于当地限制行业的状况，就要考虑及时转行或搬迁，防止风险进一步扩大。

跨国创业企业要考虑产品出口到的国家的经济与法律政策和政治倾向，避免发生国际法律纠纷。当国际市场发生变化时企业如何应对、如何强化国内外贸易的互补和促进等问题都关系到企业的生存，需要创业者高度重视。

8.3　创业企业的激励约束机制

8.3.1　创业企业激励约束机制的概述

企业激励约束机制指的是企业为实现经营目标所确立的对各类员工的不同行为给予鼓励或抑制的机理和规则。近几十年来，关于企业激励约束问题的研究一直是经济学的前沿和热门话题。这一领域的研究（如博弈论、激励设计理论、委托代理理论和企业理论等）发展迅速且成果丰厚，极大地丰富了微观经济学。同时，现代管理科学也一直把企业管理激励作为研究的重要范畴。组织设计理论、行为理论、企业文化理论等都是在管理激励目标下发展起来的分支学科。自 20 世纪 50 年代以来，随着马斯洛、阿特金森、麦克莱兰、赫兹伯格、弗鲁姆、洛克、凯利和魏纳等诸多学者的研究与拓展，管理激励理论日益丰富。在现代知识经济背景下，特别是在我国目前创业热情高涨的情况下，创业企业构建整体激励约束机制的框架对企业风险管理尤为重要。激励约束机制愈加成为创业风险管理中不可缺少的部分。

"将欲取之，必先予之"是激励约束机制的核心所在。所谓"激励"，就是从满足人的多层次、多元化需要出发，针对不同员工设定绩效标准和奖酬，以求最大限度地激发员工的积极性和创造性去实现组织目标。一个企业的绩效如何，是许多复杂因素耦合作用的结果，但激励约束机制的有效性是其中最重要的因素之一。创业企业内部强调激励，主要是为了激发全体员工对创业企业的认同感，激发他们的创造性和积极性，使全体员工充分发挥其聪明才智和创造性的思维，消除对新创企业发展不利的内部因素，建立一支品德好、素质高的员工队伍，为新创企业持续发展奠定良好的组织基础。瑞塔和埃里克（Riitta and Eric，2012）指出，由于承受资金压力尤其是现金流的压力，公司在开始创立阶段通常无法给职工大量现金激励，但使用股权激励的模式可以有效改善这一弊端，不仅能在很大程度上减少创业成本，还可以将职工的努力和公司价值的成长结合在一起。

2015 年，黄铁鹰在《海底捞你学不会》中深入分析和研究海底捞的成功经验后指出，海底捞的成功在于它将顾客的幸福和员工的幸福作为赚钱的前提，以及对员工的激励和关怀，对员工充分尊重。海底捞对员工的成功管理和激励的方法，诸如把员工当作顾客一样用心服务，给予充分的信任和授权，注重员工个人的培训和成长，打造学习型团队，都是行之有效的。2018 年，郭骁在《构建服务组织员工与消费者之间的"真诚陪伴"——基于"心理契约的激励"》中指出服务组织为消费者提供的是一种无形的"感受"，服务的差异体现在消费者"感受"的差异上，服务组织的管理者要对员工进行"心理契约"式激励，待员工以真诚，满足员工的实际需要，这样员工才能真诚地对待消费者。由此可见，激励方法还需因地制宜，效果才可最佳化。2018 年王昱婷、张文州在《餐饮业中层管理者薪酬激励优化研究》中指出，中层管理者是高层管理者和底层管理者之间重要的桥梁，在公司中发挥着重要的作用，中低层管理人员的收入相对较低，如果不能恰当地发挥薪酬的激励作用，不但会给企业造成不必要的成本问题，还会造成员工流失和员工消极怠工的情况。此外，有学者通过对薪酬激励调查结果和存在的问题的分析，从满意度、公平性、激励性和合理性等多维度进行考量，提出公司的发展战略应该和薪酬管理进行匹配，同时需要完善员工的晋级机制，避免同岗同薪不同能力的问题，以体现出激励的公平性。

但是，激励是在一定约束下的激励，约束是建立在激励基础上的约束。如果没有约束，就没有一定的秩序和规则，每个组织和个人都可以各行其是，为所欲为，也就谈不上激励。如果只有约束而没有激励，组织或个人就缺乏积极性和主动性，行为就会僵化、教条化，也就失去了约束应有的作用。可见，只有激励与约束机制的有机结合，才能保证经营者既充分发挥其主动性和创造性，又不偏离投资人的目标。

8.3.2　创业企业激励约束机制的设计

1. 激励约束机制的设计原则

创业企业激励约束机制的设计应注重实操性，遵循一定的原则，更需具有前瞻性的思考，以配合创业企业的不同成长过程进行灵活调整。错误的激励约束机制、文化等锁定效应必将成为创业企业发展的绊脚石。

（1）激励与约束相一致原则。

激励机制与约束机制之间是紧密联系的。激励制度是通过一系列激励措施促使经营者充分发挥才能，为所有者目标努力工作。约束制度是通过约束甚至惩罚，迫使经营者为所有者目标努力工作。二者的目标是一致的，只有两种机制双管齐下才能达到令人满意的效果。在构建激励约束体制时，必须要做到责权利相结合，否则会造成激励与约束不对称，致使激励与约束机制失效。郑志刚（2016）指出美国最大的365家公司的 CEO 的报酬相对于标准普尔 500 指数增长了 36%，而公司的盈利指数却降低了 1.4%。这是股票激励受到批评的重要原因之一。不合理的股票期权激励和没有约束的激励常常使得经理人不惜铤而走险，在行权日前造假账，导致安然、世通等会计丑闻的发生。

（2）多元化的激励机制。

激励可以从多方面考虑，包括金钱、福利、股权、精神等，单一的激励机制无法满足经营者的欲望。人类的生存和繁衍必须以物质为基础，不考虑物质利益的绝对的企业家精神是"虚幻"的。因此，企业领导者应该在突出物质激励的同时兼顾非物质激励，这样才能更好地激发员工的内在潜能。

（3）兼顾短期利益与长期利益。

在构建激励约束机制时，企业领导者必须要充分考虑企业的长远发展，并将经营者的个人利益与企业的长远发展直接挂钩。创业企业为了在市场上生存，考虑短期利益不无道理，但若想在未来实现不断扩张和稳定运营，就必须要在长期内领先竞争对手，否则将举步维艰。如果不体现未来原则，激励约束机制将难以发挥作用。

（4）报酬与绩效挂钩的原则。

激励约束机制的设计问题就是决定报酬该对产量做出怎样敏感的反应。只有让企业经营者与员工拥有部分剩余索取权，让报酬与经营绩效相挂钩，员工才会真正关心企业利润，所有者与经营者目标上的差距才会缩小，委托代理问题才不至于过于尖锐。同时，报酬与绩效挂钩的原则也最佳地体现了风险与收益对称、经营者与所有者共同分享企业剩余的思想。

2. 激励机制

激励机制是指通过特定的方法与管理体系，将员工对组织及工作的承诺最大化的过程。"激励机制"是在组织系统中，激励主体系统运用多种激励手段并使之规范化和相对固定化，从而与激励客体相互作用、相互制约，是企业将远大理想转化为具体事实的连接手段。激励（motivation）一词来源于拉丁文中的"活动的（movere）"。马莉和周小虎（2016）认为激励是人们朝着某一特定方向或目标而行动的倾向，这种倾向来源于被人们所感知的内在驱动力和紧张状态。因此，激励机制是管理人员于管理过程中借助物质或是精神刺激的手段，引导员工积极向上，最大限度地激发员工工作潜能的一种管理体制。通常情况下，激励机制需要符合员工的内在需要，并在这一基础之上进一步激发员工的心理动机以及行为。在现有的激励措施基础之上，要通过提升员工薪资水平与奖金福利水平，并对员工过失施加一定的惩罚和约束措施，引导员工逐渐规范自身行为，使得员工行为与企业管理层预期行为模式逐渐统一，最终实现组织绩效同工作人员个人绩效同步提升的目的。

若缺乏有效的激励，创业企业将难以保持长久的生命力。创业企业要想实现阶段性目标，企业内部需具备高效运转的激励约束机制，必须以一定的利益吸引、调动并保持成员的积极进取状态，最大限度地发挥成员的能力与作用。根据蔡晓珊和陈和（2014）的三种激励机制——物质激励、组织激励和精神激励的设计研究，本书将激励机制分为物质激励与非物质激励。

（1）物质激励。

物质激励是与金钱或货币相关的激励方式，主要有：合理的员工薪酬体系、员工的持股计划、期权实施办法和福利激励等。这与金辉等（2011）提出的物质激励的奖赏相符合，即物质激励的组织奖赏可以是货币激励（如涨薪或红利），也可以是非货币激励（如职务晋升以及就业安全）。

①薪酬激励。薪酬激励是企业激励机制中最重要的激励手段，也是目前企业普遍采用的一种有效的激励手段。相对于内在激励，领导者更容易控制薪酬激励，也更容易评估其使用效果。薪酬激励对企业留住人才、发掘人才有很大的推动作用。企业领导者要认真研究和设计整个团队的报酬体系，使之具有吸引力，并且使报酬水平不受贡献水平变化和人员增加的影响，即能够保证按贡献付酬和不因人员增加而降低报酬水平。如果能够真正发挥好企业薪酬体系对员工的激励作用，就可以达到企业与员工"双赢"的目的。作为企业的领头羊和核心团队，其年薪的制定需要科学民主的决策，既要符合企业所有者的意愿，也要体现薪酬的激励作用。牛晓琴等（2019）指出在进行职业经理人激励时，基于公平偏好，在设计不同的薪酬结构时应当考虑经理人对风险的厌恶程度，并结合经理人的短期努力水平来制定短期激励薪酬与长期激励薪酬的比例。

②股权激励。股权激励是对高级经理人实施激励约束时可以普遍考虑的一种思路。所谓股权激励，指的是公司与管理层、部分员工或全部员工之间进行某种股权安排，从而实现对员工的长期激励和约束。股权激励容易让成员对企业产生归属感和认同感，企业可以对那些有突出表现的成员（如解决团队难题、化解团队困境或者在业绩上优异、工作中出色等人员）给予适当的股份奖励。股权激励共有四种模式：现股计划、期股计划、期权计划和虚拟股权计划。

现股计划是指企业通过奖励的方式将部分股份直接赠与员工或是参照市场价向员工出售股份，但在一定期限内员工不得出售股份的激励方式。员工直接成为企业的股东，享有所有权利和义务。

期股计划是指企业和员工约定在未来一定时间内以一定价格购买一定数量的股份，购股价格一般参照股权的当前价格确定，具有强制性。若股价贬值，则员工遭受损失，因此员工需要承担一定的风险。

期权计划是指公司给予经理人在将来某一时期内以一定价格购买一定数量股权的权利，经理人到期可以行使或放弃这个权利，购股价格一般参照股权的当前价格确定。期权计划和期股计划类似，但是赋予员工在一定期限内的权利，员工可以选择行使与否，风险较小。此计划一般针对公司高层管理人员和技术人员。

虚拟股权计划是指在一定期限内,员工不用出资就可获得公司授予的一定数量的虚拟股票,对这些股票,员工没有所有权,只享有分红权,即获得股价增值收益和股票分红的权利。因此,对员工来说,在预期业绩目标达到后,可得到与虚拟股票期权相对应的收益,但难以实现长期持股的期望。

股权激励的作用表现在多方面。第一,激励作用。将企业的部分股份授予被激励者,通过股权纽带促使其为了实现企业和股东利益的最大化而努力工作,并最大限度地降低监督成本。第二,约束作用。如果经营者因自身原因导致企业利益受损,其将会同其他股东一样分担企业的损失;通过一些限制条件,比如限制性股票,使受激励者不能随意离职。第三,稳定队伍。由于很多股权激励工具都对激励对象利益的兑现附带有服务期的限制,所以股权激励对稳定"关键员工"的作用也比较明显。第四,改善福利。这种福利方式与一般的奖金形式相比,更有助于增强企业对员工的凝聚力,形成一种以"利益共享"为基础的企业文化。

③福利激励。福利反映了企业对员工的长期承诺,追求长期发展的员工更认同福利待遇而非仅仅是高薪。福利激励是一种隐形的物质激励方式,比如休假、进修培训、企业提供每年体检、节假日福利安排等。这种方式虽然不如股权和薪酬激励更受员工的欢迎,但对员工职业发展有直接的作用效果,为员工带来的短期效益较为明显。当有些创业企业无法满足股权激励的条件时,福利激励不失为一种提高员工忠诚度的有效方式。条件允许的企业可逐步实行"弹性福利计划",即把员工作为客户,让员工自由选择对自己能产生最大效用的福利项目。这样可以使员工对企业产生强烈的归属感,而这种灵活、柔性的方式更加便于管理。

(2)非物质激励。

陈爽英等(2005)认为非物质激励是通过成效的认可、表彰、授予荣誉称号、提级升职等手段,满足人的社交、自尊、自我发展和自我实现的需要,从而在较高层次上调动人的积极性。非物质性薪酬制度主要指精神声誉激励制度。依据马斯洛经典需求层次理论,当成员的生理需求、安全需要这样的基本需求得到满足之后,便会追求情感、内心归属、受到尊重等高层次的精神需求。不过,大多数企业对此关注不够,张凯峰(2017)由此指出职业经理人对商业贿赂的态度摇摆不定。李媛(2016)认为,我国企业长期重视物质奖励多过精神奖励,尤其是在民营企业中,以至于为数不少的民营企业将物质奖励作为唯一的激励办法,而忽略了多元化的激励方式。这种仅仅采用金钱作为奖励的机制,在短期较为有效,但是随着时间的推移,效果会越来越衰微,试图以金钱激励解决所有问题是不现实的,也是不可能的。曹文超(2023)认为,恰当的授权能够有效提高员工的责任感和成就感,从而大幅度提高员工工作积极性。增加授权比例是对传统激励模式的改进,能够有效解决优质员工频繁离职、缺乏工作热情的问题,保证企业有效运转。因此,本书认为,通过非物质激励方式可以调动团队成员的工作积极性与创造力,如成员精神培养、情感激励与领导评价等。非物质激励包括企业文化激励、荣誉激励和企业发展目标激励。

①企业文化激励。企业文化激励可以让员工情绪具有一种动机激发功能，加强员工之间的感情沟通。在完成工作任务的过程中，员工必然会遇到来自内部和外部的各种阻力，通过对员工不断培育和强化企业文化精神，能使员工保持对企业使命、宗旨、目标的执着追求并使其坚定信心。

②荣誉激励。企业领导者要定期评价员工的工作成果，评价内容主要是员工工作完成的情况，并将评价结果记录到员工的绩效档案中，然后根据不同岗位授予员工不同的奖项，例如，优秀员工、优秀管理者（管理人员）、模范工作者（工作人员）、杰出营销者等荣誉称号。通过这种方式激发员工的成就感，使其与企业目标、利益趋于一致。

③企业发展目标激励。企业的发展目标对员工在企业中的生存有直接影响。企业要科学地制定组织的发展战略及各阶段的目标，并注意把组织的目标与员工个人目标相结合，做好员工的职业生涯规划，使员工切实感到企业是有发展前途的，自己的未来是有保障且乐观的，从而增强员工与企业的融合，促进员工更好地为企业努力工作。具体激励机制如图 8 - 2 所示。

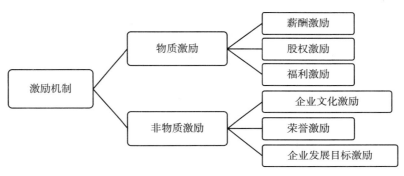

图 8 - 2 激励机制

3. 约束机制

当一个企业具备了上述的激励机制，企业必然能够有效并稳定地运营，人员的流动将大大减少。但是，企业仍需要具备一定的约束机制，以更有力地保障企业实现持续运营的目标。企业约束机制是企业接受宏观政策的引导，提高社会效益与企业经济效益的功能体系。它是企业主动调整自身行为，使其适应各种条件的机制。约束企业行为的各种条件及其对企业行为的约束作用，共同构成企业行为的约束机制。约束机制实际上是对企业员工和经营者的一种反向刺激，让他们对自身的经济行为承担全部的风险。约束机制可分为企业外部约束机制和企业内部约束机制。

（1）企业外部约束机制。

企业外部约束机制也就是市场约束，可分为供给约束、需求约束、法律约束、行政约束和社会约束。

供给约束是指市场对企业投入生产或运营的约束。企业要想正常进行生产，必须能在市场上购买到足够的生产资料，聘用有各种专长的工人和技术人员、管理人员等。这些生产要素中任何一种供给的短缺或被垄断，都会影响企业的经营决策，约束企业行为。

市场约束主要是指需求约束。对一个企业来说，能否把产品销售出去，是关系企业再生产能否顺利进行的"惊险的跳跃"。为追求商品价值的实现，企业必须根据市场行情的变化调整自己的生产经营活动。因此，市场需求是约束企业行为的重要外部条件。

法律约束是指为了保证正常的市场经济秩序，通过各种经济法规的制定和实施，对企业行为进行法律规范。国家应尽快建立健全相应的法律法规，以全面规范企业的行为，为建立和实施激励约束机制奠定良好的组织环境。

行政约束是指通过政府行政职能所体现出来的行政约束力来达到企业在市场内有序运营的行政效果。例如，由审计部门对企业的财务、经济运行情况进行审查。

社会约束主要是指社会舆论、道德和名誉的约束，可通过媒体曝光等方式对经营不善、以权谋私、贪污腐化的企业和相应的管理人员予以揭露批判。

外部约束对企业的效用没有内部约束效用大，且不属于企业可控范围，因此，企业更应该注重健全内部约束机制。刘婷婷等（2018）认为内部约束机制会直接影响企业创新活动，并间接强化高管激励效果，而外部约束机制仅直接影响企业创新活动。

（2）企业内部约束机制。

①企业高管人员的约束机制。基于委托—代理理论，股东和管理层之间容易存在以下问题：企业所有者与经营者追求目标不一致；企业所有者与经营者之间信息不对称；高管人员的道德祸因问题。为保证高管人员有效地管理企业，在建立有效的高管人员内部约束机制时，我们提出以下建议。

首先，建立决策约束机制，即通过权力制衡或直接监督来约束高管人员的生产经营决策。在企业的治理结构中，各个权力机关被赋予了不同的决策权，从而形成了决策权力分配和制度安排。现代公司的权力系统由股东大会、董事会、监事会和管理层共同组成。它们被赋予不同的权力，有明确的权力边界，并组成相互关联的公司决策机制，进而制约高管人员的决策和行为。

其次，建立科学的高管绩效考核体系。本书认为应当运用全面的考核指标来衡量高管的绩效，具体来说，应当根据平衡计分卡的原理，从财务指标、利益相关者指标、企业内部流程指标以及创新和成长指标这四个方面进行设计。而在考核标准方面，可以根据以上四个方面的指标设计一套具有通用性的高管绩效考核体系，由独立的外部第三方（如证监会或者其他专门设立的机构）每年定期对高管绩效进行衡量，并定时将评价结果对社会公众进行披露，从而实现高管绩效考核的公平和合理性。

最后，结合股权激励机制。股权激励机制本身带有一定的约束性质，因为股权激励机制将管理层和股东的长期利益统一起来，促使管理层为追求企业长期价值最大化而积极进行技术创新。为了实现自身利益最大化，高管人员自然会因股权激励制度的约束，采取对企业最有益的行为。

②企业员工的约束机制。首先，企业内部规章制度的约束。健全的企业内部制度是维持企业正常运营必不可少的软件设施。每个员工都需要在遵守企业内部规章制度的基础上进行日常工作。有道德缺陷和跳脱、出格的人才，即使再优秀，也不可取。无规矩不成方圆，如若每个人都有不同的处事方式，没有统一的硬性标准与成果要求，则企业发展将难以继续。

其次，企业可以要求员工代表参与企业的决策会议。企业召开的政务公开、职工代表大会和企业发展讨论会等，可以规定要有一定比例的职工参与，并提供合理化建议。通过这些方式可以形成员工对企业发展负责的约束新理念。

最后，其他方面的约束措施。其实，有些约束机制总是伴随着某些激励机制的存在而产生的。在发挥软激励作用的同时，也产生了硬约束作用，因为某些激励机制成果的获取带有一定的限制性条件，如股权激励和薪酬激励。年终奖的领取条件就是一种对员工在本企业工作年限的约束。另外，对我行我素的员工进行合理的惩治，在惩治当事人的同时，对其他员工也起到了警示和约束作用。

总之，激励约束模式多种多样，创业企业需要依据自身情况进行斟酌取舍，合理搭配激励与约束机制。每种激励、约束机制都有其优点，同时也有其不足之处，而现实中的每个创业企业的情况和发展阶段也各不相同。只有考虑企业战略目标、发展需要、内外部环境、成长阶段和激励对象，并结合各种激励约束模式的作用机理，充分分析其利弊，选择适合创业企业实际发展状况且切实有效的激励、约束方式，才能保障激励、约束的效果和可行性。具体约束机制如图 8 - 3 所示。

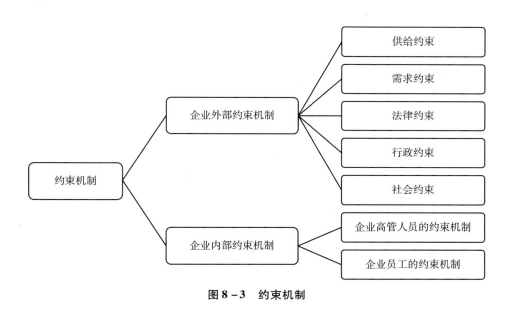

图 8 - 3   约束机制

【案例 8-1】 华为不同时期的股权激励模式①

（1）实股配股阶段。华为公司创立伊始就面临融资困境。1990 年，华为首次提出通过企业员工持股来实现内部融资的构想：将员工参股的价格设定在 1 元，设定股权分红额度为企业税后利润的 15%；股权授予条件是对员工入职时限、职位、职业资格、个人与单位绩效等方面的规定；劳务工资、绩效奖金以及虚拟股权带来的分红成为华为员工薪酬的三大最主要组成部分，并且初期的股票分红数额经常能够与劳务工资数额相当。当员工没有足够的自有资金购买企业股票时，华为则会通过企业银行贷款的形式为员工垫付代购，这对员工的激励效果是显而易见的。

（2）虚拟股配股阶段。员工持股计划虽然达成了华为内部融资与员工激励的目的，但是老员工在前一阶段已经积累了股权从而丧失了工作积极性。基于此，华为设定了企业虚拟股票制度：虚拟股仍旧按照一定的条件与规则向员工授予，但不同于最初的实股配股，虚拟股的股价不再被设定为固定价格，而是企业通过资产估值的方式确定。同时，设定员工工会管理与实施虚拟股权授予事项，接受虚拟股的员工享有股票分红的权利，但并不享有实际股东权利，持股员工也不能将虚拟股在企业外的资本市场进行出售。

（3）饱和配股阶段。随着最初实股配股阶段与虚拟股配股阶段的顺利推行，华为走出了创立初期的融资困境，而且股权激励带来的激励热度达到了华为未曾预想的高度，企业员工基数越来越多。为了保证虚拟股票激励的效果，华为于 2008 年开始推行饱和配股。一方面为了保证激励效果，另一方面因为电子通信行业核心人才竞争激烈，华为为了吸引和留住人才，将股票激励的条件设定了职位上限，即在职位达到一定限度后员工将不再参与配股计划。

（4）时间单位计划（TUP）阶段。华为公司在多家银行实施个人创业扶助贷款，但在 2012 年被证监会叫停，随之而来的是原有的虚拟股权制度受到冲击，多数员工离职将手中的股票套现。基于此，华为选择了继续改革并实施"时间单位计划"的员工持股计划。此项计划依据华为公司员工的等级、工作绩效、对公司的贡献等多重因素，分配不同数量的、以五年为一个周期的期权，以此来缓解员工在购股方面的资金压力。

华为公司的虚拟股权激励有利于公司的长远发展。首先，该激励计划基本包含了超过半数的员工，授权范围较广。截至 2020 年 12 月 31 日，华为 19 万多的员工中，有 121269 人参与了员工持股计划，持股员工约占 61.6%。之所以华为公司授予员工股份的范围如此之广，是因为华为公司股权激励制度主要包括两种：员工持股计划（ESOP）和时间单位计划（TUP）。其中，ESOP 侧重于管理人员以及核心骨干成员；

① 李鹤然. 华为虚拟股权激励案例研究 [J]. 经济研究导刊，2022（26）：93-95.

TUP 则囊括了华为的所有员工。其次，该计划使长期激励与短期激励有机结合。华为建立并完善了 ESOP 和 TUP 的虚拟股权激励制度。其中，ESOP 是一种长期激励模式，而 TUP 是一种短期激励模式，以五年作为一个期间，持有期权的员工同时享有分红收益和增值收益。长期激励与短期激励相结合这种方式，能够很大程度上避免员工的心理惰性，从而持续有效地激励员工积极进取，促进研发与创新，继而为公司创造财富与价值。

8.4　创业企业的监控体系

为满足外部监管和控制要求，结合创业企业风险高、发展困难等特点，创业企业需要全面诊断和优化内部风险监控和管理水平，防范企业风险，并且围绕企业战略经营目标，建立起覆盖企业各业务、各部门的风险监控体系。企业应通过跟踪已识别的风险、监视残余风险和识别新的风险，保障企业项目与计划的顺利执行，并评估这些计划对降低风险的有效性，以便后续更好地防范风险。因此，基于内外部的监控力量，根据创业企业自身的特点设立一个合理的、以风险管理为导向的监控体系十分重要。本节从企业外部（即风险投资家的角度）和企业内部这两个视角讲解监控体系的建设。

8.4.1　企业内部监控体系

企业的内部监控体系是指由企业内部组织机构、部门和人员行使监督职能，实现对企业经营者的行为进行监督和约束的企业治理结构。完善的内部监控体系应当包括内部环境、风险评估、控制活动、信息沟通和内部监督。企业内部监控的目的是，通过对创业企业的运营进行监督管理来降低企业的运营风险，促使风险企业的管理层努力增加公司的资产和剩余价值，尽可能实现期望收益。王拓（2023）从信息化的视角对企业内部控制的体系进行研究，研究指出信息化建设是企业发展与内部控制的关键所在，用信息化手段革新传统的管理方式，使企业各业务环节更加规范、高效，在信息化建设的同时，要进一步加强企业的内部监督工作，从日常监督、监督机构设置、审计等方面进行企业内部控制。

1. 企业内部监控体系的层次

企业内部监控体系分为两个层次：第一个层次是经营者对公司生产经营过程的控制；第二个层次是所有者对经营者本身实施的监控。

第一个层次上的内部监控机制相对容易建立，可以通过公司各个部门、各个岗位的职责授权与职务划分的内部牵制与相互制衡得以有效执行。在此基础上，有条件的创业企业可以专门设置风险监控部门或岗位，针对企业的日常活动或项目进行持续性地追踪、评估与监控风险，形成企业内部的日常风险监控的运作机制。创业企业可以借鉴同行业的优质企业或国际企业先进的风控理念，更好地与企业自身的特点结合，打造属于自己的风控体系。

第二个层次的监控机制往往难以有效执行，因为这一层次的控制对象是公司的董事以及高级经理阶层，涉及公司法人治理结构是否有效。而且，第二个层次的内部监控的漏洞对公司造成的损害远远大于第一个层次所造成的损害。只有健全的公司组织管理结构才能有效弥补这方面的问题。第二个层次的内部监控机制主要指股东大会、董事会、监事会等对经营者的监督和控制。股东大会是企业的最高权力机构，对关系企业存在和发展的重大问题做出决策。股东大会将对董事会和经理部门的监督权委托给企业监事会，监事会向股东大会承担监督董事会和经理部门的责任。股东大会将企业决策的大部分权力委托给董事会，董事会对企业资产经营全权负责。董事会是企业法人财产经营的决策机构，董事长是企业的法人代表，全权代表企业对外行使法律职责。董事会对企业经营的重大问题做出决策，董事会聘任企业总经理和其他高级管理人员，并把企业日常管理的权力委托给以总经理为代表的经理部门。总经理在董事会委托和授权范围内对企业的法人资产行使使用权和支配权，管理企业资产经营的日常事务，为企业资产的增值和企业的发展承担责任。

2. 企业内部监控体系的设置

（1）内部环境。

内部环境是影响、制约创业企业内部监控制度建立与执行的各种内部因素的总称，是实施内部监控的基础。内部环境是维持企业纪律与框架的有效措施，能够塑造企业文化，在某些程度上甚至能够影响企业员工的意识。内部环境主要包括组织管理结构、职能设置与职权划分、制度文化、人力资源管理策略、内部审计机制、制约机制等内容。

（2）风险管理。

风险管理是及时识别、科学分析创业风险（即影响实现企业战略和经营管理目标的各种不确定因素）进而采取应对策略的过程，是实施内部控制的重要环节和内容。风险管理包括风险识别、风险评估、风险防控和风险报告四个过程。

①风险识别。风险识别是指在风险事故发生之前，在收集资料和调查研究之后，运用各种方法对尚未发生的潜在风险以及客观存在的各种风险进行系统归类和全面识别。风险识别是风险管理的基础，其任务就是查明不确定性因素和风险来源、明确各类风险之间的关系及风险发生的后果，以及确定哪些因素对创业构成威胁、哪些因素可能带来机会，从而为风险管理做好准备。风险识别的方法主要包括头脑风暴法、德尔菲法、SWOT 分析法、财务状况分析法、流程图法等。

②风险评估。风险评估是在风险识别的基础上，对可能发生的某类风险的预计、

度量和估计后果等工作。可采取定性和定量的风险评估方法对潜在风险进行量化。定性风险评估方法主要有历史资料法、理论概率分布法和主观经验概率法。定量风险评估是量化分析每一种风险对项目目标造成的影响，主要方法有盈亏平衡分析、敏感性分析、决策树分析等，详细内容可以参阅风险计量方面的资料。

③风险防控。风险防控是指通过不同的方法和措施，降低风险发生的概率或者减少风险发生时的损失，具体风险防控措施详见第 8 章第 2 节的具体内容。

④风险报告。对于创业企业来讲，风险处理的情况到底怎样，是否确实达到了控制的目标，需要向相关利益方进行必要的报告，要对相关的风险处理效果、预期的差距结果等方面进行总结，为企业发展的新阶段重新识别风险和管理风险做好准备。

（3）控制措施。

控制措施是根据风险评估结果，结合风险应对策略所采取的确保企业内部监控目标得以实现的方法和手段，是实施内部监控的具体方式和载体，它能够确保管理阶层的指令正常执行。控制措施要结合企业具体业务和事项的特点与要求制定，主要包括职责分工控制、审核批准控制、预算控制、财产保护控制、会计系统控制、经济活动分析控制、绩效考评控制、企业信息技术控制等。

（4）信息沟通。

信息沟通是及时、准确、完整地收集与企业经营管理相关的各种信息，并使这些信息以适当的方式在企业有关层级之间进行及时传递、有效沟通和正确应用的过程，是实施内部控制的重要条件。企业在经营过程中要确保企业内部能够充分沟通，员工能够履行其职责。信息系统不仅能够处理企业内部所产生的信息，还能够承担起处理外部事项、活动以及环境等相关信息的职责。信息沟通主要包括信息的收集机制及在企业内部和与企业外部有关方面的沟通机制等。

（5）监督检查。

监督检查是企业对其内部监控体系的健全性、合理性和有效性进行监督检查与评估，形成书面报告并做出相应处理的过程，是实施内部监控的重要保证。监督检查主要包括对建立并执行内部控制制度的整体情况进行持续性监督检查，对内部控制的某一方面或者某些方面进行专项监督检查，以及提交相应的检查报告，提出有针对性的改进措施等。

【案例 8 - 2】 双汇的瘦肉精事件①

2011 年，央视 315 特别行动节目中一则标题为"瘦肉精再度来袭"的报道称：

---

① 案例改编自：何玲. 从双汇"瘦肉精"事件看企业危机管理 [J]. 中国商贸，2011（26）：65 - 66 + 74.

双汇集团在生产中使用含有"瘦肉精"的猪肉。此消息一出，市场一片哗然。也因该事件，双汇股票跳水跌停，当日市值蒸发 12.68 亿元。我国是明令禁止瘦肉精的使用的，从全世界对瘦肉精使用的规定来看，仅有少部分国家和地区允许使用。双汇集团此次瘦肉精事件一经曝出，引起了我国各界人士的普遍关注，那么双汇集团内部控制体系中的问题到底出在何处？双汇集团内部环境的问题主要有以下几点。

（1）双汇的公司治理结构不完善。双汇掌门人万隆的地位无人能及，尽管公司中设立有股东会、董事会和监事会，但是在双汇集团中这些部门却形同虚设。

（2）双汇的机构设置不科学。缺少质检部门这种专门进行质量监管的机构，产品质量相应地也缺乏保障。

（3）企业社会责任的缺失。因忽略对生猪供应商的管控，给"健美猪肉"开绿灯放行，将问题产品流入市场。

综上所述，在食品企业中建立起社会责任企业内部控制审计机制，并在企业中形成企业社会责任价值观，形成良好的社会责任企业文化是必要的。基于双汇"瘦肉精"事件的剖析可知，对于食品生产企业而言，企业的发展战略理念应融入"道德的血液"，充分考虑其利益相关者的切身诉求；此外还应全面提升各个层级的管理水平和道德素质，通过广招贤士、强化制度的监管等措施来提升管理和道德水准，以此加强企业内部控制意识；最后，切实承担企业社会责任，严格律"企"，并遵循行业内部控制审计相关法律法规的要求与规定，使企业的社会责任内部控制审计体系建设得以有效开展，并使企业的盈利能力、社会公信力和可持续发展能力得到真真切切的提升。

8.4.2　基于风险投资家的监控体系

按照现代公司的治理理论，公司的内部监控体系包括董事会和监事会两个平行的监控主体。但其中存在一个明显的缺点，即董事会和监事会是代表企业的意志来做出决定。因此，监控行为的收益也同样为企业的各产权主体所共享，这使得监控行为的回报机制成为一种"公共物品"，无论是董事会成员还是监事会成员，都缺乏足够的动机实施监控。风险投资家为了保证其投资的安全和利润的稳定回报，有必要选派自己的利益代表加入董事会和监事会所构成的监控体系中。

风险投资家可以选派专业人员担任风险企业的外部董事。担任外部董事的人员一般在培育创业企业成长和鉴别管理层人员素质等方面具有丰富经验，并拥有丰富的外部资源和关系。他们可以凭借投入创业企业的资本和向企业提供的增值服务在董事会中起主导作用，并凭借董事会的权力对创业企业管理层进行控制。

风险投资家也可以选派财务监事负责公司具体的监控工作。首先，财务监事直接对风险资本家负责，可以有效避免在投资早期由于投资工具的特性而不能直接作用于董事会的缺陷。其次，由风险投资家派出的专家担任风险企业的财务监事，可避免原有治理结构中董事会成员由于专业知识匮乏、管理经验欠缺而导致监控不力的风险。最后，财务监事的派出能够有效制止风险投资家出现的道德风险和逆向选择，因为他们可以直接影响创业者的决策、风险企业管理组织的构建，以及管理规程和制度的制定，并通过监察风险企业内部的审计机构，使经理人的不利决策变得不可行，从而实现风险投资家利益的最大化。

因此，风险投资家的监控程序应是一个识别—诊断—决策的动态过程。首先，风险投资家运用契约的力量建立起代表自身利益的监控体系，对风险企业运作的全过程进行监测，获取识别风险的信息，例如企业经营与绩效情况、破产信号、审计信息等。其次，对已识别的风险信息进行成因分析、过程分析和发展趋势分析；对风险企业出现的每个问题，风险投资家应汇集专家进行认真诊断，分辨主要矛盾和次要矛盾，为下一步决策奠定基础。最后，在风险信息诊断的基础上，风险投资家可以针对存在的问题做出决策。要注意的是，风险投资家的决策必须具有时效性，即在遴选出各期的风险信息后，及时做出相应的回应：继续投资、撤换管理层以及彻底退出，尽可能减少损失、扩大收益。

 案例分析

被金融风暴刮倒的"玩具大王"①

创办于 1996 年的合俊集团是国内规模较大的代工型（OEM）玩具生产商。在世界五大玩具品牌中，合俊集团已是其中三个品牌——美泰、孩之宝以及 Spin Master 的制造商，并于 2006 年 9 月成功在香港联交所上市，到 2007 年的时候，销售额就超过 9.5 亿港元。然而进入 2008 年之后，合俊的境况急剧恶化。在 2008 年 10 月，这家在玩具界举足轻重的大型公司没能躲过这次全球性金融海啸，成为中国企业实体受金融危机影响倒闭的第一案。目前，合俊已经关闭了其在广东的生产厂，涉及员工超过 7000 人。

全球金融危机爆发后，整个玩具行业的上下游供应链进入恶性循环，再加上 2008 年生产成本的持续上涨（塑料成本上升 20%，最低工资上调 12% 及人民币升值 7%）等大环境的影响，导致合俊集团的资金链断裂。

表面上看起来，合俊集团是被金融风暴吹倒的，但是只要关注一下最近两年合俊集团的发展动态就会发现，金融危机只是压倒合俊集团的最后一根稻草。

实际上，合俊集团本身的商业模式存在着巨大的风险。作为一个贴牌生产企业，

---

① 案例改编自：王王冰．"合俊"倒闭带给我们的思考［J］．中外玩具制造，2008（11）：46．

合俊并没有自己的专利技术，因此在生产中也没有重视研发的投入，生产销售主要依靠欧美国家的订单。美国的次贷危机发展成金融危机后，首先受到冲击的肯定是这些靠出口美国市场生存的贴牌企业。

比较有意思的是，同在东莞，规模也和合俊一样（6000人左右）的玩具企业——龙昌公司却在这场风暴中依然走得很从容，甚至其销售订单已经排到了2009年。比较一下两家玩具企业的商业模式就能发现，龙昌公司拥有自主品牌，其市场中拼的是品质和科技，拥有专利300多项，研发投入每年达3000多万元，有300多人的科研队伍。而且龙昌公司主要走高端路线，比如生产能表演包括太极拳的200多套动作的机器人，生产包含3个专利、能进行二次组合的电子狗等，销售市场也并不依赖国外，主要集中在国内。而在2008年11月2日中央电视台新闻联播的记者采访倒闭后的合俊集团时，在现场拍到的产品都是像商品的赠品玩具、滑旱冰及骑自行车的护膝用品、赚几元钱的电子狗等小商品。

合俊早在2007年6月就已经认识到过分依赖加工出口的危险。2007年9月，合俊计划进入矿业，以约3亿元的价格收购了福建天成矿业48.96%股权。天成矿业的主要业务是在中国开采贵金属及矿产资源，拥有福建省大安银矿。据合俊集团旗下东莞樟木头合俊樟洋厂一位核心部门的负责人表示，2008年2~3月，合俊集团付给天成矿业2.69亿元的现金，直接导致厂里资金链出现问题。

然而令合俊集团始料未及的是，这家银矿一直都没有拿到开采许可证，无法给公司带来收益，而3.09亿元的资金中国矿业也没有按约定返还给合俊（双方约定2008年4月拿不到开采证，则将返还收购资金给合俊）。

对天成矿业的巨额投入，合俊根本未能收回成本，跨行业的资本运作反而令其陷入资金链崩断的泥沼。

随着合俊集团资金越来越紧张，为缓解压力，其卖掉了清远的工厂和一块地皮，并且定向增发2500万港元。可是，"2500万港元顶多维持两个月的工资"。

为了维持公司的日常运营，合俊开始向银行贷款，但不幸的是银行贷款的途径似乎也走不通了。公开资料显示，合俊集团的贷款银行全部集中在香港，分别是星展、恒生、香港上海汇丰、瑞穗实业、南洋商业、渣打和法国巴黎银行香港分行7家，内地没有银行贷款。

合俊集团2007年年报显示，其一年内银行借款额为2.39亿港元。"这其中有一亿七八千万是以公司财产作抵押，剩下数千万主要是老板在香港的熟人提供担保。"上述负责人透露。但是合俊集团2008年上半年并没能拿到新贷款。可以说，收购矿业这笔孤注一掷的"豪赌"，其赌资本该是合俊玩具用于"过冬"的"粮食"。没有了这笔巨额资金，合俊最终没能熬过制造业刚刚遭遇的冬天。

内部管理失控导致成本上升，且对自然灾害的风险评估、应对不足。2008年6月，合俊集团在樟木头的厂房遭受水灾，存货因而遭受损失。水灾导致物料报废及业务中断，集团耗费近一个月时间方恢复正常生产。此次水灾严重影响了该集团原材料供应的稳定性及现金流量规划，从而影响集团的营运效率。因水灾造成的存货受损金额约达 6750 万港元。

合俊集团旗下已倒闭的俊领玩具厂的一位员工称，管理混乱才是合俊倒闭的真正原因，而美国的金融危机只是让这一天提前到来。据该员工反映，其所在部门只是一个普通的生产部门，却设有一个香港经理、一个内地经理、一个主任、一个经理助理、一个高级工程师、一个工程师、一个组长，还有三个工人，一共十人。该部门是一个五金部门，但合俊主要是生产塑胶、毛绒还有充气玩具的。于是上述员工是这样描述他们的工作的："我们三个工人扫扫地、擦擦机器，完了就吹牛睡觉，组长就玩手机，我们睡觉他也帮忙站岗，主任就天天在办公室上网。两个工程师陪着经理天天出差，有时一个星期看不到人，经理助理就负责收发邮件和安排经理出差用车，香港经理干什么我们就不知道了。其他的部门除了比我们部门人多以外，其他情况差不多，都是当官的人很多，管事的没有。工人做事是十个人做的事没有十五个人他们不干，一天能干完的事拖也要拖到明天。"

除此之外，合俊集团的物料管理也很松散，公司物品经常被盗，原料当废品卖。而且生产上也没有质量监控，返工甚至报废的情况经常发生。

对自身的负债能力预计过高，导致债务风险巨大。截至 2008 年 6 月底，合俊集团总资产 8.35 亿元，总负债 5.32 亿元，其中流动负债 5.3 亿元，净负债占比71.8%，不久后，合俊集团倒闭。

想一想

1. 合俊集团和龙昌公司同为东莞玩具企业，二者的商业模式有何不同？对比龙昌公司，你认为合俊集团在 2008 年金融危机遭受重创的根本原因是什么？

2. 从合俊集团破产事件出发谈谈你认为一个成功的创业企业应该具备怎样的内部监控体系？

本章总结

复习要点

创业团队的风险管理，分为三部分：创业风险的防控途径、创业企业的激励约束机制和监控体系。

8.1　创业企业的风险概述

创业风险来源于与创业活动有关因素的不确定性。在创业过程中，创业者要投入和融合各方面资源，必然会遇到意料之外的情况，有可能导致结果偏离创业的预期目标，产生创业风险。

创业风险是一个广泛的概念，需要对其细化，以便创业者采取针对性措施，提高创业成功率。

创业风险主要分成六种风险：项目选择风险、市场营销风险、财务风险、技术风险、人力资源风险和环境风险。

8.2 创业企业的风险防控途径

创业风险的防控方法主要有：回避风险、实施风险损失管理计划、自担风险和转移与分散风险。

回避风险是指企业在投资经营决策和实践活动中应尽量消除或避免风险，通常以放弃或拒绝承担风险因素对应的企业经营活动为代价。

风险损失管理计划是指当创业企业面对那些不愿放弃而又无法转嫁的创业风险时，企业为实现降低风险发生概率或者减少其损失程度而采取的各种技术和方法。

自担风险是指创业企业如果对风险发生的可能性和严重程度估计不足，出现无法控制的局面，大多数损失需要企业以内部资金融通的方式来承担。

转移与分散风险是指企业为避免承担风险损失，而有意识地将损失或与损失有关的财务后果分散到多个主体去承担。

由于创业企业在不同的阶段会有不同的特点，因此其在不同阶段也会有不同的风险。在种子阶段企业承担的主要风险是技术、资金、人员、政策和管理风险等。创建期主要面临技术、市场、营销战略和财务融资等诸多风险。在成长期管理风险最为重要。成熟期的技术风险、竞争风险和人力资源风险尤为突出。获利期为了不断提高市场竞争力，要不断创新技术，实现革命性创新。

8.3 创业企业的激励约束机制

创业企业激励约束机制的设计应注重实操性和前瞻性，遵循一定的原则，以配合创业企业的不同成长过程，进行灵活性的调整。

激励机制是代表管理人员于管理过程中借助物质或是精神刺激的手段，引导员工积极向上，在最大程度上激发员工工作潜能的一种管理体制。

激励机制分为物质激励（薪酬激励、股权激励、福利激励）和非物质激励（企业文化激励、荣誉激励、企业发展目标激励）。

约束机制实际上是企业对员工和经营者的一种反向的刺激，使其对自身的经济行为承担全部的风险。约束机制可分为企业外部约束机制和企业内部约束机制。

企业外部约束机制也就是市场约束，可分为供给约束、需求约束、法律约束、行政约束和社会约束。

企业内部约束机制从高管人员和员工两个层面出发进行约束措施的设计。

8.4 创业企业的监控体系

创业企业的监控体系从企业内部和企业外部（风险投资家的监督）两个角度进行设计。

企业的内部监控体系是指由企业内部组织机构、部门和人员行使监督职能，对企业经营者的行为进行监督和约束的企业治理结构。

企业内部监控体系分为两个层次：第一个层次是经营者对公司生产经营过程的控制；第二个层次是所有者对经营者本身实施的监控。

风险投资家的监控程序应是一个识别—诊断—决策的动态过程。

企业内部的监控体系都是基于企业内各产权主体的利益进行监督，缺乏足够的动机实施监控。风险投资家为了保证其投资的安全和利润的稳定回报，有必要选派自己的利益代表加入企业内部监控体系。

风险投资家可以选派专业人员担任风险企业的外部董事，以及选派财务监事负责公司具体的监控工作。

关 键 术 语

创业风险	风险防控	回避风险	风险损失管理计划
防损计划	减损计划	激励机制	股权激励
现股计划	期股计划	期权计划	虚拟股权计划
限制性股票	企业约束机制	企业内部监控体系	风险管理
风险识别	风险评估		

 思 考 题

1. 创业风险的类型有哪些？其各自形成的原因何在？

2. 常见的创业风险防控途径有哪些？是否可以基本适用于所有类型的创业企业？请说明理由。

3. 有人说创业者是赌徒，而实际上创业者将创业风险控制在可承受范围内，分析其原因。

4. 当一家创业企业处于开发的一半进程，这时由于技术人员的离职导致研发进程暂时中止，请问有什么措施可以减少企业的损失？

5. 请举例说明，在实际中企业日常运营所采用的监督和约束措施。

第9章

创业投资的过程

【学习要点及目标】

通过本章学习，了解创业投资阶段；了解创业资金募集方式；掌握创业投资增值服务内容及概述；了解创业投资资本退出方式。

📊 **案例导读**

盛大网络——软银的增值服务助推其上市①

1. 盛大网络集团介绍

盛大网络集团（上海盛大网络有限公司）由陈天桥于 1999 年创建。公司以 50 万元起步，整个团队不到 20 人，拥有盛大游戏、盛大文学和盛大在线，早期主要从事网络游戏业务，2001 年引入《传奇》游戏，使其在中国游戏市场上迅速发展。2003 年，公司引入软银亚洲（即软银赛富）的风险投资，2004 年在美国纳斯达克成功上市。历经多年发展，盛大网络已成为互动娱乐媒体的领先企业，是家资产达数百亿元的大型投资控股集团。盛大主要业务涉及互联网、传媒、科技、出版、金融等领域，同时积极发展文化相关产业，主要有盛大游戏、盛大文学、盛大在线等业务。

2. 融资及发展过程

1999 年，盛大创立者陈天桥倾其所有，用 50 万元作为启动资金创立了盛大，以陈天桥为首的创业团队开始了他们的创业生涯。他们创立的 stame.com 网在短短几个月的时间就聚集了上百万人，吸引了 100 万左右的注册用户，并且公司网页的点击量以几何倍数增长。这样的爆发式增长，陈天桥非常欣喜，但也让他为公司的快速增长需要大量资金、人力以及技术等方面的支持而头疼，因此在网络投资的热浪中，陈天桥也做出了牵手风险资本的计划。而当时的网络公司正是风险资本青睐的对象，中华网公司在网络

---

① 张哲彰. 创新创业管理案例汇编［M］. 武汉：华中科技大学出版社，2018：111 –113.

泡沫发展的巅峰之际，从互联网的海洋中找到了正在烧钱的盛大。中华网公司当时是亚洲最大并在全球享有盛誉的互联网公司，是第一家在纳斯达克上市的中国概念的互联网公司。找到盛大这样一个潜力股后，中华网公司于 2000 年 1 月向盛大注入 300 万美元风险资金。这笔在盛大看来是巨款的资本，让其解了燃眉之急，并拥有了扩充人员、壮大团队的资本。盛大网络因获得了梦寐以求的资本而进入了高速发展阶段。

在得到中华网公司的 300 万美元风险投资后，盛大看准了中国的游戏市场，开始与韩国上市公司 ACTOZ（游戏公司）积极接触。而 ACTOZ 当时正在开辟中国市场，寻找其公司游戏《传奇》的中国运营商，二者各取所需，便于 2001 年 6 月末达成授权协议，盛大网络用 30 万美元的入门费和 27% 的营收分成获得运营权。ACTOZ 公司向盛大注资 30 万美元，虽然资金很少，但盛大充分利用了这笔钱，当年就代理了《传奇》游戏，开展了游戏业务，将整个公司建立了起来，为将来的发展奠定了基础。

3. 风险投资对盛大网络的影响

2001 年 11 月《传奇》正式上市，并迅速引爆中国游戏市场迅速登上各软件销售排行榜首，获得了市场的巨大认可。2003 年，盛大网络已成为中国网络游戏的巨头。但此时的盛大与 ACTOZ 却因《传奇》的版权和游戏外挂问题而产生不和，最终合作破裂。虽然二者合作破裂，但可以说 ACTOZ 成就了盛大，因为没有《传奇》的引入，也许盛大并不会获得之后骄人的成绩。

盛大与 ACTOZ 的合作终结，使得盛大再次遭遇危机，需要有新的力量注入来助力公司的发展。而在盛大网络与 ACTOZ 发生争执的整个过程中，软银亚洲投资基金作为旁观者对盛大网络进行了深度考察，并协助盛大参与了双方的谈判，时任软银亚洲中国区董事总经理的黄晶生，则花了大量的时间精力和韩国的董事总经理都翰（Don Han）一起将盛大和 ACTOZ 一次次拉到谈判桌前，甚至直接代表盛大去韩国与 ACTOZ 谈判，最后终于促成了盛大与 ACTOZ 的和解，于是最终化解了这个投资盛大的最大风险。通过一系列分析，软银亚洲看到了盛大网络的前景，其优秀的产品、当下的成绩、领导团队的素质、巨大的发展潜力及其他重要因素，都使得软银心动，再加上盛大风险的存在，软银亚洲认为正是廉价购买股权的好时机。而刚刚进入亚洲市场的软银亚洲，也正在寻求好的投资对象。因此，在接触不到 3 个月的时间里，双方就达成了合作，软银亚洲就做出了投资盛大的决定，于 2003 年两次向盛大网络投资共计 4000 万美元，获得 24.9% 的股权，这是当时互联网企业中最大的单笔投资，盛大网络也因此成了软银在亚洲的首期投资对象。软银资本的注入对盛大来说无疑是久旱逢甘霖，虽然先后付出了共计 24.9% 的股权，但得到的远比付出的要多。盛大 2004 年 5 月在美国纳斯达克的成功上市，充分证明了软银对盛大的重要意义。

4. 风险投资的增值管理

（1）中华网公司助盛大向规范化发展。

中华网公司在 2000 年 1 月向盛大投入 300 万美元后，开始参与盛大的管理。由于中华网投资盛大的目的主要是希望通过盛大的人气能在短时间内为其吸引大量用户资源，因此要求盛大转型建设动漫网站，并在技术上给予了盛大一定支持，帮助盛大组建了管理团队，使盛大公司走向规范化，同时也为中华网带来了30%的网页浏览量。双方由于经营方式和理念的差异于2000年6月终止合作。虽然合作时间短暂，但中华网给盛大资金支持，使盛大的管理向规范化发展，为盛大进一步发展奠定了基础。

（2）软银亚洲的增值服务助盛大成功上市。

软银赛富在2003年向盛大投资4000万美元，获得了盛大24.9%的股权，在董事会5席中占2席，拥有对公司重大问题决策的投票权与否决权。软件赛富为盛大的发展壮大提供了许多增值服务。

首先，软银赛富的高管周志雄和周东蕾花了大约20个月的时间，几乎天天泡在盛大，帮助盛大重新调整了组织架构、管理架构，完善了管理团队，制订了管理层回报机制、财务预测与财务监控制度，还在技术与服务、发展规划运营指导、股权变更等方面给予了盛大极大的支持。

其次，帮助化解盛大与ACTOZ的危机。当时，软银亚洲中国区董事总经理黄晶生花了大量时间与精力，将ACTOZ和盛大多次拉到谈判桌上沟通协调，甚至直接代表盛大去韩国与ACTOZ谈判，对盛大与ACTOZ最终和解起了很大作用，这既解了《传奇》游戏运营的后顾之忧，又为盛大的上市避免了诉讼。

最后，软银赛富和盛大一起制订横向和纵向的发展战略，推进一系列收购、兼并，寻求欧美游戏代理战略合作，开拓国际市场，促进国际合作，为公司海外上市奠定了基础。

在软银赛富的帮助下，盛大于2004年5月在纳斯达克成功上市，软银亚洲投资的4000万美元变为5.6亿美元，收益率达到了14倍。

想一想

1. 试述风险投资家的加入为盛大提供的增值服务包括哪些内容以及风投的增值服务的重要性。

2. 如果说创业企业是千里马，风险投资家就是伯乐。一个创业企业能否成功引进风险投资，取决于多种因素。从盛大网络案例中，你认为创业企业的哪些优势能让自己一马当先，吸引伯乐的目光？

9.1 创业投资资本的募集

9.1.1 创业投资资本来源

创业投资的资本来源主要包括养老基金、捐赠基金、公司、金融机构（银行、保险公司等）、政府、私人投资者（富有个人与家庭）等。

1. 私人投资者

私人投资者是指将自己的财富或资金的一部分投入到创业投资活动的投资者。私人投资者往往是比较富裕的家庭和个人，他们有足够的资金投资于创业投资活动。与传统投资活动相比，如债券和股票等，创业投资属于另类投资，由于其流动性较差，风险较高，所以投资者要求的回报率也相对更高。因此，私人投资者参与创业投资的目的主要是获得比一般的投资活动更高的投资收益。为了获得这种高回报，他们也愿意接受长期的固定资金投入。因此，在早期很长一段时间内，私人投资者占据着创业投资资本来源的很大比例。

2. 养老基金和捐赠基金

养老基金参与创业投资，主要受制于政府的法规控制。20 世纪 70 年代末，美国政府修改法规，允许养老基金的 5% 可以进入创业投资领域，这才使法人机构成为创业投资的主要资金来源。20 世纪 80 年代以来，在美国创业投资资本的来源构成中，个人和家庭所占份额逐渐下降，机构投资者尤其是养老基金所占份额稳步上升，到了 1998 年养老基金投资份额达到 60% 左右。

养老基金和捐赠基金具有相对稳定的现金流量，自积累到发放往往存在着数十年的时间间隔，资金跨越期限长，短期的流动性需求较低。与此相对应，其保值增值和反通货膨胀的压力往往较大。养老基金具有较强的抗风险能力，并对高盈利性的投资具有较大偏好，而高收益往往伴随着高风险，且具备长期性的特点。这意味着养老基金倾向于理性的长期投资，包括创业投资。只要条件成熟，养老基金必然会成为创业投资的重要资本供给者。与养老基金相比，捐赠基金的规模较小，且通常仅为少数私人资本市场提供资金。

3. 金融机构

金融机构包括银行和保险等非银行金融机构。从本质上来说，金融机构参与创业投资，注重的也是资产分散化和高收益，属于财务性投资。此外，由于金融机构在资本运作手段上具有相对优势，可以为投资项目提供后续的一系列配套金融辅助措施。例如，可以适时地给标的企业提供商业银行产品、银团贷款以及辅助上市等一系列金融服务。这既降低了投资风险，也更好地促进了拟投资企业的迅速成长，还实现了参与创业投资的高额收益。

但是，由于金融机构的特殊性，监管部门出于安全性原则的考虑，对其参与创业投资有着严格的法规约束。美国在 20 世纪 30 年代大萧条以后颁布了《格拉斯－史蒂格法案》（Glass－Steagall Act），禁止银行业混业经营，从而在法律上切断了商业银行与创业投资的联系。但是，经历了漫长的金融机构混业经营的趋势后，其颁布的《小企业投资法》、《银行控股公司法》和《格雷姆－里奇－布里利法案》（Gramm－Leach－Bliley Act）允许商业银行在满足条件的情况下参与创业投资。中国的创业投资业发展较晚。到 20 世纪 90 年代中期，一批海外基金和创业投资公司开始涌入中国，为中国创业投资业注入新的资金，也带来了西方全新的管理模式与规范化的运作方式。自此，国内的一些银行、信托投资公司等金融机构也纷纷开设风险投资部，参与到创业投资的浪潮之中。

4. 公司

公司参与创业投资是指有明确主营业务的非金融企业在其内部和外部进行创业投资活动。公司参与创业投资首先出现在美国，在创业投资成功案例的巨大吸引下，一些知名大公司也纷纷开始了创业投资行为，如施乐和国际商业机器公司（IBM）。

公司创业投资，与一般创业投资的区别点在于其动机并不仅仅在于直接获取财务收益，还要间接实现其战略上的利益。例如，一些公司进行创业投资旨在加强战略联盟，稳固价值链的上下游，通过投资与母公司主营业务相关的上下游企业或者第三方企业的方式，利用这些新创企业来促进公司主营业务的发展。阿里巴巴收购饿了么就是典型代表，对饿了么的收购实现了阿里系新零售战略的大一统，是对阿里现有新零售业务的有效补充。此外，公司创业投资不仅可以为母公司储备潜在的关键技术、技术许可，甚至可为后期并购做好准备，包括股权准备、技术准备、管理准备乃至企业文化的协调，使并购后的协同与整合更加高效顺利。

5. 政府

政府参与创业投资是指政府资金直接或间接投资参与创业投资活动的行为。政府作为风险投资资金的供给方之一，不仅会通过直接投资参与创业投资项目，还会通过间接参与创业投资母基金来实现创业投资资本的供给。

政府参与创业投资并不单单只考虑资本的收益问题，而更多地看中资本的导向作用，即利用一小部分政府资金为导向，撬动更多的社会资金投入创业投资行业，以带动国家战略性新兴产业的发展，从而促进地区产业发展、利税效益、就业等外溢性效应。从财政学的角度出发，政府作为主体参与创业投资除了直接收益外，更多的还有外部性效应。

正是由于这些创业基金的支持，使我国许多企业在创业初期面临的资金问题得到了有效解决，为企业的后续发展奠定了资本基础。

9.1.2　创业投资机构组织形式

创业投资活动的展开分为两个步骤：一是原始投资者向创业投资家提供资金；二是创业投资家向创业企业投资。因为原始投资者委托资金给创业投资家，是希望创业投资家能够选择高质量、高成长性、高盈利的项目，并对创业企业提供好的管理帮助，以期获得高额回报。这就需要一种好的制度安排，帮助原始投资者对创业投资家的行为进行激励和约束，以达到预期目的。一个好的制度安排应能解决激励机制、约束机制和运行成本这三个方面的问题。

创业投资机构所采用的组织形式和制度，在很大程度上直接影响创业投资机构的投资效率和创业投资行业的发展速度。目前，创业投资机构的组织形式包括：有限合伙制投资基金、大公司或金融机构附属子公司、创业投资公司、政府背景创业投资机构、创业投资信托、孵化器、个人投资者等。概括地讲，主要可以分为有限合伙制和公司制两种组织模式。其中，有限合伙制以其独特的契约安排，将激励与约束机制充分结合，成为创业投资的主导组织形式。

1. 有限合伙制

有限合伙型投资基金是指至少由一个普通合伙人和一个以上有限合伙人出资组建，但不具备法人资格的经济组织。有限合伙型投资基金主要以合伙协议界定当事人的权利和义务。普通合伙人负责执行基金的合伙事务，对基金拥有决策权和控制权，就基金的债务承担无限责任，同时获得"同资不同权"的待遇，即以较少的出资额享有较高的收益分配权。有限合伙人不执行合伙事务，但拥有建议权、知情权、监督权、收益分配权等权利，以其认缴的出资额为限对基金债务承担责任。有限合伙型投资基金的优势在于：（1）避免双重纳税，基金公司的收入免征所得税，由合伙人分别缴纳所得税；（2）合伙人权责清晰，基金管理运作简洁高效；（3）具有灵活高效的决策机制、激励机制、约束机制和入伙退伙机制。其劣势是普通合伙人的无限责任难以保证，政策和法制环境有待进一步完善。

在整个创业投资市场上，独立的有限合伙制的创业投资基金管理着约一半的创业资本。因此，这种创业投资机构组织形式也被称作传统的创业投资机构或正式的创业投资机构。在有限合伙制的创业投资基金中，原始投资人作为有限合伙人，投资全部或绝大部分资本，对创业投资基金仅仅承担有限责任。有限合伙人又被称为被动投资者，他们在投资后一般不再参与具体的投资业务，在承担投资风险的同时，享受创业投资收益所带来的资本增值。创业投资家作为基金管理人员是普通合伙人，主要负责基金的融资、投资、管理与退出，一般也承担1%左右的出资额。原则上，普通合伙人的责任是无限的，有限合伙人与普通合伙人通过有限合伙协议组成创业投资基金。

【案例9-1】红杉资本的有限合伙制[①]

作为有限合伙制投资基金的代表，红杉资本始创于1972年，共有18只基金，超过40亿美元总资本，目前，红杉投资的公司总市值超过纳斯达克市场总价值的20%。截至2017年初，红杉资本在中国投资的373个项目中，出现了54个估值超过

---

① 王开良，郭霞. 私募股权投资基金投资风险评价及实证研究［J］. 改革与战略，2011，27（11）：56 - 58 + 83.

10 亿人民币的未上市的千里马，出现了 33 个已经 IPO 的公司，其中还有 14 个公司被并购。有用户们都很熟悉的京东、今日头条、美团点评集团（新美大）、雪球、大疆、土巴兔、斗鱼、豆瓣、秒拍、新浪、奇虎 360、博纳影院、博雅互动、唯品会、中通快递、聚美优品，另外还有一批医药和生产制造的上市公司，投资范围涉猎非常广泛。投资的金额大小主要集中在数千万元人民币级别和数亿元人民币级别，对比 2015 年之前的数据，加大了单笔亿元项目的投入。

2. 公司制

公司制创业投资机构组织是指由两个或两个以上的投资者（股东）共同组成的具有独立法人资格的营业组织，包括有限责任公司和股份有限公司两种基本形式。公司制创业投资组织的股东以其出资额为限对公司承担有限责任，公司以其全部资产对公司的债务承担责任。创业投资公司设立的法律基础是《公司法》，并按《公司法》的要求设立与运作，规范和制约各方关系。在创业投资业发展的初期阶段，很多创业投资机构都采取公司制组织形式。相比于有限合伙制，公司制组织形式具有四大优势和特征：有限责任、股权可自由转让、集中管理（管理权授予外聘的管理团队）和法人资格（具有法人实体权利、无限存续期和利润最大化目标）。但是其缺陷也比较明显，与其母公司潜在的利益冲突、在投资经理人的激励政策方面存在缺陷、由于缺乏独立性而导致有时无法做出最佳投资决策等，都对公司制创业投资机构的发展造成阻碍。从创业投资的资金来源和产权关系的角度来看，采取公司制组织形式的创业投资机构主要为：政府主导型创业投资公司、附属型创业投资公司和独立的创业投资公司。目前，出于各种战略、壁垒构建、风险防范等目的的考虑，大公司参与创业投资的现象正变得越来越普遍，国外著名的大公司如 IBM、英特尔、微软、花旗集团等；国内的阿里巴巴、腾讯、字节跳动、百度，还有一些大的金融机构也都纷纷在旗下设立了附属的创业投资子公司。

3. 有限合伙制与公司制的比较

（1）法律依据的不同。

公司制的法律依据是《公司法》，有限合伙制的法律依据是《合伙企业法》。两种法律虽然都属于组织法，但相比而言，《公司法》的强制性规范更多。成立合伙企业是以合伙协议为基础的。合伙协议是由各合伙人通过协商，共同决定相互间的权利义务，达成的具有法律约束力的协议。合伙协议经全体合伙人签名、盖章后即可生效，不需要经有关部门批准或核准。因而，合伙企业的设立较公司的设立手续更简单，所受限制也较少，节约了时间和费用。

（2）税务安排的不同。

在公司制下，公司具有独立的法人资格，与股东（投资者）一样，也是一个独立的纳税单位，存在双重纳税问题。而英美法系国家的法律规定，有限合伙企业作为非法人企业，无须缴纳企业所得税，合伙人只需在取得收益后缴纳个人所得税，因而避免了双重征税问题。此外，有限合伙制可以通过向合伙人分配有价证券的形式使合伙人（投资者）享受递延纳税带来的效益。因此，有限合伙制在税务安排上要优于公司制企业。

（3）存续期限的不同。

依据《公司法》，公司制企业具有无限存续期，而有限合伙型企业一般都有 7 ~ 10 年的固定存续期限，一旦存续期满（除非经全体有限合伙人召开会议，并有 2/3 的有限合伙人同意，方可以延长 1 ~ 2 年），创业投资家（即普通合伙人）必须把企业的本金和收益以现金或所投标的企业股票的形式全数退还投资者（有限合伙人）。有限合伙制企业的这种存续期限制度安排使创业投资家面临了再融资风险。出于建立良好声誉以便在下阶段能够顺利筹得资金的需要，有限合伙制下的创业投资者通常会更努力工作以提高基金业绩，并主动约束自身产生的代理成本。因此，公司制在约束和激励机制上要弱于有限合伙制。

（4）治理机制的不同。

相对于公司制高昂的代理成本，有限合伙制企业的治理机制更有效。

在激励机制上，有限合伙制一般采用以下安排：①报酬制度方面，有限合伙制下是将普通合伙人和有限合伙人利益捆绑在一起的，这样可以有效地降低由信息不对称带来的有限合伙人的利益损失。②控制权和决策权方面，有限合伙合同一般规定，只有普通合伙人（创业投资家）可以参与日常管理事务，有限合伙人不得直接干预经营活动，这就保证了创业投资家享有充分的控制权和决策权，有利于创业投资家不受外界干预，发挥自己的经营管理才能，形成更高效的决策体系。

在约束机制上：①有限合伙合同中规定，创业投资家需要投入创业资本总额的 1%，并对合伙企业承担无限责任。这样的制度安排相当于使创业投资家也成为自己资金的代理者，从而极大地弱化了创业投资家的道德风险，约束其经营投资行为。②为了约束创业投资家的行为，有限合伙合约除了规定企业的有限存续期、赋予投资者（有限合伙人）分阶段注资以及保留投资撤出权等措施外，还规定了强制性分配条款，即要求普通合伙人每年将已实现的投资收益分配给投资者，不允许随意将实现的收益进行再投资，强化了对普通合伙人的行为约束。两种制度的对比如表 9 - 1 所示。

表 9 - 1　　　　　　　　　　　有限合伙制和公司制对比

项目	有限合伙制	公司制
法律依据的不同	依据《合伙企业法》	依据《公司法》
税务安排的不同	不存在双重课税	存在双重课税
存续期限的不同	有限存续期	无限存续期
约束机制的不同	有限合伙人承担有限责任，普通合伙人承担无限责任	股东以出资额为限承担有限责任

9.2 创业投资对象的选择

9.2.1 创业投资对象的选择标准

选择创业投资对象是创业投资过程的核心环节，决定了投资行为的成败。在对创业投资对象进行评价的理论中，波特的"钻石模型"（见图 9 – 1）是具有广泛影响的研究竞争优势的理论。该理论认为，决定创业投资企业投资对象的四个内生因素分别是：行业能力、核心能力、市场能力、制度能力。

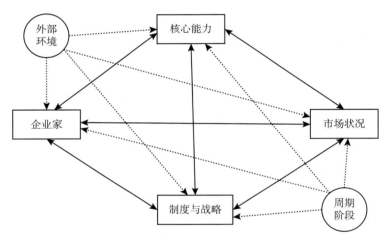

图 9 – 1　创业投资企业对象评价的钻石模型

在进行创业投资时，创业投资家需要建立一套行之有效的决策体系，对拟投资对象进行审查与筛选，并充分考虑风险收益原则，选择最优项目。本书将从创业企业的成长周期和投资评价指标两个维度出发，对创业投资对象的选择标准加以探讨。

1. 创业企业成长周期维度

（1）种子期阶段。

由于处于种子期阶段的创业企业尚未成立或成立不久，创业投资方很难根据商业计划书的资料来真实地评估企业性质与经营业绩，而且种子期创业企业所面临的市场风险和技术风险远比其他成长阶段的创业企业高。因此，创业投资方通常需要对该阶段的投资对象进行全方位的评估与分析。

首先，在初步筛选投资对象时，创业投资方通常会选择与其投资专长领域密切相关的企业，并且拟投资对象的经营所在地要邻近创业投资方，以便创业投资方能够通过积极有效地提供增值服务来降低投资风险。其次，在进一步评估方案阶段，投资方较偏向于对创业企业管理者的经历、背景、人格特质、经营方向的专长、管理能力以及企业的技术能力和市场潜力等方面进行分析，商业计划书中有无呈现竞争优势与投资利益也是评估的重点。而在财务计划方面，企业尚处于成立阶段，各项财务指标多属于预测性的，因此仅能从规划的合理程度上加以判断。但是，许多创业投资机构认为此阶段项目的股东结构是很重要的考虑因素，原因是早期项目能否成功与主要股东间的合作与共识密切相关。一般而言，对处于种子期阶段的投资对象的评估工作较为困难，不确定性因素众多，许多决策都只是基于经验上的判断。因此，创业投资方必须对这一阶段投资对象的产品技术市场的发展有深入的了解和认识。

（2）成长期阶段。

处在成长期阶段的企业，由于产品或服务已经被市场接受，营业收入较为稳定，企业组织也渐具规模。此时，企业筹资的主要目的通常是在既有规模的基础上，继续加大研发投入并扩大生产规模，以建立更强大的竞争优势，扩大市场占有率。这类投资对象风险较低且现金流较为稳定，因此在创业投资市场中是创业投资方主要的投资对象。通常创业投资机构会通过产业调查与市场分析，主动地寻找处于成长期阶段的投资对象，并在收集了充分的信息后，做出最有利的投资决策。创业投资机构对这类投资项目的考虑主要在于投资对象的企业性质以及未来继续成长获利的机会。因此，评估的重点放在创业企业过去与现在的财务状况、经营理念与管理能力、市场目前的竞争态势、市场增长的潜力以及在产品技术开发上的能力与具有的优势等方面。另外，有关投资的回收期、退出方式、潜在的风险以及未来是否具备上市的机会等，也是影响投资决策的重要评估内容。一般而言，对处于成长期的投资对象，更多的是采取理性分析的方法，通过充分的信息收集与完善的评估过程，来达到降低投资风险和择优选择的目的。

（3）成熟期阶段。

成熟期的投资对象无论在市场或技术上的风险都比较低，企业的经营能力也可以从过去的经营成就与财务资料中发掘。因此，创业投资方的评估重点主要在财务状况、市场竞争优势以及资金回收年限、退出方式与风险等方面，目的是考量股票的上市时机与市场价值。另外，拟投资对象的经营理念是否能与创业投资方相配合，也是一项重要的评估因素。一般而言，投资处于成熟期的投资对象，资金回收年限较短，回收风险较低，评估工作相对清晰明了，反而需要对该阶段的投资对象采取全方位的评估与分析。各阶段的创业投资对象选择标准总结如图 9-2 所示。

总而言之，创业投资本质上就是一种高风险性的投资行为，无论采用何等严谨的评估程序，都不可避免地会面临投资失败的风险。因此，不管是对哪个阶段的投资对象，创业投资家们都会将评估的最终焦点放在创业者与其管理团队身上。创业投资家们认为，经营环境与市场环境的变化是不可预知也无法控制的，只有经营管理者具备足够的才能与创业意志，才能努力地去克服这些困难，并确保投资项目的成功。所以，创业投资家们往往凭借其丰富的阅历，选择具有创业精神与专业能力的经营管理团队作为主要的投资对象。但是，我们应当清楚地认识到，虽然阅历和经验在投资对象的选择中确实扮演着十分重要的角色，但客观的数据资料与科学的分析方法在正确决策方面也发挥了不可替代的作用。

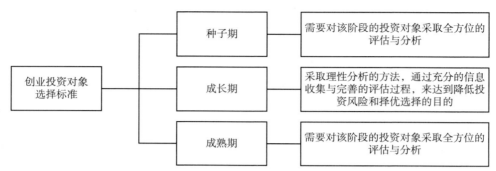

图 9 - 2　关于创业投资对象的选择标准

2. 项目评价指标维度

投资对象评价指标的设计要根据创业投资的主要特征，全面考虑投资项目的相关因素，深入分析各项因素的影响性质、各类评价指标的区分界线，做到既全面，又系统；既科学，又客观；既可行，又可比。

在 20 世纪 70 年代，美国学者威尔斯和波因德克斯特分别对上百家创业投资机构进行了实证调查，研究得出了一套较为明确和简洁的指标体系。这套评估指标体系体现了各个指标的重要程度，由此开创了以指标标准选择创业投资对象的潮流，具体情况见表 9 - 2。

表 9 - 2　　　　　　　　　　创业投资机构评估指标

因素	平均权重	按重要性顺序排列的投资指标	因素	频数（%）
管理层的承诺	10.0	1. 管理层的素质	1. 管理者技能和历史	89
产品	8.8	2. 期望收益率	2. 市场规模/增长	50
市场	8.3	3. 期望风险	3. 回报率	46
营销技能	8.2	4. 权益比例	4. 市场位置	20
工程技能	7.4	5. 管理层在企业中的利害关系	5. 财务历史	11
营销计划	7.2	6. 保护投资者权利的财务条款	6. 企业所在地	11
财务技能	6.4	7. 企业发展阶段	7. 增长潜力	11
制造技能	6.2	8. 限制性内容	8. 进入壁垒	11
参考	5.9	9. 利率或红利率	9. 投资规模	9
其他交易参与者	5.0	10. 现有资本	10. 行业/经验	7

因素	平均权重	按重要性顺序排列的投资指标	因素	频数（%）
行业/技术	4.2	11. 投资者的控制	11. 企业阶段	4
变现方法	2.3	12. 税收考虑	12. 企业家利害关系	4

目前，创业投资家对项目进行决策时，考虑的要素主要为项目前景、管理团队、技术先进性、未来现金流量、技术成熟度、公司股权结构、技术人员的合作程度、技术竞争者及中介服务质量。具体可以分为四个方面的评价指标：创业企业家的相关评价指标；创业企业项目本身的评价指标；创业企业所处的市场环境的评价指标；特异性补充评价指标。展开如下。

（1）创业企业家指标子体系。

创业企业家指标子体系如表 9－3 所示。

表 9－3　　　　　　　　　　　　创业企业家指标子体系

评估指标	评估内容
1. 经营管理能力	包括战略、人力资源安排、组织协调能力、决策、激励措施
2. 市场开拓能力	包括策略及洞察力、营销手段及理念
3. 社会公关能力	包括社会关系资源、沟通交往能力、社会背景
4. 市场风险预见能力	包括风险预处理能力、恢复措施、市场分析能力
5. 企业家个人品质	包括个人信用、团队精神、机智、经历广泛、健康、执着
6. 技术创新能力	包括技术领导能力、产品开发能力

（2）创业企业项目指标子体系。

创业企业项目指标子体系如表 9－4 所示。

表 9－4　　　　　　　　　　　　创业企业项目指标子体系

评估指标	评估内容
1. 未来现金收益	创业企业必须在一定时期内达到的预期收益水平
2. 行业发展指标	创业企业所处行业要有良好的发展前景并且具有相关概念题材
3. 企业发展阶段指标	创业企业所处发展阶段要与创业投资方的偏好相一致
4. 企业产品评价指标	产品必须具有某种独特性，最好拥有知识产权。同时，市场需求量要大且产品不易被模仿
5. 投资规模指标	创业企业所需的投入资金要在创业投资方的承受范围之内
6. 企业文化指标	企业要有凝聚力和共同奋斗的理念，具有合理性和战略思想
7. 员工素质指标	要拥有与企业发展相适应的员工队伍，核心层员工要忠诚

（3）创业企业所处市场环境指标子体系。

创业企业所处市场环境指标子体系如表9-5所示。

表9-5 创业企业所处市场环境指标子体系

评估指标	评估内容
1. 市场容量	市场容量越大越好
2. 市场成长性	市场要有极强的成长性
3. 市场竞争性	要有一定的竞争性以保持企业活力
4. 政策环境风险	要符合国家产业发展政策及相关法律法规，并且要有一定的预见性
5. 退出机制完善程度	市场的退出机制要完善，且最好退出资本市场时处于上升期

（4）特异性指标子体系。

特异性指标子体系如表9-6所示。

表9-6 特异性指标子体系

评估指标	评估内容
1. 商业计划书指标	商业计划书的编写要清晰明了，能够强烈地吸引人的注意力。同时，要合理可行、分析全面、计划完备
2. 项目推荐背景指标	项目的推荐者要有良好的信誉和业内记录
3. 创业企业控制程度指标	创业企业可以提供的股权比例是否符合创业投资家的预期

以上四个方面21个指标构成了一个相对涵盖范围较广的创业投资项目评估指标体系，运用以上指标体系可以得到一个较合理的投资对象选择决策。当然，实务中，不同的创业投资机构通常会根据自身的特点和市场状况，构建一套特有的投资对象评价指标体系，以供自身做出正确的投资决策。总而言之，不同的国家和地区、不同的行业、不同的市场环境、不同的创业投资机构往往对指标体系的构成和权重都有不同的安排。

9.2.2 管理团队的选择

"宁要投资于一流人才、二流技术的项目，也不要一流技术、二流的人才的项目"是创业投资界的金科玉律。创业投资方之所以对拟投资对象的管理团队如此重视，一方面，因为管理团队是创业企业发展过程中最稀缺、最关键、最重要的资源，如果创业企业缺少一支具备丰富经验和均衡结构的管理团队，那么即使项目科技含量再高，市场前景再好，往往也无法在市场中获得竞争优势。另一方面，创业投资作为一种管理型的投资活动，创业投资家在投资企业后，需要和创业企业家密切合作，参与创业企业的经营管理活动。在一定程度上来说，对管理团队的评估实际上就是创业投资家对战略伙伴的评价与选择。因此，创业企业管理团队是创业投资家筛选项目的重要标准，也是影响创业投资绩效的关键因素。

1. 评估的注意事项

（1）当面交流。

注重与创业企业管理团队的面对面交流，把对企业家团队的背景、经历、品德、能力、心理、志向等的综合评估放在项目洽谈的首位，即接受项目资料后的首次项目洽谈重点放在对企业家团队的了解和评估上，评估企业家团队与创业投资方是否具有长远的共同利益，确保双方存在稳定合作的基础。

（2）根据目标企业的不同成长阶段而有所侧重。

①种子期企业。对管理团队的评估侧重于项目的核心技术人员和经营管理人员。因为这一时期的创业企业所面临的风险主要是技术风险和市场风险。对项目核心技术人员的评估重点集中在研发能力（在最短时间内研制出最好的产品、技术的能力）上，具体包括确定合适的、具有市场潜力的研发方向和连续研发规划（及时把握技术的发展方向），组织并保持合适的研发团队，制定严谨、合理且突出时间管理和项目管理的研发计划和实施方案的能力。而对企业经营管理人员的评估内容具体包括制定企业发展规划、市场营销开拓计划、内部激励机制以及调节企业各部门及员工之间责、权、利关系的能力。

②成长期企业。这一阶段企业管理人员的重点评估对象是企业的市场营销管理人员。因为这一时期的技术风险开始降低，企业面临的最大风险变为市场风险。考核的主要内容包括：现有产品市场销售战略的制定、执行能力，预见市场需求变化并及时反馈上级的能力等。

③成熟期企业。这一阶段企业的市场规模、企业规模都已经成型，具有较强的抵御风险能力和行业话语权，创业投资者应着重对企业管理者的品德方面进行考察，避免因为道德风险而导致的投资失败。

2. 管理团队的评估标准

学术界认为，创业企业家的资源禀赋是创业成功与创业企业绩效的关键性影响因素，也是创业投资家决策的重要依据。派特里克·费尔金（Patrick Firkin）在 2001 年首次将创业者的资源禀赋概念引入到创业管理领域，认为创业企业家的资源禀赋包括经济资本（economic capital）、人力资本（human capital）和社会资本（social capital）三部分。创业企业家的资源禀赋关系到创业机会识别、创业决策与创业行为，是影响创业企业绩效的关键因素，也是创业投资决策的重要依据。在实务中，创业企业家的资源禀赋被加以延伸应用到对创业企业的管理团队的评估中，常以企业家的背景、经历与行业经验、工作能力、品德、价值观等为主要因素进行评估。

（1）职业道德和精神状况。

主要管理者要正直诚实，信守合约，遵纪守法，奉行公平交易原则，且没有此方面的不良记录。同时，企业的管理团队需要具有超前的战略眼光，精力充沛，能洞察市场中的商机。此外，管理者之间要有良好的合作态度，能和睦融洽地相处，没有复杂的人事关系。

（2）年龄构成。

通常，理想的管理团队成员的年龄应当在 30~50 岁。处于这一年龄范围的管理者对新生事物的接受能力较强，对市场环境的变化能较快地适应，同时其经营管理经验也比较丰富，能更好地胜任创业企业的经营管理工作。

（3）知识结构和专业技术水平。

管理团队的成员构成应具有复合性，管理团队需要不同专业背景出身的精英。成员的专业背景应覆盖管理、金融、财务、生产和营销等经营管理领域的主要专业。通常，在创业企业管理团队中，需要掌握专业技术并能够进行研发的技术人才、了解设备技术和工艺流程的管理人才、具有技术背景的市场营销和生产现场管理人才、掌握项目融资和财务管理的财务管理人才等。

（4）团队成员的价值观。

团队成员的价值观必须一致，即所谓"道不同，不相为谋"。一个人如果与创业者或企业的理念或价值观不同，那么无论他多么优秀也绝不能将其纳入麾下。因为理念或者价值观上的分歧是最本质的分歧，这种分歧不同于在具体事物上的分歧，它在短时间内根本无法消除，而且会深深影响着公司的发展与决策。

通过以上几点可知，一个好的创业团队对新创企业的成功起着举足轻重的作用，新型风险企业的发展潜力与企业的管理团队之间有着十分密切的联系。优秀的创业团队可以创造出具有重要价值并有收益选择权的公司。

9.3　创业投资的增值服务

创业投资家为创业企业所带来的增值服务，是创业投资区别于其他投资方式的重要特征。优质的增值服务能够帮助创业企业实现快速成长，提高创业企业的价值并降低风险，从而使创业投资方顺利实现资本退出与增值。

9.3.1　增值服务的概述

创业投资增值服务指的是创业投资家在向创业企业注入投资资本后，为使创业企业迅速成长并提升企业价值而提供的一系列投后服务，包括充当创业团队的参谋、提供后续融资支持、参与创业企业的战略制定与审查、监控创业企业绩效、雇用和更换高层管理者等。

一方面，处于早期发展阶段的创业企业通常没有足够的资金雇用管理咨询机构或有经验的管理者为其提供服务。因此，创投机构提供的增值服务作为被投资企业的重要资源，能弥补创业企业在发展初期存在的一些不足，有效助推企业的发展。另一方面，对于另一些创业企业而言（如成熟期企业），其往往并不缺乏资金，引入创业投资方的目的更多是希望能够获得创业投资家独特的资源，以帮助企业进行战略制定与管理、协助企业进行 IPO 活动等。同时，对创投机构而言，为被投企业提供增值服务能有效改善被投企业的经营业绩，提升被投企业的价值，这也能为创投机构带来良好的业绩。

创业投资增值服务的特点为：（1）提供创业投资增值服务的主体是创业投资家。创业投资增值服务是从创投机构的角度出发，研究和探讨如何对被投企业提供服务，从而改善被投企业经营绩效、提高企业的价值、降低委托代理成本，其主体应该是创业投资家。（2）创业投资增值服务的提供方式是间接的。为了保持创业者经营的独立性，大多数创投机构不倾向于过多参与被投企业的日常经营管理活动，而只与被投企业的股东、创业者和高层管理人员接触，向他们提供经营管理的理念或方法，跟他们对接自身的社会资源，并通过参加董事会的方式来影响企业的经营决策。因此，创业投资家所提供的增值服务是以间接的方式作用于被投资企业的。

9.3.2　增值服务的必要性

创业企业的风险性、创业投资家与创业企业家间的委托—代理问题以及知识的专用性，决定了创业投资家在资本投入后对创业企业提供增值服务的必要性。

1. 创业企业的风险性

风险性指的是事件的结果偏离预期期望的程度。所有的行业或企业均存在一定程度的风险性，但是以新兴高科技项目为主要代表的创业企业所面临的风险性要显著高于一般企业，这也是创业投资的特征之一。由于创业企业面临着巨大的风险性，这就需要创业投资家和创业企业家的人力资本产生最大限度的协同效应。即创业企业所面临的高度的风险性需要创业投资家以增值服务的形式投入必要的人力资本，协助创业企业家对企业进行经营管理，以降低创业企业的风险性，提高投资成功的概率。

2. 创业投资家与创业企业家间的委托—代理问题

创业投资家与创业企业家之间存在委托代理关系，代理问题的存在使二者面临利益的冲突。创业投资家通过增值服务适度参与创业企业的经营管理活动，并适当地监控企业家的行为，可以有效地减少二者之间的信息不对称程度，从而降低代理成本及投资风险，使自身的权利得到更好的保障。同时，创业投资活动更高的所有权水平也使得创业投资家能通过提高对创业企业的经营管理实务的介入程度，以降低发生代理风险的可能性。

3. 知识的专用性

知识的专用性导致创业企业家和创业投资家人力资本的差别。这种知识的专用性意味着创业投资家和创业企业家分别擅长于并贡献不同的知识，双方不同类型的知识积累赋予其在各自知识领域上的比较优势。由于缺乏能同时满足创业企业家和创业投资家知识的市场，所以需要双方合作来弥合这种人力资源的分离。创业企业家专注于发展两种类型的知识：一方面，企业家对商业机会十分敏感，并具有综合各种有形和无形的资源以创新的方式开发这种商业机会实用的知识；另一方面，企业家在创建新企业的日常活动的知识方面具有优势。而创业投资家的专用性知识集中于创建个人与机构网络，以降低在获取资金、确定客户和供应商、建立企业信用方面的成本。知识的专用性使得风险投资家与企业家的合作区别于其他商业合作，二者的合作源于互补性的资源，而其他商业合作主要是为了获得垄断权力或产生规模经济。例如，创业投资家通过参与创业企业并提出建议，帮助企业家形成和实施他们的战略，并且为企业确认管理层人选。

创业投资家通过和创业企业家进行一定程度的合作来提供增值服务，这在增加创业企业价值的同时，也是创业企业成功的必要条件。

9.3.3 增值服务的作用

增值服务的作用贯穿于整个创业投资过程（见图9－3）：创业投资机构资金募集、对象选择、项目投资、投后管理、资本退出。因此，无论是对创业企业还是创业投资机构而言，增值服务都具有非常重要的作用。

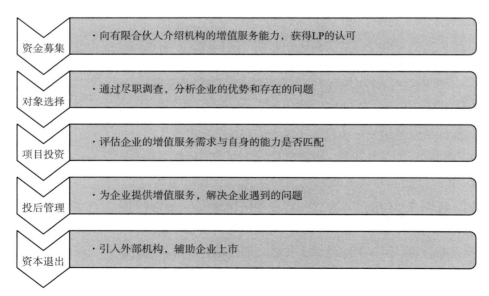

资金募集	·向有限合伙人介绍机构的增值服务能力，获得LP的认可
对象选择	·通过尽职调查，分析企业的优势和存在的问题
项目投资	·评估企业的增值服务需求与自身的能力是否匹配
投后管理	·为企业提供增值服务，解决企业遇到的问题
资本退出	·引入外部机构，辅助企业上市

图9－3　创业投资过程及其增值服务

在创业投资基金募集资金的阶段，创业投资机构通常需要在其募资文件中向意向投资人（即创业投资基金的有限合伙人）介绍其投资能力，其中就包括为被投企业提供增值服务的能力。创业投资机构所提供的增值服务的水平是衡量其实力的重要标志。良好的增值服务供给能力能够增加创业投资机构的品牌内涵和价值，培育其核心竞争能力，使其资金募集的成功率大大提高，也提升了自身的话语权。

在对象选择过程中，创业投资机构需要对目标企业进行深入的尽职调查，通过收集信息来详细了解创业企业的经营管理状况，评估其拥有的竞争优势和存在的问题。据此判断目标企业的增值服务需求与自身的能力是否匹配，能否为目标企业提供有针对性的增值服务。并在投资目标企业后，根据尽职调查中获得的信息，初步为企业管理层提供增值服务，包括指出企业存在的问题以及可行性对策。

增值服务主要在投后管理环节中进行。创业投资机构通过自身的资源优势，为被投企业提供一系列的增值服务措施，帮助企业解决成长中遇到的各类问题，使企业获得持续发展能力。这样既提高了被投企业的市场价值和地位，降低其经营风险，也使创业投资机构在增加投资成功的概率的同时获得更大的资本增值。在退出环节，创业投资机构通过为企业引进新的投资者或引入保荐机构等外部机构来帮助企业实现 IPO上市，并使自身成功实现资本退出与增值。

【案例 9-2】"格林美"投资及增值服务[①]

2005 年 9 月，广东省粤科风险投资集团有限公司（以下简称"粤科集团"）投入2000 多万元人民币参股深圳市格林美高新技术有限公司（以下简称"格林美公司"），成为格林美公司的第二大股东。粤科集团不仅缓解了格林美公司的资金紧缺问题，还提供了卓有成效的增值服务，帮助格林美公司走上发展的快车道。2012 年 8 月 6 日，上市后的格林美公司总市值为人民币 85 亿元。

9.3.4 增值服务的内容

1. 为企业提供诊断

创业投资家可以通过在尽职调查中详细了解到的企业经营管理状况，发现企业存在的问题，为被投资企业进行企业诊断并编写企业诊断报告。来自外部专家的诊断能够帮助被投资企业和创业者更客观、清晰地认识到自身的优缺点，从而使他们可以在经营管理中更有效地规避风险并发展自己的优势，提高企业经营成功的概率

[①] 案例改编自：董璐璐. 企业定向增发案例研究——以格林美为例［J］. 现代经济信息，2016（13）：28.

和投资绩效。

2. 协助企业制定发展战略

对创业企业来说，仅拥有技术上或者商业模式上的创新是远远不够的。想要获得成功并在市场中取得持续性的竞争优势，还需要有远见的发展战略和丰富的经营管理经验，但创业企业家往往在这方面存在短板。因此，创业投资机构可以充分利用其在这一方面丰富的专业知识和投资经验，帮助被投资企业分析其所处的内外部环境以及拥有的战略资源，协助创业企业制定出更适合自身的发展战略和经营管理策略。

3. 协助企业管理层任命

创业企业特别是高新技术企业，其创业团队大多偏重于技术开发，而管理经验、市场开发经验等方面较为薄弱。因此，创业投资机构可以利用其丰富的社会关系资源，帮助被投企业寻找更适合企业发展要求的人才。同时，创业投资机构还可以参与企业对管理团队人员的挑选过程，为企业管理层任命提供意见。

4. 协助规范企业的治理机制和组织结构

创业企业特别是种子期企业往往缺少公司治理机制和组织结构设计，创业者也大多缺乏这方面的经验和意识。当企业发展到一定阶段，随着规模的扩大、业务的增多、人员的增加，如果没有足以支持企业持续发展的公司治理机制和组织结构，势必会影响企业的进一步做大做强。因此，创业投资机构可以利用其在公司治理和组织结构设计方面的优势，协助企业在治理机制和组织结构方面进行规范，为企业建立科学有效的决策体系，为企业持续稳定的发展奠定良好基础。

5. 帮助企业开拓市场

创业企业往往是通过全新的产品或服务开发一个潜在的市场，或者通过改进现有的产品或服务占领一个细分的市场，这都要求企业在供应链管理和市场营销过程中有较强的市场开拓能力。一方面，创业投资机构可以通过为企业制定市场拓展策略、协助企业建立营销机构、为企业提供创业投资机构已有的专业网络等方式来推广企业产品并打开市场。另一方面，创投机构也可以利用其拥有的社会资源为企业寻找优质的供应商，优化企业的供应链管理，帮助企业顺利生产。

6. 提供后续融资支持

创业投资机构善于利用外部的社会资本为企业的资金进行配套，以达到资本放大的需求。在创业企业的发展过程中通常要经过多轮次的融资活动。创业投资机构可以通过引入风险/创业投资、担保公司、银行贷款、信托机构等配套手段来解决企业后续的融资需求。同样，当企业发展到相应阶段，创业投资机构也可以通过帮助企业增资扩股、兼并重组、上市等方式为企业筹划后续融资。

7. 为企业提供良好的外部发展环境

除了改善企业的内部经营管理水平外，创业投资机构还可以为企业引入并整合各种外部资源，为企业的发展提供助力。主要包括以下几方面：第一，引入会计师事务所、律师事务所等中介机构，这有利于企业更加规范地运作，从而起到保护创业投资机构投资利益的作用。第二，为企业推荐有实力的投资银行/证券公司作为企业上市的保荐人和辅导机构，确保企业能顺利上市。第三，帮助被投企业申报创新基金、创业投资引导基金、高新技术企业和争取产业引导基金，协调当地科技、经信、劳动社会保障、环保等方面的关系。第四，利用创业投资机构在政府、法律、媒体等各方面的资源，提供政策、法规、市场信息、法律等咨询服务，帮助企业预防和处理在市场竞争中的各种风险，保证企业正常地运作与发展。

9.4　创业投资资本退出

创业资本的退出是创业投资运作的最后一个环节，大量的案例表明，创业投资家似乎更擅长于投资而不是退出，而创业投资的成败（资本增值的实现）在很大程度上取决于创业投资家能否顺利地从创业企业中实现资本退出。

9.4.1　创业投资资本退出概述

1. 创业资本退出的概念

创业资本退出是指创业投资机构在其所投资的创业企业相对成熟、经营失败或出现其他有利的退出时机时，将所持有的被投资企业的股权转化为资金形态或分配给投资者（创业投资基金有限合伙人）的过程。它涉及退出方式与退出时机两方面的问题。创业投资退出的本质是股权转让，其实质上是其他不同的投资者收购创业投资机构所拥有的创业企业的股份后继续对其进行投资。创业资本能否顺利退出，对创业资本的循环以及创业投资行业的发展至关重要，进而对高科技产业的发展产生间接影响。创业企业投资的退出方式主要有以下几种。

（1）IPO 首次发行。

所谓的 IPO 指的是创业投资公司通过首次发行自己持有的创业公司股票，将其持有的创业公司股票进行售卖，以此实现退出企业和增值自身资本。

（2）回购并购股份。

股份回购指的是创业企业相关管理人员通过现金、票据等方式向创业投资公司购回属于本企业的股份，这也是创业投资企业将资金退出创业企业的一种途径。

（3）破产清算。

创业投资公司可以在创业公司持续出现经营不善的问题，并且很难扭转局面时，对该企业进行清算，进而收回一部分资金。

2. 创业资本退出的动因

资本的生命在于运动。创业投资家一旦将资金投资于创业企业，就以所有者权益的形式固化为企业的资产，在没有退出机制的情况下，这些投资通常只能通过企业的正常分红获取报酬。这一方面与投资者（创业投资基金 LP）的意愿相违背，另一方面也阻碍了创业资本的循环运动，不利于创业投资业的发展壮大。因此，创业资本的退出机制对于创业投资来说至关重要。创业资本的退出，主要基于以下原因。

（1）创业企业利润发生变化。

这种情况常常发生在处于中后期阶段的创业企业，这些企业的产品开发和早期的销售已经完成，经济上已经能够自立，但不能保持销售的持续增长，也无法继续获得丰厚的利润从而为创业投资者带来有吸引力的回报。对于创业投资家来说，由于企业的不断成熟，前期通过技术垄断带来的垄断利润在同业竞争中被逐渐削弱，市场增速放缓。企业一方面可能由于成熟壮大而具备 IPO 实力，另一方面又无法继续提供创业投资者所满意的利润。这就迫使创业投资家开始寻求创业资本的退出，或是协助企业实现 IPO 上市，或是向其他投资者转让持有的股权，备战下一个具有更好利润前景的项目，以实现创业资本在循环运动中的不断扩大。

（2）创业企业被收购。

在创业企业发展状况良好的情况下，这属于创业资本的被动退出。当被投资企业在某个领域中展现出持续的增长潜力并有着广阔的市场前景时，能通过与其合并产生更大的协同效应的关联产业头部公司或同行业头部公司往往对其有着强烈的收购欲望。以现金支付形式完成的收购行为，意味着创业资本的被动退出。

（3）创业投资基金清算。

基金具有一定的存续期限，当一只基金存续届满时，基金管理人（创业投资家）需要将基金资产进行清算并归还投资者，开始新一轮的资金募集。通常情况下创业投资家完成创业资本退出，将其以现金形式分配给投资者，但有时也会以被投资企业股权的形式进行分配，比如当股权还未度过 IPO 锁定期。

（4）创业企业经营失败。

创业企业通常以高科技的新兴产业为代表，具有高风险的特征，技术风险、管理风险和市场风险尤为突出。这反映了创业企业有着天然的脆性，一旦企业出现管理问题、未预料到的竞争、市场规模小于预期等情况，很容易在"死亡之谷"阶段便夭折。创业企业的经营失败，使创业投资家只能通过被投企业的清算获得部分资本的退出，挽回部分投资的损失。

3. 创业资本退出机制的作用

创业投资机构投资创业企业，其主要目的在于资本高效增值后通过股权转让退出，使其资本收益率最大。在一个投资循环完成后，创业投资机构继续进行下一轮的投资活动，实现资本的循环运动并迅速增值的同时，也带动了更多创业企业的发展。因此，创业资本能够从投资中顺利退出，对创业投资市场和创业企业的持续发展有着极为重要的意义，具体作用表现在以下几方面。

（1）完善的退出机制促进了创业资本产业的发展。

创业资本的退出途径是创业投资实现收益变现的途径，和一般的以持有被投资对象的股票获取分红和股息的投资方式不同，创业投资不以企业分红为目的，而是以获得权益增值收益为目的。这就需要有一个完善的创业资本退出机制，为创业投资的权益变现提供通道。无论投资是否成功，创业投资家都需要在最佳的退出时机，通过退出机制，将所持有的被投资企业股权转化为现金资产以实现资本退出。一方面，这将吸引更多的社会资金加入创业投资市场，增加创业资本供给。因为创业资本退出机制是创业投资成功的基本保障，只有基于可行的资本退出方案，投资者才会愿意将资金交给创业投资家。另一方面，退出机制为创业资本的循环运动提供了前提条件。退出的创业资本将继续寻找高质量的创业项目，促进创业资本的持续增值，使创业资本产业的价值和规模得到持续增长。

（2）加快创新产业发展，实现产业转型升级。

退出的创业资本在创业投资家的带领下，将继续向有价值的创业企业进行投资。创业企业的经营范畴往往属于国家战略高新技术产业和新兴产业，在创业投资的作用下，通过创业资本的不断循环运动，将加快国家创新产业的发展，实现产业的快速转型升级，提高国家产业的竞争力。并且，由于资本的趋利性和严格的项目筛选，在创业资本的循环运动过程中将对"泡沫"企业进行过滤，从而间接起到优胜劣汰、提升企业活力、降低系统风险的作用。

（3）为准确评价创业企业和创业投资活动的价值提供一种市场化方法。

创业企业大多属于新兴产业，在市场中往往难以找到同类的成功企业作为衡量其价值的标准和尺度。而且，此类企业通常因为技术创新或商业模式创新形成了大量的无形资产，加上对创业投资项目良好的发展前景和巨大的市场潜力的预期，即便目前企业处于亏损状态，仍有可能受到投资者的欢迎。这些特征导致无法按照传统的估值方法对创业企业进行准确的价值评估。而创业投资的退出机制提供了一种以市场化的方式对创业企业的价值进行评价的方法。

作为资金供给者的投资人（有限合伙人），需要对创业投资机构的投资能力有直观的认识，以选择优秀的创业投资家作为自己资金的被委托人。由于对创业投资机构的实力进行评价需要很强的专业性，作为资金供给者的投资人受知识和能力的限制无法对其进行全面的评价。因此，创业资本的退出机制很好地弥补了投资者在这方面的劣势。通过对创业资本退出的绩效进行对比，投资者可以直观地了解到每家创业投资机构的投资管理能力，从而做到择优选择。并且，当创业投资机构在投资过程中无法提供令人满意的投资绩效时，有限合伙制基金所赋予的投资撤资权也使得投资者可以随时为自己的资金选择更优秀的创业投资家。

（4）对创业企业家进行激励和约束。

创业投资家与创业企业家间的委托—代理关系决定了创业投资家时刻面临着创业企业家所带来的道德风险，而创业资本的退出机制则是对创业企业家的行为进行激励和约束的有效手段。在行为约束方面，创业资本的中途退出将对创业企业的持续经营能力带来打击性的负面影响，同时，因创业企业家的因素而导致的创业资本退出也将对其声誉造成不可挽回的损失。另外，创业资本的退出方式也对创业企业家的行为起到一定的激励作用。IPO 作为最佳的退出方式，不仅能够为创业企业家带来巨大的财富红利，同时也保留了对企业的控制权。而创业资本以 IPO 外的方式退出，可能导致创业企业家因失去最大股东的身份而失去对企业的控制权。基于对自身利益的考虑，创业资本的退出机制将对创业企业家产生有效的激励和约束。

4. 创业资本的退出策略

创业资本的退出策略主要涉及退出时机和退出方式的选择，以及是全部退出还是部分持有。不管最终采取哪种退出组合策略，创业投资家都应该基于成本效益原则加以考量，以确保投资收益最大化。

（1）退出时机。

退出时机指的是创业投资家决定在哪个时间点进行资本退出。一般认为，大部分创业资本的退出时机是基于被投资企业利润率变化、创业投资基金存续期限、IPO 股票锁定期、股票市场热度、更优质创业项目的出现等因素来确定。学术界普遍认为，创业投资家应当在给受资企业带来的边际价值等于边际成本时退出投资。

（2）退出方式。

创业资本最基本的退出方式有三种：一是首次公开发行（IPO）；二是股权的转让（如收购和兼并）；三是公司的破产清算。其中 IPO 通常被认为是最佳的退出方式。IPO 是指被投资企业首次向公众公开发行股票并上市，不过由于锁定期的规定，创业投资家通常不能在 IPO 时立即抛售持有的全部股票或部分股票，而必须等待一段时间（通常是180 天）。在实践中，股权转让这种退出方式有很多形式。例如，外部企业以现金、收购者的股份或其他资产对价的形式对被投资企业进行收购；创业投资家将持有的股份卖给第三方战略收购者或另一个创业投资家；创业企业买回创业投资家持有的股份等。公司的破产清算通常在创业企业经营失败的情况下发生。

（3）部分退出还是全部退出。

创业投资家需要在完全退出和部分退出投资二者间进行决策。当内部人（创业投资家）和外部人（潜在的买方）之间存在严重的信息不对称时，创业投资家将选择部分退出，目的是向潜在的买方传递投资项目质量的信号，以降低创业投资家和买方之间的信息不对称，从而获得更优的退出绩效。

9.4.2 科创板助力创业资本退出

IPO 市场对创业投资业具有重要的意义。具体表现在：一方面，IPO 是创业资本产业周期性波动的主要力量。成熟的股票市场使创业投资家得以通过 IPO 实现投资的退出，这对创业资本产业的发展至关重要。另一方面，通过 IPO 实现创业资本退出是最理想的资本退出方式。学术界研究表明，通过 IPO 方式实现退出的回报达到 1.95 倍，收购与兼并的投资回报为 0.4 倍，企业回购的回报为 0.37 倍，而亏损清偿的损失是 −0.34 倍，因亏损而注销股份的损失是 −0.37 倍。IPO 无疑是创业投资最佳的退出方式，该方式收益较高，创业投资者可以获得高额的回报。通过这一方式，企业也得以摆脱投资者的控制，获得独立的决策权。同时 IPO 也是资本市场对公司的一种认可，有助于树立企业形象及保持持续的融资渠道等。

自 20 世纪 90 年代起，创业投资已在我国发展数年，取得了显著成效，推动了技术创新及企业的发展壮大。然而，由于我国资本市场不完善，创业投资以 IPO 方式退出投资的机会有限，势必会影响创业投资的循环发展。西方国家的实践证明，成熟的股票市场是创业投资业健康发展的重要保证，因此我们要积极探讨证券市场在创业投资业发展中的重要作用。经验表明，有些国家试图模仿美国的创业资本产业但不是很成功的原因就在于这些国家的资本市场是以银行为中心的体制，因此克服创业资本产业的发展障碍的最佳战略是建立以股票市场为中心的金融体制。

2019 年 1 月 23 日，中央全面深化改革委员会第六次会议审议通过了《在上海证券交易所设立科创板并试点注册制总体实施方案》和《关于在上海证券交易所设立科创板并试点注册制的实施意见》，并强调"在上海证券交易所设立科创板并试点注册制是实施创新驱动发展战略、深化资本市场改革的重要举措；要增强资本市场对科技创新企业的包容性，着力支持关键核心技术创新，提高服务实体经济能力；要稳步试点注册制，统筹推进发行、上市、信息披露、交易、退市等基础制度改革，建立健全以信息披露为中心的股票发行上市制度"。

设立科创板旨在增强我国资本市场的包容性，更好地服务有核心技术、行业领先、有良好发展前景和口碑的科技创新企业，通过改革进一步完善支持创新的资本形成机制。因此，改革的主要方向是提高资本市场对接科技创新企业的能力和包容度，补齐资本市场服务科技创新企业的短板，以促进创业投资业的进一步发展。一是试点注册制，降低企业上市的门槛，优化现行发行条件，便利直接融资，进一步推进市场化。二是上市标准不再只强调企业的财务盈利指标，而是综合市值、盈利、收入、现金流、研发强度等多方面的情况，提出 5 套差异化的标准，企业只需满足其中之一即符合上市条件。三是允许"同股不同权"（指企业内部具有两类或多类不同投票权的普通股架构，保证创业团队能够充分拥有对创业企业的控制权）、"红筹股"（指在境外注册、在香港上市的带有中国内地概念的股票）和"可变利益实体"（即 VIE 架构，指中国境内的公司在境外设立离岸公司，然后将境内公司的资产注入或转移至境外公司，实现境外控股公司在海外资本市场上市融资目的的结构）等架构的科创企业上市。四是创业投资基金的减持方式将更具灵活性。创业投资基金的锁定期减至 12 个月，期满后除按现行减持规定进行减持外，可以采取非公开转让方式进行减持，加速创业投资基金的退出，激发创业投资市场活力。

由图9-4可以看出：在退出方面，2022年股权投资市场共发生3695笔退出，其中IPO退出2696笔，占比72.96%。

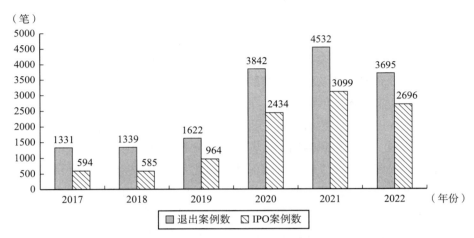

图9-4 2017~2022年中国股权投资市场退出数量情况

资料来源：清科研究中心。

受新冠肺炎疫情影响，募资开展难度加大，市场环境持续低迷，新募集资金的数量和金额均同比下降。投资市场同样受到疫情及市场环境的直接影响，投资机构出手愈发谨慎，整个私募股权市场的投资案例数和金额同比下降均超30%；投资热点依旧集中在IT、生物技术/医疗健康和互联网领域。退出方面，2020年第一季度私募股权市场退出案例数与2019年同比基本持平；受A股改革及科创板利好政策影响，IPO退出案例数同比2019年数据上涨57.3%，占本期退出数量的70.3%，为私募股权市场主流退出方式。

综上所述，我国科创板的建立使我国多层次的资本市场得到了完善，对现行资本市场体系形成了有效的增量补充。科创板的设立及其制度的设定完善了创业资本的退出机制，更多的创业资本将通过创业企业科创板IPO的形式退出，创业资本的循环效率将得到极大提升，这将促进我国创业投资业的持续发展。

【案例9-3】科创板首批上市企业[①]

2019年3月22日晚间，科创板第一批IPO企业的名单相继公布，截至当日，上

---

① 作者根据上海证交所官网信息整理而得。

海证交所官网公布了 9 家科技企业并附上了这些公司递交的招股书材料，分别是晶晨半导体、睿创微纳、江苏天奈科技、江苏北人机器人、利元亨、容百科技、和舰芯片、安翰科技和科前生物。据统计，这 9 个项目拟合计融资金额为 109.88 亿元。

通过相关背景调查可知，这 9 家企业覆盖芯片、智能制造、医药、锂电池、新材料 5 个领域。从行业数量来看，芯片公司成为首批申请企业中的最大赢家，共有晶晨半导体、睿创微纳、和舰芯片 3 家企业。

 案例分析

风险资本退出①

深圳市大族激光科技有限公司（以下简称"大族激光"）是由深圳市高新技术产业投资服务有限公司（以下简称"高新投"）和深圳市大族实业有限公司共同发起的高科技企业。其主要从事激光加工设备的研发、生产和销售。该公司是我国工业激光设备制造业的开拓者，是亚洲最大、国际知名的激光加工设备生产厂商，同时也是深圳国家科技成果推广示范基地重点推广示范企业。

1998 年，学激光制导的高云峰创办了大族激光实业有限公司，专门生产激光雕刻机。创业时高云峰把自己的房子、车子都算进了公司，注册资本只有 100 万元。在深圳上步工业区 200 平方米的办公室里，他和 20 多个员工一心想做中国激光雕刻机市场的主人。

当时，大族激光实业有限公司在经济上遇到了困难，找到了以担保为主要业务的高新投，但因为其净资产只有 100 万元。按规定，高新投无法对其提供担保，但在双方的接触中，高新投的决策者发现，这是个好项目，因为这个产品有一个扩张性的市场。而且，大族激光实业有限公司具有技术上的核心竞争力——拥有自主知识产权的软件。经过详细地调查和分析，高新投终于"动心"了。

如果 1998 年底高新投就投资 200 万元给高云峰的话，那么其可以占公司 51% 的股权，但到 1999 年 4 月正式投资的时候，为了占 51% 的股权，高新投必须投资 438.6 万元，4 个月的时间大族激光的市场价值就增加了 200 多万元。最后经过慎重研究，高新投还是将资金投给了大族激光。

这笔风险资本虽然数量不多，但恰如及时雨，对大族激光的发展起到了至关重要的作用。投资当年，大族激光就在产品开发、生产和销售等方面呈现出飞速发展的势头。到 2000 年，全年销售额突破了 6000 万元人民币，2001 年销售收入更是突破了亿元大关。鉴于大族激光已经进入成熟期，高新投决定退出，以便将变现的资金资助更

①　胡海峰．风险投资学［M］．北京：首都经济贸易大学出版社，2022：192 - 193.

多嗷嗷待哺的高新技术创业企业。然而，如何退出成为高新投决策者们面临的难题。IPO 在当时显然还遥遥无期，而且上市公司股票不能全流通也阻碍了股权变现；虽然可以考虑 MBO 或者转售，但没有可以参考的价格，变现收益难以保证。最终，高新投决策者决定在深圳市产权交易中心挂牌交易，让市场为大族激光定价。

2001 年 4 月 4 日，随着拍卖师的一声锤响，深圳高新投拥有的 46% 的大族激光股权，由大族激光创始人以 2400 万元人民币的价格成功回购。这是深圳市个人购买国有股权成交额最大的一宗案例。回购完成后，高新投仍保留了 5% 的股权。

高新投退出后，仍然为大族激光提供了总计 4000 多万元的贷款担保。但这时的大族激光已经不再为资金发愁，不仅股东多了起来，融资渠道也越来越宽，诸如中小企业担保中心、银行等都纷纷为其担保或直接贷款。2001 年 9 月，大族激光成功实行了股份制改造，吸纳了红塔集团、华菱管线、招商局集团等机构投资者。2004 年 6 月 25 日，大族激光成功在深圳交易所上市，成为深圳中小企业板开市以来首批上市的 8 家企业中的一员。

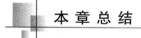 想一想

1. "高新投"为什么会选择退出？退出有什么作用？
2. IPO 退出方式有何缺陷？

本 章 总 结

复习要点

创业投资的过程分为四个阶段：资本募集、对象选择、增值服务、资本退出。

9.1　创业投资资本的募集

创业投资家从原始投资者处募集资金，形成创业投资资本。

创业投资的资本来源主要包括养老基金、捐赠基金、公司、金融机构（银行、保险公司等）、政府、私人投资者（富有个人与家庭）等。

创业投资机构的组织形式包括：有限合伙制投资基金、大公司或金融机构附属子公司、创业投资公司、政府背景创业投资机构、创业投资信托、孵化器、个人投资者等。概括地讲，可以分为有限合伙制和公司制两种组织模式。

9.2　创业投资对象的选择

创业投资家要通过一套行之有效的决策体系，对拟投资对象进行审查与筛选，并充分考虑风险收益原则，选择最优项目。选择方法主要包括：根据企业所处成长周期确定标准；根据投资评价指标体系确定对象。

作为创业投资方最为关注的因素——创业企业管理团队，应依据评估的注意事项和标准，特别加以评价。

9.3　创业投资的增值服务

增值服务是创业投资区别于其他投资方式的重要特征，是指创业投资家向创业企业注入投资资本后，提供的一系列投后服务。优质的增值服务可以实现投资双方的互利共赢。

高风险性、委托—代理问题以及知识的专用性，决定了增值服务的必要性。

创业投资家提供的增值服务的具体内容，从面向创业企业内部的帮助和外部资源的引进两大类展开。

9.4　创业投资资本退出

作为创业投资运作的最后一个环节，创业资本的退出是实现资本增值的唯一途径。

出于退出动因的考虑，创业投资家在必要的时候通过退出机制实现创业资本的退出。退出策略主要涉及退出时机和退出方式的选择，以及是全部退出还是部分持有。

科创板和注册制作为我国资本市场增量改革和带动存量优化的重要举措，能够助力我国创业投资业的持续健康发展。

关键术语

创业投资基金	创业投资公司	私人投资	养老基金
捐赠基金	创业投资	母基金	激励机制
约束机制	投资信托	有限合伙制	普通合伙人
有限合伙人	公司制	道德风险	资源禀赋
人力资本	增值服务	委托—代理问题	信息不对称
退出机制	科创板注册制		

 思考题

1. 创业投资资金来源包括哪些？作为吸收原始投资者资金的创业投资机构，其组织形式有哪几类？各有什么特点？

2. 假设你是一个私人投资者，你更倾向于将资金托付给公司制创投机构还是有限合伙制创投机构？为什么？

3. 如何基于风险收益原则对投资对象进行全面评估以进一步确定合适的投资对象？

4. 假设你是一个创业投资家，在确定"主赛道"后，你的理想"赛手"（创业企业管理团队）是怎么样的？

5. 什么是创业投资增值服务？具体包括哪些服务内容以及服务特点？

6. 假设你管理的一家创投机构正准备对一家创业企业进行投资，是什么因素促使你对其提供增值服务？

7. 在什么情况下，创业投资家会选择资本退出而不是继续持有？

8. 你认为科创板和注册制对创业投资业有何现实意义？如果你管理着一只创业投资基金，科创板 IPO 将成为你实现创业资本退出的主通道吗？

第 10 章

创业投资项目选择

【学习要点及目标】

通过本章学习，了解创业投资项目选择的具体过程；掌握筛选创业投资项目的标准和方法；掌握创业企业估值的一般方法以及投资交易设计的基本内容。

 案例导读

"中创投资"的成功之道[①]

中国创业投资有限公司（China Vest，以下简称"中创投资"）成立于 1983 年，是一家著名的专注于投资中国的美国风险投资公司。自成立以来，中创投资旗下的 5 个基金共管理超过 3 亿美元的资产，在大中华地区进行创业投资，投资额从 300 万到 1500 万美元不等。

多年的投资经验，使中创投资形成了一套成熟的审查流程。在考虑投资一家创业企业时，中创投资会仔细地评估该企业家和他的管理团队，包括企业家的经验、专业知识、个人品格以及对公司的担当，并且要清楚地了解企业的目标和未来的发展方向。同时，财务信息在其决策过程中也有着非常重要的作用。他们需要该创业企业过往业绩的财务资料，未来增长的预测以及这些预测背后的假设，有关该企业运作情况的资料——尤其是业务报告、财务控制等。总而言之，中创投资做出投资决定前所需要审查的资料主要有：以往的财务报表；商业计划书；财务预测；市场分析；产品或服务评审；管理层的背景；咨询人的信息等。

实务中，对每一个投资机会，中创投资都会组织一个专门小组负责深入研究。并且，在每一项投资之中，中创投资更倾向于担任主要创业投资家的角色。当出现潜在

[①] 案例改编自：曹月佳. 做好创业投资的三大经验之谈［J］. 国际融资，2017（12）：57－58.

的投资对象时，中创投资便会对目标企业的财务状况、市场、产品、竞争对手以及管理人员的经验等进行深入评估。在深入评估的过程中，投资小组会用相当多的时间与被投资企业的管理层进行对话交流。在筛选出最终的被投资企业后，中创投资会按照先进资本市场的标准制定详尽的投资契约，一般来说，这包括一份投资协议书、一份股东协议书和管理人员的雇用合约。中创投资也会委派一位高级人员作为被投资企业的主要联络人，他将代表中创投资参加企业的董事会，负责协助企业的管理层经营该企业。中创投资认为优秀的管理人员是创业企业成功的关键。因此，他们强调把管理人员视作合作伙伴，实行激励机制的政策，如派发红股等，以此鼓励表现卓越的管理人员。另外，中创投资要求被投资企业定期且及时地提供业务和财务两个方面的报告。这些报告一方面使中创投资能够监察被投资企业的业务进展，另一方面也反映了在哪些地方、哪些领域中创投资可以为被投资企业提供最有效益的帮助。

❓ 想一想

1. 中创投资是如何对企业进行投资分析的？
2. 中创投资认为"优秀的管理人员是创业企业成功的关键"，你认同该观点吗？

10.1 商业计划书

在市场经济环境下，资本的趋利性决定了只有更优的投资项目才能被投资者接受并取得融资。而对商业计划书进行初步筛选和重点审查是创业投资家的项目选择中最为基础的一环，它实现了项目由广泛受理到重点考察的转变。因此，作为创业者的行动指南和创业投资项目筛选的重要依据，商业计划书已经变得越来越重要。

10.1.1 商业计划书概述

1. 什么是商业计划书

商业计划书是企业为了达到招商融资的目的和实现其他发展目标，在对项目进行调查研究、分析论证的基础上，根据一定的格式和内容要求编写的，向投资者全面展示企业或者某项融资项目的现状和未来前景的研究论证报告。商业计划书基于客观的数据对企业的市场机会与竞争威胁进行分析，并强调产生经济效益的能力，是创业企业经营活动的蓝图和行动纲领，也是指导企业招商引资及说服潜在投资者对项目进行投资的重要商务活动指南。不同于财务报表或者项目建议书和项目可行性研究报告，它不仅要求全面地考虑问题，而且注重可操作性。

对创业企业而言，商业计划书既是一份缩写的经营计划和发展战略，同时也是一份向投资者展示企业或者某个拟建项目的宣传资料。因此，它重点展示的内容是公司凭借什么作为核心竞争力，如何取得经营成功并获取投资收益。一份高质量的、富有说服力的商业计划书不仅是企业发展的核心管理工具，也是企业经营者素质的体现，将助力创业企业顺利获得创业资本。对创业投资公司而言，商业计划书传递了创业企业的主要信息。创业投资公司根据这份申请文件通过一定的评估程序对该项目进行评价，并依据评估结果决定是否跟该创业企业进行进一步的接触。

关于商业计划书的实用性方面，虽然有部分学者提出质疑，但依然没有影响商业计划书在企业的应用。商业计划书之所以重要不仅仅是因为相关投资者的需要，更因为它是引导公司和梳理公司发展思路的重要材料。王仕达（2012）在《商业计划书写作研究》中提出：首先，商业计划书是写给风险投资者的，如今越来越多的企业理解了商业计划书对企业的重要性，但是，他们忽略了一点，商业计划书不仅仅起到融资的作用，还对企业的发展有着指导的作用，换句话说，商业计划书是写给企业自己的。舒国义（2019）从创业角度将"商业计划书"界定为一份全方位的项目计划。

创业团队根据自己的创业计划着手编制商业计划书时，可以参考本书的基本框架，可以针对创业项目的特点对部分章节做适当的调整和增删，展示项目的特色之处。其基本框架如图 10 - 1 所示。

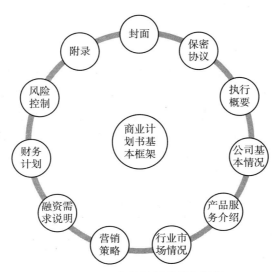

图 10 - 1　商业计划书基本框架

2. 商业计划书的特征和6C原则

从总体上看，一份好的商业计划书应从投资者的需求角度出发，突出企业的竞争优势和投资者的利益，同时也要注重项目的可操作性。商业计划书一般具有以下特征。

（1）内容完整。

其包含的要素全面，力求为投资者提供评估所需的各种信息。例如，摘要、公司或项目介绍、产品与服务、市场调查和分析、公司竞争战略、总体进度安排、风险分析及对策、管理团队、经营状况分析及财务预测等。

（2）条理清晰，风格统一。

商业计划书要写得通俗易懂、简单明了，避免长篇累牍或使用过于专业化的术语，前后内容要让读者阅读起来条理清晰。同时各要素要相互呼应，使整份商业计划书风格统一，前后逻辑合理一致。

（3）论证客观。

所有财务数据的预测和分析结果都要保持客观性，包括客观的调研数据、科学的论证工具的应用等。通常损益、现金流量、资产负债等预测表，应在过往的真实数据以及对未来可能存在的各种经营环境的充分认识的基础上，依据科学的预测方法得到令人信服的论证结果。

（4）亮点突出。

创业投资家关注创业企业的亮点价值，主要包括技术的创造性、产品和服务的独特性、市场的竞争力以及成长潜力等。因此，为了快速吸引创业投资家的目光，商业计划书应主要突出项目和商业模式的特色与价值，力求在简短的描述中充分体现出项目的发展潜力。

（5）分析全面。

商业计划书不仅需要分析投资项目的预期收益，更应该全面地分析潜在的风险大小。对项目前景的一味乐观，容易令人产生不信任感。一份高质量的商业计划书还应该对未来的市场竞争有清醒的认识，全面地评估项目可能存在的系统或非系统的风险，并做出相应的风险准备计划。同时也必须明确地提供资本退出方案，了解创业投资家的需求。具体的6C原则总结如表10-1所示。

表10-1 商业计划书的6C原则

项目	注释
concept（概念）	让别人明白你的创意，即创办企业的卖点是什么
customers（顾客）	有明确的目标顾客群体，比如说项目的目标顾客是青春女性，则需要界定青春的范围，在多大的年龄段属于青春女性
competitors（竞争者）	该项目的产品是否有人卖过？是否存在替代品？还需要明确与竞争者的关系，是直接竞争还是间接竞争等

续表

项目	注释
capabilities（能力）	该项目你具备了哪些能力？哪些是你的核心能力，是你所独有的而竞争对手不具备或者短时间内不可模仿的？还要说明哪些能力（如管理能力、技术能力、生产能力等）是你的优势能力
capital（资本）	资本可能是现金，也可能是有形或者无形资产。要清楚资本在哪里，有多少，自有的部分有多少，可以借贷的部分有多少
continuation（持续经营）	发展事业既要有短期的经营计划，知道今天明天、这周下周、这月下月、今年明年要做什么，还要有一个长期的战略规划，即在较长的一段时间内我们的经营目标和发展方向

符合以上 6 个条件对商业计划书而言至关重要，因为商业计划书是企业的管理团队和企业本身给风险投资方的第一印象，其目的就是提供给风险投资者和一切对投资项目感兴趣的人，向他们展示项目投资的潜力和价值，向投资人介绍风险企业的产业和商业环境、市场分析和预测、主要风险因素、管理人员队伍、财务信息、投资建议等各方面的情况，以便投资人对企业或项目做出评判，从而使企业获得融资。同时，一份好的商业计划书也可以使企业全方位地认识自己的经营战略目标和经营管理的方方面面。

10.1.2　商业计划书的结构和内容

1. 摘要

（1）摘要的概况。

商业计划书的摘要是创业投资家最先看到的内容，它浓缩了整个商业计划书的精华，集中、全面地反映该投资项目的面貌，是整个商业计划书的核心部分。该部分是对整个计划的概述。在对商业计划书进行初步筛选的时候，创业投资家通常只阅读摘要部分。因此，作为整个投资项目给投资者的第一印象，商业计划书的摘要必须具备两个特点：一是简短，连摘要都长篇累牍的商业计划书是风险资本家不感兴趣的，在初步筛选时他们也没有充分的时间去阅读这样一份详尽的摘要，因此，摘要的篇幅一般控制在 2000 字左右；二是生动，它必须让创业投资家有兴趣并且渴望获得更多的信息。在创业投资机构广泛受理的投资项目中，仅有 10% 的商业计划书会被创业投资家进行详读，因此，摘要的质量决定了商业计划书能否吸引创业投资家进一步阅读。在简明生动的同时，摘要还应充分体现该投资项目的优势，让创业投资家觉得有利可图，从而对项目进行进一步了解，进而进行投资。

（2）摘要的说明。

①公司概况。公司的名称、地址和电话号码要作为摘要的第一项内容，并且在联

系方式中要指定联系人，联系人要值得信任和便于联系。要避免发生这种情况：一个很有价值且很被创业投资家看好的项目却因为找不到公司的地址和联系方式而被放弃。同时尽量简洁地介绍一下公司成立的日期和情况、发展历史、对公司未来发展的预测、本公司与众不同的竞争优势或者独特性等。

②业务类型。简单明了地说明企业的业务类型，让创业投资家有个大概的了解，必要时可说明一下业务的发展阶段。

③管理人员。在创业投资家考察创业企业时，"人"通常作为一个重要的考察因素，但是对管理人员的介绍不是计划中的重点和详细阐述的部分，因此摘要中信息不宜太细，主要说明管理人员拥有的丰富经验。

④产品和服务竞争优势。简短地描述产品或服务，如果产品或者服务具有唯一性，要重点突出说明；不具有唯一性，则要说明该产品为何远远超过现有的产品或服务，以及在此行业中的竞争力。这部分应简短，但应当把过去所有的成功，或者是公司所开发和销售的、有助于其未来发展的产品或服务描述清楚。

⑤资金需求。说明融资企业当前资金的运用情况，现有的资本结构；筹集资金的理由；筹集资金的数目，一般要求列出精确的数据而不是大约的区间；筹资方式，如果拟寻求债务投资，说明能否提供贷款的有效抵押，如果拟寻求的投资形式是弹性的，不必急于详细说明，仅需补充说明有一定弹性。

⑥财务计划。在计划书的后面部分会对融资企业的资金运用计划和财务计划进行具体阐述，因此此处只要求按照一定的格式如实、简略地填写，但是财务预测要保证数据的真实性和可靠性，并且要特殊说明是否支付薪金、购建设备、支付应付款等内容。

⑦退出机制。创业投资的目的并不是占有风险企业，而是获得投资收益，因此，在一定的投资年限内，创业投资家要求能够顺利退出。一般投资年限为 3～7 年，创业投资家通过股权转让或者企业上市等方式退出创业资本。如果不能提供合适的退出机制，创业投资家不会愿意进行创业投资。

2. 产品和服务

创业企业家必须将自己的产品或者服务创意向创业投资家进行详细介绍。投资者关心的是投资创业企业能否获得高额的投资收益。高额的投资收益来源于企业销售产品或服务的利润，而产品或者服务能否带来高额利润则在于它能否解决现实生活中的问题，能否为顾客节支开源，是否具有无可比拟的经济性从而获得市场认同。在这部分中，企业家要对产品做出详细说明，应当更加清楚地界定公司将要开发和销售的产品。并且在写作的时候，不仅要准确，还要通俗易懂，用普通人士而非专业人员的语言进行描述，因为风险投资家不一定就是该行业的专业人员。一般建议附上产品原形、照片或其他介绍，以更好地让投资者了解企业的产品和服务。这部分的主要内容有以下几点。

（1）竞争优势。

产品和服务的功能和将为客户提供的价值，与竞争的同类产品相比的额外价值以及具有的竞争优势。

（2）技术优势。

技术优势包括产品的研发过程，现在处于生命周期的哪个阶段，其核心的特点是什么，知识产权问题等。并且还应介绍未来研究开发新产品的目标、所需资源、企业应对技术挑战的能力以及创新所带来的优势。

（3）未来的发展。

这部分包括产品的市场前景和竞争力、产品更新换代的需要以及出现竞争性技术的可能性等内容。

3. 市场和营销策略

（1）市场。

选择一个合适的、有发展前景的行业，并且在该行业结构中占有一个合适的位置，对风险企业的发展而言是至关重要的。因此准确的市场定位也成为吸引投资者的一个关键因素。

①行业市场分析。这部分的内容主要包括对企业所在行业进行介绍，全行业的销售额如何，发展现状和发展速度如何，其发展的主要驱动因素是什么，技术创新怎样推动整个行业的发展，经济环境和政府政策将如何影响行业发展，以及对行业发展前景和趋势做出预测。

②目标市场分析。目标市场分析主要是对产品的预计销售额、增长率及产品或服务的总需求等做出有充分依据的判断，并通过市场细分具体阐明在每个细分市场的销售目标，以及计划占有的市场份额和利润。为了让投资者信服，要求对计划的可行性及其影响因素进行具体分析，要有充分的事实和理论依据来说明企业市场目标的合理性。

这部分的目的是使创业投资家了解和熟悉风险企业所在市场的性质和潜力。如果是具有革命性质的创新产品，还应该包括市场研究报告、对市场的预期容量和潜力的分析。创业企业在该部分的阐述中，最容易产生的错误就是对市场的细分定位模糊，不够明确，从而让投资者怀疑市场分析的结论和计划是否科学合理。除此之外，市场分析所搜集的数据和资料应该客观真实，分析应该全面周到。市场分析是客观、系统地收集、分析、解释有关资料，并将其转化为营销决策所需信息的活动。进行市场分析时，必须运用科学的方法，符合科学的要求，以求实现在市场分析活动中的各种偏差最小化，保证所获得信息的真实性。对市场的预测应建立在严谨、科学的市场调查的基础上。面对变幻不定的市场，创业企业如果在错误的数据基础上进行分析，或者没有正确地认识市场的特征，进而采取错误的市场战略，那么最终将导致经营的失败。例如，如果只能从规模小于平均值的客户处才能获得较令人满意的利润，而当前

70%的销售额都集中在五个大公司，那么公司的目标客户群就只能代表不到30%的市场。如果没有识别出打入这些大公司市场的困难和障碍，而目标又是整个市场，就会使公司的营销策略受阻。

（2）竞争。

在这部分主要分为两方面。首先，对当前的竞争对手进行分析，确定哪些企业或者产品和服务是本企业的竞争者，其实力和发展潜力如何，并且在产品和服务上与竞争者进行比较；其次，预测现有竞争者可能会做出的反应、未来新的竞争者加入的风险，以及竞争对手的策略等。

对于任何公司而言，竞争的性质、强度和能力都是发展的关键，因此，在任何计划中都应该强调一个企业的核心竞争力。所谓核心竞争力是指企业在市场竞争中所拥有的能够战胜竞争者、获取利润、谋求生存，并且得以持续发展的独特能力。企业的核心竞争力关系着企业经营的成败，对自己核心竞争力的准确认识与对竞争者实力的估计和预测是企业制定市场战略时不可忽视的内容。尤其在小型公司或新兴企业进入由规模大、实力强的竞争者占据统治地位的市场时，这显得更为重要。而企业在对市场竞争的分析中，常常会高估自己的竞争实力，低估自己的弱点和不足，并且还有可能未考虑潜在的新对手，对已有竞争者的竞争策略估计不足。当新产品直接威胁到竞争对手的生存时，企业可能要为这些错误付出极为高昂的代价。

（3）营销。

营销是指以顾客为中心，企业所进行的有关产品生产、流通和售后服务等与市场有关的一系列经营活动，这一系列的活动围绕产品（product）、价格（price）、促销（promotion）和渠道（place）四个方面展开，在市场营销学中被归结为"4P"。这部分主要内容包括：产品或服务的市场定位、价格定位、售后服务和技术支持策略、促销方式、分销渠道、销售队伍的规模和地域分布、销售队伍的预期效率、销售队伍的回报机制以及客户调查等。

任何企业都需要制定一个独立、详尽的营销计划来指引行动，只有有了明确的目标意识，才能够明智地采取行动，在营销活动中获得成功。企业的营销计划可以附在商业计划之后，使有关营销和销售的部分能概括该领域的总体目标。这些目标应该是现实可行的，并且与上述的市场分析相一致。至于企业销售计划的有关细节，一般不必详细介绍，但在制定销售计划时，应该对所有因素都进行分析。很多企业并不注重营销策略的制定，而是通过预先设想在既定的市场规模中占有一定份额的方法来估计和预测销售的可能情况，这不利于企业展开市场营销、提高市场占有率、挖掘潜在市场、开拓新市场。

4. 生产

这一部分包括的主要内容有：重要的厂房和机器设备、生产资料来源、生产能力、关键的专利技术、开发新产品和服务的潜力以及生产过程的特性和运转情况等。

高效率的生产是企业成功的关键。因此，在商业计划书的这一部分中，应当对生产设施、生产过程、生产特性和范围进行阐述，并且重点介绍将对未来发展起关键作用的部分，比如强调企业在该领域内具有的竞争优势。同时，企业在生产方面存在的重大问题以及计划如何解决的措施，都应该予以提及，详细可行的解决计划能给企业的评估加分。

5. 管理团队

优秀的管理团队对一个企业的重要性怎么强调都不过分。在商业计划书中，要分两方面对管理团队进行介绍：首先，要阐明主要董事成员和经理人员的经历背景、能力经验和相关职责；其次，管理团队是作为一个整体发挥作用的，要强调其团队精神，其管理结构、权力制衡以及未来招募、吸收和留住管理人员的策略等都是需要进行介绍的内容。在撰写本部分时应该注意的是，这只是一个概述，对股份结构和管理结构的分析、非经理和股东的详细介绍资料、关键管理人员的个人情况都可以留到商业计划书的附录中进行阐述。本部分应该着重强调的是与企业未来的成功休戚相关、能给企业评估增值的关键人物的成就和经历。

6. 财务

财务对一个企业至关重要。商业计划书中对财务方面的介绍包括历史和当前情况的介绍，以及对未来财务情况的预测及计划。对有一定经营历史的企业，要阐明一下最初和现在的资本结构，并且要分析主要的财务报表，即现金流量表、损益表和资产负债表；对任何企业的商业计划书，都要进行企业预算和控制过程分析、企业各项预测分析，说明所需要筹集的资金数额、年限、用途，以及计划进行的后续融资情况等。这部分内容可长可短，其详略程度常常决定了一份商业计划书的长度。一般来说，企业的财务预测报告还应该作为独立的部分在附录中展示，撰写这部分时应注意以下几点。

首先，从财务管理的角度来说，作为最具有流动性的资产，现金流量是企业的生命线，常常被认为比利润还要关键。即使生产销售良好的企业，也有可能因为应收账款太多、资金周转不灵而导致经营失败。因此，周详地计划流动资金的流入和流出，严格控制资金流动过程，对一个企业来说至关重要。流动性预测应依据标准会计形式和原则进行，可以向专业会计、财务人员请教或加入有此方面专长的小组成员。

其次，对关键数据的预测要准确，其来源要清楚。如对销售收入、成本及费用、净利润的预测要准确，不仅仅要关注具体的数字，那些隐藏在数字背后的财务内容更应该给予关注。对没有历史数据和方式可以参考的对象，更要考虑全面，力求预测准确。如一项新技术或创新产品不可能参考现有市场的数据、价格和营销方式，所以风险企业要自己预测所进入市场的成长速度和获利潜力。

7. 机会和风险

这部分要求创业企业对自身面临的发展机会和风险有清楚的认识。其内容包括企业还有哪些发展机遇，未来企业面临的最主要的发展机会是什么，企业能否抓住该机会，怎样利用这些发展机会，达到怎样的发展水平。同时，要将企业面临的各个方面的风险一一列出，明确主要风险，并且做好最差、一般、最好这三种情况的预测，指出面对这些风险时，企业会做出哪些反应，对不同的情况会有怎样的应对措施。在商业计划书中对风险问题进行充分估计，并且有明确的对策，大大有利于风险的识别和控制。相反，如果在商业计划书中回避风险问题，创业投资家有可能认为该企业对风险没有清醒的认识，或者没有有效的应对措施，企业在未来防范和化解风险时将会产生困难，严重时甚至可能危及企业的生存和发展。

10.1.3　基于商业计划书的项目评估

资本的趋利性决定了风险投资公司所追求的是创业企业因技术或服务创新带来的高额利润，同时，风险与收益的正相关关系意味着创业投资的高额利润回报所隐含的高风险性。因此只有筛选出有效的投资项目才能最大限度地实现风险投资的收益，而对商业计划书的可行性进行评价是现阶段筛选投资项目的主要标准。由于创新企业的经营业务具有特殊性，无法沿用成熟企业的基于内在价值的评估方法，以下就商业计划书的一般评估过程做简要介绍。

首先，对商业计划书概要进行评估。大多数创业投资机构的投资战略都是专业投资于某几个产业领域，对战略方向之外的项目一般不会投资。由于投资方向的专一性，使得创业投资机构对所投领域具有十分敏锐的判断力。所以通过对商业计划书概要的初步评估，通常可大致判断这个项目的价值性，若这个项目描绘了较大的投资回报前景，则可继续往下评估。

其次，评价商业计划书的整体可行性。一份投资项目计划是由多个部分前后联结在一起形成的，商业计划书撰写者会将各部分最诱人的内容呈现给阅读者。在评估商业计划书的整体可行性时，风险投资公司需要判断其各部分内容是否相互协调支持且符合逻辑。如果整体逻辑很差，只是一味地拼凑投资前景而缺乏一定的说服力，这样的项目的投资风险是很大的，不值得进一步接触。但对逻辑合理的计划书，风险投资公司可以继续进行下一步评价。

最后，回到各组成部分上进行具体环节评价。这里创业投资机构可借鉴流行于欧洲的科技风险评级体系的方法，以市场为导向完成对投资项目的评价，其具体框架如图 10-2 所示。

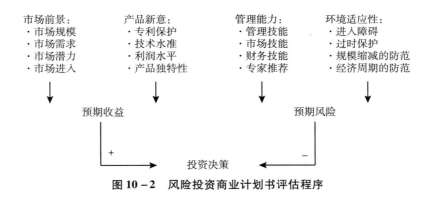

图 10 - 2 风险投资商业计划书评估程序

在实际评价中，创业投资机构根据以往的投资经验先对这 16 个细分组成部分分别赋予权重，再基于对各细分部分的分析结果给予相应评分，并作为该部分的评估基础：四分（优秀）、三分（良好）、二分（一般）、一分（较差），然后将各部分的评分乘以对应的权数后进行加总，计算出 4 个大类（市场前景、产品新意、管理能力、环境适应性）所对应的预期收益和预期风险结果，作为其决定是否进一步接触该投资项目的指标。创业投资机构通常会依据自己的风险收益偏好设置一个评分基准点，对高于此基准点的投资项目进行深入了解，进一步判断是否值得投资。

【案例 10 -1】 爱彼迎（Airbnb）的商业计划书[①]

爱彼迎成立于 2008 年，其早期的商业计划书简单明了，只有 14 页 PPT，却清晰地阐明了商业模型和能够解决的问题。而现在的创业公司动辄数十数百页的商业计划书，文字繁多却条理不清，让投资人看得云里雾里。2011 年之前爱彼迎天使融资使用的商业计划书中融资需求为 50 万美元。正是凭借着成功的天使轮，爱彼迎发展成为如今 250 多亿美元市值的公司。

早期的爱彼迎的商业计划书主要有以下特点：简要描述产品用途，不需要花哨的修饰语；找准当前市场用户的痛点并提出解决办法；用相关网站的数据验证市场可行性；罗列出市场规模；展示其已上线的产品；有清晰的盈利模式；了解自己的竞争对手；分工明确、职能互补的核心团队；清晰的融资条件和目标；展示出自己的秘密武器——和别人不一样的地方。当然，随着公司的发展，会有更多的报表、更多的产品展示和更复杂的内容需要呈现。正是凭借着他们优秀的商业计划书和团队成员的不断努力与创新，才有了今天成功的爱彼迎。

---

① 案例改编自：姚晓芳. 一份成功的商业计划书 [J]. 经济管理，2000 (10)：38 - 41.

10.2 企业价值估值

商业计划书的初步筛选可以为创业投资机构提供更为精准的投资范围。但由于创业投资家与创业者存在严重的信息不对称，对创投机构而言，仅凭借商业计划书选择投资项目具有一定的片面性，不能客观地反映拟投资项目的真实价值。因此，创业投资家需要对拟投资项目进行尽职调查，根据各种客观信息来全面、准确、深入地了解投资项目，并依据所获信息对拟投资对象进行价值估值，尽可能得到科学的投资依据。所谓尽职调查，是指创业投资家在投资前对目标创业企业的现状、前景进行的一系列独立调查，其实质是通过对企业价值和投资风险的评估来最终确定投资项目。

10.2.1 尽职调查的方法

尽职调查的核心是通过调查分析来评估投资项目的收益和风险，为是否进行项目投资提供判断依据。对于每个拟投资项目，创业投资家都必须深入细致地做好尽职调查，科学地评估各种潜在风险及其可能的发生概率，客观评价每一种风险对投资收益的影响。在此我们将尽职调查分为三个层次（见图 10-3）：第一个层次是一般询问，主要是对考察项目的基本情况进行全面了解；第二个层次是业务调查，主要考察该项目的市场前景、产品与服务、商业模式情况；第三个层次是管理考察，主要考察创业企业的管理团队。一般而言，创业投资家会通过与管理团队交流、询问相关人士以及对创业企业实地调研等方法进行调查，从而对投资项目的产品、服务、技术、市场、管理、财务等方面做出客观分析。

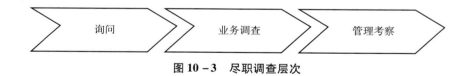

图 10-3 尽职调查层次

1. 与管理团队接触

一般而言，管理团队是商业尽职调查最重要的考核指标之一。人力资本质量的好坏是决定创业投资增值大小的关键因素，因此在商业尽职调查中，投资者更看重"人"的质量。"宁投一流团队加二流技术，也不投二流团队加一流技术"是创业投资的金科玉律。创业投资家之所以对管理团队如此看重，是因为在激烈的外部竞争中，创业者制定的企业战略对投资项目的成功具有至关重要的作用。通过与管理团队交流，创业投资家可以大致了解创业企业管理团队的素质，初步判断管理团队对项目前景的信心以及处理特定事件的能力。

2. 咨询相关知情人员

相关知情人员是指熟悉创业企业情况以及创业投资家认为有必要询问的其他人员。对于处于不同阶段的目标企业，创业投资家所侧重的咨询对象也应有所不同。为了更好地了解处于初创期的风险企业，投资家们主要咨询的对象应当是创业企业主要管理人员过去的雇主和商业伙伴，咨询内容的重点为管理人员的从业经历、工作能力和个人品行等；对于处于成长期的风险企业，主要咨询对象则为企业股东、主要客户、供应商、债权人等利益相关者，甚至可以包括与其产生过业务联系的律师事务所、会计师事务所等中介机构，询问的重点应是企业的经营状况、财务状况、法律纠纷等。

（1）创业者过去的投资者和业务伙伴。

了解创业者过去的合作伙伴和投资者们对创业者的评价，对创业投资家而言相当重要。例如，了解前投资者终止投资的原因、合作伙伴终止合作的理由等。创业投资家应做到兼听则明，对他们给出的有利和不利评价进行客观分析，得出对创业者的客观评价。

（2）当前或潜在的客户。

通过咨询当前或者潜在的客户，考察产品或者服务是否具有足够的市场容量、该行业的进入壁垒和扩张潜力、市场的发展趋势、客户对产品或者服务的建议或意见等。通过这些内容的调查，加深创业投资家对创业企业的产品和服务的了解，投资者们对未来的经营预测也将更具参考价值。

（3）供应商。

通过咨询原材料和设备的供应商，了解原材料和机器设备供应是否具有保障、这些设备的先进性和竞争力如何以及设备的价格水平和预期走势。并且在同创业企业上游供应商的接触中，还可以获得关于企业偿付能力、诚信度等关键信息。

（4）专业人士。

在产品方面，可以通过咨询产品专家或者技术人员，了解拟投资公司产品的性能、技术水准、创新性、该产品更新迭代的速度、行业和技术的发展趋势等方面的内容。同时，一个值得信任的企业通常都会与银行、会计师、律师等机构保持良好的合作关系，创业投资家通过咨询这些相关机构的人员，可以了解企业过去的融资、偿债、资信状况以及财务报表的真实性，还可以掌握专利、案件诉讼等方面的情况。

（5）企业的竞争对手。

竞争对手通常对拟投资创业企业产品的特点、技术水平、竞争优势、市场占有率以及管理者素质等有所研究。所以，创业企业竞争对手的评价也具有重要的参考价值，可以从另一侧面有效地反映创业企业的情况。

（6）其他创业投资机构。

各个创业投资机构具有不同的信息优势。如果与其他创业投资家进行联合投资，投资家们则应互相分享有关创业企业的信息，并且充分考虑其他创业投资家的看法，从而对创业企业的现状和发展前景做出更全面、更准确的评估。

3. 实地考察

创业投资家在进行尽职调查的时候，对创业企业的实地考察是必不可少的。创业投资家直接到创业企业的生产经营场所考察生产设施、工艺流程、研发状况等情况，了解企业销售渠道的构建，调阅企业既往的财务资料和已签署的法律文件，并与公司不同层级的员工交流沟通，达到核实商业计划书中所陈述的资产状况、市场销售、研发进展真实性的目的，并且对管理团队的经营能力和管理水平形成客观的评价，揭示创业企业或有的财务和法律风险，进一步发掘企业的潜在价值。

在创业投资的实践过程中，创业投资机构会根据以往的工作流程，针对不同投资项目的具体情况，灵活选择不同的尽职调查方式。但无论采取何种方式，其目的都是尽可能充分地获取创业企业的真实信息，并将实际取得的信息与商业计划书上的相关内容进行对比分析，从而形成对企业的真实状况、发展潜力和内在价值的整体评估，为创业投资机构的投资决策提供可靠的依据。

通过尽职调查还可以使买方尽可能地明确有关拟购买的股份或资产的全部情况。从买方的角度而言，尽职调查发挥着风险管理的作用。对买方和他们的融资者来说，并购本身存在着各种各样的风险，比如目标公司过去财务账册的准确性，并购以后目标公司的主要员工、供应商和顾客是否继续留存，是否存在任何可能导致目标公司运营或财务运作分崩离析的义务等。因此，买方有必要通过尽职调查降低买卖双方的信息不对称程度。一旦通过尽职调查明确了存在的风险和法律问题，买卖双方便可以就有关风险和义务的承担进行谈判，同时买方也可以决定在何种条件下继续进行收购活动。

10.2.2　企业估值方法

企业价值估价作为一种经济估值方法，其目的在于分析和衡量企业（或者企业内部一个经营单位、分支机构、投资项目）的内在价值，通过估值实现价值发现，有助于投资人和管理层决策的调整。一些专家学者对企业价值及估值有以下观点。周松和冉渝（2018）为了验证企业税收规避程度与企业价值之间的影响关系，选取了2008～2015年沪深 A 股的上市公司为样本，通过实证发现两者之间存在负相关；王晓巍和陈逢博（2014）在研究创业板上市公司股权结构与企业价值时，总结得出衡量企业价值的指标通常包括财务绩效指标、托宾 Q 值和经济增加值；田月昕和冯庆花（2014）在研究研发支出与企业价值关系时，选取净资产收益率作为企业价值的替代变量，得出滞后两年的研发支出对企业价值的影响最大。此外，曾丽婷（2019）在梅特卡夫定律的基础上，从用户价值、网络规模、用户与公司价值关系和推广成本方面构建了互联网企业适用的企业价值估值模型。楼佳旖（2018）在梅特卡夫模型的基础上对德瓦（DEVA）模型中参数进行修正并引入业务调整系数，进一步加强了评估视频网站企业价值的模型的适用性。李刚（2017）则是利用经济增加值（EVA）企业价值评估体系对华为公司进行了企业价值评估，表示基于 EVA 的企业价值评估方法能更进一步地考虑企业股权资本的使用成本。

在不同的环境中，企业价值估价对不同的使用者来说，估价的目的和作用存在显著的差异。本节基于创业投资公司的投资分析需求，对传统评估高新技术企业价值的方法的优劣加以说明，并介绍目前国际上通用的计算高新技术企业内在价值的定价方法。

1. 现金流量贴现估价法

现金流量贴现法是企业价值估价中使用最多的一种方法。该估价方法认为，一项资产的价值应等于该资产预期在未来所产生的全部现金流的现值总和。在实际操作中，首先要估算出目标企业的未来自由现金流量序列，接着确定能够反映自由现金流要求回报率的贴现率，最后将未来现金流量贴现为现值来衡量企业价值。从理论上看，现金流量贴现法是科学的，可作为判断企业内在投资价值的有效依据，但在实际操作中存在一定的难度。由于风险企业具有高收益和高风险并存的特点，未来发展前景存在很大的不确定性，因此不能准确计算未来现金流量，从而导致该方法计量的不确定性。

现金流量贴现法的基本公式如下：

$$V = \sum_{t=1}^{n} \frac{CF_t}{(1+r)^t}$$

式中：V 为企业的评估值，n 为资产（企业）的寿命，CF_t 为资产（企业）在 t 时刻产生的自由现金流，r 为预期现金流的折现率。其中，资产（企业）在 t 时刻产生的自由现金流CF_t = 息税前利润 − 税金 + 折旧与摊销 − 资本性支出 − 追加营运资本。

从上述计算公式中我们可以看出该方法有两个基本的输入变量：现金流和折现率。因此在使用该方法前首先要对现金流做出合理的预测。在评估中要全面考虑影响企业未来获利能力的各种因素，客观、公正地预测企业未来现金流。其次是选择合适的折现率。折现率的选择主要是根据评估人员对企业未来风险的判断。由于企业经营的不确定性是客观存在的，因此对企业未来收益风险的判断至关重要。当企业未来收益的风险较高时，折现率也应较高，当未来收益的风险较低时，折现率也应较低。由于采取的是企业未来的自由现金流，我们一般使用企业的加权平均资本成本作为折现贴现率。

2. 相对价值法

相对价值法是一种比较容易的估价方法，又称为价格乘数法或可比交易价值法，在实务中对企业整体价值进行评估时，相对价值法是非常普遍的。相对价值法是建立在同行业的企业之间许多相关指标符合正态分布、相似性和可比性较强的假设上，以市场对类似企业的定价为基础，将目标企业财务指标与同类公司进行比较，从而得出企业市场价值的估值方法。大多数股票研究报告和许多收购估价都使用市盈率估价法和市销率估价法等相对估价法，下面我们将简单介绍几种主要的相对估价法。

（1）市盈率模型（收益乘数）。

市盈率（P/E）是指在一个考察期（通常为12个月的时间）内，股票的价格和每股收益的比例。这一模型继传统意义上对被投资企业采用账目价值、清算价值等诸多方法后，被广泛应用于目标企业价值的粗略估计。采用这种方法时，首先要计算出与被评估企业处在同一行业并且主营业务相同或相似的其他上市公司的市盈率或者整个行业的平均市盈率作为被投资企业的标准市盈率，再将其乘以被评估企业估价收益指标，就可得出被投资企业的初步价值。

$$标准市盈率 = 每股市价/每股收益$$
$$目标企业价值 = 估价收益指标 \times 标准市盈率$$

其中估价收益指标一般可采用被投资企业最近一年的税后利润，因为其最贴近被投资企业的当前状况。但是考虑到企业经营中的波动性，尤其是经营活动具有明显周期性的被投资企业，也可采用最近三年的税后利润平均值作为估价收益指标。

市盈率模型运用较广，原因主要在于这一方法操作简便，直接将目标企业价值和收益指标联系起来，同时也在一定程度上反映了企业风险、增长状况、资产盈利水平等特征，具有较高的综合性。但是对于尚未盈利的风险企业，由于估价收益无法确定，因而在估价企业价值时会存在一定的主观偏差。此外，如果收益指标为负值，市盈率模型就失去了意义。并且，宏观经济、行业景气情况和股票市场的周期性波动会导致不同时期行业平均市盈率的变化，进而影响到风险企业内在价值的准确估计。

（2）市销率模型（收入乘数）。

$$市销率（P/S） = 总市值/销售收入$$

与市盈率模型法类似的，我们首先要计算出与被评估企业相似的其他公司的市销率或者整个行业的平均市销率作为被投资企业的标准市销率，以进一步求得目标企业价值。但是，不同于市盈率法，销售收入一般不可能为负值，因此它几乎适用于任何经营状况的企业。同时，在竞争日益激烈的商业环境中，市场份额对企业的生存能力和盈利水平等方面的作用越来越大，而市销率模型法作为一种考虑企业的营业收入水平来评估创业企业的潜在价值的估价方法，近年来越来越受到风险投资公司的青睐，该方法的基本模型如下：

$$目标企业价值 = 可比企业平均市销率 \times 目标企业的营业收入$$

①指标具有可比性。市销率指标不可能为负值，对于亏损企业和资不抵债的企业，也可以计算出一个有意义的价值乘数，从而实现企业之间的比较。

②指标具有真实性。企业的利润指标有可能受到折旧方法和其他会计政策的影响使得估价的结果准确率大大降低，甚至失去意义，而销售收入被控制的可能性相

对较小。

③指标具有持续性。企业可以通过价格调整来保证销售收入的稳定，从而避免因季节或其他暂时性因素导致的企业价值被低估的情况。

④指标具有预测性。对于一些经营尚未成熟、发展前景良好的风险企业来说，虽然当前盈利水平较低，但销售额增长迅速，用市销率指标可以准确地预测其未来发展前景，不会因为短期营运困难而低估企业价值。

3. 期权定价法

在创业投资项目价值评估中，常采用的传统方法是上述提及的现金流量贴现估价法和相对价值法。然而这些传统的分析方法存在着一定的缺陷和不足，其中一个主要的原因是忽视了"灵活性具有价值"这一事实。在项目投资过程中，投资者往往具有灵活性，他们可以根据市场的变化决定项目的投资时间、规模、投资方式等，甚至终止项目的继续投资，因此，许多学者将期权定价的思想和分析方法应用于投资项目的价值评估中。这种将存在于投资项目中并以投资项目本身作为标的物的实物期权，① 是将风险投资项目看作由一系列欧式期权构成的复合期权，学者们将实物期权法引入创业投资项目价值评估中，并提出相应的模型和算法，从而修正了传统的估价方法忽视项目灵活性价值的缺陷。

（1）创业投资项目的实物期权特性。

创业投资项目的现金流量具有以下特点：①项目资金采取分期投入的方式，在第一轮投资完成后，投资者将对创业企业运作进行分期审核，以审核结果决定是否继续投资；②项目的资金回报往往是在投资完成若干年后一次性获得，而且该回报具有很大的风险；③如果投资者停止继续投资，那么投资者往往可以获得一定数目的"残值"。根据这些特点，可以得出创业投资项目的一般现金流量表，如表 10 - 2 所示。

表 10 - 2　　　　　　　　　创业投资家项目的一般现金流量表

期权	现值
期权的标的物	第 i 期以后项目的净现值
期权的执行价格	Ii 现值
期权的到期日	第 i 期
期权的费用	第 i 期以前项目投资的现值

---

① 实物期权法（real option）的概念最初由斯图尔特·迈尔斯（Stewart Myers）在 1997 年提出，他指出一个投资方案产生的现金流量所创造的利润来自目前所拥有资产的使用，再加上一个对未来投资机会的选择。也就是说，投资者可以取得一个权利，能够在未来以一定价格购买或出售一项实物资产或投资计划，所以实物资产的投资评估方式可以类似于一般期权的评估方式。同时又因为其标的物为实物资产，故将此性质的期权称为实物期权。

这种分期投资方式使得在项目中存在着一系列相机选择权，每一个相机的选择权可以看作一个欧式期权，如图 10 - 4 所示。

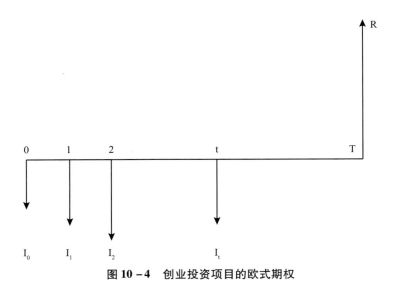

图 10 - 4　创业投资项目的欧式期权

在分析完创业投资项目的实物期权特性后，下文将介绍用于一般创业投资项目价值评估的实物期权定价模型。

（2）实物期权定价模型。

实物期权定价模型的种类较多，理论界和实务界尚未形成通用的定价模型，目前主要的估值方法有三种：布莱克—斯克尔斯（Black-Scholes）模型、二叉树定价模型、蒙特卡罗模拟法。其中，最为著名的模型即布莱克和斯克尔斯于 1973 年提出的Black-Scholes 期权模型，它包括以下 3 个公式。

$$C = S \cdot N(d_1) - Le^{-rT}N(d_2)$$

$$d_1 = \frac{\ln \frac{S}{L} + (r + 0.5 \cdot \sigma^2)T}{\sigma \cdot \sqrt{T}}$$

$$d_2 = \frac{\ln \frac{S}{L} + (r - 0.5 \cdot \sigma^2)T}{\sigma \cdot \sqrt{T}} = d_1 - \sigma\sqrt{T}$$

其中，C 为期权初始合理价格，L 为期权交割价格，S 为标的资产现价，T 为期权有效期，r 为连续复利计无风险利率，σ 为标的资产年回报率标准差。

实物期权是关于价值评估和战略性决策的重要思想方法，是战略决策和金融分析相结合的框架模型，它将现代金融领域中的金融期权定价理论应用于实物投资决策的分析。自实物期权理论产生以来，已经广泛运用于自然资源投资、海上石油租赁、柔性制造系统等涉及资本预算的研究领域，而在风险投资领域，实物期权的评估方法也逐渐被业界接受并使用。

10.3　创业投资的交易设计

创业投资的交易设计本质上是创业投资家和创业家之间的投资合同设计，主要是解决二者之间的风险分担和利益分割问题，是整个创业投资过程的中心环节。因此，创业投资交易的设计具有重要的意义。

首先，这是由创业投资高收益和高风险并存的特征所决定的。根据风险与收益的对称性原则，创业投资的高风险性必将导致创业投资家在选择创业投资项目时追求更高的收益回报，而作为合约对手方的创业家来说，企业管理的核心价值理念促使他们希望融入的资金成本越低越好。因此，创业投资家必须在高投资收益率和高投资风险之间权衡，或者说创业投资家与创业家通过博弈达成一种均衡。在这种均衡状态下，双方选定了自己所能接受的最优收益与风险地位，而没有一方有打破这种均衡状态的意愿，即双方达成纳什均衡。[①] 这种均衡最后体现在双方的投资交易设计，确定双方的风险与收益地位，解决风险投资的收益分配、风险承担问题。只有通过投资交易设计明确二者的利益和风险界限，创业投资家才愿意将资金投资于高风险企业，创业家也才愿意从创业投资家手中融通企业项目投资资金。

其次，创业投资家与创业家的信息地位不同。创业家是掌握企业具体风险信息的一方，如果没有合理的投资交易合同来界定两者之间的风险与利益关系，由于信息不对称的存在，创业投资家几乎将承担创业企业的所有风险。所以，二者之间必须存在投资交易合同的设计，将风险部分地从创业投资家一方转移到创业家一方，其结果是促使创业家努力工作以提高创业成功的可能性，同时也让创业投资家获得准确信息，以便对该投资做出合理的判断。根据"莫里斯—霍姆斯特条件"可知，由于存在非对称信息，为了使代理人有足够的激励去自动选择有利于委托人的行动，就必须在契约设计中让代理人也承担一部分结果不确定性的风险，并从这种不确定性风险中得到补偿。

最后，创业投资家与创业家之间存在代理问题。在创业投资中，创业投资家和创业家之间存在委托代理的合同关系。在这种条件下，创业家掌握了比创业投资家更多的信息，因而更容易出现创业家对创业投资家的"逆向选择"和"道德风险"等代理问题。例如，创业家可能不将创业资本投资于指定的创业项目或者将资金投资于风险更高的项目，可能导致创业投资家承担更高的风险或者未积极经营而对创业项目采

[①] 纳什均衡又称为非合作博弈均衡，是博弈论的一个重要术语。在一个博弈过程中，无论对方的策略选择如何，当事人一方都会选择某个为了达到自己期望收益的最大值的策略，该策略被称为支配性策略。如果两个博弈的当事人的策略组合分别构成各自的支配性策略，那么这个组合就被定义为纳什均衡。

取听之任之的态度等。在这种情况下，创业投资家需要通过交易合同的设置来制定一套对创业家进行监督和激励的特殊机制，以降低代理问题所带来的隐性成本。

关于创业投资交易设计的主要内容，应至少包括多阶段投资、复合式证券工具、灵活的转换比价和合同条款制约等方面。多阶段投资是指创业投资家只提供确保创业企业发展到下一阶段的资金，根据企业各阶段的经营状况和前景分析，在保留放弃追加投资权利的同时，也保留了优先向企业追加融资的权利。这可以有效地控制创业投资的风险，降低投资造成的资金浪费。

创业投资交易中的证券工具不是常用的债券或股权，而是结合两者优点的复合式证券工具，如可转换优先股、可转换债券、可分离债权等。这些不同的金融工具的组合可以满足创业投资家和创业家双方不同的目标和需求。对创业投资家而言，复合式证券工具既能保护他们的利益，又能分享创业企业成长所带来的收益，同时，也能充分调动创业者的积极性去推动企业的发展。复合式投资工具也可以使创业投资家通过调整优先股和普通股之间转换比例进行股权比例调整，以达到控制和激励创业家的目的。合同条款制约是通过制定肯定性和否定性条款来规定企业必须做到哪些事情，不能做哪些事情。创业投资家会对创业者的违约行为制订惩罚措施，如解雇管理层、调整董事会的席位和表决投票权，以防止和制止创业企业做出损害投资者利益的行为。

10. 3. 1　多阶段投资交易设计

多阶段投资是指创业投资家根据创业企业的生命周期，在项目初期仅投入项目所需的部分资金，其余部分的投资将与企业技术进展和市场状况等目标的实现情况相联系。一般而言，创业投资家很少一次性向创业企业注入商业计划书中所阐述的全部资金，而是通过分阶段投资来构造对公司后续投资轮次的选择权，从而更好地控制自己的投资进程，减少代理成本的发生。

创业企业的生命周期与风险资本投入一般要经历种子期、成长期、扩张期和成熟期四个阶段。种子期是技术研究的酝酿阶段，这一阶段资金需求量较少，从技术研发到走向市场还存在许多不确定因素，因此投资的技术风险、市场风险、管理风险都相对较大。成长期是技术完善和产品试销阶段，这一阶段主要是解决产品生产和技术风险问题，是企业发展的关键阶段，因此技术风险、市场风险、管理风险都显著提高。企业为了扩大发展规模、提高经济效益和产品质量，所需的资金也会相应增多，需要大量风险资本的投入。扩张期是生产扩张、不断赢得顾客、扩大市场份额的阶段，同时也是创业企业大量需要资金的阶段。由于正的现金流量已大量产生，企业盈利模式更加清晰，并且出现绩效，创业投资机构显然也更愿意投入资金。成熟期阶段企业的组织、市场和资本联系均已稳定，成为成熟的企业。此时企业可以向银行申请贷款或进行普通资本融资，进行适当举债经营，创业投资机构也随着企业的上市或股权出让逐渐退出，收回资金。

创业投资家通过分阶段投资，可以得到两方面的利益：第一，拥有进一步投资的看涨期权。分阶段投资可以使创业投资家拥有在创业企业出现不利的情况时退出的权利，从而避免了更大的损失，设定了投资损失的下限；而在出现有利情况时，创业投资家则可以继续投资，保留了分享预期收益向上偏离的权利。第二，降低了与创业企业家之间的委托—代理成本。与创业企业家相比，创业投资家在了解企业家的经营才能、投资项目的收益和风险情况等方面存在严重的信息不对称。通过分阶段投资来构造对公司后续融资的选择权，可以更好地控制自己的投资，减少了代理成本的发生，并且保留随时中断、中途退出的权利，降低了企业家在经营过程中产生的代理风险。

在多阶段投资中，创业投资家和创业家如何确定合理的投资交易合同，美国经济学家阿德马蒂和菲德莱做了比较深入的研究。他们的研究以两阶段投资行为模式为研究对象，同时把创业企业的主要资金来源分为创业家主导型和创业投资家主导型两种。前者是创业家在整个投资过程中以自己为主体独立向外部投资者进行融资，在整个投融资过程中，只有他掌握企业的内部充分信息；后者是创业投资家在第一阶段和第二阶段分别做出全部或部分资本投资之后与创业家共同寻求其他融资渠道，在这种情况下两者掌握了企业的内部充分信息，而其他投资者则处于信息不对称的地位。由于存在信息不对称，所以掌握了信息的创业企业家或创业投资家可能对其他投资者提供误导信息。

通过这种分阶段投资模型的分析，阿德马蒂和菲德莱得出了以下结论。

第一，在创业家主导的融资过程中，企业家和投资者之间不存在信息均衡的交易合同，信息不对称的状态永远存在，创业家的误导动机也将永远存在。但是当这种信息不对称处于均衡状态时，投资者可以在第二阶段做出次优投资决策。

第二，在创业投资家主导的融资过程中，创业家和创业投资家之间的最优合同是让创业投资家在各个阶段保持固定比例的企业股份，使创业投资家的收益回报与后续投资阶段的股份定价无关，这样可以消除或者减少创业投资家进行信息误导而扭曲股份价格的动力，有利于企业在后续各阶段从其他投资者中得到融资。

第三，创业投资家主导融资过程要优于创业企业家主导的融资过程。让创业投资家掌握一部分信息，某种程度上可以减少创业企业治理结构中的代理成本。

【案例 10 - 2】 马古拉对苹果公司的投资[①]

1976 年，乔布斯决定创办苹果公司。他带着商业计划书找到了风险资本家马古拉，马古拉看完这份创业计划书后意识到这是一份潜力无限的创业计划并决定投资加入。马古拉以他自己投资的 9.2 万美元获得苹果公司 1/3 的股份，同时，为了满足企

---

① 案例改编自：方辰. 资本市场的苹果公司——玩转风险投资 [J]. 东方企业文化，2012 (17)：1 - 2.

业规模生产的需要，马古拉带着"苹果"的经营计划继续从一些风险投资机构处取得融资。马古拉不仅为苹果公司带来了急需的资金，他还作为苹果公司的执行主席，为公司发展注入了丰富的管理经验，对苹果公司的发展起到了至关重要的作用。

10.3.2 金融工具设计

创业投资家在对创业企业的投资价值进行一系列综合评估后，如果选中目标创业企业，接下来就需要考虑选择哪种有效的金融投资工具（或几种金融投资工具的组合），将创业资本分阶段投入创业企业。若创业投资家采用不同的投资工具，必然带来创业企业不同的资本结构。根据资本结构理论可知，资本结构不仅影响企业的加权资本成本和企业总价值，还将通过激励机制和控制权的分配对企业的相关利益者的行动产生影响，进而影响创业投资家的利益。由于创业投资活动的特殊性，传统的股权或者债权融资并不能完全适应风险投资，如果创业投资家采取股权方式投资，虽然可以分享到创业企业经营成功所带来的巨额价值增值，但是也承担了在企业经营失败时存在的剩余索取权排序最后的风险。同时，由于创业企业家的股权被分摊，也会降低其最优努力水平，使其转而积极追求私人利益，产生代理风险。

直接债权融资则可以促进创业家选择最优努力水平，并且创业投资家能够获得稳定的利息收入且在创业企业进入破产程序后享有优先受偿权，但不能分享创业企业高成长带来的高回报。此时，代理问题依然存在。高负债会促使创业家过度冒险，如果成功，超额收益全部归企业家，如果失败，创业企业家将承担巨额损失。可见，纯粹的债务或股权这两种金融工具既有优点也有不足，创业投资中的金融工具设计需要采用结合了这两者优点的复合式证券工具。创业投资家可以通过债权和股权之间转换比例或转换价格的调整，来改变创业资本在企业中的股权比例，从而改变投资风险与收益的配比，同时还能强化对企业管理者的激励和控制。在创业投资市场上，常见的复合式金融投资工具有可转换优先股、可转换债券、可分离债券等。

1. 可转换债券

（1）可转换债券的定义。

可转换债券是指持有人在一定期间内依据约定的条件可以转换成普通股的公司债券。从本质上讲，可转换债券是在发行公司债券的基础上附加了一份权利，赋予债券持有人在规定的时间内（转换期）按照规定的价格（转换价格）将债券转换成公司股票的权利，并且在转股前享有债权人的权利。

（2）可转换债券的基本要素。

可转换债券除了具有普通债券的要素外，还包括一些特有的条款设计，主要包括面值和票面利率、转换期限、转换价格或转换比例、赎回与回售条款等。

①面值和票面利率。面值是债券到期后应偿还的本金数额，也是计算利息的依

据。票面利率指债券利息与债券面值的比率，是可转换债券在转换为普通股票之前，发行企业向债券持有人支付的固定年利息率，一般在票面上注明。

②转换期限。转换期限是指可转换债券转换为普通股票的起始日到截止日的期间。大多数情况下，发行人都会规定一个特定的转换期限，在该期限内允许持有人按转换比例或者转换价格将持有的债券转换成股票。

③转换比例或转换价格。转换价格是指可转换债券转换为每股股票所支付的实际价格，即每一股普通股以可转换债券交换时，需可转债面值的若干元的价格，除非发生特定情形，转换价格一般不做任何调整。转换比例是指每一份可转债可换多少股普通股票，实际上也是转换价格的另一种表现。

④赎回与回售条款。赎回条款准予发行企业在一定时间内，当达到约定的赎回条件时，以合适的赎回价格将发行在外的债券购回。可转换债券的赎回条款可以起到保护发行公司和原有股东权益的作用，避免因市场利率下降而带来的利率损失，是赋予发行公司的一种权利。而回售条款恰恰相反，它是为投资者提供的一项安全保障，投资者依据一定的条件可以要求发行公司以面额加利息补偿金的价格收回可转换债券，降低投资风险。

（3）可转换债券的可行性。

可转换债券是一种兼有债权和股权双重性质的复合式金融投资工具，能够较好地平衡创业投资家和创业企业双方的利益关系，满足双方各自的要求，因此在创业投资领域得到了广泛应用。对创业投资家而言，可转换债券具有以下特点：一是在行使换股权利前，可按期获得票面规定的利息率，并在债券终止日收回本金，因此具有较高的安全性和固定的回报率；二是当创业企业经营状况良好并取得显著的经营业绩时，债券持有人可以按照约定的条款将所持有的债券转换成普通股票，由此分享企业成长所带来的收益，并获得对创业企业一定的控制权。对创业企业来说，可转换债券也有明显的优势：一是相对于传统间接融资和普通债券来说，由于可转换债券拥有转换成普通股票的权利，所以创业企业可以以较低的成本获得发展资金；二是可转换债券通常有较长的期限，符合创业企业投资周期长的特点，有利于企业财务的稳定和长期经营发展；三是可转换债券兼有债权和股权的双重特征，为创业企业提供了债权利益向股权利益转化的途径，有利于优化创业企业的资本结构。

2. 优先股

优先股与可转换债券一样，是兼有股权和债权两种特征的混合融资工具。其债权特征为不受创业企业经营状况和盈利水平的影响，可以按期获得每股面值一定百分比（股息率）的固定收入。其股权特征则同普通股一样，代表被投资企业的所有权，但通常不具有控制权，是一种权益资本。优先股的优先特征表现在：一是优先于普通股获得股息分配；二是优先于普通股受偿剩余财产。此外，优先股具有多种灵活性条款，可以依据不同设计条款设计出不同类型的优先股以满足风险投资对金融工具的需要，具体如表10-3所示。

表10-3 　　　　　　　　　　　　　　　优先股的不同分类

优先股设计类型	条款设计
固定股息率优先股 浮动股息率优先股	前者在存续期内采用相同的固定股息率，或明确每年的固定股息率，各年度的股息率可以不同；后者在存续期内票面股息可以调整
可累积优先股 非累积优先股	当年未能足额派发的股息，所欠股息是否可以累积到以后年度
可转换优先股 不可转换优先股	是否可以转换为普通股。转换条款包括价格、比例及其确定原则，转换选择权的行使主体等
可赎回优先股 不可赎回优先股	是否规定允许发行人按事先约定的条件回购
强制分红优先股 非强制分红优先股	在公司章程中是否规定存在可分配税后利润时必须向优先股股东分配利润
可参与优先股 不可参与优先股	按照约定的股息率分配股息后，是否有权同普通股股东一起参加剩余利润分配
公开发行优先股 非公开发行优先股	是否面向公众发行
上市优先股 非上市优先股	前者可以在证券交易所上市挂牌交易，后者仅限在合格投资者间转让

优先股发行公司还可以基于不同设计条款特征进行组合，使优先股具有不同的组合特征。在风险投资中使用较广的主要有可赎回优先股、可转换优先股、参与可转换优先股、累计优先股、可调息优先股等，下面我们将对可转换优先股进行简要介绍。

（1）可转换优先股定义。

创业投资中的可转换优先股是指创业投资家持有的，未来一定时期内可以按照某种条件转换为创业企业普通股的优先股份权益。如果创业企业经营成效显著，可转换优先股持有人便可通过将优先股转换为普通股，分享公司的经营成果。创业投资中的可转换优先股与一般股份制企业优先股有所不同。在一般股份制企业中，可转换优先股未转换成普通股之前，优先股股东不具有表决权和对企业经营决策的干预权。而在创业投资中，持有可转换优先股的创业投资家不仅可以参与企业经营决策，而且还拥有某些重大的事项的否决权或者控制权，以保证所投资资本的安全。

（2）可转换优先股的要求。

①转换价格与转换比例。创业投资家与创业企业在签订合同时约定可转换优先股转换为普通股的具体比例与具体价格。同时，为了确保风险资本家的股权不受可转换条件的稀释，通常还会在合约中签订反稀释条款保护。

②自动转换的条件。理论上可转换优先股是在股东持有特定年份后随时可以转换为普通股，但是，创业企业在融入创业资本时通常尚未上市发行股票，因此实际上，

可转换优先股股东一般只在企业首次公开发行时才自动转换为普通股，附带的限制性条款也随之消失。当然，除了首次公开发行自动转换这种方式外，双方也可以事先约定在创业企业达到一定的业绩要求后，自动转换为普通股。

③附带的限制性条款。可转换优先股在未转换以前，投资者作为优先股股东一般不享有公司经营参与权，即没有表决权。而为了保证创业资本的安全，使创业投资家在一定程度上能够控制企业决策、减少创业家损害股东利益的行为，这就需要在合约中规定可转换优先股附带的表决权的同时还应规定普通股拥有的表决权。

④强制赎回条款。创业投资家有权随时要求创业企业按照投资面值进行偿付，从而迫使创业企业清算。

【案例 10 -3】 新浪与华登之间的金融工具交易①

1997 年 8 月，新浪以每股 1.66667 美元作价，向华登投资系近 10 家公司出售 180 万股优先股；1999 年 4 ~ 5 月，华登又以每股 2.8 美元的价格购入 285 万余股新浪优先股；1999 年 10 ~ 11 月，新浪上市前的最后一次融资，华登再次以 8.32 美元购入新浪优先股 63 万余股。前后三次融资中，华登的平均成本是每股 3.07 美元，总成本合计 1600 万美元。优先股在新浪上市时按照 1：1 的比例转换成普通股，华登由此获得新浪 528 万余普通股，上市首日市值近 1.1 亿美元。

（3）可转换优先股的可行性。

可转换优先股由于其特殊性，较好地符合创业投资机构和创业企业双方在收益、风险、代理问题、股权稀释上的要求，从而成为创业投资中较好的金融投资工具。

可转换优先股为创业投资家提供了一种权利。可转换优先股能够让创业投资家享受优先股和普通股的双重优势。在创业企业的经营状况与预期相差甚远的情况下，可转换优先股赋予了创业投资家进行清算的权力，从而尽量减少由于创业失败造成的资本损失；在创业企业快速成长的情况下，又可以通过优先股向普通股的转换，分享企业高成长所带来的高额回报。

可转换优先股提供了有效的激励机制。如果企业经营状况较差，创业家将面临分段投资所带来的投资中断压力；如果企业经营业绩良好，由于每股价格因企业盈利的提升而增加，创业投资家拥有的优先股转换成普通股的比例会变少，使创业家的股份比例得以维持，在保持对企业控制权的同时获得更多资本收益。出于以上两方面原因，可转换优先股会激励创业家努力工作，以企业价值增值为目标进行经营管理，真

---

① 沈笑等 . 评论：王志东是否面临破产 ［EB/OL］. （2001 - 06 - 11）［2021 - 07 - 21］. https：// tech. sina. com. cn/i/c/70716. shtml.

正实现创业成功。

实际操作中，创业投资机构并不单纯追求一种金融工具形式，而是会构建一个投资组合，如一部分为可转换债券，一部分为可转换优先股，一部分为参与可转换优先股等。根据创业投资家不同的风险收益偏好，实践中各金融工具的占比有所不同。当然，由于创业企业所处的行业类型和发展阶段的不同、创业投资机构的资本结构和规模差异，以及不同国家（地区）法律制度和创业投资环境的不同，创业投资家在投资过程中所选用的金融工具组合也会有很大差异。

在非对称信息情况下，投资工具的选择取决于投资者的监督的难易程度。在早期融资阶段，可转换优先股是主要的投资工具，这可以从特殊税收优惠、法律、机构、契约设计等角度来解释。而债券的普通股使用极少，仅在创业企业处于后期发展阶段或者信息不对称程度较小时使用。

卡明和麦金托什（Cumming and MacIntosh，2003）以 1991～2000 年加拿大 3083 例 VC 案例调查为依据，分析表明：使用普通股进行投资的占 36.33%，然后是纯债券、可转债、可转换优先股、债券和普通股的混合方式以及普通优先股，分别为 14.99%、12.36%、10.87%、10.67% 和 7.27%；其他一些较少使用的投资方式共占全部投资的 7.53%。若不存在类似美国税收优惠的地区，VC 投资都采用了一系列范围广泛的投资工具，且随着时间的推进，数据没有表现出向某一特定投资工具收敛的趋势。

因此，在实践中，不同类型、不同特点的企业所拥有的代理问题千差万别，从而要求创业投资机构在投资过程中，设计不同的分阶段投资方案、组建不同的创投辛迪加、索要不同数量的董事会席位以实施适当的监管。

 案例分析

詹尼泰克公司[①]

詹尼泰克公司是风险投资行业的产物。它的首席执行官和共同创始人罗伯特·斯文森（Robert Swanson）曾是克林伯肯（Kleiner Perkins）公司的一个合伙人。他决定离开克林伯肯公司去创建自己的公司。他的兴趣在生物技术行业。通过阅读科学文献，斯文森找出了一些杰出的科学家并和他们进行了接触。

别人都说斯文森进入得太早了。人们认为哈勃·鲍伊尔（Herb Boyer）要用 10 年的时间才能通过人体荷尔蒙制造出微生物，要开发出具有商业价值的产品或许要用 20 年。1976 年初，斯文森来到位于旧金山的加州大学，亲自向 DNA 重组专利共同发

---

① 胡海峰. 风险投资学［M］. 北京：首都经济贸易大学出版社，2022：122－124.

明人哈勃·鲍伊尔教授请教。他们一见如故，马上决定共同开发 DNA 重组技术的商业价值。鲍伊尔把他们的创业企业命名为詹尼泰克，这是一个集成名字，意思就是：遗传工程技术（genetic engineering technology）。

斯文森从克林伯肯辞职后，依靠他以前的积蓄和鲍伊尔一起拟定了一个商业计划。在这份计划中，他们预期能在超乎人们想象的短时间内开发出商业产品。为此，他们打算和加州大学的科学家密切合作，一起研制一种新药。

几个月后，斯文森又回到了克林伯肯公司，这一次他带来了一份詹尼泰克公司的计划书。第一次见面后，他就用公司 25% 的股份换取了一笔 10 万美元的资金。正是在这笔风险资金的帮助下，斯文森和鲍伊尔开办了他们的公司。随着业务的开展，克林伯肯公司又在 9 个月以后为他们提供了第二笔资金。这笔资金有 85 万美元，换取了詹尼泰克公司 25% 的股份。又过了 7 个月，詹尼泰克公司发布了它的第一个成功的消息。他们依靠遗传工程技术，研制成功了一种生长激素抑制素（somatosin）。按照斯文森的说法，他们成功地把 10 年的研制期缩短为 7 个月。这时，风险投资家已是急切地要提供资金了。但这一次，95 万美元的风险资金只能换取 8.6% 的股份了。在 16 个月的时间里，詹尼泰克公司的价值从 40 万美元上升到 1100 万美元，这个例子说明，早期投资的风险资本风险大，收益也高；反之，晚期投资的风险资本风险小，收益也低些。

在早期成功的基础上，詹尼泰克公司的成长可谓一帆风顺。1980 年，公司终于上市。这时，幼年的生物技术产业已经一改往日"光说不练"的形象，吸引了众多投资者的目光。詹尼泰克公司的首次公开发行（IPO）惊人的成功，它用公司 12% 的股份募集了 33600 万美元的资金。投资者对公司的估价是 3 亿美元，即使是在一个股价全面上涨的行业中，詹尼泰克公司的成绩也是非常出色的。为了把它们的研究和开发项目进行下去，生物技术公司对钱总有一种很大的欲望。由于研制药品的时间长，加上联邦药品管理局（FDA）对新的遗传工程产品（特别是药品）的批准程序耗时较长，公司很难指望依靠公司内部的资金运转下去。詹尼泰克公司在筹资方面有很多的方法，除了风险资金和 IPO 方式外，其还可以通过研究开发的伙伴、资金充足的战略伙伴以及在欧洲发行可转换债券的方式来募集资金。1986 年，詹尼泰克年销售额达 4 亿美元，利润达到 4000 万美元。它把自己 60% 的股份卖给瑞士的药业巨头罗氏公司，作价 21 亿美元。詹尼泰克公司募集资金的历史已经成为其他成功公司仿效的典范。越来越多的小型生物技术公司从罗氏得到了资金。1986 年，世界上的药业公司已和 37 家生物技术公司建立了联盟关系，到 1990 年，这个数字已增长到 167 家。

自从归属罗氏公司以后，詹尼泰克公司不仅是风险投资的投资对象，也成为风险资金的提供者。它把公司 7 亿美元资金储备的一部分给了新建的创业企业。詹尼泰克公司的目的是要把它的技术和一种新的方法结合起来，去开发合成化学药品。

创业企业运用尖端技术在高新技术领域大显身手，从某种意义上讲，是理所当然的。不过，就生物技术领域来看，创业企业的活跃程度尤为突出。这大概是因为，生物技术是一个值得创业企业大力开发的新领域。同时，它又是一个新的行业。这使那些富有冒险精神的企业家认为，只要"优秀的科学家"和"风险资金"结合起来，要成为第二个索尼（Sony）、第二个国际商业机器公司（IBM）也不是不可以实现的梦想。詹尼泰克公司的成功就证明了这一点。1980年，尽管当时詹尼泰克公司尚未完全确立大批量生产干扰素的技术，但富有冒险精神的斯文森和富有创造力的科学家鲍伊尔的结合，却给了投资者极大的信心。当詹尼泰克公司的股票在纽约证券交易所上市时，仅仅20分钟时间，股票价格就从35美元上涨到89美元。最初投资500美元的鲍伊尔一下子就成为身价3000万美元的千万富翁。

想一想

1. 风险投资项目有哪些主要来源？
2. 詹尼泰克公司是如何选择风险投资项目的？

本章总结

复习要点

本章主要介绍了投资项目选择方法，包括商业计划书、企业价值估值、投资交易设计三个部分。

10.1 商业计划书

对商业计划书进行初步筛选和重点审查是创业投资项目选择中最为基础的一环，它实现了项目由广泛受理到重点考察的转变。

商业计划书不仅是企业融资的工具（创业投资家进行项目筛选的重要依据），也是指导企业自身发展的行动指南。

商业计划书结构内容包括：摘要、产品和服务、市场和营销策略、生产、管理团队、财务、机会和风险。创业投资家在对其充分了解掌握的基础上，依据商业计划书内容对潜在投资项目进行评价。

10.2 企业价值估值

创业投资家通过尽职调查获得的信息对创业企业价值进行估值，尽可能得到科学的判断依据。

价值估值对发现拟投资企业的真实内在价值具有重要意义，创业企业的特殊性决定了其估值方法有别于传统企业。

现金流量贴现估价法、相对价值法、期权定价法是目前对创业企业进行估值的三种主要方法。

10.3　创业投资的交易设计

交易设计作为投资项目选择和最终资本投入的中间环节，有助于缓解创业投资家和创业企业家之间的委托代理问题。

交易设计主要关注多阶段投资和金融工具设计。可转换债券、可转换优先股等具有债券和股权的双重特征。

关键术语

商业计划书	核心竞争力	财务计划	市场营销策略
尽职调查	实物期权	市盈率	相机选择权
市销率	期权定价法	交易设计	逆向选择
纳什均衡	代理机制问题	可转换债优先股	可转换优先股
多阶段投资	复合式证券工具	信息不对称	

 思考题

1. 商业计划书主要包含哪些部分？它对创业投资家的项目选择起到怎样的作用？

2. 如果有两份来自不同创业企业的商业计划书呈递给创投机构，你将如何对其进行评价以初步筛选投资项目？

3. 假设根据尽职调查所获得的信息为：某创投机构预测拟投资企业每年将稳定地产生100万元自由现金流，预期寿命期为30年，市场年利率为8%，根据现金流量贴现法，拟投资企业的市场价值为多少？

4. 作为项目选择和最终资本投入的中间环节，交易设计具有什么现实意义？它主要包含了哪些方面？

5. 假如你决定对一家创业企业进行投资，你选择可转换优先股还是普通股作为金融投资工具？相比于债权或股权金融工具而言，复合型金融工具在创业投资中的运用具有哪些优势？

第11章

尽 职 调 查

【学习要点及目标】

　　通过对本章的学习，掌握尽职调查的定义、目的、原则以及商业尽职调查、财务尽职调查、法律尽职调查的概述和具体方法。

 案例导读

弘毅投资先声药业[①]

　　21 世纪以来，由于医药行业丰厚的利润回报和高成长性，行业外部资本对医药市场的追逐从来就没停止过，并且有愈演愈烈之势，联想的弘毅投资也是窥伺已久。早在弘毅投资从联想控股分拆之前，其就从将近 100 个行业中筛选出了 10 个优先投资的行业，其中的医药和汽配更是弘毅投资的重中之重。但弘毅真正投资医药行业却酝酿了两年多，这期间弘毅先后考察了国内 100 多家医药企业，得出的结论是：医药业的确是传统产业中最有增长潜力的产业，但不能贸然介入，因为弘毅没有这方面的人才储备、医药行业内竞争日趋白热化、进入和退出风险较大，以及医药行业内很多企业的财务数据水分较大等。

　　之后，弘毅对先声药业进行了尽职评估与估值，在基于市场和先声集团的基础上进行投资，主要原因如下：

　　（1）先声的团队能力。弘毅投资的赵令欢曾说，之所以选择投资先声药业，80%的原因在于先声药业总裁任晋生这个领军人物的独特魅力，以及先声药业优秀的管理团队。先声由当初 500 万元起家，由其迅速发展的历史不难看出，这与其总裁任晋生超凡的胆识和管理能力，以及团队的高度团结和合作是难以分开的。

　　（2）先声的市场能力。先声总裁任晋生早在 1992 年就任启东盖天力制药厂主管

---

　　① 李开秀，靳景玉，毛跃一. 风险投资经典案例解析［M］. 重庆：重庆大学出版社，2020：68－70.

销售的副厂长，辞职后以销售起家，可以说先声在市场信息的获取、客户开发、顾客管理等方面都有一整套行之有效的方法。通过 10 余年的发展，先声在竞争日益激烈的医药流通渠道后来居上，2004 年其销售中心销售总额就位居全国连锁药店 100 强第 71 位，同年先声拥有直营店 39 家、分店 41 家，以及 2 家加盟店，按分店数量，先声位于全国 100 强第 92 位，可以看出，先声的销售渠道基本完全由自己控制，而且相对其他企业来说，其销售渠道更加有效率。更值得一提的是，在全国 100 强连锁药店中，鲜有如先声一样的集贸、工、科研为一体的新型医药集团公司，绝大多数都是专门做医药流通的商业企业，这将大幅提升整个集团市场价格的谈判实力。

（3）先声的技术创新能力。先声的发展史就是一部不断创新的历史。先声销售模式创新：1995 年，首创中国医药经营企业的"总经销"模式；全国第一家为药品生产厂家提供产品包装设计、广告策划、终端推广等全方位服务的医药经营企业。此外，先声还非常重视在新药研发上的创新，如将原来分散的 4 家研发机构（先声药业新药研究中心、江苏省中药复方开发工程技术研究中心、海南省化学药物工程技术研究中心和江苏省医药工业研究所有限公司）整合成一家相对独立的药品研发企业，迄今已获得和申请国家发明专利 6 项，成功开发上市首家、独家品种近 10 个，已先后获得国家颁发的各类新药证书及生产批件 30 本（件），拥有国家科技部重点国家级火炬计划项目、国家级火炬计划项目和国家重点新产品项目共 8 个，目前，尚有 30 个各类新药处于临床或临床前研究阶段。独立研发能力构成先声的核心竞争力，使其占领技术制高点，不断推出优势新品，确保了先声的持续性发展，为企业注入了长盛不衰的活力。

（4）先声的流程管理能力。从目前先声控股这一企业可以看出，先声是麻雀虽小五脏俱全，基本具备了一个大型医药集团具有的完整的价值链——研发、生产和销售三位一体。不可否认，先声价值链的形成有其独特的历史原因，但也足以看出先声在价值链设计、价值链的运用和管理，以及价值链的延伸等方面都做得有声有色，将价值链高利润的环节都牢牢地控制在自己的手里。

（5）先声的制度与文化。企业的制度与文化主要包括：公司治理结构、长期激励机制和企业文化，由前面的分析可知，相较于其他医药企业，先声 100% 股权由管理团队掌握，股权十分清晰，这不但可以有效解决公司的治理问题，还可以有效解决管理层长期激励的问题，这也是普华永道在进行了近 2 个月的详细审计后所得出的结论，弘毅投资对此显然十分满意。先声药业是在夹缝中从销售快速发展起来的医药新星，其企业文化中带有强烈的进攻性和果敢色彩，如先声的企业标志——奔跑的人形成"先"字，既形象又准确地表达了先声的竞争观及企业以人为中心，永不满足、永不等待、永不懈怠的核心理念。这对要在更加残酷的环境中迅速长大成为中国医药行业的一流企业的先声来说，显然是非常重要的。

（6）先声的战略能力。企业的战略能力通常包括：获取战略性资源、决策机制与效率、提升资源价值和风险控制等方面的能力，先声在这几个方面做得都较为突出。这次与弘毅的合作，就足见其为了达成企业的战略目标，宁愿在短期利益上做出较大的让步的胆识和魄力。

基于以上情况，2005 年 9 月 29 日，联想弘毅斥资 2.1 亿元控股南京先声药业 31% 的股权，而双方的关系仅限于战略投资。此项巨额资金将主要投入市场日益剧烈增长的心脑血管药和抗肿瘤药方面的研究。此间，由普华永道对先声药业进行了 2 个月的详细审计，得出的结论是：该公司 100% 的股权由管理团队掌握，股权清晰，净资产回报率超过 50%，年纯利润超过 1 亿元，近 4 年半的增长速度超过 150%，强于众多上市公司。

② 想一想

1. 弘毅成功的原因是什么？
2. 尽职调查对企业的发展和上市有多重要？

11.1 尽职调查概述

尽职调查（due diligence，DD）是指投资方在拟被投资方的配合下对被投资方的历史经营状况、业绩、主要核心管理人员的背景、经营风险、管理运营风险、资金运营风险等进行全面的深入调查、审核，从而对企业的目前经营和未来的发展前景做出的客观的评价与预判。创业投资尽职调查的发起者是创业投资方，即潜在的股权投资人。创业投资的高风险性决定了尽职调查的不可或缺性，专业的尽职调查对于投资方洞悉拟投资对象的风险、准确评估价值具有很强的实践意义，也为投资方筛选项目以及投资的成功奠定了客观基础。创业投资项目的尽职调查一般分为三部分：商业尽职调查、财务尽职调查和法律尽职调查。

11.1.1 尽职调查的理论支撑

信息不对称理论是指在市场经济活动中，各类人员对有关信息的了解是存在差异的，掌握信息比较充分的人员往往处于比较有利的地位，而信息贫乏的人员则处于不利的地位。信息不对称现象最早是在 20 世纪 70 年代首先受到乔治·阿克尔洛夫、迈克尔·斯彭斯和约瑟夫·斯蒂格利茨三位美国经济学家的关注而展开相关研究的。

信息经济学起源于 20 世纪 40 年代，信息经济学是主要研究信息的经济现象及信息的运动变化特性的一门学科。信息经济学认为信息是不完全的，经济主体对信息的掌握终究有限，因此从事经济活动的参与者的行为和决策面临很多的不确定性，为了消除存在的不确定性，就必须要对信息进行搜寻。信息搜寻是在信息不对称的情况下有效控制交易主体之间的交易风险的方法之一。市场中买卖双方各自掌握着不同的信息，一般的情况下卖者比买者拥有更加全面的信息，在信息不对称的市场中，目标企业管理者比投资者更了解企业自身信息和其他与经营、发展等相关的信息。

尽职调查实质上就是对相关信息的搜寻过程。在尽职调查过程中要尽可能全面地掌握拟投资对象的信息，减少甚至消除（一般不可能）在创业投资过程中的信息不对称问题，规避投资风险，保证投资目标的实现。

对尽职调查起支撑作用的信息不对称理论如下。

1. 道德风险理论

道德风险是 20 世纪 80 年代西方经济学家提出的一个经济哲学范畴的概念，即"从事经济活动的人在最大限度地增进自身效用的同时做出不利于他人的行动"。道德风险通常是风险的制造者（信息掌握者）受到利益诱惑而产生的。由于道德风险的存在，在创业投资项目筛选中，会出现拟被投资方人为隐瞒项目的关键性信息、对潜在致命性因素不进行完全披露等问题，人为增加了尽职调查的难度，加大了创业投资的风险性。

2. 市场信号理论

1974 年，斯彭斯在其论著《市场信号：雇佣过程中的信息传递及相关筛选过程》中开创性地研究了将教育水平作为"信号传递"手段在劳动力市场上的作用，并分析了市场中具有信息优势的个体如何通过"信号传递"将信息可信地传递给处于信息劣势的个体以实现有效的市场均衡，从而成功开拓了信号传递理论研究领域，他的劳动力市场模型也成为信号传递理论最经典的模型。市场信号理论主要包括信号传递和信号甄别两方面。信号传递是指通过可观察的行为传递商品价值或质量的确切信息；信号甄别是指通过不同的合同甄别真实信息。二者的主要差别在于，前者是信息优势方先行动，后者是信息劣势方先行动。实际上，信号传递和信号甄别是不利选择模型的特例，或者更确切地说，信号传递和信号甄别是解决不利选择问题的两种相似方法。

在尽职调查过程中，掌握更多信息资源的被调查方通常为了能够顺利获得融资，在给调查人员传递信息时，很大程度上会对负面信息进行过滤，更多的是传递他们的优势信息，从而导致与实际情况产生偏差。因此，作为信息劣势方，调查人员需要不断地对接收到的信息进行甄别，从而获得真实有效的信息内容。这就加大了调查人员的工作量，降低了工作效率，增加了调查的难度。更严重的是，如果不能有效甄别所获得的信息，依据有误或存在偏差的信息做出的调查结论会直接影响到投资的决策，这可能导致创业投资的失败。

3. "柠檬市场"理论

柠檬市场效应是指在信息不对称的情况下，好的商品遭受淘汰，而劣等品逐渐占领市场，从而取代好的商品，导致市场中都是劣等品。著名经济学家乔治·阿克尔洛夫以一篇关于"柠檬市场"的论文摘取了 2001 年的诺贝尔经济学奖。柠檬市场也称次品市场,是指信息不对称的市场,即在市场中,产品的卖方对产品的质量拥有比买方更多的信息。在极端情况下,市场会止步、萎缩和不存在,这就是信息经济学中的逆向选择。

在创业投资项目尽职调查的实务过程中,投融资双方信息不对称的情况普遍存在,需要我们使用信息不对称理论去分析解决。例如,在财务尽职调查中,由于存在会计政策的选择弹性,融资方可能采用不同的会计政策来操纵报表,隐瞒利润;对或有负债等不确定事项漏报瞒报;隐瞒关联交易行为,尤其对金融衍生工具和表外融资的披露不充分;粉饰会计报告;等等。这种信息上的缺陷将导致会计报告的使用性下降,从而造成创业投资方与拟被投资对象之间产生的信息不对称情况的持续发展。众所周知,会计报告是反映企业财务状况和经营成果的重要信息载体,它的信息质量将直接影响到投资决策的正确性。因此,由于信息不对称情况的存在,投资方和拟被投资方相互间的信任危机最终会导致柠檬市场效应的出现。结果就是创业投资方逆向选择较差的投资项目,以及拟被投资方信息隐藏的道德风险。

11.1.2　尽职调查的目的

为向投资决策提供真实的客观依据、降低信息非对称性所带来的风险,投资方通常对大量的投资项目进行初步筛选后对拟投资对象进行一系列尽职调查。总的来说,尽职调查是投资方按照自己的标准,对拟投资对象的一次彻底的实务排查及摸底。虽然任何一家公司的产品和服务都是具体的、可确认的,但是企业本身却往往存在一定的模糊以及非具体状况。企业存在着各种各样的注册资料、报表材料、来往合同以及法律关系等信息待挖掘资料,不同行业、不同类型的企业也存在着不同的组织结构、运营模式、管理模式和不同的发展前景。这些问题的存在导致了创业投资方对拟投资对象的信息非对称性,这就需要进行尽职调查,以发现拟投资对象的缺陷并尽可能真实地对未来进行预测。财务尽职调查可以明显降低许多风险,因此国内外很多专家学者对这方面做了研究。孙月萍(2018)在对项目并购中如何实施财务尽职调查的研究中表明,不管投资方对并购对象如何了解,信息不对称的情况依然无法避免,在并购前开始就必须对目标公司开展尽职调查。卞学军(2018)在论述财务尽职调查对并购的作用中说明了很多并购失败的案例就是没有进行全面的尽职调查,同时肯定了有效的财务尽职调查能够降低并购风险。罗金燕(2017)主要的观点是,在企业成为上市公司之前,进行财务尽职调查是必须的,财务尽职调查能够让投资方对目标公司有全面彻底的了解,为顺利上市奠定基础。

1. 评估拟投资对象的内在价值

创业投资方在过往丰富的投资项目中积累了大量的投资经验,对于项目内在价值的评价往往更具有市场洞察力。同时，由于融资方与投资方所处的角度不同，也容易导致双方对融资项目的价值评价产生不一致。创业投资方通过实务性较强的尽职调查，对拟投资对象当前账面价值、创业家团队能力、产业前景、市场环境等多方面因素进行实地性、经验性的评估，以求尽可能真实地反应拟投资项目的内在价值。

2. 风险发现

对创业投资方来说，尽职调查是事前风险管理的第一步。任何项目都存在着各种各样的风险，造成风险的因素不同，由此引发的后果通常也各不相同。其中，由于项目致命缺陷因素所引发的风险很难通过方案设计和后期的人为干预得到有效的预防和控制，因此它所带来的影响是巨大的，造成的损失是不可挽回的。比如融资方过往财务账册的真实准确性，主要人员、供应商和客户是否会流失，是否存在任何可能影响拟投资方正常运营或财务运作的因素等，这些都属于潜在的致命缺陷。

3. 投资可行性分析

了解投资的可操作性并确定投资方案。投资方案是创业投资方基于对拟投资对象的各项信息充分掌握的情况下，根据对投资项目预期的阶段性目标形成的有关具体投资的设想与时间安排。投资方案是进行投资的原则性文件。在实际的投资活动中被投资人对自身实际情况和各项风险因素有很清楚的了解，投资人则没有。投资人需要通过实施尽职调查来弥补双方在信息获知上的不平衡。投资人应通过尽职调查全面获取被投资人的信息，只有在此基础上编制的投资方案才能成为可靠的投资原则性文件。

11.1.3 尽职调查的基本原则

相关学者对尽职调查的原则持以下观点：张志军（2017）在浅析中小企业并购的财务尽职调查时认为，要审慎怀疑财务数据，充分进行沟通与交流，同时说明了中小企业成本费用期间归属不明确、虚构销售收入是财务尽职调查常见的问题。由于我国资本市场的不断发展，申请 IPO 的企业数量也越来越多，但也带来了 IPO 被否决比例上升等严重问题，浪费了大量的人力和财力。面对此情形而言，投资方对拟上市公司进行充分财务尽职调查就显得尤为重要。

创业投资尽职调查围绕着产品、人、利润（即赛车、赛手、赛道）三个环节展开，具体有以下几个方面的原则。

1. 全面性原则

首先，调查内容要全面。就企业组织而言，法律尽职调查涉及企业的合法性、股东的构成与变更、内部治理结构、下属机构以及关联企业等；就企业权利而言，它涉及企业的所有权、用益物权、担保物权、知识产权及债权等；就企业义务而言，它涉及银行贷款、或有负债、正在进行或者面临的诉讼、仲裁或行政处罚以及税收等；就劳动人事而言，它涉及所有关键雇员的劳动合同的年限、竞业禁止、是否存在与原单位未了结的纠纷；就股东而言，它涉及是否从事与被投资企业类似的业务、是否涉及重大的诉讼、仲裁或者行政处罚、股权是否被质押等。

其次，材料要齐全。调查者必须调集所有材料，单就拟投资对象的股权结构而言，除了查阅拟投资对象当前的工商执照外，还要查阅公司章程、股东出资证明书、出资协议、验资报告、股份转让协议、股权变更登记等一系列文件。

2. 独立性原则

调查机构需独立进行尽职调查，同时根据尽职调查情况做出自己的判断，要保证尽职调查人员的独立性。目前尽职调查的调查方式主要有两种，一种是创业投资机构自行组织内部人员进行调查；另一种是委托第三方专业机构进行调查。无论采取何种调查方式，均要保持调查人员在尽职调查中的独立性，即独立进行调查、独立做出判断、独立出具调查意见。独立性在很大程度上能保证调查结果的真实、客观。

3. 重要性原则

考虑到时间、成本等方面的问题，投资方应当根据不同企业的特征，对拟投资对象的关键点进行重点调查，而不是不加区分，同等处理尽职调查中的所有问题。对处于不同行业的企业在尽职调查中侧重点是不同的。例如，对于高新技术行业的企业而言，知识产权是决定企业发展的核心要素，若存在知识产权纠纷，很可能会导致整个企业失去核心竞争力，从而创业失败。对处于不同发展阶段的企业，调查重点也有所不同。对于种子期的创业企业，因为其法律关系相对比较简单，尽职调查应重点集中在创业团队和技术创新等方面，相对于成熟期阶段的企业而言，种子期的创业企业尽职调查的重点要清晰很多。

4. 其他原则

其他原则还包括以人为本原则、证伪原则、事必躬亲原则、实事求是原则。以人为本原则要求尽职调查在对目标企业从技术、产品、市场等方面进行全面考察的同时，重点注意对管理团队的创新能力、管理能力、诚信程度的评判。证伪原则站在"中立偏疑"的立场，循着"问题—怀疑—取证"的思路展开尽职调查，用经验和事实来发掘目标企业的投资价值。事必躬亲原则要求投资经理一定要亲临目标企业现场，进行实地考察、访谈，根据亲身体验和感受而非道听途说判断。实事求是原则要求投资经理依据创业投资机构的投资理念和标准，在客观公正的立场上对目标进行调查，如实反映目标企业的真实情况。

11.2 商业尽职调查

创业投资项目在经过商业计划书的阶段筛选后，一般还会剩下 10%~15% 的项目可供选择，这些剩下的项目可能还很多，所以还必须做进一步的筛选，进行商业尽职调查，对最初筛选的项目进行进一步过滤。

11.2.1　商业尽职调查概述

商业尽职调查是指对公司业务发展的内外部环境和情况进行调查，对企业达到其发展计划的关键因素进行评估和分析。商业尽职调查遵循审慎原则，有着一套严谨的流程，从而达成支持投资决策、选择正确的投资对象的目标。

商业尽职调查的目的是明确目标公司的商业前景。通过对宏观环境、市场规模和竞争环境的分析，从而了解目标公司所处的行业地位和未来发展趋势，并甄别出更具广阔的发展潜力和市场前景投资项目。商业尽职调查的三个阶段如下。

（1）制定商业尽职调查计划。

该阶段的主要工作包括：确定商业尽职调查的范围、调查方法、日程安排、最终项目成果的内容以及人员体制和初始假设。该阶段为后续的工作开展提供了方向，是商业尽职调查中最重要的步骤。

（2）分析目标企业的现状。

该阶段的目的是考察目标企业当前的发展状态以及经营管理上存在的问题，主要工作包括：业务结构分析、业绩分析、整理分析结果。该阶段的调查结果将反映到目标企业提供的商业规划中去，从而形成调整后的商业规划。创业投资方根据商业规划计算目标企业的价值，得到基础报价。与此相对的是，按照目标企业提供的原始的商业规划计算得到的结果成为卖方报价。

（3）挖掘目标企业的增值潜力。

该阶段更多的是面向收购式的创业投资，即定量分析股权收购能够带来的协同效应，同时，也应对目标企业未来的发展前景做出预测。

11.2.2　商业尽职调查方法

商业尽职调查一般以市场前景、管理团队、产品或服务和商业模式等为考察重点，大多以问题集的形式出现，主要方式为约见、询问创业者或多方利益相关者（包括企业员工、供应商、消费者、竞争者等）有关问题，创业投资家可以从中考察创业者的信心和对项目的把握，以便做出正确的投资决策。因此，如何以恰当的方式提出创业投资家最为关心的问题成为商业尽职调查的关键。同时，不同的创业投资方有不同的投资理念，其对项目的关注焦点也各不相同，每个创业投资方都有一套独特的商业尽职调查的方式。一般而言，创业投资者提出的问题应言简意赅，能以点带面，既能揭示项目的本质，又能代表投资者的投资主旨思想。

1. 对市场前景的调查

对于创业投资方而言，如果技术无法转化为商品或服务、销售收入和利润，再好的项目也是没有价值的。因此，一个成功的创业投资项目应该具有广阔的市场发展前景。投资于没有市场前景的项目就会对创业投资者造成损失，意味着决策的失败。为此，在投资之前，创业投资者通常要详细了解项目市场的发展潜力和规模、进入市场的难易程度、市场环境竞争的程度、如何抢占市场份额以及如何适当的战略吸引目标客户等，这些因素可能对企业未来计划开发的产品及服务产生重要影响。事实上，对竞争程度的认识理解就是对市场发展前景的认识理解。现实中，很多企业无法发展壮大，其主要原因往往不是技术问题，而是市场问题，因此，在一定意义上可以说是市场第一、技术第二。

一般地，创业投资者常常提出以下问题来调查项目的市场发展前景：

（1）客户是谁？有多少？

（2）促使产品市场份额增加的动力是什么？

（3）目标企业如何应对竞争者的威胁？

（4）目前市场的竞争状况如何？

（5）客户、供应商与竞争者的聚集度如何？

（6）市场上有特别的替代品吗？

（7）对产品限制的条件及其自由度是什么？

（8）进入市场的壁垒是什么？

（9）销售渠道是什么？

（10）对竞争者进入市场的防护又是什么？等等。

同时，对市场前景的调查还可以借助波特五力模型、SWOT 分析模型等加以判断。例如，波特五力模型可以有效地分析所处的竞争环境，它包括了供应商的议价能力、购买者的议价能力、新进入者的威胁、替代品的威胁、同业竞争者的竞争程度五个维度，如图 11 - 1 所示。波特的"五力"分析法是对一个产业盈利能力和吸引力

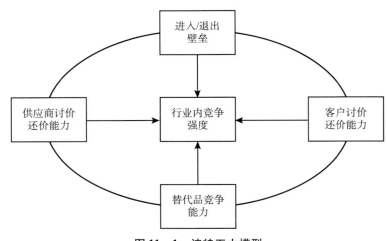

图 11 - 1　波特五力模型

的静态断面扫描，表明该产业中的企业平均的盈利空间，所以这是一个产业形势的衡量指标，而非企业能力的衡量指标。通常，这种分析法也可用于创业能力分析，以揭示本企业在本产业或行业中具有何种盈利空间。

2. 对管理团队的调查

管理团队是商业尽职调查最重要的考核对象之一，对管理团队的评估主要是从多个角度对创始人和创业团队所具有的技能、经验和素质进行考察。首先，创业投资方要寻找一个精力充沛的、有事业进取心的创业者，他能明白建立一流团队的潜在价值。其次，创业投资方应当避免投资于仅由一个创业者控制的企业。一方面是一个人不可能具有全面的经营才能，过分强调个人的作用可能会导致个人独裁，使得创业投资者不能对其进行有效的控制；另一方面是当这个创业者离开企业时，可能导致企业的解体，这也加大了投资的风险。最后，创业投资者对管理队伍成员的个人素质应有较高的要求。理想的管理队伍应包括精通每个主要部门业务、能力强劲的个人，这方面一般需要考察管理队伍中每个人的学历和职业生活履历。创业投资者之所以看重管理团队，是因为外部环境是处于不断变化的，企业时刻面临着激烈竞争，客户需求也是不断变化的，新规则也不断涌现。因此，企业能否制定正确的战略战术对其能否成功是至关重要的。创业投资方应该去寻找那些既拥有丰富的实践经验，又拥有较为开放的思想，能够从容面对挑战的管理团队。

调查者通常可以利用下列问题来了解管理团队的状况：

（1）创业者的背景怎样？

（2）他们有相关行业的经历吗？

（3）管理团队中每个人的职责如何？

（4）他们有成功的业绩记录吗？

（5）他们目前已拥有什么样的资源？

（6）他们是如何评价风险的？

（7）他们能详细阐述项目发展方向吗？

（8）他们的技能能否立刻展示出来？

（9）核心团队成员是否已经拥有经营企业所必需的技术与商业特长？

（10）创业团队是否拥有共同的信念与目标？

3. 对产品或服务的调查

产品或服务的好坏决定了企业的营业收入的下限，这是企业产生现金流的基础，是创业企业的核心竞争力，也是创业投资者最直接的调查对象。衡量产品或服务质量的好坏就是站在消费者的角度设身处地地思考：市场消费者最需要什么样的产品？生产这种产品能盈利吗？这样的产品或服务将如何被消费者接受，而又不容易被竞争者模仿？

通常情况下，创业投资家对产品或服务的调查常以下列问题的形式出现：

（1）目标企业的核心技术是什么？

（2）客户能从企业产品中获得什么样的好处？

（3）与其他竞争者相比你的产品或服务优势何在？

（4）战略上与其他竞争者有联系吗？

（5）产品进入市场的障碍是什么，有没有专利保护？

（6）产品的新颖性与先进性如何？

（7）对客户的服务质量和水平如何？

（8）企业的产品是否存在侵犯其他企业专利权的情况？

对产品或服务的商业尽调还可以借助高纳德（Gartner）曲线进行判断。Gartner曲线是由全球最权威的技术咨询机构高德纳公司（Gartner 公司）提出的，它根据技术发展周期理论，构建了新技术的发展周期曲线，即 Gartner 曲线，如图 11 - 2 所示。在互联网快速发展的时代，我们生活在一个技术不断颠覆和推动的时代，每年都会有很多新名词轰炸我们的思维，随之而来的是很多新风口的出现，但到了第二年，情况往往会产生新的变化。因此，如果创业投资方想知道一项新产品或服务是否值得投资，可以将该技术放进 Gartner 曲线，确定当下处在技术期望值的哪个阶段。

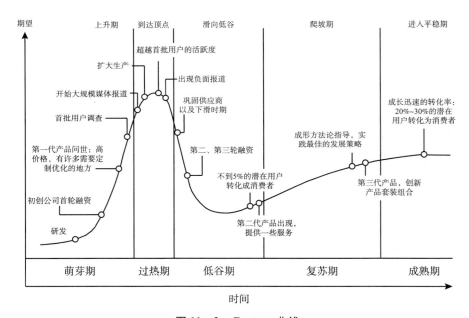

图 11 - 2　Gartner 曲线

这条曲线将新技术从概念、胚胎发展到成熟的过程划分为五个区间：第一个阶段是萌芽期。一项新技术产生时，大众往往对该技术赋予很高的期望值，因此即使这个阶段的产品并不成熟，但却仍有大量的资金进入。第二个阶段是过热期。即人们对新技术的期望值达到最高点，纷纷采用该技术，扩大该技术的使用范围，这时它的估值达到顶峰，泡沫也最大。第三个阶段是低谷期。过高的期望值与过度的预期将被商业现实打破，人们将趋于冷静，并开始反思问题，从实际出发考虑技术的价值。此外，在这个阶段，用户需求逐渐明确，产品在设计和使用场景上也趋于成熟，最佳实践开始涌现。这是最艰难的时刻，也是最具有价值的投资时刻。第四个阶段是复苏期。新技术找到新的突破点，由它产生的利益和潜力也被市场所认可，从此进入产品化阶段。第五个阶段是成熟期。潜在用户逐步转化为消费者，该技术开始真正地改变我们的生活。

4. 对商业模式的调查

商业模式是一个综合概念，包括企业经营战略、主营业务和收入来源、目标客户和市场定位、产品营销方式和企业经营管理等诸多内容。如果商业模式不清晰、不合理，就会产生主营业务不突出、主营业务收入不稳定、目标客户和市场定位不准确等问题，这些都将成为潜在的风险隐患。因此，创业企业制定的商业运营盈利模式是决定创业投资方投资的关键因素。

通常，创业投资者会以下列问题来考察创业企业的商业模式：

（1）企业如何销售其产品或服务？

（2）消费者能从使用企业的产品中获得什么样的好处？

（3）企业的产品是如何营销的？

（4）影响企业进入市场的关键因素是什么？

（5）投资企业应具备的必要条件是什么？

（6）商业运营模式可以进一步改进吗？

（7）税收方面最不利的因素是什么？

（8）企业产品的销售渠道是什么？

（9）退出方式是什么？是否可行？

11.3　财务尽职调查

11.3.1　财务尽职调查概述

财务尽职调查是指由财务专业人员针对目标企业中与本次投资有关的财务状况的审阅、分析等调查内容。财务尽职调查能否发挥最大的效果、有效的实施关键在于能否选择适当的尽调程序和方法，因此有许多专家学者对尽职调查方法进行了研究。杨宗葳（2017）在企业财务尽职调查的程序和方法的研究中通过结合民营建筑公司尽职调查实际案例经验，认为企业财务尽职调查的程序主要分为进场前准备和现场调查两大部分。李鹏飞（2018）研究尽职调查中如何运用财务分析方法时，阐述了利率分析法、因素分析法、比较分析法这三种方法，还一一说明了这三种方法在债权投资尽调的中的具体应用。吴霞（2017）在研究私募股权基金投资的财务尽职调查中，通过"望、闻、问、切"四个字阐述了财务尽职调查需要从细节着手。苏基平（2016）在研究新三板项目财务尽职调查中将尽职调查流程进一步细化，从定性、定量两方面逐步分析有利于财务尽调的进行。伯克曼（Berkman，2013）根据不同的公司和不同的业务类型，认为尽职调查的水平和重点存在区别，因而要做好充分的准备，并随着计划的进行不断调整尽调流程。蒂森和斯奈德（Tissen and Sneidere，2014）提出了财务尽职调查矩阵在分析企业潜在风险方面可靠性更高。

由于财务尽职调查与一般审计的目的不同，因此财务尽职调查一般不采用函证、实物盘点、数据复算等财务审计方法，更多地使用趋势分析、结构分析等分析工具，基于投资需要，更强调对历史的分析和未来的预测，以评价风险和机会。在企业的投资并购等资本运作流程中，财务尽职调查是投资及整合方案设计、交易谈判、投资决策不可或缺的前提，是判断投资是否符合战略目标及投资原则的基础，在了解目标企业资产负债、内部控制、经营管理的真实情况，充分揭示其财务风险或危机，分析盈利能力、现金流，预测目标企业未来前景中起到了重大作用。在调查过程中，财务专业人员一般会用到以下基本方法。

（1）审阅，通过审阅财务报表及其他财务资料，发现关键及重大财务因素。

（2）分析，如趋势分析、结构分析等，对取得的资料进行分析，发现企业财务指标的发展趋势、异常及重大问题。

（3）访谈，与企业内部各层级、各职能人员以及中介机构充分沟通，深入了解财务资料的真实性。

（4）小组内部沟通，调查小组成员来自不同背景及专业，相互沟通有助于顺利达成调查目的。

1. 财务尽职调查的主要风险关注点

（1）经营利润的真实性。

目标企业的盈利能力和未来成长性是创业投资方在选择投资对象时最为看重的财务指标。正因如此，目标企业为了能如愿获得融资和提升自身在谈判中的议价能力，可能采用应计盈余管理等方式人为变更损益、隐匿成本支出，从而达到虚增利润收入的目的。因此，对目标企业经营利润的真实性进行调查可以有效避免这一现象的产生，从而保护创业投资者的利益。

（2）资产权属的完整性。

目标企业登记在册的资产权属完整性也是创业投资方在实施财务尽职调查时重点关注的风险点之一。例如，对于一些高新技术企业来说，它们之所以引入创业投资方，通常是因为资金较为短缺、融资渠道有限，因而这些企业的专利和非专利技术、大型设备和厂房等可能会有资产抵押、质押等情况的发生，将影响资产权属的完整性，成为潜在的风险点。因此，财务尽职调查应该关注目标企业资产属权的完整性。

（3）或有债务的存在性。

由于目标企业过往交易或事项形成的潜在义务，尤其是表外衍生品交易，这些不一定能在财务报表中准确体现，但是由此造成的企业未来经济利益流失风险却是客观存在的。因此，财务尽职调查应重点审视目标企业的或有债务信息，从而评估目标企业的真实价值。

（4）税务安排的合规性。

目标企业可能存在追求利益最大化而采取偷税漏税的行为倾向，长期积累之下，纳税违法违规问题也会成为潜在风险点，危及企业长远经营和创业投资方资本退出的IPO 运作。因此，财务尽职调查必然需要关注目标企业税务筹划的合法合规性问题。

（5）组织架构的清晰性。

企业生产经营的组织状态，表面上只有独资、合伙和公司制三种形式，但是在实际运作中企业的组织形式十分复杂，比如企业间相互持股，集团公司比单体公司的组织架构更为复杂，运行管理中容易出现多头主管、效率低下等问题。如果不能在尽职调查中厘清标的企业的组织形式和内部架构，就会对未来投资完成后的风险收益产生影响。

（6）退出机制的可行性。

在财务尽职调查阶段，创业投资方就应该预先就退出方式的设定及其可行性做出研究论证，因为退出机制是最终实现创业投资资本增值获利或及时止损的唯一途径。相较发达的欧美资本市场，我国创业投资资本退出可供选择的方式不多，即使是在完成了耗时耗力、机会成本投入巨大的 IPO 后，创业投资者也未必能获利退出。因此，对退出机制的预先设定是创业投资方事前风险管理的重要部分。

2. 财务尽职调查的主要价值关注点

（1）盈利能力。

创业投资方首要关心的问题是标的企业是否值得投入巨额资本，是否能够在一定的投资周期内达到应有的回报预期。只有通过研究分析企业真实完整的财务资料，并在此基础上对企业的盈利能力和成长性做出合理判断，才能形成正确的决策。因此，通过对企业真实财务状况的分析，判断标的企业的盈利能力，是财务尽职调查工作应该关注的价值重点。

（2）资产估值。

对标的企业价值做出精确评估，为创业投资方决策提供参考，具体的方法有：一是综合选用长期股权控制的按原始取得成本入账的成本法、类似在售资产比较的市场价格比较法、估算预期收益并折算现值的收益还原法、预估未来现金流量并折现的现金流量折现法、基于实物期权收益特征的实物期权定价法等估值方法；二是针对无形资产占比较高的高新技术企业采用现金流量折现法与实物期权定价法相结合的模糊层次分析法。

（3）发展潜力。

创业投资者之所以对创业企业趋之若鹜，很重要的原因是他们希望通过发现、挖掘目标企业在核心技术和盈利模式等方面与众不同的增值潜力，以期在一定的投资周期内获得超额风险回报。也正因如此，创业投资机构同样会去关注那些处于成长期、面临经营困难、不盈利甚至暂时亏损的具备高成长性潜质的目标企业。

（4）股权结构。

在财务尽职调查中，调查人员将了解企业的股权结构，包括股东名称、股东的出资形式、持股比例和实际控制人等信息，并对有关控股股东的情况做适当了解。

（5）财务制度。

在财务尽职调查中，调查人员将了解企业的财务组织机构和管理制度，包括财务会计制度、年度经营计划与财务预算的编制和考核制度、会计报告流程和财务管理模式等。

11.3.2 财务尽职调查基本指标体系

1. 偿债能力

（1）短期偿债能力。

①流动比率（流动比率＝流动资产/流动负债×100%）。查阅最近几年及最近一个会计期间的流动资产和流动负债总额，计算流动比率，判断企业的短期偿债能力的情况以及财务状况是否稳定。如果近一个会计年度数值相差较大时，应逐项分析流动资产和流动负债，寻找形成差异的原因，判断该原因是否会对企业未来的财务状况产生较大影响。

②速动比率（速动比率＝速动资产/流动负债×100%）。速动资产是指流动资产除去存货、预付款项、一年到期的非流动资产以及其他流动资产。速动比率是表明每单位的流动负债能有多少速动资产作为保障，速动比率越大说明企业偿债能力越强，如果最近几个会计期间比率差异较大时，应查明引起差异的原因并判断是否对企业财务状况的稳定性有影响。

（2）长期偿债能力。

①资产负债率（资产负债率＝总负债/总资产×100%）。通过资产负债率可以判断企业的长期偿债能力和举债经营能力。资产负债率越低，企业的偿债能力越强，反之，当资产负债率提高时，企业的偿债能力在下降。企业的资产负债率达到一定程度时（50%），理论上表现为企业的财务状况出现潜在的不稳定。

②长期资本负债率〔长期资本负债率＝非流动负债/长期资本（非流动负债＋股东权益）×100％〕。长期资本负债率反映企业的长期资本结构。通过计算长期资本负债率的高低判断企业偿债能力与资本结构的稳定性，通常长期资本负债率越高，企业财务状况越不稳定。

2. 营运能力

（1）存货周转率（存货周转次数＝销售成本/平均存货）。

查阅公司最近几年及一个会计期间的会计账簿，判断企业存货数量是否位于合理的区间，企业的存货计价是否合理，查看企业的存货是否真实存在，同时应该查看构成存货的原材料、在产品、半成品、产成品和低值易耗品的比例关系是否合理。

（2）流动资产周转率（流动资产周转次数＝销售收入/平均流动资产）。

查阅公司最近几年及一个会计期间的会计账簿，测算流动资产周转率，判断企业的流动资产的利用效率。如果流动资产周转率很低时，询问会计人员原因，判断企业未来的经营能力以及企业未来可能存在的风险。

（3）总资产周转率（总资产周转次数＝销售收入/平均总资产）。

总资产周转率是衡量企业总资产在一个会计期间能否被充分利用的指标。查阅总资产周转率是由哪些项目驱动的，重点查看这些项目，判断这些项目可能对企业未来的经营产生的影响，并比较同类企业的总资产周转率，判断该企业在行业中的经营能力。

（4）应收账款周转率（应收账款周转次数＝销售收入/平均应收账款）。

应收账款周转次数表示一年中应收账款周转的次数，或者每单位应收账款投资支持的销售收入。应收账款周转天数也叫应收账款收现期，表明从销售开始到收回现金平均需要的天数，可以借以判断企业信用政策的趋势。同时，了解企业销售收入中是否存在大额赊销商品、应收账款是否能及时收回、分析企业的呆账和坏账的风险大小。

3. 盈利能力

（1）销售净利率（销售净利率＝净利润/销售收入×100％）。

查阅公司最近几年及最近一个会计期间的利润表，计算出企业的销售净利率，比较企业近几年的销售净利率的增长情况，判断企业未来的盈利能力。销售净利率越大，说明企业的盈利能力越强。如果企业的盈利能力远远超过行业其他企业，应该重点查明其原因，检查是否存在不真实的交易。

（2）总资产净利率（总资产净利率＝净利润/总资产×100％）。

该指标反映了公司运用全部资产所获得利润的水平，即公司占用单位资产平均能获得多少元的利润。该指标越高，表明公司投入产出水平越高，资产运营越有效，成本费用的控制水平越高。

（3）权益净利率（权益净利率＝净利润/股东权益×100％）。

权益净利率对企业盈利能力综合的评价指标，它能最真实地反映股权资本的收益情况，是创业投资方最关注的指标。该指标越高，说明投资带来的收益越高；净资产收益率越低，说明企业所有者权益的获利能力越弱。该指标体现了自有资本获得净收益的能力。

通过财务尽职调查，能充分揭示财务风险或危机，分析企业盈利能力、现金流，预测企业未来前景，了解资产负债、内部控制、经营管理的真实情况，判断投资是否符合战略目标及投资原则。财务尽职调查是投资及整合方案设计、交易谈判、投资决策不可或缺的基础。

11.4　法律尽职调查

11.4.1　法律尽职调查概述

法律尽职调查是指创业投资者对目标企业的法律方面所进行的调查，这个过程主要是由聘请的专业律师进行的，对目标企业主体合法存续、企业资质、资产和负债、对外担保、重大合同、关联关系、纳税、环保、劳动关系等一系列法律问题进行调查。

法律尽职调查的目的是确保企业的经营符合各项法律法规，并揭示企业在法律方面可能存在的风险因素。在创业投资中，目标企业和创业投资方拥有的信息是不对称的，在投资前进行法律尽职调查就可以有效避免因信息不对称带来重大交易风险。尽职调查是创业投资方与目标企业的一张"安全网"，对创业投资方而言，对目标企业的法律尽职调查也是一种事前风险管理。如果法律尽职调查认为目标企业存在风险和法律问题，双方便可以就相关风险和义务进行谈判。同时创业投资者可以借此决定在何种条件下继续进行投资活动，或者终止投资行为。

法律尽职调查的重点内容包括：目标企业的基本情况、查证交易的合法性、目标企业的股权结构和内部组织结构、目标企业重要的法律文件和重大合同、目标企业的资产状况、目标企业的人力资源状况、目标企业的法律纠纷以及或有债务、目标企业的外部法律环境、目标企业的纳税情况及纳税依据等。

法律尽职调查的重点如下：

（1）企业历史沿革。

对企业历史沿革的调查一般通过查阅公司的工商档案进行。创业投资方的律师应亲自到企业所在地的工商部门查阅企业的工商档案，而不能轻易相信由拟投资企业提供的工商档案。标的企业为了增加融资的成功率，有时会有意或无意地提供不完整的工商档案，甚至可能出现弄虚作假的情况，从而造成尽职调查的真实性和可靠性无法得到保证。

（2）股东情况及实际控制人。

创业投资方的律师要重点关注拟投资企业的实际大股东的情况，特别要注意企业的大股东是否已支付了获得股权的对价，是否提供了相关股权转让支付凭证，以及公司历次股本变动程序的完备性等。此外，还应注意关注控股股东资格的合法有效性，如党政干部、公务员、军人、国企职员等特殊主体在投资主体资格上的限制等。同时，对企业未来上市的实质性障碍的调查也是重中之重。如《首次公开发行股票并上市管理办法》规定，发行人最近 3 年内实际控制人不得发生变更。实务中，企业实际控制人的界定将影响到申报的时点、锁定期、同业竞争的认定等。

（3）公司的资产状况。

公司的资产状况主要是指公司及其分支机构有关固定资产、大额动产、对外投资、应收账款、知识产权或专有技术等的详细状况。应特别注意的是，商标的审查重点在于审查公司的商标所核准注册的商品范围是否覆盖了其所要从事的业务，是否拥有海外市场的商标专用权。要确认公司拥有的是否为商标专有权，同时还应查明该第三方是否为拟转让商标的合法拥有者。另外，要查验在商标许可协议中是否有改制或股东变更后商标许可将会收回等类似条款。

（4）关联交易及同业竞争。

在创业投资的法律尽职调查中，关联交易与同业竞争是非常重要的关注点。一方面，关联交易的存在有可能成为标的企业未来 IPO 的致命障碍。根据目前证监会的审核思路，解决关联交易时，宜采用由拟上市公司收购关联方的方式，不宜采用"非关联化"的形式（即将关联公司出售给独立的第三方）。另一方面，目前证监会对同业竞争问题的判断标准趋于严格。同业竞争判断标准主要从是否属于同一业务或相似业务的实质出发，可以从业务性质、产品或劳务的可替代性等领域进行判断。如属于同一大类行业的，从事相同或相似的业务即可认定为属于同业竞争。因此，在进行法律尽职调查时应尽可能查明同业竞争问题，并在投资协议中对同业竞争的解决方案进行陈述。

11.4.2　法律尽职调查的基本方法

1. 基本情况调查

（1）公司历史沿革。

对企业历史沿革的调查主要包括对企业性质、主营业务、成立日期、注册资金、股东情况、年检、公司变更、主管机关批文、公司的营业执照、税务登记证、出资证明及验资报告、公司章程等基本情况的调查，即对公司的主体资格进行调查。这是为了判断公司是否依法成立并合法存续，确保将来发行上市主体资格的合法有效。

（2）股东股权变化。

我们可以通过以下几个不同的方面进行股东股权变化的调查。

①取得公司的股东花名册，查看法定代表人或股东人数、住所、出资比例是否符合法律、法规和有关规定。

②追溯调查实际控制人，并与"关联交易调查"结合，查看其业务、资产情况是否对公司的供应、生产和销售以及市场竞争力产生直接或间接的影响。

③检查公司是否发行过内部职工股，是否有工会持股或职工持股会持股。

④取得公司发起协议书和创立大会的会议记录，检查并确认公司的所有创始人不存在一年内转让股份的情况。

⑤编制公司股权结构变化表，查询公司历次股份总额及其结构变化的原因。

⑥调查公司的股份是否由于质押或其他争议而被冻结或者拍卖而发生转移，并导致股权结构发生变化。

⑦调查股份发生变化前公司决策层的会议记录，查看股权结构变化对公司业务、管理和经营业绩的影响。

⑧获取公司与股本结构变化有关的验资、评估和审计报告，审查公司注册资本的增减变化以及股本结构的变化和程序是否符合法律规范。

（3）组织结构。

对组织结构的调查是为了全面了解企业主要股东（追溯到实质控制人）所有相关企业的业务和财务情况，查找可能产生同业竞争和关联交易的关联方；了解企业内部组织结构模式的设置情况，及其对企业实现经营管理目标的影响；了解企业各部门是否职责明晰、责任明确，管理是否规范。可以从以下几个方面来进行调查。

①取得企业所有成员的有关资料清单，查找其中异常或者重要的联营企业，并做深入研究，必要时进行实地考察，将获得的一手资料进行整理分析，形成调研报告。

②构建企业与关联方的组织结构图，标明各经营实体之间的具体组织联系。

③构建企业组织结构图，并以实线和虚线标明各个机构之间的权利与信息沟通关系，分析其设计的合理性和运行的有效性。

④与管理层有关人员交流，进一步获得企业组织结构的设置、运行方面的资料，了解企业各部门之间分工是否明确、责任是否明确、管理是否规范。

⑤与企业管理部门沟通、查阅企业内部管理规定，了解企业内部利润中心、成本中心和职能中心的设置和划分情况。

2. 资产状况调查

（1）了解固定资产规模、类别，并核实期末价值。

①取得前三年及最近一个会计期末"固定资产"、"累计折旧"及"固定资产减值准备"明细表，并与财务报表核对是否相符。

②调查房屋建筑物的成新度、产权归属。

③调查机器设备的成新度、技术先进性、产权归属。

④对大额的固定资产增减变动应询问原因，抽查购买和处理的凭证。

⑤了解并描述计提折旧的方法，并将本期计提折旧额与《制造费用明细表》中的"折旧"明细项核对是否相符。

⑥了解并描述固定资产减值准备计提方法，结合生产特点及设备状况，并向会计师询问，判断减值准备计提是否充分。

（2）了解在建工程规模。

若规模较大，应进一步调查在建工程价值、完工程度，判断完工投产后对生产的影响。

①取得该期末"在建工程""在建工程价值准备""工程物资"明细表，并与财务报表核对是否相符。

②取得工程建设可行性报告及政府批文，了解计划投资额、计划建设周期、建设资金来源、工程投产后的预计收益。

③现场勘察工程进度，并根据工程可行性报告和正常的工程建设周期，判断工程建设进度是否正常、有无长期停工在建工程。

④了解利息资本化的依据是否符合规定，长期停工在建工程是否停止利息资本化，是否发生减值，减值准备是否充分。

（3）了解并核实无形资产入账依据及价值的合理性。

①取得无形资产及减值准备明细表、清单及权属证明。

②调查每项无形资产的来源，判断各项无形资产入账及入账价值的合理性。

③获取商标注册证明、专利证明、特许经营证书等，判断其所有人、使用者是否合法。

④是否存在产权纠纷或潜在纠纷，检查相关法律文件及协议与《公司法》是否相符。

⑤与法律部门及法律顾问进行沟通，检查是否存在产权纠纷或潜在纠纷，若存在，对其发生的原因及历史进行调查，判断是否会出现或有事项。

3. 关联与同业竞争

（1）关联方与关联交易。

关联方调查是为了解其是否存在不正当交易。检查所有的关联方，包括与公司同受某一企业的控制的企业、合营企业、联营企业、主要投资个人或关键管理人员或其关系密切的家庭成员、主要投资者个人或关键管理人员或其密切相关的家庭成员直接控制的其他企业。获得公司的主要采购、销售合同，检查公司的主要采购、销售合同的合同方是否是关联方。获取所有关联方的营业执照或身份证明文件、所有关联方与公司之间签订的所有关联协议。可以通过以下的尽职调查了解关联交易是否合规。

①调查公司与关联企业是否发生以下行为：购买或销售商品，购买或销售除商品以外的其他资产，提供或接受劳务、代理、租赁、提供资金（包括现金或实物形式的贷款或权益性资金）、担保和抵押、管理方面的合同，研究与开发项目的转移、许可协议，关键管理人员报酬。获取上述关联交易的有关协议，并取得协议执行情况的支撑文件及其证明。上述关联交易是否必要，通过获取上述关联交易的交易背景资料、可行性研究报告（若有），判断该交易是否对公司产生积极影响。

②如果存在关联交易，关联交易的内容、数量、金额，以及关联交易占同类业务的比重如何。首先应检查历年关联交易账户，检查关联交易的内容、数量、金额。还应检查关联交易占发起人同类业务的比重，对关联交易的递增或递减做出评价，并分析原因。

③关联交易协议的内容是否公允。检查关联交易协议条款，检查其内容是否公允合理，有无侵害公司利益的条款。

④公司是否在公司章程及其他内部规定中制定了关联交易的公允决策程序，对其进行审查并检查其执行情况。

⑤关联交易是否履行了法定批准程序。首先应获取关联交易执行程序、批准程序的规章制度。其次检查已执行的关联交易是否已经按照上述规章制度执行。还应查询公司是否为控股股东及其他关联股东提供担保。获取所有担保协议，检查为控股股东及其他关联股东提供担保的有关协议，是否存在不合理的条款。

（2）同业竞争。

要想了解是否存在同业竞争，投资者应该从以下几方面来做调查。

第一，公司与关联方是否存在同业竞争。

①检查公司与控股股东及其子公司的经营范围是否相同或相近。

②公司与控股股东及其子公司是否在实际生产经营中存在同业竞争。

第二，如果存在或可能存在同业竞争，公司是否采取了有效措施避免同业竞争。

①查阅有关避免同业竞争的协议及决议，检查上述协议，审查有无损害公司利益的情况的条款。

②查阅公司的股东协议、公司章程等文件，公司在股东协议、公司章程等方面是否做出避免同业竞争的规定。

③调查有无其他有效措施避免同业竞争，如：针对存在同业竞争的情况，通过收购、委托经营等方式，将相竞争的业务纳入企业中的措施；竞争方将业务转让给无关联的第三方的措施；公司放弃与竞争方相同的业务等措施。

通过法律尽职调查，可以为交易决策提供依据，帮助有关各方了解调查对象的情况，并判断该情况是否使拟议的商业计划或交易事项具备操作可能性。在并购尽职调查中，通过对并购标的进行尽职调查，发现潜在的法律风险及可能存在的隐性成本，从而为交易决策提供依据。同时，也可以在并购谈判中对并购标的做出准确的估值，从而判断达成并购目的需要支出的最终成本。在 IPO 及新三板业务中，通过尽职调查，可以让将来的公众公司确保各种信息公开、透明、真实、可靠、完整，从而保证投资人做出正确判断，确保交易市场的稳定、有序，避免法律风险。在并购交易中，由于交易各方对并购标的的了解存在差异，这种差异容易导致交易各方的不公平交易，通过尽职调查，可以让客户了解并购标的真实情况，从而避免交易陷阱。法律尽调也为交易实施提供保障，帮助相关方按照现实情况合法、合理地调整项目计划或交易的结构、内容，以及决定交易完成的时间表，从而帮助相关方准确地确定交易完成的前提条件及交易后需进一步完成的事项。

 案例分析

阿里巴巴并购饿了么——清科 2018 年
中国最具影响力 VC/PE 支持并购案例①

2018 年 4 月 2 日，中国互联网历史上最大规模的收购案尘埃落定，独角兽饿了么没能熬过 2018 年的春天，而阿里巴巴的新零售战略在本地生活的纵深拓展上取得重大突破。

早在 2018 年 2 月就有消息传出，阿里与饿了么正在就股权转让价格、时间、数量及交易方式等核心条款进行谈判，但最终的交易价格还需等待尽职调查结束。本次收购缘起春节前饿了么资金链承压，阿里伸出收购的橄榄枝，与此同时，饿了么曾与美团点评进行短暂接触，就收购的可能性进行洽谈，但最终阿里出价更高。

4 月 2 日，阿里巴巴集团、蚂蚁金服集团与饿了么联合宣布，阿里巴巴已经签订收购协议，并将联合蚂蚁金服以 95 亿美元对饿了么完成全资收购。阿里巴巴集团副总裁王磊将出任饿了么 CEO，饿了么创始人兼 CEO 张旭豪将出任饿了么董事长，并兼任张勇的新零售战略特别助理，负责战略决策支持。团队也将不再区分阿里巴巴与饿了么，阿里巴巴给出的新零售战略布局，已将饿了么与口碑共同列入本地生活的版图。阿里巴巴 CEO 张勇称："这是阿里巴巴有史以来最重要的投资。"

饿了么是由张旭豪在 2008 年创立的本地生活平台，主营在线外卖、及时配送和餐饮供应链及新零售等业务。截至目前，饿了么在线外卖平台覆盖全国 670 个城市和逾千个县，在线餐厅 340 万家，用户量达 2.6 亿，旗下"蜂鸟"即时配送平台的注册配送员达 300 万人。在业绩持续高速增长的同时，公司员工也超过 15000 人。2018 年 4 月，蚂蚁金服完成对其全资收购，饿了么并入阿里巴巴新零售战略。2018 年 10 月 12 日阿里集团正式成立本地生活服务公司，饿了么和口碑会师组成领先的本地生活

① 张俊. 阿里 95 亿美元巩固新零售城池 张旭豪告别饿了么一线 ［EB/OL］.（2018－04－02）［2021－09－23］http：//tech. sina. com. cn/i/2018－04－02/doc－ifysvmym3491794. shtml.

服务平台。

一、饿了么被收购的深层次原因

阿里在收购之前便通过两轮投资实现了对饿了么的绝对控股。2016 年 4 月，饿了么宣布获得 12.5 亿美元（约合 80.9 亿元）F 轮融资，其中阿里巴巴投资 9 亿美元，蚂蚁金服投资 3.5 亿美元。2017 年 6 月，阿里巴巴和蚂蚁金服又进一步增持了饿了么，总投资金额为 4 亿美元。其中，阿里巴巴投资了 2.88 亿美元，其余 1.12 亿美元由蚂蚁金服出资。据此，阿里系对饿了么持股总占比达 32.94%，正式取代饿了么管理团队，成为饿了么的最大股东。对于饿了么被收购的深层次原因，以及为什么在其资金紧张时不选择继续对外融资，而选择投入阿里的怀抱，有媒体报道，饿了么曾与阿里签过一份对赌协议，饿了么被要求在 2018 年 3 月底前实现盈利，但阿里系并未就此报道做出表态。按此逻辑，迟迟没有盈利的饿了么或许正是因为这份对赌协议而被阿里收购。

二、阿里巴巴是否高估了饿了么的价值

其实想要判断阿里巴巴是否高买饿了么，要从阿里巴巴通过此次收购中获得了什么来综合分析。

（1）巨大外卖市场。

目前我国餐饮市场规模稳定增长，增速维持在两位数水平，在线外卖市场在经历前期野蛮增长后增速放缓。但一系列数据表明，2018 年外卖仍是餐饮人值得投入的巨大市场。同时，外卖业务是其支付宝的良好的使用渠道。

（2）助力阿里新零售布局。

在过去一年，中国新零售的擂台被阿里腾讯两巨头迅速割裂成两个阵营，而且各自的阵营越来越大。阿里收购饿了么之后，新零售业务连同外卖业务构建的线上、线下全渠道消费场景势必能产生"1 + 1 > 2"的效果，这次全资收购，显然也是为了巩固自己在新零售和外卖领域的地位。收购完成后，饿了么全国即时性配送体系（蜂鸟配送）将成为阿里巴巴新零售"三公里理想生活圈"的物流基础设施，正好与盒马鲜生等阿里巴巴旗下近场景新零售高度契合。

（3）打造优质本地生活服务平台。

阿里巴巴早就对饿了么的本地生活觊觎已久。早在 2012 年阿里巴巴两次投资美团的迫切就能看出这点。然而美团不愿意为阿里巴巴的大战略服务，转投腾讯，阿里巴巴只能启用口碑。但口碑网接入支付宝和手淘两个超级 App 后，增速仍无法和美团抗衡。因此对于阿里来说，想要在短时间内缩短与美团的差距，直接买下一个发展良好并且具有生命力的生活服务商是最好的选择，而饿了么正好符合阿里的需求。阿里集团在 2016 年 4 月和 2017 年 4 月以两轮合计 16.5 亿美元的现金注资饿了么，阿里系对其持股达到 32.94%，取代饿了么管理团队成为饿了么最大股东。

收购完成后，阿里以餐饮作为本地生活服务的切入点，让饿了么的外卖应用与口碑的到店服务协同，形成对本地生活服务的拓展。阿里的新零售布局将饿了么与口碑共同列入本地生活的版图，二者的会师组成了领先的本地生活服务平台。

 想一想

1. 阿里巴巴在正式收购行为前对饿了么进行尽职调查，它的尽职调查可能包含哪些方面？各有什么作用？

2. 阿里巴巴的尽职调查结果是否为决策提供了正确的支撑？前后两次报价相差为何如此之大？

3. 同样是本地生活服务的巨头，美团为什么会对阿里巴巴的控制表现出抗拒而转投腾讯旗下？

本 章 总 结

复习要点

创业投资项目的尽职调查主要分为三部分：商业尽职调查、财务尽职调查和法律尽职调查。

11.1 尽职调查概述

尽职调查对于创业投资方洞悉拟投资对象的风险和价值具有很强的实践意义。信息不对称理论是其有力的理论支撑。

在尽职调查原则的指导下，创业投资家开展尽职调查可以实现对拟投资对象的内在价值评估、风险发现和投资可行性分析，最大限度降低信息不对称程度。

11.2 商业尽职调查

商业尽职调查通过对宏观环境、市场规模和竞争环境的分析，了解目标公司所处的行业地位和未来发展趋势，甄别出具有广阔的发展潜力和市场前景的项目。

商业尽职调查的考察重点：拟投资企业的市场前景、管理团队、产品或服务和商业模式。

11.3 财务尽职调查

财务尽职调查主要是指由财务专业人员针对目标企业中与本次投资有关的财务状况的审阅、分析等调查内容。与一般财务审查相比，其更多地使用趋势分析、结构分析等分析工具，基于投资需要，更强调对历史的分析和未来的预测，以评价风险和机会。

财务尽职调查的主要风险关注点包括：经营利润的真实性、资产权属的完整性、或有债务的存在性、税务安排的合规性、组织架构的清晰性与退出机制的可能性。主

要价值关注点包括：盈利能力、资产估值和发展潜力。

偿债能力指标、营运能力指标、盈利能力指标等构成了财务尽职调查基本指标体系。

11.4 法律尽职调查

法律尽职调查是指由律师进行的对标的企业主体合法存续、企业资质、资产和负债、对外担保、重大合同、关联关系、纳税、环保、劳动关系等一系列法律问题的调查。

法律尽职调查的重点包括：企业历史沿革、股东情况及实际控制人、公司的资产状况、关联交易及同业竞争。

关键术语

尽职调查	商业尽职	调查财务	尽职调查
法律尽职调查	信息不对称理论	道德风险理论	市场信号理论
"柠檬市场"理论	会计政策	组织结构	运营模式
市场前景	商业模式	波特五力模型	Gartner 曲线
资产权属	或有债务	偿债能力	营运能力
盈利能力	实际控制人	关联交易	同业竞争

 思考题

1. 尽职调查主要包括哪些种类？其理论基础是什么？创业投资家往往基于什么目的开展尽职调查活动？

2. 频频发生的创投失败案例的主要矛头都是指向创业企业家的道德问题，是否意味着创投机构尽职调查只重点关注人的问题就可以了？

3. 财务尽职调查的内容包括哪些方面？它们各有哪些意义？

4. "波特五力模型"是如何对产业的市场前景环境进行分析的？如果一个拟投资企业所处的产业进入壁垒高，现有竞争环境较弱，替代品威胁不大，但由于属于新兴产业，原材料不稳定、购买者处于观望状态，作为创业投资家的你会选择进行投资吗？

5. "Gartner 曲线"在分析拟投资对象所生产的产品或服务时具

有什么作用？假设你是一家创投机构合伙人，你认为处于哪些阶段的产品或服务是值得投资的？

6. 创投机构进行财务尽职调查应该关注哪些因素？与一般的财务审查相比，财务尽调更注重解决哪些方面的问题？

7. 如果由于成本和时间因素，仅对拟投资对象进行商业尽调和财务尽调而仓促决定投资，则创业投资方所面临的哪些风险尤为突出？

8. 法律尽职调查所着重调查的问题是什么？如果基于商业尽调和财务尽调，拟投资对象可提供的潜在价值增值非常有吸引力，但是法律尽调表明拟投资企业存在关联交易与同业竞争方面的法律问题，那么创投机构是否该放弃这个投资项目？

附录　尽职调查报告提纲

一、公司基本情况

1. 公司简介

（1）愿景、目标、使命。

（2）历史沿革。

（3）公司主营业务及其描述。

（4）主要业务近年来增长情况，包括销量、收入、市场份额、价格走势。

（5）各业务在整个业务收入中的比例。

（6）业务的发展前景。

2. 股权结构

（1）主要股东情况介绍，包括背景情况、股权比例等。

（2）公司成立以来股权结构的变化，增资和资产重组情况。

3. 团队

（1）核心团队。

①法定代表人、董事、监事及高级管理人员的履历。

②高级管理人员的专长、特点、风格。

③核心团队的优势和劣势分别是什么？激励政策如何？

④企业目前还需要什么样的核心团队成员？

⑤企业未来（快速发展阶段）需要什么样的核心团队成员？目前具备吗？

（2）组织结构和人员情况。

①公司组织结构。

②公司员工状况，包括年龄结构、受教育程度结构、岗位分布结构和技术职称分布结构。

③公司在员工招募、培养和激励方面有哪些成功经验？面临哪些困难？

二、产品、技术和研发

1. 产品

（1）公司产品系列及其市场定位。

（2）上述产品的产品质量、技术含量、功能和用途、应用的主要技术、技术性能指标、产品的竞争力等情况；针对的特定消费群体。

（3）公司新产品开发情况。

（4）公司对提高产品质量、提升产品档次、增强产品竞争力等方面将采取哪些措施？

2. 技术

（1）专利技术。

（2）非专利技术。

（3）新研发技术方向和进度预计。

（4）技术趋势研判。

三、市场与客户竞争

1. 销售渠道

（1）销售模式和销售网络。

（2）销售政策。

2. 客户

（1）主要客户特点，前5名最大的客户销售收入所占的比重。

（2）客户满意度。

3. 市场竞争

（1）行业主要竞争对手的情况，包括年生产能力、年实际产量、年销售数量、销售收入、市场份额、在国内市场地位。

（2）潜在竞争对手及其进入本行业的可能性。

（3）竞争优势分析对比。

四、财务分析和预测

1. 过往财务表现

（1）公司收入、利润来源及构成。

（2）盈利能力。

（3）负债能力。

（4）运营能力。

2. 未来的财务预测

五、风险揭示与控制

（1）法律风险。

（2）团队风险。

（3）经营风险。

（4）技术风险。

（5）财务风险。

（6）其他重要风险，如宏观环境、政府政策的变化等。

第12章

合 同 协 议

【学习要点及目标】

了解合同协议的相关概念，并重点掌握对赌协议的相关内容。

 案例导读

中国动向管理层与摩根士丹利的对赌协议[①]

2006 年，意大利运动品牌卡帕（Kappa）的母公司 BasicNet 出现财务危机，为了解决巨大的财务危机，BasicNet 决定出售部分国家和地区的品牌权益，其中包括中国内地以及澳门的商标所有权，这给了中国动向收购 Kappa 中国业务的机会。

2006 年 3 月，中国动向买下了 Kappa 在中国内地及澳门地区的品牌所有权。根据收购协议，中国动向需要为这笔收购付出 3500 万美元的资金，然而 2005 年北京动力的财务报表显示公司的净利润仅仅为 3781 万元。作为公司老板的陈义红原为李宁公司的高管，他原先所拥有的李宁的股票在他收购中国动向时早已进行套现。这时摩根士丹利进入了这笔收购之中。从 2006 年起，摩根士丹利先后分三次认购了 3800 万美元中国动向票据，并于 2007 年 4 月将所持票据转换为中国动向 20% 的股份。中国动向管理层与摩根士丹利自 2006 年起进行了一系列资本运作，并签署了一份对赌协议：如果 2008 年最终上市主体中国动向的净利润达不到 4970 万美元的目标，中国动向主要股东将以 1 美元的象征性代价转让动向股份给摩根士丹利，最高比例不得超过 IPO 前动向总股本的 20%；如果中国动向 2008 年净利润超过 5590 万美元，摩根士丹利将向动向管理层无偿转让 1% 股权以示奖励，如果最终的净利润介于 4970 万美元与 5590 万美元之间，中国动向不能获得 1% 的股权奖励，同时摩根士丹利也

---

① 案例改编自：孟方琳，田增瑞，赵袁军. 创业投资运用对赌协议的机理、效果及策略研究［J］. 南方金融，2018，503（7）：49−57.

不能进行股权调整。

2006年，中国动向净利润达8.5亿元人民币。2007年10月，中国动向在香港上市，共发行13.58亿新股，每股作价3.98港元，摩根士丹利持股比例为20%。上市禁售期结束后，摩根士丹利逐步减持股份，到2008年5月已减持至5%以下。在签订对赌协议后的3年里，中国动向净利润快速增加，2008年净利润比对赌协议中设定的目标值5590万美元高出200%以上，利润数据如表12-1所示。此后，根据对赌协议约定，摩根士丹利向中国动向管理层无偿转让1%股份以示奖励。粗略估算，不含中国动向上市后的分红，摩根士丹利在此轮投资中的收益率高达10倍。中国动向与摩根士丹利的合作是双赢式对赌协议的一个典型案例。

表 12-1 中国动向利润数据

年份	收入（万元）	同比增长（%）	净利润（万元）	同比增长（%）
2006	85892.1	481.5	30645.9	710.6
2007	171102.3	99.2	73356.8	139.4
2008	332223.7	94.2	136772.2	86.4

资料来源：Wind 数据库。

想一想

1. 对赌协议对企业有什么促进作用？
2. 中国动向的这笔对赌协议为其带来了什么？

12.1 合同协议的相关概念

风险投资等机构在对创业企业进行投资前需要与企业商谈投资金额、投资内容、重大事项等一系列条款，这些条款最终都要形成协议。

由于风险投资家和创业团队之间的利益诉求不完全一致，因此风险投资家和创业团队之间需要事先确定和明确议事规则，建立监督制约机制，防止管理层以投资人的利益损失为代价来谋求自身利益的最大化。

12.1.1 承诺与保证条款

承诺是受要约人同意要约的表示，即受约人同意接受要约的全部条件并与要约人成立合同。承诺应当以通知的方式做出，交易习惯或要约表明可以通过行为做出承诺的除外。承诺的法律效力在于，当承诺一经做出并送达要约人，合同即告成立，要约人不得加以拒绝。

保证条款主要是为满足风险投资家和创业家退出风险企业的要求设计的。风险投资家投资风险企业的目的是在适当的时机将股权溢价出售变现，从而退出风险企业。创业家也希望自己的股权具有良好的流动性，以便在需要时随时变成现金或其他现金等价物。但是风险投资家和创业家的退出方式和目标可能发生冲突。为了保护他们在退出风险企业时各自的利益，投资交易结构中的卖出选择权和买入选择权条款应运而生。

1. 卖出选择权

卖出选择权是对于风险投资家而言的，即赋予风险投资家在风险企业无法达到既定的营业目标的情况下，有机会通过该企业赎回或者其他股东购买的方式售出所持股票，实现收益变现的权利。这为风险投资家因为各种原因提前终止合作关系、撤回投资资金保留了退路。

2. 买入选择权

买入选择权是对于风险企业而言的，即当风险投资家想将其持有的风险企业的股票卖给第三者时，允许创业家以同样价格和同样条件向风险投资家购买。这种权利安排是为了使企业所有权和管理权在股权转移时不至于过度变化。

3. 后续投资承诺

后续投资承诺是风险企业要求风险投资家在交易设计中做出的，是风险企业能够在未来特定期间获得后续资金融通的保证。显然这种承诺对于风险企业来说更为有利。如果企业产品发展顺利，市场前景较好，风险投资家自然会依约进行后续投资；如果该企业达到投资协议的营运目标，但是预测未来市场已经饱和，投资人认为没有再投资的价值，由于后续投资承诺的存在，投资人不得不继续向企业提供资金，风险企业也能避免因资金紧张产生的一系列风险。

12.1.2　违约责任

1. 共同出售权条款

共同出售权是指如果被投资企业原股东拟转让股权，投资人有权按照出资比例以普通股方式和其他同等条件，优先将其所持有的股份出让给买方，现被用来防止企业创始人先于投资人套现的情况。

实践中，投资协议对共同出售权条款做如下约定：如果普通股股东计划向任何第三方出售其全部或部分持有股权（股份），则必须首先通知优先股持有人且应赋予优先股持有人如下权利：以拟受让人提出的同样条款优先将其持有的股权（股份）转让给受让人。

2. 强制随售权

强制随售权，一般是指如果被投资企业在约定的时间内没有上市或者没有达到事先约定的出售条件，投资人有权要求原有股东和自己一起向第三方转让股份，原有股东必须按投资人和第三方谈好的条件和价格以投资人在被投资企业中的股份比例向第三方转让股份。实践中，有的投资协议中对共同出售权条款做如下约定：如果第三方拟购买投资人所持有的公司股份，则投资人有权要求其他股东以相同价格和条件向第三方出让相应比例的股份。

共同出售权条款和强制随售权条款是被投资企业新老股东之间的约定。《公司法》没有明确禁止股东间共同出售的约定以及强制随售的约定。因此，有限责任公司和中外合资中的股东可以就这种特殊的处置行为做出约定。

3. 强制赎回权

此条款是私募投资者入股融资企业后的风险控制手段之一。如果融资企业的经营没有达到预期，企业无法上市，私募投资者也无法实现股权转让，其就会要求企业在一定的时间按一定的价格回购投资者的股份，包括私募股权投资者可以按预定的价格将优先股回售给公司。创业投资者可以强制公司在未来的特定时点（5 年或者 8 年）支付当时投资的面值，这种机制在理论上可以用于强制公司清算或兼并。基于以下两个原因，违约条款中经常包含强制赎回条款。

（1）大多数私募股权合伙基金的存续期有限，在合伙基金到期前，它们必须具有强制清算的机制。

（2）强制赎回条款有助于防止"生活方式的公司"，或者其存在仅仅是为管理层提供好的生活但没有为投资者创造价值的公司。通过要求赎回，投资者可以收回他们的投资，若该公司缺乏足够的资金，投资者可以强制进行谈判，强制公司清算。除了在撤回资金方面的良好功能之外，强制赎回条款在作为谈判筹码方面更有价值。实际执行这一赎回的过程对任何一家企业而言都是极具挑战性的，而且很可能大幅降低企业的价值。

12.1.3　反稀释及股权控制条款

为了防止企业做出不利于投资方的行为，保障投资者利益，投资方会在合同中详细制定各种条款，如反稀释条款、股份比例的调整条件条款、违约条款、控制追加投资的优先权条款等。

1. 反稀释条款

反稀释条款是指在目标公司进行后续项目融资或者定向增发过程中，私募投资人避免自己的股份贬值以及份额被过分稀释而采取的措施。该条款可以保证私募投资人所享有的转换特权，不受股票再分类、拆股、股票红利等未增加公司资本而增加发行在外数量的操作影响。

通常，只有符合反稀释条款的投资者参与新一轮降价融资时，反稀释条款才会发挥作用。这防止了"搭便车"行为的发生，即一家公司有多个投资人，在艰难募集资金时，只有一部分投资人选择在新一轮融资中投资。如果反稀释条款有购买参与权条款，参与降价融资的投资者将有反稀释保护，而不参与的投资者将不会获得价格调整机会，从而遭受更多损失。在融资困难时，这被视为对参与投资的所有投资者的一种激励。

根据保护程度的不同，反稀释保护可以分为棘轮调整和加权平均调整两种方式。棘轮条款是境外股权投资基金常用的一种反稀释条款，如果目标企业以低于上一轮的价格进行后续融资，先前投资人可以免费获得新股（往往是创始股东拿出股份补偿先前投资人），使其在目标企业中享有的股份价值和之前在目标企业享有的股份价值相同。加权平均调整条款是一种较为温和的反稀释条款，在目标企业在进行后续融资时，也将新发行股份的数量作为反稀释时的基础要件。采用加权平均调整方式时，以所有股份平均价格重新计算投资者和企业管理层的股份。

实践中，有的投资协议对反稀释条款做如下约定：如果公司再次发行股权证券且增发时公司的估值低于投资人股权对应的公司估值，则投资人有权从创建人股东处以加权平均法或全棘轮法取得额外的股份。如果被投资企业是有限责任公司或者是股份有限责任公司，我国《公司法》也为其预留了操作的空间。关于有限责任公司股东间股权的转让，《公司法》第七十一条规定：公司章程对股权转让另有规定的，从其规定。关于股份有限公司股东间股权的转让，《公司法》也并未禁止股东间股权转让。对于内资的有限责任公司和股份有限公司，设置反稀释条款并不存在法律障碍。

2. 优先分红权条款

优先股是相对于普通股而言的，在利润分配与企业剩余财产清算分配方面，优先股股东优先于普通股股东。优先分红权是指投资人在被投资企业分红时，优先取得一定比例股息的权利。其根据投资人优先取得固定数额股息后是否可以继续参与剩余股息的分配，分为参与性与非参与性优先分红权；根据股息分配是否具有累积性，分为累积性和非累积性优先分红权。

实践中，有的投资协议中优先分红权条款是这样规定的：每股优先股每年可收取初始发行价格的 5% 分红，而普通股只有在 A 序列优先股分红支付后才有权获得分红。

如果被投资企业是有限责任公司或股份有限公司，我国《公司法》第三十四条的规定：股东按照实缴的出资比例分取红利；公司新增资本时，股东有权优先按照实缴的出资比例认缴出资。但是，全体股东约定不按照出资比例分取红利或者不按照出资比例优先认缴出资的除外。《公司法》第一百六十六条明确规定：公司弥补亏损和提取公积金后所余税后利润，有限责任公司按照本法第三十四条的规定分配；股份有限公司按照股东持有的股份比例分配，但股份有限公司章程规定不按持股比例分配的除外。

通过《公司法》以上规定可以看出，股东可以约定股权比例与分红比例不一致，但是并没有就优先分红权给出明确的答案。

3. 优先清算权条款

优先清算权是指投资人在被投资企业清算过程中，有权优先于普通股股东获得每股数倍于原始购买价格的回报以及宣布但尚未发放的股息。实践中，有的投资协议中对优先清算权的规定为：如果公司发生清算、解散、业务终止，A 系列优先股享有优先权，优于公司普通股股东接受公司资产或盈余资金的分配，接受金额为 A 系列优先股初始发行价的 120%。如果被投资企业是有限责任公司或股份有限公司，根据《公司法》第一百八十六条的规定：公司财产在分别支付清算费用、职工的工资、社会保险费用和法定补偿金，缴纳所欠税款，清偿公司债务后的剩余财产，有限责任公司按照股东的出资比例分配，股份有限公司按照股东持有的股份比例分配。

通过《公司法》的规定可以看出，在清算后对剩余财产的分配上，有限责任公司按照股东的出资比例分配，股份有限公司按照股东持有的股份比例分配，并未预留股东可以协商决定的空间，清算优先权是存在一定法律障碍的。

4. 优先认购权条款

优先认购权是指目标公司发行新股时，投资人作为老股东可以按照原先持有的股份数量的一定比例优先于他人进行购买的权利。

实践中，有的投资协议中对优先认购权做如下约定：如目标公司今后增资或者发行新股份的，优先股持有人有权但并无义务按照同等条件购买保持其股份比例数量的股权或者股票。

如果被投资企业是有限责任公司，根据《公司法》第三十四条的规定：股东按照实缴的出资比例分取红利；公司新增资本时，股东有权优先按照实缴的出资比例认缴出资。但是，全体股东约定不按照出资比例分取红利或者不按照出资比例优先认缴出资的除外。根据该条款的规定，有限责任公司的各投资方可以通过另行约定的方式落实股东之间的优先认购权。

如果被投资企业是股份有限公司，《公司法》并未预留股东可以协商决定的空间，老股东对增资的控制权仅体现在股东大会的表决上，优先认购权是存在法律障碍的。

如果目标企业被投资后变更为一家中外合资企业，可以设置优先认购权条款。根据《公司法》第二百一十七条的规定：外商投资的有限责任公司和股份有限公司适用本法；有关外商投资的法律另有规定的，适用其规定。

5. 回售权条款

回售权是指投资人在一定条件下可以要求被投资企业按照一定价格赎回其所持有

的股权的权利。实践中，有的投资协议对回售权做如下约定：如果发行 A 系列优先股满 42 个月，或者 2/3 以上优先股股东要求公司赎回优先股，则 A 系列优先股股东可以在任意时间要求赎回，赎回价格为初始发行价的 120%。如果被投资企业是有限责任公司或者股份有限公司，行使回售权则面临着技术操作层面的难度。

在实际操作中，为简化程序，回售的行为往往约定在新老股东之间发生，即将赎回主体由被投资企业变通为原股东，尤其是大股东。这样，回售权的履行也就变成了较为简单并且能够被监管部门所接受的股权（股份）转让。

12.1.4 企业内部管理机制与决策权控制条款

随着企业的不断扩张，公司的所有权与经营权相互分离，进而形成了股东与管理层之间的代理关系。代理关系的良性发展需要企业内部建立合理的管理机制。企业内部管理机制设定是指通过建立一系列制度体系，构筑针对企业管理层的激励机制和约束机制，其目的是在信息不对称的情况下，通过激励机制和约束机制的安排及设定来协调投资者和企业创始股东与企业管理层之间的利益关系，防止管理层以投资者的损失为代价谋求自身利益的最大化，同时也让管理层分享企业成长的收益。具体通过安排股权和期权的方法构筑激励机制，如设置管理层雇佣条款、董事会席位、表决权分配、控制追加投资等制度条款。

为使风险最小化，创业资本家在投资交易中必须确立他们在创业企业中的管理与决策的地位。风险投资家参与企业管理的程度取决于创业企业高级主管的经验和技能、企业所处的发展阶段、企业所采用技术的创新程度，以及企业家与风险投资家在企业发展目标上的一致性。

1. 管理层的股权安排

投资机构在入股企业时，通常会安排相当一部分股份给企业管理者持有，并以此作为管理层收入中的很大部分，这种股权安排是稳定管理层的需要，也是创业型管理层控制企业的需要，同时也使得管理层的利益与企业利益密切相关，并与投资者的利益保持一致。管理层的股份来源有：原始股东和投资机构从自己的股份中赠与、奖励，管理层无偿增持、低价购买新增发的股份，投资者可转换优先股或者可转换债券行权时奖励给管理层等。

我国企业的股权安排的发展历史可追溯至 20 世纪 80 年代，当时的首钢集团实施"封死基数，确保上缴，超包全留，欠收自负"的经营方法，员工的工资与首钢集团的绩效挂钩，极大地激发了员工的积极性，这种激励方式类似于将企业的股权下发至员工，即员工持股计划，让员工成为公司的股东。到了 1993 年，万科正式推出《员工持股计划规划》进行试点，此后的几年在深圳等地陆续有企业开始实施类似的计划。到了 2005 年 9 月 30 日，证监会正式发布了《上市公司股权激励管理办法（试行）》，这标志着我国股权激励制度的法律障碍得以清除。之后我国又推出了数部类似的法律法规来完善股权激励的法律制度，对股权激励计划的变更与撤销、股权激励的会计处理等都做出了更加明确的规定。

2. 管理层的期权安排

当管理层的业绩达到了某一未来目标时，条款允许管理层依照事先约定的较低价格（或者无偿）增持公司的股份。这种期权安排将管理层的长期利益与企业的增长紧密联系，从而能够避免管理层的短视行为，以实现企业的长期价值最大化。

（1）股份购回和股份转让条款。股份购回条款是指雇员离职后，受资企业具有从离职员工那里以低于市价（或公允价值）的价格重新购回股份的权利。这是对创业企业员工的一种约束，目的是保持核心员工的稳定性。股份转让条款是针对创业者的约束，即未经创业投资公司的许可，禁止创业者将其股权转让给第三者。股份转让条款的目的是防止掌握内部信息的创业经营者套现离职，从而增大风险投资者的风险。

（2）非竞争性条款。非竞争性条款是指不允许创业企业的经理和骨干在离职后加入原公司同行业或相近行业的公司，以保护创业企业的商业机密和竞争优势。

3. 董事会席位设定

投资机构要求在董事会中占有一定的席位，目的是保持对企业的适当控制权。投资机构派出的董事一般在指导企业发展、鉴别管理层素质等方面具有相当丰富的经验，而且具有广泛的社会资源。他们凭借投入的资本和向企业提供的增值服务在董事会占据相当的比重。由于董事会拥有任命和解聘总经理、监督企业运行的权力，所以，投资机构会通常会在董事会占有一定席位以实施对管理层的监督和约束。

12.2　对赌协议

对赌协议又称估值调整协议（valuation adjustment mechanism），是创业投资者与创业公司在达成协议时双方对未来的不确定性的一种约定：共同设定一个暂时的中间目标，如果约定的条件出现，创业投资者可以行使一种权利；如果约定的另一个条件出现，创业公司则可以行使另一种权利。这便是"对赌"的过程，其具有不完全契约性与期权性质。国内的对赌协议起源于 2002 年摩根士丹利与蒙牛乳业管理层签订的依业绩调整股权比例安排的合约，随后对赌协议逐步被运用在我国创业投资领域的各个投资过程之中。

对赌协议最基本的主体即投资方（创业投资者）和融资方（创业公司）是需要首先确定的，投资方给予融资企业以资金，融资方想要获得资金还需要第三方作为担保人，第三方主体作为担保人主要负责在双方合约签订的时候提高必要的担保效力。

从民事法律关系的角度来看，对赌协议的"赌约目标"是存在着多样性的，可以分为物、行为、智力成果以及人格利益四类。不管目标最终是否实现，按照协议投资和融资双方都需要承担自身应尽的义务。

创业投资者根据投资金额、投资阶段、投资风险以及投资收益等因素，理性选择金融投资工具，以期减少未来的不确定性风险、获得较高投资回报。在投资实践中，对赌协议一般与分阶段投资、联合投资、委派董事、监事等措施共同发挥作用，以此缓解信息不对称和未来不确定性的问题。

【案例 12-1】 蒙牛摩根士丹利的对赌协议[①]

蒙牛乳业有限公司于 1999 年 1 月由牛根生在内蒙古自治区创办成立，公司的注册资本为 100 万元人民币。1999 年 8 月 18 日，该公司更名为内蒙古蒙牛乳业股份有限公司（以下简称为"蒙牛乳业"），注册资本增加至 1398 万元人民币，共折合股份 1398 万股。

蒙牛乳业的第一次资本运作可以分为以下阶段。

（1）2002 年 6 月，摩根士丹利、香港鼎晖和英国英联（以下统称投资者）联合在开曼群岛（Cayman Islands）注册成立了中国乳业控股（China Dairy Holdings），与此同时设立了全资子公司——毛里求斯公司（China Dairy Mauritius Ltd.）。

（2）同年 9 月，蒙牛乳业的发起人在英属维京群岛（British Virgin Islands，BVI）注册成立了金牛乳业公司，并通过蒙牛乳业的投资人和雇员注册成立了银牛乳业公司。

（3）其后，金牛公司和银牛公司分别以 1 美元/股的价格购买了 5102 股中国乳业控股的 A 类股票（1 股拥有 10 票投票权）；投资者则以接近 2600 万美元的价格购买了 48980 股中国乳业控股的 B 类股票（1 股拥有 1 票投票权），持股比例高达 90.6%。享有 49% 的投票权。

（4）中国乳业控股用投资者所提供的 2600 万美元购买了毛里求斯公司的 98% 股份。

（5）毛里求斯公司使用这笔资金购买了 66.7% 的蒙牛乳业股份，蒙牛乳业变更为中外合资企业。

2003 年，摩根士丹利等投资机构与蒙牛乳业签署了类似于国内证券市场可转债的"可换股文据"，换股价格仅为 0.74 港元/股，并通过"可换股文据"向蒙牛乳业注资 3523 万美元，折合人民币 2.9 亿元。"可换股文据"实际上是股票的看涨期权。不过，这种期权价值的高低最终取决于蒙牛乳业未来的业绩。如果蒙牛乳业未来业绩好，"可换股文据"的高期权价值就可以兑现；反之，则为废纸一张。

[①] 摩根士丹利、鼎晖、英联投资蒙牛——私募促成国内行业领袖 [J]. 资本市场，2008（9）：77-79.

为了使预期增值的目标能够兑现，摩根士丹利等投资者与蒙牛管理层签署了基于业绩增长的对赌协议。双方约定，从 2003 ~ 2006 年，蒙牛乳业的复合年增长率不低于 50%，若业绩增长未达到目标，公司管理层将输给摩根士丹利约 6000 万 ~ 7000 万股的上市公司股份；若业绩增长达到目标，摩根士丹利等机构就要拿出自己的相应股份奖励给蒙牛管理层。

2004 年 6 月，蒙牛业绩增长达到预期目标。摩根士丹利等机构"可换股文据"的期权价值得以兑现，换股时蒙牛乳业股票价格达到 6 港元以上；给予蒙牛乳业管理层的股份奖励也都得以兑现。摩根士丹利等机构投资者投资于蒙牛乳业的业绩对赌，让各方都成为赢家。

12.2.1　对赌协议的产生原因

虽然对赌协议含有"赌"字，但其与保险合同类似，合同双方的利益都具有内在一致性。若对赌协议条款设计合理、环节处理得当，便可以发挥双向激励的作用。对于投融资双方而言，创业企业实现预设目标并"赌赢"是理想结果，可以实现双方共赢的目标。对赌协议的产生主要有以下几个方面的原因。

第一，克服和缓解投资者与融资企业之间的信息不对称。融资企业与投资者之间具有信息不对称的特点，融资者作为局内人对于企业经营的信息及由此形成的投资价值拥有比投资者要多的信息。在企业估价上，作为局外人的投资者很难真正较完全地了解并判断企业的投资价值。为克服这种信息不对称和不完全风险，投资者与融资者之间基于现状确定一个初始的、双方可接受的投资方案，并根据未来一段时间的经营业绩附条件生效的条款，确定双方权利义务，有利于投资者控制投资风险，保护投资的安全性和收益性，约束融资企业利用风险不对称的败德行为。

第二，解决对赌协议投融资双方对企业价值的不同判断问题。投融资双方选择的估值方法不同，对企业发展潜力的判断可能会存在偏差，最后得出的公司估值结果就可能大相径庭。具体而言，融资企业倾向于粉饰公司经营状况，提高估值，以期获得更多注资；投资企业为降低投资风险，在估值方面较为谨慎。其中，投融资双方估值结果差异是阻挡在投融资企业之间的鸿沟，阻碍了合作的达成。在创业投资协议中加入对赌协议，不仅能够使融资方对目标企业做出相对合理的价值判断，还容易使投资方接受融资方做出的较高估值，从而促成交易。

第三，对赌协议是投资者对管理层的一种重要激励机制。对于创业投资者来说，投资价值的实现最终需要依靠企业在经营层面上的改善来实现。在改善经营过程中，对融资企业管理层的依赖就相对较高，因此，需要对其进行高强度的激励。国外的创业投资就普遍地使用对赌协议这种手段作为对管理层的激励手段。而国内也有成功典范，如摩根士丹利与蒙牛的原管理层通过对赌，最后使双方都得到了极大的回报。对赌协议对于调动管理层改善经营具有巨大的作用。

12.2.2　对赌协议的主要特点

首先，对赌协议具有不确定性，这是其根本特征。由于对赌协议属于创业投资的一部分，因此整个协议从开始签订到最终履行，不确定性因素都伴随其中，双方存在着明显的信息不对称。因此对于项目能够带来的回报和可能存在的风险，投资方往往没有清晰的认知，因此想要了解相关详细情况也只能凭借融资公司提供的项目说明书以及对融资公司的客观财务状况进行调查，或者聘请专业的风险代理公司来进行调研，在充分了解之后再签订对赌合同。但是这种方式并不能改变投资方在信息掌握方面所存在的劣势，因此很容易导致履行对赌协议的过程中无法把握项目发展的方向，另外营利的过程也存在着不确定性。所以从对赌协议签订的本质而言，其就是以补偿作为目标来促使这种融资方式得到普及。

其次，对赌协议具有高风险性，这是由其不确定性决定的。由于涉及投资资金的安全，投资方会在对赌协议中提出某些对自身有利的保护措施。如果企业管理层忽视了对赌协议中某些条款的不合理性，为追求大规模融资而对未来企业发展前景盲目乐观，一旦企业遭遇重大的不利变化，很可能触发对赌协议中的相关条款，导致被迫向投资方转让股权或补偿现金的不利局面。在对赌协议中，投资方一般处于强势地位，很可能利用企业管理层急于筹措资金的心理，设置风险较高的"赌注"——这将给企业管理层造成很大的压力。在许多情况下，企业管理层很可能被迫接受一些条件比较苛刻的合同条款。

最后，对赌协议具有期权的性质。对赌协议是对未来事项做出约定，协议双方以未来事项的实际发生情况作为确定各自权利和义务的依据。随着协议约定时间点临近，对赌协议的未来不确定性减少，协议的价值也逐步降低。这些都展现了对赌协议的期权特征。

12.2.3　对赌协议的达成条件

不是所有的资金不足问题都可以通过对赌协议融资来解决。一般来说，投融资双方达成对赌协议需要满足以下三个条件。

第一，企业管理层能够理性看待企业所处的发展阶段，并且能客观认识到对赌协议可能给企业带来的收益及其蕴含的风险，对于对赌协议既不盲目乐观，也不盲目抵制。

第二，企业管理层有较强的风险承受能力。对赌协议不适合相对保守的企业管理层，通常只有相对激进的企业管理层才愿意与创业投资机构签订对赌协议。

第三，对赌协议需要可以量化企业业绩的对赌标的物。创业企业所处的市场环境以及企业自身发展方面都有着较大的不确定性，投融资双方进行企业估值时需要使用量化的对赌标的物衡量企业价值。

12.2.4 对赌协议的主要类型

（1）按照投资方式分类。

按照投资方式，对赌协议可分为增资扩股型和股权转让型。增资扩股对赌指的是投资人通过向融资公司注入资本金成为目标公司的股东。股权转让对赌指的是投资人通过受让股权方式成为公司的股东。

（2）按照对赌标的分类。

按照对赌标的分类，对赌协议可分为业绩型、上市型及其他类型。业绩对赌的触发条件为经营类目标，如营业额、净利润、资本利得等财务指标，或是市场占有率、用户数量、产量等非财务指标。上市对赌协议的触发条件设定为融资企业需要在特定时间内完成首次公开募股。其他类型对赌协议一般约定融资企业需要在规定时间内获得某项技术、完成某项研发、取得某项资质等。

（3）按照补偿义务的承担方分类。

按照补偿义务的承担方分类，对赌协议可分为单向对赌协议和双向对赌协议。其中，单向对赌协议仅约定融资企业未达成约定目标时需要对投资企业给予补偿。双向对赌协议既约定融资企业未达成约定目标时的补偿方式，又约定融资企业实现约定目标时投资企业应给予的奖励政策。

（4）按照对赌补偿方式分类。

按照对赌补偿方式分类，对赌协议可分为股份回购对赌协议、现金补偿对赌协议、其他权益对赌协议。其中，股份回购对赌协议约定，未达成设定目标时，融资方对投资方进行相应的股权补偿或股权回购；现金补偿对赌协议约定，未达成约定目标时，融资方应按照一定标准对投资方给予货币补偿；其他权益对赌协议中，对赌筹码为董事会席位、公司控制权等。

12.3 我国创业投资运用对赌协议面临的障碍与解决路径

12.3.1 面临的障碍

我国的创业投资运用对赌协议存在各种各样的障碍，其中最突出的一点是存在法律障碍，其原因在于我国对赌协议运用的时间较短，在许多方面都存在法律上的空白或是一些并不是十分合理的规定。此外，经营理念、个人道德等方面也导致了对赌协议运用的障碍。

1. 对赌协议的合法性存在争议

对赌协议是投融资双方的一种契约安排,在我国法律中并未做出明确规定,从理论上讲,对赌协议属射幸合同。所谓射幸合同,是以不确定性事项为合同标的,而这种主观上具有预判性和客观上具有不确定性的事项称为机会性事项,参与此类事项的行为在学理上称为射幸。

从本质上讲,对赌协议是在某种激励机制基础上,投资方与融资方对企业价值不同预期的协调。在签订对赌协议时,企业价值无人可以做出精准预期,对赌协议法律效果是否可以实现主要有赖于财务绩效的达标情况,这取决于融资方(往往是管理层)的主观能动性和一些不确定因素,这个层面上,对赌协议无疑是在赌幸运。另外,对赌协议的生效与否不因业绩是否实现而发生转移,这也是对赌协议作为射幸合同而非附条件合同的原因所在。可见,对赌协议是射幸合同的一种。

然而,射幸合同在我国法律中并未做出原则性规定,对赌协议在现有法律框架内未被类型化,是无名合同,无名合同在法律适用时存在不确定之处,这也是签订对赌协议具有法律风险的原因之一。

2. 相关法律不完善且与部分现行法律相冲突

相关法律的不完善且与部分现行法律相冲突,主要体现在以下方面:

一是与我国同股同权的立法精神不符。投资方在对赌协议中通常以可转换优先股或可转换债为投资工具。在英美法系国家公司法中,可转换优先股与普通股相对应,根据股东的协议,可转换优先股可以附带许多优惠的条款和条件。如果企业创业成功,可转换优先股可以在设定条件下转换成另一种证券,如公司的普通股,保证投资方分享企业股票的增值;如果风险企业创业失败,可转换优先股持有人可基于优先分红权取得一定的优先分红,一旦创业企业解散或清算,可转换优先股持有人还可基于优先清算权优先于普通股的持有人即创业家在创业企业的清算财产中受偿。可转换优先证券把企业业绩不良的成本转移给企业家团队,对企业家形成了激励性补偿和约束的双重机制。我国新修改的《公司法》虽然为设立"优先股"留下了空间,但从目前的规定来看,法律对可转换优先股的规定仍不明确。可以预见,在可转换优先股相关法律法规完善之前,普通股仍是我国股权投资的主要工具,投资方在仅持有普通股的情况下其优先清算与分红权难以得到保护。

二是对赌协议的内容和效力与反垄断审查一般来说没有直接的关系,但如果签订协议的一方是国际风险投资机构,另一方是涉及国家安全的行业,如银行、证券、保险等行业,公共产品部门,机械、建材等行业以及资源矿产部门的龙头企业或者是大型国有企业,这时,对赌协议等相关文件有可能要报送商务部和国家市场监督管理总局审查同意,其效力将长期处于不确定状态。

三是法律缺失不利于对赌协议的股权运作。相较于授权资本制,我国现行《公司法》《证券法》实行的法定资本制限制了对赌协议中的股权运作。创业企业的股票发行、转让、回购等股权运作须遵循《公司法》相关规定。《创业投资企业管理暂行办法》虽然允许企业未上市时可发行优先股或可转换优先股以吸引创业投资，但是该办法的法律层次较低，操作层面仍以《公司法》规定为准。在我国优先股制度缺失、只存在单一普通股制度的环境下，创业投资机构的差异化投资需求不能得到满足，同时创业企业的融资也受到抑制，导致双方可能在投融资实践中以无名合同的方式创造法外空间。在发达国家，可转换证券制度广泛应用于创业投资，可实现对赌过程中的价值调整功能。而在国内，依据现行《公司法》《证券法》的规定，非上市企业无权发行可转换证券，使得对赌协议无法顺利履行。创业投资机构和创业企业管理层通常在境外设立离岸公司进行对赌，规避国内司法管辖，这种"兜圈子"的操作方式不利于我国创业投资及创业企业的发展。

3. 缺乏良好的外部环境

第一，高风险高收益的商业文化缺失。无论是在微观企业层面，还是在宏观经济层面，我国的传统商业文化均不鼓励风险偏好较高者。对赌协议要求企业管理层有较高的风险偏好、较强的风险承受能力，只有相对激进的企业管理层才愿意与投资方签订对赌协议。

第二，有效的企业信用约束机制缺失。对赌协议在创业投资领域的实际使用逐渐增多，但由于对赌协议的签订涉及创业投资机构及创业企业的商业机密，一般不被外界所知晓。一旦触发条款引起对赌协议核心条款的执行时，对赌协议作为一种约束机制对外披露，其是否执行将直接影响创业投资机构和企业管理层的利益。在企业信用约束机制无法充分发挥作用的情况下，对赌协议能否正常履行存在一定的不确定性。

第三，不成熟的资本市场限制了对赌协议的效用。我国于 2009 年开设创业板，为创业投资的退出提供了新的渠道。但是从创业板的表现来看，股价波动较大，市场投机色彩较浓。国内成功的对赌协议案例大多是通过海外资本市场实现对赌双赢。分析摩根士丹利等国际投资机构的对赌案例可以发现，对赌协议是对企业业绩、行业发展、市场效率的对赌，投资银行通常对即将在境外上市的内地公司进行投资。由此可见，规范管理的资本市场和较高的市场效率是对赌协议实施的关键因素。

【案例 12 -2】永乐电器管理层与摩根士丹利的对赌协议[①]

永乐电器成立于 1996 年，凭借低价策略和优质服务迅速占领家电市场，2002 年其在上海家电市场的份额高达 65%。2005 年 1 月，摩根士丹利联合鼎辉投资以 5000 万美元获得永乐电器 20% 的股权，同时与永乐电器管理层签订对赌协议，协议主要

---

① 黄晓波，晏妮. 基于财务业绩的对赌协议及其应用——永乐电器与摩根士丹利对赌协议案例分析 [J]. 财会通讯，2011 (25)：11 - 12.

内容见图 12-1。如果永乐电器实现对赌协议设定的目标，企业管理层将获得4697.38 万股股票，大约可获得收益 2.7 亿元，摩根士丹利的投资回报率在 600% 以上。为了实现对赌协议设定的高难度目标，永乐电器改变了以往"重利润、轻扩张"的经营策略，通过并购以期实现快速扩张，但规模扩张并未带来利润的同步增长，反而使企业经营效率不断下降。由于预计永乐电器发展前景不佳，摩根士丹利于 2006年 4 月 25 日将所持股票大半售出，永乐电器股价大幅下跌。后经过多轮博弈，国美电器以"股权 + 现金"的形式收购永乐电器。永乐电器管理层与摩根士丹利的对赌协议以管理层最终丧失企业控制权而失败。

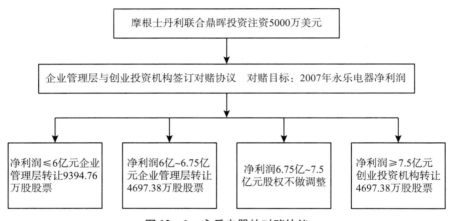

图 12-1　永乐电器的对赌协议

创业投资中签订对赌协议的企业大多处在快速成长期，此时企业尚未形成稳固的竞争优势，未来发展还要经受严峻的市场考验，面临着较大的风险。创业企业的快速发展催生了股权融资的需求，但是对赌协议是一种高风险的融资方式，一旦对赌失败可能会产生以下负面效果。

第一，对赌协议通常根据目标实现情况对股权结构进行调整，一旦企业管理层对赌失败，很可能失去企业控制权。控制权的转移很可能使创业企业的战略规划、组织结构、经营管理等发生重大变化，进而导致原有管理层被裁撤、企业被兼并或者陷入法律纠纷，这些对于创业企业而言都是致命的风险。

第二，对赌协议设定的评判标准容易诱发企业管理层的短视行为，进而导致企业经营行为扭曲。如果管理层对企业发展前景过于乐观，忽视了内外部环境的潜在风险，在对赌协议签订之后，为了实现约定的业绩目标，企业管理层可能被迫走上扩张的道路，而激进、盲目扩张的短视行为可能导致企业经营效率下降、股票价格下跌，最终出现创业投资机构和企业管理层"双输"败局。虽然对赌协议是基于自愿、平等原则而签订的，但是在实践中许多对赌协议倾向于更多地保护创业投资机构的利益，而企业管理层承担的风险更大。

12.3.2　解决路径

1. 优化创业投资运用对赌协议的外部环境

（1）认可对赌协议的合法性。

随着我国"双创"战略的实施，对赌协议在创业企业股权融资中的应用将越来越普遍。无论从法理学、法经济学、商法学的视角还是从对赌协议在实践中的价值创造视角来看，对赌协议都有其存在的合理性，为此，建议明确认可对赌协议在国内的合法地位。2012 年，最高人民法院对中国"对赌第一案"——海富投资诉甘肃世恒案件①做出再审判决，判决结果为对赌协议在司法、监管和操作等层面的规制提供了参考和依据②。司法、立法机关可考虑根据现实需要，发布关于对赌协议的司法解释，或者将对赌协议明确列入《合同法》。

（2）完善对赌协议的相关配套制度。

为促进对赌协议在创业投资中的规范发展，保护创业投资机构和创业企业的合法权益，建议立法机关尽快填补与对赌协议相关的立法空白。推动《公司法》《证券法》《破产法》的修订，建立健全类别股制度。设立类别股制度有利于创业企业吸引投资，有利于保障不同类型股权投资者的权益。优先股是国际通行的股权融资工具，建议在《公司法》中对优先股进行设置和规范。对赌过程中创业投资机构的权利受《公司法》及其他法律法规的规制，其优先股比例、分红及表决权利、剩余财产分配权利等必须明确列于公司章程之中。此外，还要完善可转换证券制度，扩大可转换证券发行主体范围，允许投融资双方签订含有可转换债券、类别股的对赌协议。监管部

---

① 2007 年 11 月 1 日，苏州工业园区海富投资有限公司（以下简称"海富公司"）作为投资方与甘肃众星锌业有限公司（后更名为甘肃世恒有色资源再利用有限公司，以下简称"世恒公司"）、世恒公司当时唯一的股东香港迪亚有限公司（以下简称"迪亚公司"）、迪亚公司的法定代表人陆波（也是世恒公司的法定代表人），共同签订了《增资协议书》，协议中关于业绩对赌部分的内容如下。

（1）海富公司增资 2000 万元人民币取得世恒公司 3.85% 的股权，其中 114.7717 万元列为注册资本，1885.2283 万元计入资本公积金。迪亚公司持股 96.15%。（世恒公司注册资本增加至 399.38 万美元——约 2980 万元人民币，海富为其估值约 5.26 亿人民币，溢价 16.66 倍）。

（2）《增资协议书》第七条第（二）项约定：世恒公司 2008 年净利润不低于 3000 万元人民币；如果世恒公司 2008 年实际净利润达不到 3000 万元，海富公司有权要求世恒公司予以补偿，如果世恒公司未能履行补偿义务，海富公司有权要求迪亚公司履行补偿义务；补偿金额的计算公式为：（1 - 2008 年实际净利润/3000 万元）× 本次投资金额。

（3）2010 年 10 月 20 日前上市及相关股权回购约定。以世恒公司的净资产年化收益率是否达到 10% 确定回购价格。

触发纠纷：因世恒公司 2008 年度实际净利润仅为 26858.13 元，未达到《增资协议书》约定的该年度承诺净利润额。2009 年 12 月 30 日，海富公司向法院提起诉讼，请求判令世恒公司、迪亚公司、陆波向其支付补偿款 1998.2095 万元。

② 杨明宇. 私募股权投资中对赌协议性质与合法性探析——兼评海富投资案［J］. 证券市场导报，2014（2）：61 - 71.

门可探索实施对赌协议负面清单管理，制定严格的对赌协议信息披露制度和格式准则，要求拟上市公司在招股说明书中披露真实、完整的对赌协议内容，并由保荐机构和律师联合发布意见说明。

（3）加强政府政策引导。

当今我们正置身于一个资本市场迅速膨胀、创业投资风起云涌的时代，每一次金融创新都意味着机遇和挑战，面对这种形势，政府有关管理部门应理清监管思路，创建监管模式，建立和完善一个使市场主体各方利益都能得到尊重，既有利于市场创新机制的运作，又能保护各方合法利益的创业投资市场，切实担负起引导和监管的责任。但这里需要把握的是，政府的监管应避免过度和不当干预。对于在已得到市场广泛接受的对赌协议问题上，更应当宜疏不宜堵。鉴于当前创业投资中大量使用对赌协议的现实情况，如果轻易认定对赌协议无效，将对我国的金融市场造成不利影响，如果按照我国现行法律的相关规定，依前所述在合同的属性及效力方面，双方所签订的合同在主体适格、双方意思表示真实、没有违反法律的强制性规定等情况下，政府就应当尊重投融资双方的真实意思表示和合同自由，就可认定为合法有效。

2. 规范对赌协议的微观操作

（1）合理设定对赌协议内容。

对赌协议在实践中的运用越来越广泛，在订立对赌协议的时候，一些融资方企业为了获得高额的融资，又或者对自身的发展判断不准确，就会订立不符合自身情况的高额业绩承诺目标，导致融资企业达不到业绩目标还要面临偿付巨额的赔偿金的风险，更有甚者还会丢失企业的经营权。为了减少对赌业绩条款带来的风险，融资方应在签订对赌条款之前对自己的财务状况和自身经营状况进行深入的分析和了解。在对公司未来收益进行评估时，也要综合考虑微观和宏观环境下的各种要素。公司要结合自身情况和未来前景合理设定业绩承诺，可以设立重复博弈、多档的缓冲对赌条款，降低对赌的风险，保障双方的权益。在制定对赌协议时，应该设计多样化的指标体系，除了财务指标，还可以引入一些与企业经营与管理相关的非财务指标，丰富对赌业绩承诺指标。应根据企业实际发展情况，设定合理的业绩指标，合理设定对赌协议内容。在拟订具体协定时，可以应用弹性标准，比如业绩指标可以设置浮动区间，或者协定替代业绩补偿协议，尽可能保障合并和重组实现长期目标，实现投资方和融资方的互利共赢。

（2）对企业进行合理的估值。

合理地对企业进行估值在对赌协议中是重中之重，直接关系到对赌协议能否成功运作，投资方在签订对赌协议之前要对融资企业做一个充分的前期调查，通过第三方中介了解公司的基本情况，再结合企业的经营状况、财务状况等充分了解公司。第三方中介能对对赌过程中出现的问题做出更专业的指导，对于两边的利益需求，第三方中介可以统筹协调，两边兼顾，提出满足双方利益最大化的方案。第三方中介比较专业，能防范对赌过程中出现一些法律风险，解决对赌过程中出现的问题。此外，对融资方企业估值还要结合它所处的行业，关注行业发展趋势，了解行业的平均发展水平，对企业有一个正确的估值。只有对价值有一个准确的评估，才能保证企业的可持续发展。最后，必须正确应用估值方法。从估值的原理来看，由于企业具备综合盈利能力，所以与资产基础法相比，收益法更适合于企业价值的评估。在使用收益法时要选择一个合理的折现率，客观地考虑预期的收益。同时，可以选择综合法，基于收益法的基础之上，参考资产基础法的评价结果，再经过市场法修正后，进一步改善评价结果的精确性。

（3）运用分层博弈以减少对赌协议中的信息不对称风险。

将分层博弈运用于对赌协议中，有助于减少信息不对称给博弈双方带来的风险。首次对赌是双方试探性博弈，双方经过第一轮的考察，为第二轮融资提供实践依据，也为进一步对赌奠定基础。一旦首轮博弈中出现不及预期的情形，参与的任何一方都可提前终止协议，以减少损失。分层多次对赌可为创业投资机构和企业管理层提供一个缓冲机制，通过设置累进式对赌筹码、对赌熔断节点、后续对赌变更条款等方式，使双方在连续博弈过程中满足各自诉求，避免给任何一方带来严重的后果。

（4）设定对赌协议的权变机制。

对赌协议需要有一定的权变机制。当创业企业在经营过程中遇到较大的外部风险时，企业管理层和创业投资机构应当暂时搁置利益分歧，共同攻克难关。如果出现事先未预料到的不确定性事件，对赌双方的最优选择是针对新的不确定性进行磋商并寻求应对之策，实现双方的利益最大化。对赌协议的签订并不意味着对赌双方必须等到协议规定的时间节点再执行相关条款，也可以在协议约定的期限内，根据创业企业的经营状况和市场变化趋势选择是否提前退出协议。"赌赢"自然是对赌双方最为期望的结果，但是创业企业面临的风险难以预测，权变条款可使对赌双方选择提前兑现承诺或者终止对赌，从而把双方的损失降至最低。

 案例分析

美林与碧桂园的对赌协议①

一、碧桂园集团简介

碧桂园集团即碧桂园控股有限公司，总部位于广东省佛山市顺德区，是中国最大的新型城镇化住宅开发商。它采用集中及标准化的运营模式，业务包含物业发展、装

---

① 潘生荣，胡启清. 碧桂园向美林私募股权融资案例的分析［J］. 现代营销（下旬刊），2018（3）：32.

修、物业管理、物业投资、酒店开发和管理，以及现代农业、机器人。2007 年 4 月 20 日，碧桂园集团在香港联交所挂牌上市。2017 年其首次跻身《财富》世界 500 强第 467 位，2020 年位列第 147。从 2019 年初开始，碧桂园将现代农业以及机器人确立为重点发展的两大新业务。

二、引入美林的背景

作为一家房地产企业，碧桂园所需要的资金规模会远大于其他行业的企业，2007 年，碧桂园像很多房地产企业一样不断地扩大自己的经营规模，虽然在香港上市后获得不少融资，但是仍然面临资金短缺的难题。受金融危机的影响，原本计划在 2007 年 10 月发行的 15 亿美元债券也落空，这就为接下来碧桂园可能出现违约埋下了伏笔。时间来到了 2008 年，当时有一笔高达 18.3 亿港元的债务即将到期，为了避免违约，碧桂园与美林签署了带对赌条款的融资协议。

三、融资协议内容

1. 融资部分

碧桂园向美林国际发行可转换债券，共计 35.95 亿元，年利率 0.25%，转股价 9.05 港元；还有选择性债券期权 7.19 亿元。并且双方约定在 2008 年 4 月 3 日后的 5 年时间里，美林可以将所持有的债券转化为普通股。

2. 对赌部分

2008 年碧桂园与美林国际签署了一项股票掉期协议，事实上是一份对赌协议，协议内容是未来的 5 年内若公司的股价总是低于 9.05 港元/股，无论将来的股票市场价格是多少，该掉期的未来交易价格锁定在 6.87 港元/股；如果未来股价高于 6.87 港元/股，碧桂园向美林国际收取差价；如果未来股价低于 6.87 港元/股，则美林国际向碧桂园收取差价。

3. 结果

受 2008 年金融危机的影响，碧桂园的股票徘徊在低位，公司不得不向美林国际支付价差。在 2008 年碧桂园宣布其半年报的时候，有关该股价对赌协议出现损失已经出现了端倪。从全年的财务报表上显示，根据最后一天的收盘价计算，对赌协议造成了 12.4 亿元人民币的损失。在签订对赌协议时，碧桂园的股价为 6.82 港元，到了 2008 年末股价已跌至 1.9 港元。受对赌协议的影响，当年公司的利润也大幅下滑了 66.7%，预计为 13.78 亿元人民币，其在 2007 年净利润高达 42 亿元人民币。

想一想

1. 你对碧桂园对赌案例失败有什么看法？应该如何避免类似失败再次发生？

2. 如果在签订投资协议时不签订对赌协议，会对碧桂园有什么样的影响？

本 章 总 结

复习要点

创业投资的运作过程中，关于合同协议的签订是非常重要的环节，在创业投资的合同协议中，对赌协议是非常常见和重要的一种类型。

12.1 合同协议的相关概念

承诺是指受要约人同意签约的意思表示。

（1）受要约人向要约人表示同意要约，并在规定的期限内将承诺送达要约人。

（2）不得附条件。

（3）若受要约人拒绝、期满未承诺、作出实质性变更，要约失效。

（4）如果承诺生效，合同宣告成立。

保证条款主要是为满足风险投资家和创业家退出风险企业的要求而设计的。风险投资家投资风险企业的目的是在适当的时机将股权溢价出售变现，从而退出风险企业。

违约责任是指当事人不履行合同义务或者履行合同义务不符合合同约定而依法应当承担的民事责任。违约责任是合同责任中一种重要的形式，违约责任不同于无效合同的后果，违约责任的成立以有效的合同存在为前提。违约责任也不同于侵权责任，可以由当事人在订立合同时事先约定，属于一种财产责任。

董事会有权任命和解雇企业管理人员，并能够对企业的运营进行指导和监督。因此，在董事会中占有一席之地是风险投资者对管理层实施有效监督和约束的手段。风险投资家往往会在创业企业董事会中占得一个或者多个席位。

风险投资者往往利用可转换优先股等金融工具注资创业企业，常常拥有对重大事项的表决权甚至是一票否决权。因此即使投资人没有在董事会中拥有多数席位，其拥有重大表决权条款也能对创业者和管理层形成有效约束。

12.2 对赌协议

对赌协议又称估值调整协议，是创业投资机构与创业公司在达成协议时双方对未来的不确定性的一种约定，具有不完全契约性与期权性质。

创业企业在发展的各阶段都面临着不确定性，创业投资机构与创业企业管理层对企业的未来发展难以做出准确的预测，对企业的估值也就难以达成一致，这是对赌协议产生的直接原因。

对赌协议的特点包括不确定性、高风险性以及具有期权的性质。

对赌协议达成的条件有以下几点。

第一，企业管理层能够理性地看待企业所处的发展阶段，并且客观地认识对赌协议可能给企业带来的收益及其蕴含的风险，对于运用对赌协议进行融资既不盲目乐观，也不盲目抵制。

第二，企业管理层有较强的风险承受能力。

第三，对赌协议需要有可以将企业业绩量化的对赌标的物。

对赌协议的主要类型有如下几种：

第一，按照投资方式，对赌协议可分为增资扩股型和股权转让型。

第二，按照对赌标的分类，对赌协议可分为业绩型、上市型及其他类型。

第三，按照补偿义务的承担方分类，对赌协议可分为单向对赌协议和双向对赌协议。

第四，按照对赌补偿方式分类，对赌协议可分为股份回购对赌协议、现金补偿对赌协议、其他权益对赌协议。

12.3　我国创业投资运用对赌协议面临的障碍与解决路径

主要障碍包括以下几点：对赌协议的合法性存在争议、相关法律不完善且与部分现行法律相冲突、缺乏良好的外部环境。

解决路径主要包括以下两个方面：

一是优化创业投资运用对赌协议的外部环境。

（1）认可对赌协议的合法性。

（2）完善对赌协议的相关配套制度。

（3）加强政府政策引导。

二是规范对赌协议的微观操作。

（1）合理设定对赌协议内容。

（2）对企业进行合理的估值。

（3）运用分层博弈以减少对赌协议中的信息不对称风险。

（4）设定对赌协议的权变机制。

关键术语

承诺	保证	违约条款	决策权
经营管理权	反稀释	股权控制条款	经营权控制条款
企业内部管理机制	对赌协议	附条件合同	射幸合同

 思考题

1. 创业投资过程中签订的合同协议有什么类型？请分别简要阐述各个类型的特点。

2. 对赌协议应具备哪些必备条款？

3. 请说明对赌协议与股权转让条款的区别，并结合实例谈谈选择对赌协议与否的原因何在。

4. 目前在我国采用对赌协议进行并购成功的案例仅为 23%，那么为什么创业投资企业还是愿意采用对赌条款？

5. 假如你是一家创业投资机构的负责人，你在签订投资协议时会考虑哪些方面的因素？

6. 假设你管理的一家创业投资机构正在与一家创业企业签订对赌协议，你会怎么设置合同中的目标业绩或目标额度？

7. 请阐述对赌协议的优缺点。

8. 我国推出的科创板和注册制制度对创业投资的合同协议签订会出现哪些方面的影响？

第13章

创业投资管理过程

【学习要点及目标】

了解创业投资管理的相关概念及特点，充分认识创业投资管理的各种方式，并掌握创业投资管理的具体内容。

 案例导读

创业投资的注入给三晶公司带来新生①

1994 年，中国科学技术大学博士生刘原平未完成博士学业就开始与同窗彭代勇共同出资 12 万元，创办自己的企业——合肥中达敏感材料研究所。1996 年成立合肥三晶敏感元件有限责任公司（以下简称"三晶公司"），开发出属国家"九五"重点攻关项目的"单端型热敏电阻"产品。由于产品技术含量高，市场前景好，产品供不应求。但是，公司资金需求量也不断增加。为解决资金周转困难，刘原平想到了风险投资，尝试通过引入风险资本解决公司的资金需求问题，这引起了安徽省科技产业投资公司和合肥高新技术产业开发区创业服务中心的兴趣。经过多次洽谈、评估，三方最终签订了投资协议书，三晶公司出让 40% 多的股权，融入风险资本 100 多万元。

通过融资，三晶公司对原热敏电阻、温度传感器生产线进行了改造和扩容，加强了内部管理和市场开拓的力度，增加了对新产品研制的投入。由于措施得当有力，三晶公司 2000 年销售收入比上一年翻了一番多，并通过了 ISO 9002 质量体系认证，提前完成了公司年初提出的经营管理目标。毫无疑问，这些成绩的取得与风险资本的注入是分不开的。

创业资本注入创业企业，创业者的股权均会受到一定程度的稀释，创业企业投资主体的多元化自然会引起企业治理结构和运行机制的变化。提供创业资本的创业投资

---

① 胡海峰．风险投资学［M］．北京：首都经济贸易大学出版社，2006：157.

公司作为外部人拥有了创业企业的部分控制权,它们可以根据企业业绩的好坏来采取相应的对策。当企业业绩优良时,投资公司就会不干预企业事务,而业绩欠佳时就会加强对企业的干预,这对创业者的经营决策将产生一种压力。与此同时,随着风险资本的注入,民主决策、科学决策的机制由此引入创业企业中来,创业者作为股东,其激励问题应该说得到了解决,而自主意识十分强烈的创业者,其自律性问题将随着创业资本的引入得到一定程度的解决。

创业投资不仅解决了创业企业在发展过程中遇到的资金不足问题,也不仅提供了管理咨询等增值服务,更重要的是解决了创业企业中创业者的观念问题、企业法人治理结构问题和决策机制问题。经营民主的观念使企业科学决策有了思想基础,多元化的投资主体和合理的法人治理结构使科学决策有了组织保证,冲动决策受到了制约,创业者在现代市场经济竞争中将逐步走向成熟,真正的企业家将由此产生。

想一想

1. 三晶公司的案例使你对创业投资管理有什么新的认识?
2. 创业投资管理在创业企业的发展过程中起着什么样的作用?

13.1 创业投资管理概述

创业投资的一个重要特点是创业投资机构一般对创业企业不仅仅只是投入资金,还会在投资后适度参与企业的经营管理。投资管理是创业投资过程中的重要环节之一,是创业投资家为减少投资风险、确保实现预期投资收益率而采取的重要手段,也是创业投资区别于银行贷款、企业项目融资的标志之一。

13.1.1 创业投资管理的概念

创业投资管理的概念在 20 世纪 80 年代被首次提出。针对创业投资的过程开展有效的管理,可以降低投资者的风险,保证其预期效益。创业投资过程涉及筹资和投资两个基本过程,投资后管理活动的开展通常是创业投资者与创业企业之间的管理活动,因此,广义上的创业投资管理包含了从创业投资者和被投资的创业企业两个角度。而狭义上的创业投资管理,是从创业投资者的角度研究探讨如何对风险企业进行监控和服务,即创业投资者与创业企业在签订投资协议以后,创业投资者积极参与创业企业的经营管理,为其提供增值服务并实施监控等各种活动,意在帮助创业企业快速成长,达到投资增值的目的。

冈珀斯和勒纳 (Gompers and Lerner, 2002) 将创业投资过程划分为筹资、投资、管理、退出四个阶段，其中的管理阶段就是狭义的投资管理，含义等同于创业投资家的管理支持或管理参与，即创业投资家通过参加被投资企业董事会、协助被投资企业进行战略决策、协助被投资企业进行后续融资等方式对被投资企业进行增值管理。布莱克和吉尔森（Black and Gilson，1998）指出，创业投资家同时向创业企业提供管理支持、声誉资本以及积极的监督和控制。萨皮纳泽尔（Sapienza，1996）认为，创业投资家的管理参与、激励和监督对企业价值有极为重要的影响。二者的"管理参与"含义即是狭义的投资管理。

弗雷德和希斯里奇（Fried and Hisrich，2013）所理解的投资管理即属于广义的投资管理，他们认为创业投资管理包括除现金投入外的其他一系列投入，它们不仅能为创业企业提供管理支持、带来增值和防范创业企业发展风险，而且多种形式的管理介入也可更有效地防止创业企业损害创业投资家利益。

本书将主要针对狭义的创业投资管理进行探讨。

13.1.2 创业投资管理的特点

1. 主体是创业投资者

创业投资管理是从创业投资家的角度研究探讨如何对风险企业进行适当监控和提供增值服务，其管理的主体是创业投资家。对创业企业来说，创业投资家的管理并不取代创业者与公司管理层对创业企业的经营管理，创业投资家的管理服务只是协助创业企业的管理层规范公司的管理，提供创业企业管理层所不具备的服务，以引导创业企业更好地发展壮大。

2. 重点是战略和策略

创业投资家往往通过在董事会中的席位影响创业企业的战略决策，从而实现对创业企业的监控与服务，例如通过在资本市场、原料市场、供应链上的优势帮助企业发展，或通过为创业企业提供先进的管理经验来提升创业企业的经营管理水平，但创业投资者一般不过多地参与企业的日常管理，企业的日常管理仍由创业企业的管理团队来完成。

3. 方式是间接管理

通常而言，创业投资家只与创业企业的高层管理人员进行交流，向他们提供先进经营管理经验和方法，很少或根本不与基层经理人员接触。换言之，创业投资家是通过提供自己的学识、经验以及广泛的社会联系来间接地管理风险企业的。

4. 目的是实现增值

创业投资家与创业企业签订合约后，双方就形成了成败与共、同舟共济的合作关系。创业投资家积极参与风险企业的管理、提供增值服务，目的是帮助创业企业提升经营管理能力；实施监控的目的是规避企业发展过程中的风险，保障日常经验管理活动的正常运行。无论是增值服务还是监控，其根本目的都是实现风险资本的增值。

13.2　创业投资管理的方式

13.2.1　管理参与型

大多数创业投资者都会采用管理参与型的创业投资管理方式对创业企业进行管理。管理参与型的创业投资管理方式是指创业投资者向创业企业投入资金后，对创业企业的经营运作实施有必要、对创业企业有帮助的直接管理活动。采取这种管理模式的创业投资者通常都会要求获得被投资企业董事会的席位和投票权。在投资后，创业投资者将派出自己的代表出任企业董事会的成员，定期出席企业的董事会并参与企业的重大经营决策，从而能够对企业的经营管理活动施加重要的影响。除此之外，创业投资者还会利用自己作为企业董事会成员的身份为被投资企业提供增值服务，包括协助和指导创业者制定企业发展战略、帮助招募管理人员和专业人才、介绍商业合作伙伴、策划后续融资方案以及安排企业退出等。

管理参与型创业投资管理主要包括以下活动：

（1）创业投资者协助创业企业进行战略决策，参与制定创业企业的战略与经营计划。

（2）创业投资者依据自身经验或自己所掌握的市场行业动态，向创业企业就经营管理方面提出建议与提供信息，包括提供财务建议、经营建议、管理经验、行业信息等。

（3）创业投资者身体力行，从某些方面帮助创业企业改善和提升管理水平，包括为创业企业组建运行高效的董事会、改善公司的治理结构、帮助企业实现并购或上市等。

（4）创业投资者帮助创业企业获得需要的人力资源，包括寻找和选择重要管理人员、帮助创业企业招募员工等。

（5）创业投资者帮助创业企业监控风险，协助其规避风险。

13.2.2　风险控制型

高风险是进行创业投资的一个基本特征，可以说风险存在于创业投资的所有环节之中。由于创业投资者与创业企业之间可能存在利益目标的不同，二者之间往往具有信息不对称的问题，为了规避创业投资过程中的风险，使创业企业按照投资合同所设定的目标发展，风险投资者往往还会采用风险控制型的创业投资管理方式对创业公司进行监督控制，以防止创业企业可能出现的"道德风险"和"套牢"问题。风险控制型投资管理是指创业投资家为最小化道德风险引致的损失，对创业企业运作情况进行的直接监控活动。

风险控制型创业投资管理主要包括以下活动：

（1）及时并全面地获取关于被投资企业的经营发展信息，这是对被投资企业实施有效监管与控制的一个重要前提。

（2）对创业企业的财务状况进行审查，如查看创业企业的财务报表。

（3）对创业企业重大决策的制定、重大人事变动等重要事项进行监控。

（4）应用合约形式规范创业投资者与创业企业之间的权利与义务，使二者之间潜在的利益冲突最小化。

（5）实施分阶段投资，即资本分阶段注入。资本分阶段注入一方面可以形成对创业企业的约束，另一方面也可以减少由于选择投资对象失误造成的潜在损失。

（6）创业投资者派驻董事进行监控，防止创业企业的管理偏离价值最大化的目标。

13.2.3　网络运作型

网络运作型的创业投资管理主要有三种形式，包括价值链网络运作型、风险企业组合网络运作型和风险投资者联合网络运作型。

价值链网络运作型指的是借助社会各界的广泛网络关系，将越来越多的创业投资者吸引到创业企业的投资中，一方面可以扩大创业投资者的队伍，另一方面则可以帮助创业企业寻求更合适的供应商、重要合作伙伴和客户，使创业投资者和创业企业之间建立起价值链的关系，从而支持创业企业更顺利地开展研发、生产、经营和销售等活动。

风险企业组合网络运作型指的是创业投资者在同一时期，选择多个创业企业进行投资，所选择的创业企业通常是集中在某个行业或者是相近行业的企业，从而使创业企业组合形成较高的关联性。首先，有效的创业投资组合能够促进范围经济性和协同性的实现。其次，创业投资组合促进了组合企业内的优势互补和实力整合，实现专业化的分工合作。最后，这种创业投资管理方式可以削弱信息不对称性，便于创业投资者与企业之间的交流与联系，发挥信息优势，进而创造更大的企业价值。

风险投资者联合网络运作型主要是针对某些风险大、投资金额高的创业企业，在对这类创业企业进行投资时，创业投资者往往需要联合其他创业投资者共同投资。一方面，联合投资可以实现风险的分担，形成更有力的风险控制体系；另一方面，联合投资可以加强创业投资者之间的联系与项目协助，实现创业投资者们的知识、经验与社会关系网等资源的共享。

13.3　创业投资管理的内容

创业投资者对创业企业的创业投资管理主要包括两个部分的内容，即监控管理和增值服务。创业投资者通过这两种形式的管理，最终达到帮助创业企业实现并购或上市，从而实现资本的增值。

13.3.1　监控管理

创业投资者为了促进创业企业的成长，实现预期投资目标，会在投资后对创业企业进行监督、控制，对企业的经营管理施加影响。创业投资者进行监控管理的内容主要包括获取信息、实施监控、参与决策和危机管理这四个方面。

1. 获取信息

及时并全面地获取创业企业的经营管理信息是对其进行有效监控的一个重要前提。它是指创业投资者在投资后通过收集企业日常活动中的各种信息来了解被投资企业的经营和发展状况，并及时发现企业运作中出现的各种问题和潜在风险，减少信息不对称的过程。

创业投资者一般会通过以下的途径来获取创业企业的相关信息：

（1）出席创业企业的各项重要会议。

创业投资者通过出席创业企业的重要会议，如董事会、经营工作会议等，可以获取企业经营活动的一些重要信息，如重大的经营决策、重大的人事变动、企业的日常经营状况等。

（2）对创业企业的财务报表进行审查。

创业投资者通过定期审查创业企业的财务报表可以更加容易地了解到企业真实的财务状况和经营状况。

（3）与创业企业管理层进行日常的沟通与联络。

创业投资者在对创业企业进行投资后，通常会与创业企业的管理层建立起密切的联系，定期与其交流企业的经营状况或定期进行实地考察。一是了解管理者对企业发展的战略方向、经营理念的想法，及早发现双方战略与理念之间的差异，通过沟通，引导协调双方利益与冲突，实现双方共赢；二是了解企业生产经营情况。

2. 实施监控

创业投资者通常会从以下两个角度来对创业企业实施监控。

（1）监控创业企业的财务状况。

创业投资者对所投资的创业企业的财务报表定期进行审查，了解企业的生产经营状况，密切关注企业经营报告中的异常情况，如报表数据不如预期，销售、存货与订货等出现异常变动，创业企业管理层不愿沟通接触，报告报送延迟，管理层人员变动等，如果发现存在发生财务危机的可能性，就应实地调查了解情况，及时掌握异常的原因，分析未来恶化的可能性，及时采取有效措施防范与化解风险。

（2）监控创业企业的发展状况。

在投资前，创业投资者一般会要求创业企业制订一份关于企业未来经营发展的计划并明确在创业投资者投资后需要实现的阶段性目标。创业投资者将参考这一经营计划对被投资企业的经营和发展状况进行监控并了解被投资企业实现阶段目标的情况。如果发现创业企业的经营发展状况出现问题，与预期目标存在较大偏差，那么创业投资者就可能要求创业企业进行必要的整改，尽快实现预期阶段性目标，否则，创业投资者就可能终止对创业企业的投资。

3. 参与决策

创业投资者可以通过参与创业企业的董事会、行使表决权对创业企业的经营决策施加影响，从而确保创业企业按照预定的方向发展。

（1）参与创业企业董事会。

创业投资者通常会派一名对创业企业所在领域和运营情况足够了解的成员作为代表定期参与创业企业的董事会，以便有效参与决策与管理，针对创业企业的重大经营问题与影响资本未来运作的战略规划提出自己的建议，以促使创业企业健康发展，保护自身的投资利益。

（2）行使表决权。

通常而言，创业投资者对企业的重大决策事项具有一票否决权，因此创业投资者可以通过行使自己的表决权来对企业的经营活动施加重要影响，当创业企业管理层提出对创业投资者不利的提案时，创业投资者就可以通过行使否决权来否决这一提案，从而保护自身的利益。

4. 危机管理

危机管理是指当创业企业的生产经营活动出现严重问题或陷入困境时，创业投资者往往会介入创业企业的经营管理活动，协助企业解决问题，从而帮助企业度过危机，并保护自身的利益。常见的做法有以下三种。

（1）撤换创业企业的管理层。

创业投资者在对创业企业进行投资后，往往会利用自己在创业企业董事会的席位密切监控创业企业的经营和发展状况。当发现企业进展与预期计划相差太远时，或者企业发展对管理人员的要求已经超过企业现有管理人员能够胜任的范围时，创业投资者就会要求召开董事会来改选管理层，从而促进企业的健康发展。

（2）赎回优先股。

创业投资者一般采用优先股的形式来进行投资，通常情况下，创业投资者与创业企业会在投资合同中用专门的条款来明确规定优先股的赎回条件与方式。因此，当创业企业经营状况不佳，无法达成预期的发展目标或者不能按照预期进行 IPO 或者并购导致创业投资者无法退出时，创业投资者就可能要求创业企业按照原始的购买价格或者原始购买价格的某一个倍数赎回创业投资者所持有的优先股，从而实现退出。

（3）强制清算。

一般情况下，创业投资者与创业企业的投资协议中会有专门的条款来规定创业投资者的清算权利，即当创业企业出现严重的经营和财务危机时，创业投资者有权要求创业企业进行清算。由于创业投资者具有优先清算权，因此在企业发生清算事件的情况下，他们所拥有的优先清算权可以确保他们在企业创始人和其他股东之前从出售企业所获得的收益中获得补偿。

13.3.2　增值服务

增值服务是指风险投资家在投资后为被投资企业提供的一系列服务。创业投资者所具备的资源包含创业投资行业所特有的资源、信息资源、科学技术资源、人才资源及其他中介资源等。由于创业企业大多处于初创期，往往缺乏管理经验和商业资源，因此，在进行创业投资后，创业投资者通常会为创业企业提供管理、资源上的服务，来帮助创业企业提升经营管理水平，并弥补企业在商业资源方面的劣势，从而促进其快速发展和增值。

具体而言，增值服务的内容主要包括资源和社会网络管理、管理咨询与服务、协助并购上市以及设计退出方案这几个方面。

1. 资源和社会网络管理

资源管理主要是指协助企业对其资源进行策划与管理，是创业投资项目管理的核心环节。此外，由于创业投资者拥有较为丰富的无形社会关系网络，他们可以利用这些资源为创业企业提供人力资源支持、寻找合适的供应商与销售商等，帮助企业顺利进行生产、销售和售后服务。斯塔姆和埃尔弗林（Stam and Elfring，2008）研究证明接受创业投资的创业企业，在成长发展过程中能够更容易从外界获取运营管理资金、创新技术、行业信息、合作伙伴、政府支持等企业成长的必备资源。

（1）帮助企业招募合适的管理人员。

创业投资者可以利用自己的人力资源网络，为创业企业挑选高级管理人员和律师、技术专家、财务专家、营销专家，并实现他们的有机结合。此外，他们还会检查和评价创业企业的经营管理人员，做好撤换和补充后续人才的服务工作。但是一般情况下，风险投资家并不积极参与整个挑选过程，只是凭借其在董事会的席位来影响决策。

（2）帮助企业寻找合作伙伴。对于初创期的企业，创业投资机构所具备的社会关系网络资源对其成长十分重要。因为处于早期发展阶段的初创企业具有高度不确定性的特点，包括缺乏雄厚的资本支持、盈利模式不确定、未建立良好市场声誉、市场占有率低、较难获得交易对手的信用支持、消费者对新产品接受程度低等。而创业投资者则可凭借他们在创业投资领域的多年投资经验和品牌声望降低甚至消除创业企业产业链上下游交易对手的怀疑和顾虑，利用自身的网络地位优势帮助创业企业与供应商及消费商建立长期合作关系，从而降低初创企业交易成本、磋商成本，使其获得更高的信用支持，最终使创业企业成长得更加顺畅。

2. 管理咨询与服务

创业投资者在完成投资以后，将充分发挥自身的智力优势，向创业企业提供一系列顾问服务，协助被投资企业收集相关的市场信息、技术信息以及竞争对手的情况，使企业在竞争中处于有利地位。同时，创业投资者还将利用其在董事会或者监事会的席位，影响创业企业的行业选择和市场定位，对创业企业的重大经营问题与影响风险资本未来运作的战略规划和经营计划提出建议。针对创业企业尚未觉察到的一些重大战略问题及时召开董事会或股东会，或根据公司章程赋予的权力，积极地讨论和解决，提高创业企业的管理能力。

（1）参与制定战略规划。

正确的发展战略可以帮助企业获取竞争优势，促进企业的快速发展。但是，由于创业企业的创始人和管理层一般缺乏相关的知识和经验，因此，他们在为自己的企业制定正确的发展战略方面可能面临很大的挑战。而由于创业投资者一般拥有丰富的企业经营管理知识和运作经验，他们可以通过参与创业企业各项重大管理决策，帮助企业制定合理发展战略，帮助创业企业把握市场先机、占有核心竞争技术，以提升项目投资回报可能性。

（2）帮助企业完善组织架构。

创业投资机构可以帮助企业改进奖惩机制、优化组织架构，并向企业家传导先进管理经验或组织培训，提高初创企业的内部管理效率和组织能力，提高其竞争实力和创新动力，最终引导创业企业向良好的方向发展。

（3）提供咨询服务。

创业投资者往往是拥有行业和市场研究方面专业知识的专业人才，可以为创业企业提供技术、市场和行业发展方面的研究报告、专家意见和信息咨询服务，以帮助创业企业做出正确的经营决策，提高企业家管理水平和能力。

3. 协助并购上市

创业企业在其发展过程中往往需要进行多轮融资来满足其日常生产经营的资金需求，而创业投资者往往在后续融资中发挥着积极的作用。首先，风险投资家可以通过对被投资企业进行追加投资的方式来满足其后续融资需求。风险投资家一般采取分段投资的方式对企业进行投资。在对创业企业进行首次投资时，他们一般会根据企业的后续融资需求预留一部分资本用于未来对被投资企业的追加投资。其次，创业投资者还可以运用自己在资本市场上的金融网络、良好的信誉和技能，协助被投资企业募集成长所需的跟投资本，为资本退出做充分的准备。

钱野（2014）选取了 125 家有创业投资的高科技企业为研究样本进行研究，发现这些企业的总产值、人均产值、净利润、科研经费投入以及企业成长速度明显高于同行业其他高科技企业平均水平。并且有创业投资者注资的创业企业获得信用融资的难度明显降低，额度明显增加，创业投资管理对高科技企业的成长发展具有显著的促进作用。

4. 设计退出方案

当创业企业在创业投资者的帮助下发展到相对成熟的阶段后，创业投资者将协助创业企业寻找新的合作伙伴、并购对象，寻求企业辅导上市，引入证券公司开展辅导工作，并利用自己在资本市场的关系，推荐并购的相关企业或上市的证券交易所，以完成企业的资本运作。

一方面，创业投资者可以利用自己所拥有的知识和经验帮助被投资企业选择有利的退出时机和合适的退出方式，并帮助企业设计退出方案。另一方面，创业投资者还可以在企业上市的过程中为其提供重要的支持和帮助。由于创业投资者一般与律师事务所、会计师事务所和投资银行等中介机构建立了长期稳定的合作关系，他们可以帮助企业选择合适的承销商、法律顾问和审计机构，并协助创业企业寻找新的合作伙伴、并购对象，寻求企业辅导上市，引入证券公司开展辅导工作，并利用自己在资本市场的关系，推荐并购的相关企业或上市的证券交易所，以完成企业的资本运作。

 案例分析

京东商城亏损 10 亿，与创业投资机构的矛盾由来已久[①]

据公开资料显示，京东此前共进行过三轮融资：2007 年 4 月，京东商城获今日资本 1000 万美元投资；2008 年 12 月获今日资本、雄牛资本及亚洲著名投资银行家梁伯韬的私人公司投资，总投资金额 2100 万美元；2010 年 1 月 27 日，京东商城获得老虎基金 C1 轮投资，首期 7500 万美元到账。2010 年 12 月 3 日，京东商城 C1 融资中的第二期金额为 7500 万美元的资金到账。据业内人士猜测，在 C1 轮融资中，老虎基金最高可能占到 30% ～40% 的股份，而京东管理层依然掌握着公司的相对控股权。

京东要想引入新的资本，必须出让更多的公司股权，但在此前的三轮融资中，

---

① 娄向鹏. 京东再融资的盘算 [J]. 法人，2011，84（2）：34－35＋96.

VC已经占据了40%~50%的股份，如果此前参与投资的部分VC愿意选择退出套现还好，否则，京东管理层必须出让手上的股权，而这将进一步稀释其对公司的控制权。而且，如果京东不能满足沃尔玛最终控股的诉求，后者很可能放弃对京东的投资，因为简单的跟投对沃尔玛而言并无太大吸引力。

沃尔玛此番投资京东商城的条件和最终意图是想以占据绝对控股权的方式并购京东，而非简单的战略注资。而京东的想法与此正好相反。据称，京东方面在双方尚未签署任何协议的情况下就提前对外透露融资消息之举，已招致沃尔玛方面强烈不满。在资本方的压力下，刘强东又不得不在12月27日通过微博澄清"目前有关京东融资的报道都是传言"。由此看得出，刘强东的京东实在需要钱来满足急速的扩张。

在自身造血功能付诸阙如的情况下，京东商城"融资—扩张—再融资"的发展模式将给其未来发展带来极高风险：因为高速扩张的同时伴随着巨额亏损，上轮的融资已经基本亏掉，因此，京东必须进行第三轮更大额度的融资；而继续融资的话，管理团队的控制权和话语权势必被削弱，进而逐渐受制于资本。对于京东商城来说，过度依赖资本的负效应已经逐渐显现。

想一想

1. 京东管理层对企业的风险控制投资管理存在哪些方面的不足？
2. "资本是把双刃剑"，对此你有什么看法？

本章总结

复习要点

投资管理是创业投资过程中的重要环节之一，是创业投资家为减少投资风险、确保实现预期投资收益率而采取的重要手段，也是创业投资区别于银行贷款、企业项目融资的标志之一。

13.1　创业投资管理概述

狭义投资管理是指创业投资者针对创业企业所提供的一切管理参与支持活动，包括创业投资家及项目管理人员向创业企业提供增值服务、帮助该企业解决问题、促进其快速成长升值的所有行为。

广义投资管理是指签订投资协议后，从创业资金拨给创业企业开始，一直到创业资金退出创业企业为止的期间内，创业投资家参与创业企业董事会、追踪监控创业企业行为，并提供各种管理上的帮助以获得资金最大限度增值的行为。

创业投资管理的特点包括：（1）主体是创业投资者；（2）重点是战略和策略；

（3）方式是间接管理；（4）目的是实现增值。

13.2 创业投资管理的方式

管理参与型投资管理是指，创业投资家投入资金到创业企业后，向创业企业的经营运作实施其认为有必要、对创业企业有帮助的直接管理活动。

风险控制型投资管理是指创业投资家为最小化道德风险引致的损失，对创业企业运作情况进行的直接监控活动。

网络运作型投资管理包括价值链网络运作管理、风险企业组合网络运作管理和风险投资者联合网络运作管理。

13.3 创业投资管理的内容

创业投资者对创业企业的创业投资管理主要有两个部分的内容，即监控管理和增值服务。

监控管理创业投资者为了促进创业企业的成长，实现预期投资目标，会在投资后对创业企业进行监督、控制和对企业的经营管理施加影响。创业投资者进行监控管理的内容主要包括获取信息、实施监控、参与决策和危机管理这四个方面。

增值服务是指风险投资家在投资后为被投资企业提供的一系列服务。增值服务的内容主要包括资源和社会网络管理、管理咨询与服务、协助并购上市以及设计退出方案这四个方面。

关键术语

创业投资管理	创业投资者	创业投资家
创业企业	监控管理	增值服务
管理参与型	风险控制型	网络运作型
风险管理	危机管理	价值链网络运作
风险企业组合运作	风险投资者联合网络运作	

 思考题

1. 假如你是一家创业投资公司的管理者，你要如何对创业资金进行管理，才能实现创业企业和自家公司的双赢？
2. 请结合实例，运用投资管理网络进行创业投资管理的分析。
3. 你认为对创业企业进行投资后管理存在什么样的弊端？作为管理者要如何设定管理条例才能有效避开这些弊端？
4. 请阐述创业投资管理的必要性。

5. 在创业投资管理的过程中可能会出现什么风险？请分别从创业投资机构和创业企业的角度进行阐述。

6. 创业投资管理应当包含哪些方面的内容？这些内容会随着创业企业所处行业的不同而变化吗？

7. 通过本章的学习，请简要叙述创业投资管理的具体过程。

8. 你认为创业投资管理和其他类型的公司治理有什么区别？相比之下又各有什么优缺点？

第14章

创业投资的退出方式

【学习要点及目标】

了解创业投资退出的几种渠道并充分认识各种渠道的优缺点。

 案例导读

投资国内首家保险中介的丰厚回报[①]

泛华保险是国内首家保险中介，内地总部设在广州，在北京、深圳等地设有经纪、代理和公估公司。2005 年底，鼎晖投资泛华，共投入 1.5 亿元，持有泛华 24.99%的股权。

作为首家在纳斯达克上市的国内保险中介股，泛华保险在纳斯达克首日亮相便以 58%的傲人涨幅荣获 2007 年中国公司在纳市首日表现榜单的"探花"。

2007 年 10 月 31 日股票代码为 "CISG" 的泛华保险以 25 美元开盘，而盘中更曾一度触及 28.74 美元的高点，最终以 25.29 美元收盘，首日融资达 1.88 亿美元。美国媒体评价泛华的亮相是一次出乎意料的 IPO，较之同日挂牌的以色列电讯供应商微笑通讯公司（012 Smile. Communications Ltd）完全可谓 "表现杰出"，因为后者首日交易收盘价只在发行价水平原地踏步。

据计算，按照泛华 1.88 亿美元的融资额，鼎晖如将其持有的 24.99% 的股份抛售，将获利约 4700 万美元，即 3.5 亿元人民币（按 11 月 1 日美元对人民币汇率 7.4552 计算），相较当初 1.5 亿元人民币的投资总额可纯获利 1.33 倍。如按照当日开盘价 25 美元计算，鼎辉投资获利将异常丰厚。美国报纸评价道：泛华此次纳市可谓恰逢其时，早先一个月在纽交所上市的深蓝卫星电视就在定价每股 16 美元之后几个交易日里迅速飙升至每股 35 美元；类似的事件还有，2 个月前登陆纽交所的易居

---

① 案例改编自：涂艳. 泛华夺得中国概念上市首日涨幅探花［N］. 上海证券报，2007 - 11 - 02（A05）.

房地产经纪公司昨日股价也高于同行业股价 1.57 倍。

? 想一想

1. 你知道创业投资除了通过 IPO 方式退出以外还有哪些退出方式吗？

2. 泛华保险集团成功上市后，鼎晖通过 IPO 退出获得丰厚回报，但你知道 IPO 退出方式存在哪些缺点吗？

14.1　IPO

2000 年以后，随着泡沫破灭、市场制度的完善以及监管的到位，对创业投资的研究重心开始由宏观政策扶植转移到创业投资企业的微观制度运行效率方面，包括创业投资退出渠道研究。吉奥和施瓦恩巴切尔（Giot and Schwienbacher，2007）检验了美国 6000 家创业企业超过 20000 轮的创业投资数据，以竞争风险模型（competing risks model）同时分析公开上市、股权转让以及清算三种退出方式与退出时机。结果表明，IPO 的退出时机较股权转让具有明显的时变性（time-varying）。卡明和麦金托什（2003）收集了欧洲创业投资的数据，考察了创业投资合约与退出方式的关系，研究结论与赫尔曼相近，即更强的事先约束合约会使创业企业增大以收购方式退出的可能性，并且降低公开上市或注销的概率。

随着研究的不断深入，学者们基本认同 IPO 是创业投资最优的退出渠道。卡明和麦金托什（2003）的研究从创业投资机构的退出成本、退出价格、退出收益、退出时机、退出程序、市场容量等多维视角对创投资本的退出方式进行比较，研究发现 IPO 是创业企业最理想的退出方式。许多研究都注意到了声誉对 IPO 退出渠道的影响。冈珀斯（1996）在他的论文中说明一些年轻的投资者可能会提早通过 IPO 的方式退出企业，这样子可以更高效地展示自己的能力与业绩，并且为下一次的投资做好准备。麦金森和韦斯（Megginson and Weiss，1991）对创业资本家在创业资本退出渠道中扮演的信号作用进行了研究，基于 1983～1987 年间数据的分析结果表明，IPO 过程中创业资本家通过其融资资本与声誉资本传递质量信号，进而提高成功率。

尽管我国创业投资起步较晚，但国内的学者立足于发达国家的运作经验，较早就注意到了退出渠道对创业投资的重要性。张小蒂（1999）等借鉴了美国创业投资的成功经验，归结起来主要是投资者的多元化、创业投资的制度安排有利于投资风险的控制、创业投资的退出渠道通畅。孙少青（2002）从反面例证了退出渠道之于创业投资的重要作用，基于不同国家发展创业投资行业的国际经验比较，分析了德国和日本的创业投资行业发展较美国和英国落后的原因。其研究结果表明，发达的股票市场和并购市场是建立发达的创业投资行业的前提条件，因为完善的退出机制及通畅的退出渠道是建立发达的创业投资行业的基础。英国的股票市场和并购市场非常发达，相应地，英国的创业投资行业也相当发达，尽管其创业资本投资到高新技术产业的比重不像美国那么高，但也明显地高于德国。而日本的情况与德国类似，股票市场和并购市场很不发达，相应地，其创业投资行业也远远落后于美国和英国。

14.1.1 相关概念

IPO（initial public offerings）即首次公开发行，是指一家企业或公司（股份有限公司）通过在证券市场挂牌上市，首次向社会公众公开招股的发行方式。由于证券市场具有强大的杠杆作用，公司一旦上市，股票价值就会得到巨大的提升，投资人手里持有的股票就可以获得爆炸性的增值，一旦抛售，便可以获得巨大的资本收益，这是投资人与创业者最乐于见到的退出方式。

虽然 IPO 通常是最理想的退出方式，但以往的创业投资经验表明，创业投资机构所投资的企业中，只有少数企业能够成功上市并获取巨额利润，大约有 1/3 的创业企业是亏损甚至无法回收投资的，而另外的 1/3 只能收回投资额。因此资本市场 IPO 虽然是创业投资企业获利的最重要渠道，但高新技术企业通常有产业变化迅速、产品生命周期短等特点，因而往往无法达到主板市场上市标准。基于此，成立一个进入门槛较低的交易市场（第二板或创业板）以满足创业企业投融资需求就显得极为必要。除了公开市场外，也有买卖双方自行或通过中介机构进行交易的场外市场，创业企业能够通过多层次的资本市场体系来满足其投资策略与营运融资需求。

IPO 的优势在于可以募集资金，吸引投资者；增强流通性；提高知名度和员工认同感；回报个人和风险投资；有利于完善企业制度，便于管理。但是其也存在诸多局限性，如审计成本增加，公司必须符合首次公开发行的条件；募股上市后，上市公司路演和定价时更易被券商炒作；失去对公司的控制，创业投资者容易获利退场。

14.1.2 IPO 的优缺点

1. IPO 的优点

（1）有利于创业投资者实现收益并成功退出。

对于创业投资者来说，IPO 实现了资本的成功退出，使创业投资者持有的不可流通的股份转变为上市公司股票，获得了流动性，创业投资者可以通过卖出股票收回投资，实现创业投资的良性循环，而且 IPO 退出方式的收益性普遍较高。

（2）有利于企业筹集资金，实现扩张。

对创业企业而言，通过 IPO 可以一次性筹集大规模的社会资金，以支撑企业进行快速扩张，从而获取市场竞争优势，而且上市后，只要公司的业绩出色，就可以通过增发股票的形式进行再融资，以弥补创业投资者退出后的资金空缺。

（3）有利于提升公司声望。

IPO 是资本市场与社会公众对该企业发展的一种肯定，有助于提高企业的知名度，树立企业的品牌形象，将会极大地提高企业的声望，从而使客户、供应商和潜在的员工更加放心。同时，由于企业在 IPO 后声誉的提高，还会帮助企业吸引更多的投资者，有利于企业后续的融资。

（4）有利于投资者分散投资风险。

在企业上市前，投资风险全部由创业者和创业投资者承担。IPO 后，原控股股东只需保留一定比例的股权，就可以控制上市公司的经营活动。随后企业的风险将由原始股东以及更多的社会公众投资者共同承担。

（5）有利于规范企业的经营管理。

进行 IPO 的企业需要遵照有关的法律法规建立更加规范的公司治理结构，并定期向社会公众披露有关企业经营状况的信息，从而增加了企业运作的规范性和透明度，有利于降低经营风险，并提高企业的运作效率。

2. IPO 的缺点

（1）IPO 的成本很高。

具体表现为三个方面：一是由于 IPO 的条件严格、程序复杂，因此上市耗费的时间很长，有可能影响公司的正常运作；二是上市费用十分昂贵，发行企业要负担数额较大的承销费用、路演费用、审计费用、监管费用以及法律费用等；三是上市后企业的信息披露要求更充分，面临更加严格的监管，公司必须更加规范地运作，增加了企业的运作成本。

（2）IPO 的上市门槛很高。

创业企业必须具备首次公开发行的必要条件，因此为达到上市标准，企业可能会在上市前"拼增长"和"拼利润"，而在上市以后企业的成长速度反而下降。

（3）IPO 具有限制出售期。

在创业企业 IPO 后的一段时间内，创业投资者等原始股东有一个限制出售期，限制出售期内并不能实现股权的流动性和收益性，这会延长创业投资者的退出时间，给创业投资者带来因股价下行而遭受损失的风险。

（4）稀释了股东的控制权。

企业上市即意味着原大股东持股比例的稀释，不利于创业企业原有大股东保持控制权，另外上市后也存在被敌意收购的可能性。

14.1.3　IPO 退出流程

1. 选择合适的承销商

当创业投资者认定公司的经营已经十分成功，可以实现资本退出时，他们就开始筹备首次公开发行工作。为了公开发行公司股票，他们总是要去找一家承销商，而不是自己直接公开发行股票。负责企业股票发行的证券经营机构便是承销商。国际上，股票承销商一般由信誉卓著、实力雄厚的商人银行（英国）、投资银行（美国）及大的证券公司来担任；在我国，一般则由具有资格的证券公司或兼营证券的信托投资公司来担任。

寻找和选择最有可能的承销商并与其进行谈判和磋商是十分重要的。承销商按其规模、能力以及与小公司打交道的意愿可以分成不同类型。一般来说，企业在选择承销商时应综合考虑承销商的声誉、业绩、承销费用等因素，从而挑选出一个最适合企业的承销商。

在选择了承销商之后，还需要与承销商进行谈判，这是发行公司发现合适的主承销商的重要过程。由于承销费十分标准化，因此，谈判的重点应放在承销方式以及对股票发行企业的支持力度上。股票的最后的价格在很大程度上将取决于承销商在初步计划书发布之后对市场的感觉，以及发行开始前几天的市场条件。

最后就是与承销商签订承销意向书和协议。在创业企业与承销商之间，承销承诺的证券类型、发行价格、发行数额、费用和其他基本的承销条款将由承销商在意向书中提前订立，并由创业企业和证券持有人签订。

2. 上市注册

按照依法行政、公开透明、集体决策、分工制衡的要求，IPO 的审核工作流程分为受理、审核、上市委会议、报送证监会、证监会注册、发行上市等主要环节，分别由不同处室负责，相互配合、相互制约。

（1）受理。

股票发行上市审核工作实行全程电子化，申请、受理、问询、回复等事项均通过证券交易所发行上市审核系统办理。发行人应当通过保荐人以电子文档形式向证券交易所提交发行上市申请文件，证券交易所收到发行上市申请文件后 5 个工作日内做出是否予以受理的决定。证券交易所受理的，发行人于受理当日在证券交易所等指定渠道预先披露招股说明书及相关文件。

（2）审核。

证券交易所审核机构自受理之日起 20 个工作日内发出审核问询，发行人及保荐人应及时、逐项回复证券交易所问询。审核问询可多轮进行。首轮问询发出前，发行人及其保荐人、证券服务机构及其相关人员不得与审核人员接触，不得以任何形式干扰审核工作。首轮问询发出后，发行人及其保荐人如确需当面沟通的，可通过发行上市审核系统预约。审核机构认为不需要进一步问询的，将出具审核报告提交上市委。

（3）上市委会议。

上市委召开会议对证券交易所发行上市审核机构出具的审核报告以及发行上市申请文件进行审议，就其提出的初步审核意见，提出审议意见。

（4）报送证监会。

证券交易所结合上市委审议意见，出具相关审核意见。证券交易所审核通过的，将审核意见、相关审核资料和发行人的发行上市申请文件报送中国证监会履行注册程序。

（5）证监会注册。

中国证监会在 20 个工作日内对发行人的注册申请做出同意或者不予注册的决定。

（6）发行上市。

中国证监会同意注册的决定自做出之日起 1 年内有效，发行人应当按照规定在注册决定有效期内发行股票，发行时点由发行人自主选择。

3. 确定股票的发行价格

（1）询价机制。

IPO 询价机制是指发行人及其保荐机构应采取向机构投资者累计投标询价的方式确定发行价格。这一定价机制由主承销商对发行人所处的行业、竞争实力、发展前景等进行充分分析，择取企业的若干指标，通过模型运算得出企业的价值，以此为基础再结合二级市场状况与企业协调确定发行价格。在固定价格方式下，主承销商根据估值结果及对投资者需求的预计，直接确定一个发行价格，定价方式相对简单，但效率较低。而在询价机制下，新股发行价格并不是事先确定的。过去中国一直采用固定价格发行方式，2004 年 12 月 7 日证监会推出了新股询价机制，证券市场迈出了市场化的关键一步。

正式发行阶段中，如果有效认购数量超过了拟发行数量，即为超额认购，超额认购倍数越高，说明投资者的需求越强烈。在超额认购的情况下，依照交易所规则，主承销商可能会拥有分配股份的权利，即配售权，也可能没有配售权。通过行使配售权，发行人可以达到理想的股东结构。在中国，主承销商不具备配售股份的权利，必须按照认购比例配售。

当出现超额认购时，主承销商还可以使用"超额配售选择权"（又称"绿鞋"）增加发行数量。"超额配售选择权"是指发行人授予主承销商在股票上市后一段时间内超额配售选择权，获此授权的主承销商可以按同一发行价格超额发售不超过原定发行量一定比例的股份，而额外发售的股份通常先行向大股东或战略投资者借入。采用"绿鞋"机制可根据市场情况调节融资规模，用以稳定股价，在一定程度上防止新股发行上市后的破发，增强参与新股认购的投资者的信心，实现新股股价的平稳过渡。因此，绿鞋机制主要在市场气氛不佳、对预期发行结果不乐观的情况下使用。

但是，IPO 询价机制在一定程度上也影响了定价效率，并导致了我国证券市场的"三高"问题。刘志远等（2011）指出，机构投资者的过度竞争将导致 IPO 定价过高。李冬昕等（2014）学者认为询价机构的报价分歧来源于自身对新股的主观估值差异与二级市场投机炒作产生的再售期权价值两个维度。耿建新和张驰（2013）、俞红海等

（2013）同样认为，不合理的询价制度是造成 IPO 高发行价格、高市盈率的主要原因。

为促使新股发行定价更接近于市场预期估值，抑制虚高报价操纵空间及新股炒作空间，提升市场定价效率与价格发现功能，科创板注册制进行了询价机制改革。科创板的询价机制改革全面大幅提高了网下发行比例，同时放开了原有 23 倍发行市盈率的新股定价管制，设置了询价有效报价区间约束，并能够充分披露询价报价信息。此次改革取消了直接定价方式，实施以机构投资者为参与主体的市场化询价、定价机制，将询价对象仅限定在证券公司、基金公司等七类专业机构投资者中，抬高了一级市场中询价对象的门槛，提高了 IPO 定价效率，确保了报价的合理性与可靠度。其引入了战略配售及保荐机构相关子公司跟投制度，并规定战略投资者的限售期不得少于 12 个月。这使得机构投资者无法通过拉高 IPO 定价、二级市场出售套利，避免了投资机构的过度竞争，促进了询价机构的合理报价。

（2）估值模型。

就估值模型而言，不同的行业属性、成长性、财务特性决定了上市公司适用不同的估值模型。较为常用的估值方式可以分为两大类：现金流贴现法与相对价值法。

现金流贴现法认为，企业的价值应该等同于企业未来所能产生的全部现金流的现值总和，即通过合理的方式估计出上市公司未来的经营状况，并选择恰当的贴现率与贴现模型，计算出上市公司价值，如最常用的股利折现模型（DDM）、现金流贴现（DCF）模型等。

所谓相对价值法，就是通过在市场上找到与拟估值公司具有可比性的可比企业，将可比企业的市场价值与一个常量相比，得到可比的标准价格，这个常量通常选取每股收益、每股净资产等，得到的标准价格为市盈率、市净率，最后以拟估值公司的常量乘以可比企业的标准价格就能确定上市公司价值。

通过估值模型，可以合理地估计公司的理论价值，但是要最终确定发行价格，还需要选择合理的发行方式，以充分发现市场需求。

4. 股票发行上市

（1）跟踪分析与造市商。

一般来说，承销商和股票发行企业之间都会建立起一种长期的合作关系。在企业股票首次公开发行之后，承销商通常都会继续与企业保持密切的接触，对这些企业的股票的市场价格进行跟踪分析。

除了对企业的股票走势进行跟踪分析以外，承销商还会扮演企业股票交易的造市商的角色。作为造市商，承销商将为企业股票的买方和卖方提供报价，并通过提供让双方都满意的报价来促成双方达成交易。通过这种方式可以确保企业股票交易的正常进行，并维持一个稳定的价格。

（2）稳定股票价格的机制。

一般来说，在企业股票的首次公开发行中，潜在投资者对企业股票的需求都会超过其供给。这样，承销商就可以通过行使"绿鞋"期权出售超过其包销发行股票数量15%的额外股票给投资者。在首次公开发行之后，如果发行企业的股票的价格上涨，那么承销商将会用它通过"绿鞋"期权所获得的那部分数量来满足市场的超额需求，达到平抑股价的目的。如果发行企业的股票的价格下跌，那么承销商将会回购这15%的额外数量的股票来提升股票的价格，以达到稳定股价的目的。

（3）限制出售期。

通常情况下，在企业股票首次公开发行后的一段时间内，企业原有股东和投资者以及管理团队等内部人士所持有的股票将被锁定一段时间，这段时间称为限制出售期。在锁定期内，企业的管理层和股东等内部人士所持有的股票将被禁止出售给股票市场上的公众投资者。

【案例 14 -1】 四川天邑首发申请被否决①

证监会7月22日召开的发审委会议未通过四川天邑的首发申请，否决原因可从发审委提问的主要问题推测一二。

1. 交易可持续性存疑

四川天邑的客户主要为中国电信、中国联通和中国移动等三家通信运营商，其中四川天邑在 2013 ~ 2015 年对中国电信集团公司以及下属各地区分公司的合并收入占公司营业收入的比例均达 80% 以上且逐年增加，四川天邑向中国电信销售的产品价格多数高于中国联通、中国移动，部分产品售价差异高达一倍之多。四川天邑描述中国电信与中国联通招标时，中国电信采用最优价中标，中国联通则采用低价中标。

发审委对下列主要问题进行了询问。

（1）何为"最优价中标"？销售给中国电信的产品价格是否合理以及是否具有可持续性？

（2）四川天邑主营业务集中于中国电信的原因，以及主营业务实现客户扩展的技术壁垒。

（3）四川天邑向中国电信销售的产品价格多数高于中国联通、中国移动的可持续性。

（4）四川天邑招投标是否符合法律法规、国家有关政策规定。

2. 发行人收到的销售收入的回款方与签订经济合同的客户不一致

在中介机构的核查程序中，虽然发行人取得了其客户中国电信 100% 的确认，但是发行人律师取得回款方第三方资金平台对该事项（包括付款单位、方式、金额）

---

① 证监会. 创业板发审委 2016 年第 44 次会议审核结果公告 ［EB/OL］. （2016 - 07 - 22）［2021 - 10 - 21］. http：//www. csrc. gov. cn/csrc/c105899/c1011045/content. shtml.

的书面确认比例低于50%，其中天翼电子商务有限公司、中建投租赁有限责任公司、国际商业机器租赁有限公司未出具代付款书面确认书。

3. 首次申报中未如实披露重要股东相关信息

发行人实际控制人之一李俊霞持有发行人12.92%股份，持有发行人控股股东天邑集团26.27%股权。首次申报中未如实披露李俊霞相关信息，未准确披露发行人与中国银行股份有限公司大邑支行2012年8月22日至2016年12月31日期间最高本金余额为4000万元的债务提供连带责任保证的相关人员，导致同一事实前后存在不同表述的情形。

14.2 并购

14.2.1 相关概念

并购指的是两家或者更多独立企业合并组成一家企业，通常由一家占优势的公司吸收一家或者多家公司。并购退出是指创业投资者通过自己的企业对创业企业实施整体的兼并或收购，或通过其所持有的创业企业股份由另外的创业投资者收购，从而实现资本从创业企业中的退出。通常来说，创业企业被另外的企业兼并或收购称为一般并购；创业投资者所持有的创业企业股份被另外的创业投资者收购称为二期并购。

兼并与收购的区别在于以下几点：

第一，对于兼并来说，被合并企业的法人地位在兼并后将消失；而对于收购来说，被收购企业可以保留其法人地位，并且可以只转让部分产权。

第二，兼并后，兼并企业成为被兼并企业新的所有者和债权债务的承担者，是资产、债权、债务的一同转换；而在收购中，收购企业是被收购企业的新股东，以收购出资的股本为限承担被收购企业的风险。

第三，兼并更多地在企业财务状况、生产经营不佳时发生。所以兼并后很可能需要调整生产经营的方式，需要对各类资产业务进行重组；收购则更多地发生于生产经营正常的企业。

根据并购的不同功能或根据并购涉及的产业组织特征，可以将并购分为三种基本类型：

（1）横向并购。

横向并购是指两家经营同种商业活动的企业之间的并购，其目的往往在于消除二者的竞争、扩大企业的市场份额、形成规模经济效益以及提升企业的垄断势力。横向并购的基本特征就是企业在国际范围内的横向一体化。

（2）纵向并购。

纵向并购是发生在同一产业的上下游之间的并购。即优势企业将与本企业生产紧密相关的企业并购，从而实现纵向的生产一体化。纵向并购的企业之间不是直接的竞争关系，而是供应商和需求商之间的关系。因此，纵向并购的基本特征是企业在市场整体范围内的纵向一体化。

（3）混合并购。

混合并购是发生在不同行业企业之间的并购，即既非处于同一行业的竞争对手又非同产业上下游的企业之间的并购，其目的主要在于分散风险、寻求范围经济、提高企业对经营环境的应变能力。在面临激烈竞争的情况下，我国各行各业的企业都不同程度地想到多元化，混合并购就是多元化的一个重要方法，为企业进入其他行业提供了有力、便捷、低风险的途径。

14.2.2 并购的优缺点

1. 并购的优点

（1）便捷性。

与 IPO 相比，并购退出不需要 IPO 的一系列复杂的操作流程、严格的上市条件、漫长的上市时间，通过并购的方式退出能在很短时间内完成交易并且操作方式相对简单、费用低。

（2）风险较小。

对于创业投资者而言，通过并购方式退出，可以将创业企业的股份直接出售或转让，没有限制出售期的约束，也不用面对股价变动带来的风险，从而可以立刻收回现金，实现一次性完全退出。因此对创业投资者来说，并购退出是一种比较有利的退出方式，它能够使创业投资者的投资收益得到充分的保障并获得更多的流动性。

（3）提升创业企业竞争力。

对于创业企业而言，并购的方式可以使其充分利用收购方的各类资源，帮助其提升研发能力、经营管理水平，从而提升其核心竞争力。

2. 并购的缺点

（1）丧失独立性。

采用并购方式退出往往意味着原有的企业部分或全部整合进入另一家企业，原有的股东失去了他们经营、决策的独立性，原有的企业将不复存在，容易遭到企业管理层的反对。因此，在实施并购的过程中，常采取一些激励企业管理层的措施。

（2）收益低。

由于收购方太少、信息不对称等因素，往往难以找到买方，价格也不尽合理，采用并购方式退出企业获得的收益往往低于采用 IPO 的方式。根据各类研究数据表明，并购退出比 IPO 退出获得的收益低 1/5 左右。

14.2.3 并购的一般程序

一般来说,企业并购都要经过战略制定阶段、方案设计阶段、谈判签约阶段和接管整合阶段。

1. 战略制定阶段

企业根据发展战略的要求制定并购策略,初步勾画出拟并购的目标企业的轮廓,如所属行业、资产规模、生产能力、技术水平、市场占有率,等等。一般来说,对于大型的股权并购交易,当投资者和管理层同意出售企业时,往往会选择一家投资银行作为承销商,并帮助企业收集潜在买家的信息,建立买家名单列表,然后从中筛选出合格的潜在投资者。

2. 方案设计阶段

通过对企业进行实地考察、与企业管理人会晤等方式来获取企业经营运作等方面的信息,并根据这些信息以及双方的目标、需求、条件等来设计并购的方案,内容包括并购范围、并购程序、支付成本、支付方式、融资方式、税务安排、会计处理等。

3. 谈判签约阶段

谈判阶段的工作包括接触和谈判、签订保密协议、签订并购意向书、履行应当的谨慎义务、签订并购协议和报政府有关部门备案或审批等项工作。即通过双方的谈判确定最终可行的并购方案,并以此为核心签订保密协议、意向书,约定双方的权利与义务,最终签订并购协议并报相关部门备案审批。

4. 接管整合阶段

并购双方签订并购协议后,就需要对企业进行接管与整合。整合是指调整企业的组成要素使其融为一体的过程,是决定并购是否成功的重要环节。并购企业在管理制度、经营业务和组织文化等方面缺乏协调解决并购双方差异与冲突的整合措施,是造成并购战略失败与并购后经营业绩不佳的主要原因。

14.2.4 并购风险

企业并购后可以产生各方面有利于企业发展的优势,如产生协同效应、可以合理配置资源、可以减少内部竞争等,但也存在大量风险,尤其财务风险最为突出。

1. 融资风险

企业并购通常需要大量资金,如果筹资不当,就会对企业的资本结构和财务杠杆产生不利影响,增加企业的财务风险。同时,只有及时足额地筹集到资金才能保证并购的顺利进行。

按筹资的方式不同，融资风险可分为两种。

（1）债务性融资风险。

多数企业选择的负债筹资方式一般为长期借款，但是银行信贷资金的主要作用是补充企业流动资金和固定资金的不足，没有进行企业并购的信贷项目，因此，其难以得到商业银行的支持。另一种负债筹资的方式是发行企业债券，虽然资金成本较低，但筹资时间长，筹资额有限。

（2）权益性融资风险。

发行普通股是企业筹集大量资金的一种基本方式，而且没有固定利息负担，筹资风险小。但是，股利要从净利润中支付，资金成本高，而且无法享受纳税利益。

2. 目标企业价值评估中的资产不实风险

由于并购双方的信息不对称，企业看好的被并购方的资产，在并购完成后有可能存在严重高估甚至一文不值的情况，从而给企业造成很大的经济损失。并购过程中人的主观性对并购影响很大，并购并不能按市场价值规律来实施。并购本身是一种商品的交换关系，所以需要建立服务于并购的中介组织，降低并购双方的信息成本并对并购行为提供指导和监督。

3. 反收购风险

如果企业并购演化成敌意收购，被并购方就会不惜代价设置障碍，从而增加公司收购成本，甚至有可能会导致收购失败。

4. 营运风险和安置被收购企业员工风险

企业在完成并购后，可能并不会产生协同效应，并购双方资源难以实现共享互补，甚至会出现规模不经济的结果，整个公司反而可能会被拖累。而且并购方可能会被要求安置被收购企业员工或者支付相关成本，如果公司处理不当，往往会因此背上沉重的包袱，增加其管理成本和经营成本。

融资风险、目标企业价值评估中的资产不实风险、反收购风险、营运风险和安置被收购企业员工风险都可以找到财务风险的影子，每一项风险都需要资金来进行解决。一些风险（如资产不实风险）的处理需要现代资产评估技术进一步发展，因此想要更好地处理并购退出的风险需要多个领域共同的发展。

14.2.5 并购退出的特点

1. 采用并购方式退出企业获得的收益低于采用 IPO 的方式

各类研究数据表明，并购退出比 IPO 退出获得的收益低 22% 左右。

2. 并购企业失去独立性

采用并购方式退出往往意味着原有的企业部分或全部整合进入另一家企业，原有的股东失去了他们经营、决策的独立性，原有的企业将不复存在。一些企业家对公司的控制权有十分高的要求，不希望自己一手建立起来的企业纳入其他的企业中，因此给创业投资基金采用并购退出带来了一定的困难。

3. 创业投资基金收益的流动性较差

第三方企业可以采用多种方式来收购目标企业，例如现金、股票等。采用现金方式收购对创业投资基金收益的流动性几乎不会产生影响；而如果采用股票作为对价，并且这些股票还未上市流通时，创业投资基金不得不持有这些股票，并寻找一个愿意购买这些股票的个人或公司，因此采用并购方式退出，会对收益的流动性产生影响。

【案例 14 -2】　携程并购"去哪儿网"①

2015 年 10 月 26 日，原先竞争激烈的在线旅游市场终于归于平息，携程旅行网与百度公司达成协议：携程通过股权置换的方式成功收购了"去哪儿网"，并成为"去哪儿网"最大的股东，同时百度也将成为携程最大的股东。具体过程如下：百度将此前交易拥有的 178702519 股"去哪儿网" A 类普通股（含三票投票权）和 11450000 股"去哪儿网" B 类普通股（含一票投票权）置换成 11488381 股携程增发的普通股，并购完成后携程拥有"去哪儿网" 45% 的投票权，而百度则拥有了携程25% 的投票权。在并购完成后，"去哪儿网"的股权结构发生了变化（如表 14 -1、表 14 -2 所示）。

表 14 -1　　　　　　　　　　　　并购前的股权结构

公司	百度	高瓴资本治理有限公司	庄辰超	其他
百分比（%）	59.45	8.23	7.04	25.28

表 14 -2　　　　　　　　　　　　并购后的股权结构

公司	携程	高瓴资本治理有限公司	庄辰超	其他
百分比（%）	48.41	6.43	7.51	37.65

资料来源：Wind 数据库。

携程并购"去哪儿网"有很多方面的动因。在此前，在线旅游市场是一个香饽饽，各个商家通过大打价格战的方式来拼命获得市场份额，逐渐地，该市场形成了恶性竞争的趋势，最终造成的结果是商家不断亏损。从数据来看，2012 年"去哪儿网"

---

① 王潇. 互联网企业并购整合对绩效的影响——以携程并购去哪儿网为例 [J]. 经贸实践，2018 (5)：224 + 226.

亏损 0.91 亿元，2013 年亏损 1.87 亿元，2014 年亏损 18.47 亿元。连续几年的亏损说明价格战不可取，从而促进了企业的合并。在携程并购"去哪儿网"后，在线旅游市场的竞争对手减少，在营销过程中发生的各种费用也在下降；携程不必再与"去哪儿网"进行激烈的价格战来获取市场份额，并且携程并购"去哪儿网"在线旅游的市场份额由这个联盟占领，携程获取了市场一定的定价权；另外就是携程主要布局在一线城市，而"去哪儿网"主要在二线城市，因此实现了资源上的互补；携程的优势在于呼叫中心，而"去哪儿网"的优势在于搜索引擎，在这一点上实现了功能上的资源互补，此时资源的互补就成为并购的动因。总体来说，携程并购"去哪儿网"对双方都有好处，并购后的携程在行业内遥遥领先，并购的绩效显著。

14.3 　股权回购

14.3.1　相关概念

股权回购是指创业企业或创业企业家以现金或其他可流通证券的形式向创业投资者回购本公司股权使创业投资者退出的方式。通常来说会在投资协议中明确规定回购权条款，以确保创业企业陷入发展困境时，仍可使创业投资者的资金抽离并获得收益，而创业企业通过回购股权亦可重获对企业的控制权，或者于创业投资者退出后再引入其他战略投资者。

股权回购的基本方式有以下三种：一是用创业企业的现金、有价证券等进行股权回购；二是在创业企业内设立员工持股基金（ESOT），来买断创业投资者持有的股份；三是运用衍生工具期权进行回购，包括买方期权或卖方期权。

14.3.2　股权回购的优缺点

1. 股权回购的优点

（1）操作简单易行。

股权回购通常只涉及创业企业与创业投资者这两方之间的产权转移，因而产权关系明晰，在回购的操作上简便易行。同时，股权回购也不需要经历烦琐复杂的程序，时间成本较低，创业投资者能迅速退出取得收益。

（2）保证企业独立性。

通过股权回购可以实现外部股权的全部内部化，使创业企业保持充分的独立性，并拥有足够的资本进行保值增值，预留了巨大的升值想象空间，是创业投资者和创业企业"双赢"策略。

2. 股权回购的缺点

（1）可能产生合同的违约风险问题。

通常来说，在引入创业投资时，创业投资者与创业企业之间会签订关于股份回购的协议，制定未来股权回购的条款，但若未来创业企业出现危机时，可能将不具备回购能力，无力按照回购协议支付资金，导致违约风险的提升，这可能使得创业投资者遭受损失。

（2）可能会限制创业投资者获取更高的收益。

股权回购往往要求创业投资者于投资之初就与创业企业签订回购协议，而如果到回购协议执行之时，创业企业的经营状况很好，回购协议则会限制创业投资者获取更高的收益。

14.4　公司清算

14.4.1　相关概念

公司清算是指当创业企业经营出现困境且难以扭转时，为避免更大的损失，对其进行破产清算以收回创业投资者的部分投资，从而实现退出。由于创业企业通常处于初创期，具有巨大的不确定性和高风险性，有相当一部分创业企业最终会以失败而告终。对于创业投资者来说，破产清算是在迫不得已的情况下才会采取的措施。一旦确认创业企业失去了发展的可能或者出现了危机，不能给予预期的高回报，甚至出现赔本现象时，就要果断地选择以清算的方式从创业企业退出，将能收回的资金用于下一次的投资，否则只会带来更大的损失。

公司清算的意义在于，避免创业投资者对没有前途的项目投入过多的资金，使得机会成本损失巨大；同时，通过痛苦的清算退出，创业投资者可以从中吸取宝贵的经验教训，在下一次的创业投资中更加慎重地进行决策。从这种意义上讲，公司清算退出反映了市场优胜劣汰的过程，具有积极的现实意义。

创业企业的清算一般采用普通清算的形式，很少以破产清算的形式进行。普通清算通常具有两个基本条件：一是企业资产能够偿还债务。如果清算过程中发现企业财产不足以清偿债务，则要转为破产清算。二是企业的董事会或管理机构能够自行组织清算。如果由于某种原因不能自行组织清算，则可转为特别清算。由于创业企业在清算时，一般都是企业所有者主动结束公司经营，而非创业企业被迫申请破产清算，因而此时企业资产一般都足够抵偿债务，并有较多的剩余资产可供公司所有者分配。所以在通常情况下，创业企业都是以普通清算的方式进行清算。

14.4.2 公司清算的优缺点

1. 公司清算的优点

（1）公司清算是创业投资不成功时减少损失的最佳途径。

因为当企业经营出现问题时，IPO、并购等退出方式往往已经难以实现，而通过公司清算实现退出可以大大降低投资失败项目的机会成本，减少创业投资者的损失。

（2）防止损失的扩大。

对于创业投资者来说，清算退出是一个无奈之举，一旦确认创业企业失去了发展的可能或者出现了危机，无法保证预期的巨额投资回报时，果断地选择清算退出就可以有效防止损失的进一步扩大。

2. 公司清算的缺点

（1）需承担投资失败的损失。

清算退出意味着创业投资者将遭受部分甚至全部损失。同时，通过清算方式退出，往往意味着投资的失败，可能会引起外界对该创业投资者投资能力及市场判断力的质疑。

（2）退出时间可能受到法律限制。

我国《公司法》要求在出现资不抵债的客观事实时才能清算，因此创业投资者可能会错失退出的最佳时机，无形中扩大了损失。

14.4.3 公司清算的一般程序

创业企业的清算程序通常包括以下几个主要步骤。

1. 成立清算组

法院应当自宣告债务企业破产之日起15日内成立清算组，接管破产企业。清算组成员由法院从公司的主管部门、政府有关部门和专业人员中指定，也可以聘请中国注册会计师和律师参加。清算组负责破产财产的保管、清理、估价、处理和分配。清算组应对人民法院负责并报告工作，接受法院的监督。我国《公司法》规定，清算组在清算期间行使下列职权。

（1）清理公司财产，分别编制资产负债表和财产清单。

（2）通知、公告债权人。

（3）处理与清算有关的公司未了结的业务。

（4）清缴所欠税款以及清算过程中产生的税款。

（5）清理债权、债务。

（6）处理公司清偿债务后的剩余财产。

（7）代表公司参与民事诉讼活动。

2. 停止业务活动

创业企业决定终止之日起为企业进入清算之日，清算期间除为清算目的或为了企业日常维持所必需的开支外，企业不得开展新的经营活动。

3. 接管企业事务

创业企业清算委员会自成立之日，接管企业一切事务，企业的管理机构和法定代表人终止对企业的管理权和对外代表权。

4. 通知债权人申报债权

清算组应当自成立之日起 10 日内通知债权人，并于 60 日内在报纸上至少公告 3 次，公告和通知中应当规定第一次债权人会议召开的日期。

5. 召开债权人会议

所有债权人均为债权人会议成员。第一次债权人会议由人民法院召集，应当在债权申请期限届满后 15 日内召开。以后的债权人会议在人民法院或者会议主席认为必要时召开，也可以在清算组或占无财产担保债权总额的 1/4 以上的债权人要求时召开。

6. 清理财产

破产财产是指用以清偿债务的全部财产，主要包括以下内容：

（1）宣告破产时破产企业经营管理的全部财产。

（2）破产企业在破产宣告后至破产程序终结前所取得的财产。

（3）应当由破产企业行使的其他财产权利。已作为担保物所担保的债务数额的，超过部分属于破产财产。破产企业内属于他人的财产，应由该财产的权利人通过清算组取回。

7. 确认破产债权

破产债权是指宣告破产前就已成立的、对破产人发生的、依法申报确认并从破产财产中获得公开清偿的可强制性执行的财产请求权，主要包括以下内容。

（1）宣告破产前成立的无财产担保的债权和放弃优先受偿权利的有财产担保的债权。

（2）宣告破产时未到期的债权，视为已到期债权，但是应当减去未到期的利息。

（3）宣告破产前成立的有关财产担保的债权，债权人享有就该担保物优先受偿的权利。如果该项债权数额超过担保物的价款的，未受清偿的部分作为破产债权。债权人参加破产程序的费用不得作为破产债权。

8. 拨付破产费用

破产费用是指在破产程序中为破产债权人的共同利益而由破产财产中支付的费

用，主要包括以下内容。

（1）破产财产的管理、变卖和分配所需要的费用，包括聘任工作人员的费用。

（2）破产案件的诉讼费用。

（3）为债权人的共同利益而在破产程序中支付的其他费用。破产费用应当从破产财产中优先拨付。

9. 破产财产清偿顺序

破产财产在优先拨付破产费用后，按照下列顺序清偿。

（1）破产企业所欠职工工资和劳动保险费用。

（2）破产企业所欠税款。

（3）破产债权。破产财产不足清偿同一顺序的清偿要求的，按照比例分配。

10. 分配剩余财产

创业企业按规定清偿之后的剩余财产要分配给股东或投资者。法律规定，有限责任公司按照股东的出资比例分配；股份有限公司按照股东持有的股份比例分配。外资企业、合资企业经清算后，其资产净额或剩余财产超过注册资本的部分视同利润，应当依照中国税法缴纳增值税。

11. 破产清算的结果

经过上述破产清算程序后，清算组应当编制破产清算结束报告，并出具清算期内的各种报表连同各种财务账册，经中国注册会计师验证后，报授权部门审批。

12. 登报声明

经批准后再向工商行政管理部门和税务部门注销登记，并在省级或者市级以上报纸上刊登公告。图 14 - 1 为破产清算受理流程。

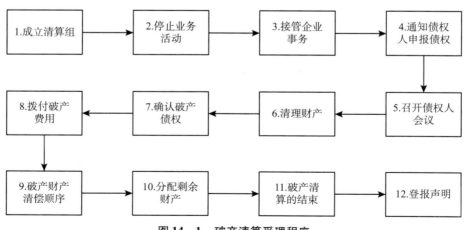

图 14 - 1　破产清算受理程序

【案例 14 - 3】熊猫 TV 破产始末：内斗 + 佛系是真的能够毁了一家企业①

熊猫 TV 被曝申请破产，十天后关停所有服务器。作为直播间野蛮生长的"新星"，熊猫 TV 自出生起就自带王思聪的光环 + 元宝支持，究竟是什么让熊猫 TV 濒临破产？网络直播下半场，平台们该何去何从？

1. 熊猫直播被曝破产，主播在线讨薪

直播平台熊猫 TV 被曝申请破产，并且将于 3 月 18 日关停所有服务器。紧接着，熊猫 TV 内部群聊截图也遭曝光，人力资源部工作人员甚至在群内帮员工推荐工作机会，还有员工主动发放其他平台的招聘消息。其实早在去年，熊猫 TV 就被曝出拖欠主播工资且拟 30 亿元寻求买手，年底甚至还被人气主播 PDD 起诉。尽管事后 PDD 发微博称只是几个小钱的事，但大家已经多少感受到了熊猫 TV 现金流的窘迫。

随后，蓝战非、仙某某、少囧、郑伟等百万流量主播也宣布与老东家熊猫 TV 分手，转投斗鱼或虎牙。要知道熊猫 TV 背后的最大股东是王思聪，那么熊猫 TV 怎么会破产呢？

2. 熊猫 TV 为何濒临破产

事实上，王思聪早在半年前就开始为熊猫 TV 寻求买家，奈何开价太高，没人接盘，索性在去年 11 月清空手中股票，并卸任熊猫直播首席执行官。至于熊猫 TV 为何破产，最关键的原因是高层内斗、主播佛系、运营不作为。

（1）公司内部斗争不断。

奇虎 360 投资熊猫 TV 后，曾派高管入驻熊猫，随后架空王思聪团队，使得管理层大量出走，其中包括熊猫 TV 副总裁庄明浩。

（2）没有新融资进账。

2019 年 Q1 熊猫直播宣布从巨头手中拿到融资，但钱始终没有到账。而之前 10 亿元的 B 轮融资早在 2018 年 3 月就消耗殆尽。反观同时期斗鱼和虎牙拿下腾讯 6.3 亿美元、4.6 亿美元的投资，熊猫 TV 几乎断粮，导致大量主播和工会陆续出走。各平台融资情况如表 14 - 3 所示。

表 14 - 3　　　　　　　　　各直播平台融资情况

直播平台	日期	轮数	投资方
斗鱼	2014.4	天使轮	2000 万人民币
	2014.9	A 轮	2000 万美元
	2016.3	B 轮	1 亿美元

---

① 刘洋. 熊猫 TV 破产始末 [J]. 企业观察家，2019（4）：69 - 70.

续表

直播平台	日期	轮数	投资方
斗鱼	2016.8	C 轮	15 亿人民币
	2017.11	D 轮	10 亿人民币
	2018.3	战略投资	6.3 亿美元（腾讯）
虎牙	2005.4	天使轮	100 万美元
	2017.5	A 轮	7500 万美元
	2018.3	B 轮	4.6 亿美元（腾讯）
	2018.5	IPO	1.8 亿美元
熊猫 TV	2015.11	天使轮	数百万人民币
	2016.9	A 轮	6.5 亿人民币
	2017.5	B 轮	10 亿人民币

（3）主播、平台运营不上心。

熊猫 TV 自打出生就被"王思聪的光环＋元宝"笼罩着，平台上一些大主播都与王思聪有着或深或浅的私交。然而，正因为主播都是老板的朋友，要么不理会超管，要么超管不敢管。

而熊猫 TV 的部分主播不仅会划水甚至还给自己刷量。翻看小葫芦数据，主播排行前 100 可能找不到一位熊猫 TV 的主播。截至 2018 年 12 月，熊猫的日活跃用户数量（DAU）缩水到 230 万。熊猫超管和主播的佛系，也使得熊猫的内容失去价值。

（4）转做秀场，老用户流失。

起初，因为王思聪的资金投入和宣传，熊猫 TV 的电竞基因十分充足。但因为电竞直播的流水远没有秀场的流水可观，所以熊猫开始转型秀场直播，造成老用户大量流失。

 案例分析

高新投创业投资的成功退出——大族激光创业投资案例分析①

2001 年 4 月 4 日，随着深圳市产权交易中心专业竞拍师的一声锤响，深圳市高新技术产业投资服务有限公司（HTI）所拥有的深圳市大族激光科技有限公司46%的

---

① 王干梅，王勇，陈良英．高新投创业投资的成功退出——大族激光创业投资案例分析．中国风险投资：英文版，2003，2（4）：65－72.

股权，以 2400 万元人民币的价格由原创管理人以个人身份成功回购，超出资产评估价 1000 余万元。这不仅将创业投资在短短两年时间获得六倍回报的神话变成了现实，更意味着创业投资具有美好的行业发展前景。

可以说，大族激光项目的成功运作，为缺乏亮点的中国创业投资业带来一场及时的春雨，给予准备施展拳脚的创业投资家们极大的鼓舞，成为创投界公认的成功典型案例。

一、公司和行业背景

1. 投融资双方的基本概况

深圳市高新技术产业投资服务有限公司（以下简称"高新投"）是根据深圳市"科教兴市"战略，按照创建多渠道、多层次的科技投入体系和探索科技与金融有机结合新机制的要求，于 1994 年 12 月注册成立的独立法人企业。高新投以贷款担保投资开发和咨询评估为业务范围，注册资本 1 亿元人民币，实收资本 4 亿元人民币。高新投的重点担保及投资领域包括电子信息、软件和通信、医药及生物工程、新材料、新能源及环保产业、光机电一体化产业等。

此项创业投资的对象——深圳市大族激光科技有限公司（以下简称"大族激光"），前身为深圳市大族实业有限公司，主要从事激光雕刻机、激光焊接机等激光产品及相关机电一体化设备的研究、开发、生产和销售，目前该公司可提供整套激光应用解决方案，同时提供激光打标/雕刻机、激光焊接机、激光内雕机、PCB 激光钻孔机、激光喷码机等产品，逐步成为中国工业激光设备制造业的开拓者、国际知名的激光设备厂商。

2. 主要决策者背景介绍

王干梅先生于 1965 年 9 月至 1970 年 7 月期间在北京大学学习，曾任贵州省社会科学院经济研究所所长，深圳市投资管理公司政策法规部部长、总经理助理、发展研究部部长、总经济师。2000 年 6 月起，任深圳市高新技术产业投资服务有限公司董事长，现任总经理。

王干梅先生来到高新投后，实行新的投资策略，使高新投的投资理念完成了一个很大的转型，即对所有的项目不控股，不参与具体管理，重点提供增值服务，特别是坚持在投资的最初先设计好出口的原则，以 2 ~ 3 年为一个周期，伺机退出。这也是高新投在大族激光项目中实行的投资和退出策略。

二、一笔翻了六倍的创业投资的退出历程

1. 大族公司的初创

1996 年底，北航激光制导专业毕业的高云峰创办了"大族实业"（"大族激光"的前身），专门生产激光雕刻机。高云峰在香港贸发局研究的课题就是激光打标机，从香港到深圳以后，原来在香港贸发局认识的几个客户请他做激光雕刻机（现在标准的名称是激光打标机）。这种产品当时在美国的售价要八九万美元一台，高云峰感觉这个产品很有市场，就成立了这家公司专门生产这种设备。

在创业的初期，资金非常紧张，条件非常艰苦。当时高云峰把自己的房子、车子都投进了公司，注册资本只有 100 万元。在深圳上步工业区 200 平方米的办公室里，他和 20 多个员工一心想做中国激光雕刻市场的主人。"当时公司太小了，老总都没有办公室。"最早接触大族激光的高新投总经理助理回忆说："第一年他们的产量是 6 台，每台卖 20 万，差不多能活下来。"

大族实业公司因为经济上遇到了困难，找到了以担保为主要业务的高新投。因为其净资产较小，承担风险能力低，按规定高新投无法对其提供担保。但在双方接触的过程中，高新投的决策者们发现，这是个好项目，因为该产品的市场极具扩张性。

2. 市场究竟有多大

1998 年的时候，高云峰告诉高新投的投资者，据不完全统计，大族实业生产的产品全国销量才二三百台。如此这个市场就很有限了，二三百台才有多少钱？

为了确定这个市场究竟有多大，高新投聘请了专家进行论证。美国一年的销售量是 6000 多台。国内元器件、电阻、电容、集成电路上面的高档产品原来都是丝印，现在都是激光打标，雕刻上去就磨不掉，包括名牌衬衫上面的纽扣、女士皮革、皮鞋、玩具、礼品等很多产品上面都可以应用。高新投又进行了实地考察，发现这个市场是个扩张性市场，而不是现成的市场。据此，高新投认为这是一个市场潜力很大的项目，就着手和大族实业谈判。高新投一边谈判，一边到北京、武汉等地做市场调查，感觉大族实业的产品非常有优势。

3. 是什么让高新投动心了

其实在被很多人看好的科技企业中，早期的"大族"并不出色。因为在激光雕刻市场有北京大恒、武汉楚天、华工科技等大户，"大族"是百分之百的私营企业，实力较弱，但其杀手锏是自己开发的控制软件。因为"大族"的软件是自己开发的，并且其是国内唯一可根据客户要求量身定做产品的企业，拥有自主知识产权。而对手的软件都是进口的，对国外技术依赖很大。

高云峰的市场能力也让投资者欣赏。高新投的专业投资人士在与高云峰的多次接触后发现他的直觉很好，在客户开发方面很有策略。而且大族实业的体制自由，做客户服务很灵活。这似乎是最好的投资时机，因为要钱的人急于通过资金打开更大的市场，出钱的人看到了货真价实的潜力。在接触 4 个月后，高新投动心了。

4. 创业投资的实现

高新投经过慎重研究，最终将资金投给了大族实业。原来的大族实业是私营企业，高新投将它的有形资产、无形资产全部挖出来，进行了一次评估，再投入一笔现金，合起来组建了"大族激光科技有限公司"，注册资本 860 万元。高新投要控股，这对于作为民营企业的大族实业来说是致命的威胁，但对谨慎的投资者来说提高了保险系数，双方心知肚明，虽然高新投保证不参与大族激光的具体管理，但也不想埋下日后因回购控制权而产生纠纷的引子。最后在双方互不相让的控股权问题上，高云峰暂时退了一步。

1999 年 4 月 3 日，大族激光科技公司注册，438.6 万元流进大族激光饥渴的口中，就像荒漠中遇到了水，大族激光因这笔投资而发展起来了。1999 年大族激光卖出 69 台雕刻机，比高新投提出的初定目标 50 台高了一截，这一年大族激光的利润逾百万。2000 年卖出 249 台，收入超过 5000 万元，其增长速度超过预期。2000 年，大族激光的竞争力在市场份额上显现出来——占广东市场份额的 90%、全国市场份额的 60%。高新投的这项投资还在不断增值。

5. 变现：高新投赚得钵满盆满

2000 年 10 月，实力大增的大族激光和享受快乐投资的高新投开始商议回购控股权的问题。高新投的态度很明确，既然投资有回报，其他投资项目又需要资金，该撤就撤。在 2000 年底，经双方商议后，高新投决定出让 46% 的股份。高云峰有在资本市场进一步拓展的想法，因为他也面临企业管理层的期权问题，还想自己能够重新控制企业。双方开始的约定价格是 1700 万元。

在当时投融资市场不成熟的情况下，高新投的退出成为业界关注的焦点。因为高新投是国有企业，根据有关规定，为防止国有资产流失，股份的转让不能在不同体制间私下交易，必须通过政府设立的产权交易所公开挂牌交易，这就出现了 2001 年 4 月 4 日竞拍的一幕。根据资产评估报告，大族激光 46% 股权的净资产评估值为 1351 万元，在深圳市产权交易中心的协议挂牌底价为 1765.49 万元。在公开挂牌转让竞投会上，厦门建发集团、深圳市大鹏创业投资有限责任公司、深圳市大族实业有限公司、自然人高云峰等激烈角逐，最后高云峰以 2400 万元价格将其购得。

作为此次交易退出方的高新投，其思路是：公司以扶持高新技术企业为宗旨，考虑到大族激光已进入成长期，而且 2001 年底国内创业投资正处于热潮期，高新投便决定出让部分股权（46%）以回收资金，用以支持更多的深圳市高新技术企业。同时高新投仍保留了 5% 的股权，为大族激光准备上市和高新投再获得更好的收益留下空间。至此，高新投从投入资金到创业投资大部分退出历时两年整。

 想一想

1. 大族激光项目的退出流程是怎样的？

2. 高新投的股权转让撤出方式在当时资本市场不成熟的情况下成功完成，其退出策略有哪些值得其他创业投资公司学习的地方？

本章总结

复习要点

创业投资退出机制是指创业投资机构在其所投资的创业企业发展相对成熟后，将所投的资金由股权形态转化为资金形态。与一般的产业投资和战略投资不同，创业投资既不通过经营产品获得产业利润，也不是为配合母公司的产品研发与发展战略而长期持有所投企业股权，而是以获得资本增值收益为目的。

14.1　IPO

IPO 是指一家企业或公司（股份有限公司）第一次将它的股份向公众出售。

IPO 的优点包括：有利于创业投资者实现收益并成功退出；有利于企业筹集资金，实现扩张；有利于提升公司声望；有利于投资者分散投资风险；有利于规范企业的经营管理。

IPO 的缺点包括：成本很高；上市门槛很高；具有限制出售期；稀释了股东的控制权。

IPO 退出流程包括：选择合适承销商；上市注册；确定股票的发行价格；股票发行上市。

14.2　并购

并购指的是两家或者更多的独立企业合并组成一家企业，通常由一家占优势的公司吸收一家或者多家公司。

并购的类型包括横向并购、纵向并购和混合并购。

并购的优点包括：便捷性；风险较小；提升创业企业竞争力。

并购的缺点包括：丧失独立性；收益低。

并购的一般程序包括战略制定阶段、方案设计阶段、谈判签约阶段和接管整合阶段。

14.3　股权回购

股权回购是指创业企业或创业企业家以现金或其他可流通证券的形式向创业投资者回购本公司股权使创业投资者退出的方式。

股权回购的优点包括：操作简单易行；保证企业独立性。

股权回购的缺点包括：可能产生合同的违约风险问题；可能会限制创业投资者获取更高的收益。

14.4　公司清算

公司清算是指当创业企业经营出现困境且难以扭转时，为避免更大的损失，对其进行破产清算以收回创业投资者的部分投资，从而实现退出。公司清算的优点包括：减少损失；防止损失的扩大。

公司清算的缺点包括：需承担投资失败的损失；退出时间可能受到法律限制。

破产清算的受理程式包括成立清算组、停止业务活动、接管企业事务、通知债权人申报债权、召开债权人会议、清理财产、确认破产债权、拨付破产费用、破产财产清偿顺序、分配剩余财产、破产清算的结束和登报声明。

关键术语

创业投资退出机制	首次公开发行	询价机制	估值模型
IPO 发行审核制度	IPO 发行定价机制	IPO 发行方式	并购
横向并购	纵向并购	混合并购	并购风险
股权回购	公司清算		

思考题

1. 简述创业投资退出方式的种类和优缺点。

2. 假如你是一家创业投资机构的负责人，你会怎么选择创业投资退出的方式和退出的时间？

3. 为什么说退出机制是创业投资可持续发展的关键环节？

4. 请结合实例说明各个创业投资机构选择其退出机制的原因，并思考是否有更好的选择。

5. 你认为科创板的推出对我国创业投资退出机制有何促进作用？

6. 目前国外投资者普遍认为 IPO 是最好的退出方式，你认为在我国 IPO 也是最好的退出机制吗？评判某种退出方式是否优良应当考虑哪些方面的因素？

第15章

创业投资的风险管理

【学习要点及目标】

通过对本章的学习，掌握创业投资风险的概念与特征、风险的类型，以及如何识别、预测和评估创业投资风险，从而更好地对投资过程中的风险进行有效防范。

 案例导读

资本追捧下的 ofo 小黄车败局①

ofo 小黄车共享单车成立于 2014 年，是一个无桩共享单车出行平台，缔造了"无桩单车共享"模式，致力于解决城市出行问题。自 2015 年 6 月项目启动以来，ofo 小黄车已连接了超过 1000 万辆共享单车，累计向全球 20 个国家、超 250 座城市、超过 2 亿用户提供了超过 40 亿次的出行服务。并且 ofo 小黄车日订单过千万，成为继淘宝、美团、滴滴之后中国第四家订单过千万的互联网平台。如此辉煌的业绩背后，自然迎来了全球风险资本猎头们一轮又一轮的资金追逐。

2015 年 10 月，完成 900 万元的 Pre – A 轮融资，投资方是唯猎资本和东方弘道；2016 年 1 月，由金沙江创投并领投、东方弘道跟投，完成 2500 万元的 A 轮融资；2016 年 8 月，ofo 获得真格基金和天使投资人王刚 A + 轮融资。

2016 年 9 月，其完成 B 轮融资，融资金额高达数千万美元，由经纬中国领投，金沙江创投、唯猎资本跟投；2016 年 9 月，共享单车项目 ofo 宣布获得滴滴出行数千万美元 C1 轮战略投资；2016 年 10 月 10 日，由美国对冲基金 Coatue、顺为、中信产业基金领投，元璟资本、著名风险投资家尤里·米尔纳（Yuri Milner）以及 ofo 的早期投资方经纬中国、金沙江创投等继续跟投高达 1.3 亿美元的融资额，完成了 C2 轮

---

① 孙冰. ofo 败局：最昂贵的试错［J］. 中国经济周刊，2018（48）：60 – 62.

融资。

2017 年 3 月 1 日，单车平台 ofo 宣布完成 D 轮 4.5 亿美元（约合人民币 31 亿元）融资，此次融资由 DST 领投，滴滴、中信产业基金、经纬中国、Coatue、Atomico、新华联集团等多家国内外知名机构跟投；2017 年 4 月 22 日，ofo 宣布获蚂蚁金服 D + 轮战略投资；2017 年 7 月 6 日，ofo 小黄车宣布完成超过 7 亿美元新一轮（E 轮）融资，本轮融资由阿里巴巴、弘毅投资和中信产业基金联合领投，滴滴出行和 DST 持续跟投，易凯资本担任本轮融资独家财务顾问。

ofo 自出世以来，合计融资额已达 152 亿元人民币，但在经历了野蛮生长后，它的经营状况却显得凄惨无比。其先后面临债务缠身的局面，与多个资本机构和供应商对簿公堂，用户争相挤提押金。根据《中国企业家》给出的数据可知，2018 年，ofo 整体亏损竟高达 64.96 亿元，而这其中近乎一半（大约 36.5 亿元）都是押金。毫无疑问，面对这么大的资金缺口，ofo 恐怕难逃并购或破产，风险投资机构们将是直接受害者，承担着巨大的资本亏损。创业投资征服高风险而获得高额资本回报，却也蕴含着承担损失的可能性。因此，如何管理风险是风险投资家们关注的重点问题，这不仅关乎事前的风险权衡，更体现在整个投资运作过程中对各方面风险的把控。

想一想

1. 如果你是创业投资基金的经理，小黄车的投资失败对你会有什么影响？
2. 在进行创业投资的时候，考虑的风险因素有哪些？

15.1　创业投资风险的概念与特征

15.1.1　创业投资风险的概念

风险，简单来说，即未来结果的不确定性给投资者带来的消极后果和不利的方面。而投资风险就是在投资过程中，由于宏观、微观因素的影响可能出现的收益落空或本金损失。创业投资者总是将目标定位在能够带来高收益的项目上，但是高收益背后通常潜伏了高风险。如果风险控制不好，辛苦经营的投资项目最终也会化为乌有。风险与收益之间是对立统一辩证关系，收益和风险形影相随，收益以风险为代价，风险用收益来补偿。

创业投资风险的定义在有关文献中主要有三种：（1）从风险来源角度定义。风险投资项目由于外界环境的不确定性、项目本身的难度和复杂性以及项目主体自身能力的有限性所导致的风险项目中止、撤销、失败或达不到预期的经济技术指标的可能性。（2）从风险因素角度定义。创业投资风险指项目由于技术、市场、财务、政策、法规等不确定因素而导致的失败的可能性。（3）从创业投资实施过程角度定义。从创业投资活动的资金筹集到投资再到资本的退出，只要其中一个环节出现问题就会导致整个创业投资项目的失败。

本书将创业投资风险定义为：创业投资主体在创业投资项目实施过程中由于内外部因素的不确定性导致创业投资项目中止、撤销、失败或达不到预期的经济技术指标的可能性及其潜在损失的大小。

15.1.2　创业投资风险的特征

创业投资市场是一个比一般资本市场具有更高风险的市场，这是由创业投资市场中创业企业的不确定性特点所决定的，也是和市场中新生企业的信息不透明密切相关的。因而创业投资的风险与一般投资的风险相比，具有很大差别，主要特征如下。

1. 随机性

创业投资项目中的风险因素的出现以及其相互之间的影响具有一定的随机性，如市场份额的变化、项目新产品价格的变化等。但并非风险投资项目的所有风险因素都具有随机性，有些风险因素具有突变性，如一些突发事件带来的风险影响等。一般的风险分析主要采用概率论与数理统计的原理与方法，说明其中含有风险因素是随机变量的假设。创业投资风险出现的突变性使得我们在度量风险的时候难以把握，只能对一些随机性的、能够找出一定规律的风险因素来度量。

2. 动态性

创业投资是一种中长期的投资，追求高风险与高收益，既要对市场机遇进行把握，同时也要接受市场和其他因素给予的挑战。由于市场、技术、环境及利益都是不断发生变化的，因此给予创业投资的机遇与挑战也是在不断发展变化的，这决定了创业投资是动态的选择行为。创业投资的风险既有使创业投资家遭受损失甚至破产的可能性，迫使参与者谨慎决策；又有给创业投资家带来巨大经济效益的可能性，促使创业投资者与创业投资家积极配合，进行投资活动。因此，创业投资体系中各环节的风险都体现为动态风险和投机风险。

3. 联动性

把创业投资的各种风险因素看作是一个系统，那么因素的多样性、多变性、复杂性，决定了这一系统属于一种复杂系统。其复杂之处表现在每一个风险因素并非单一地直接作用于风险投资项目的过程，而是各风险因素之间存在相互影响关系和联动，具体表现为：从纵向看，前一阶段的任何一个具体风险的变动都会引起后一阶段的风险的变化，呈连锁反应，最终导致整体风险的变化；从横向看，处在同一层面上的具体风险之间相互影响、相互作用。

4. 规律性

风险在投资活动中虽然有不确定性，但并不是不可捉摸的，而是有一定的规律可循的。首先风险的出现有明显的阶段性。投资项目的阶段不同，风险出现的概率也不相同。在创业投资项目的种子期，投资额所占比例虽小，但风险出现的概率极大。随着技术和产品的成熟，进入市场化阶段，则风险出现的概率随之减小。有关研究表明，一般来说，风险出现的概率与风险所造成的损失程度呈负相关。即风险的概率越大，风险的损失程度越小；反之则相反。其次，风险的出现与行业的不同特点也有密切关系。新兴行业（如生物技术产业等）风险较大，而传统行业风险相对较小。风险出现的规律性对风险度量来说是非常重要的。正是因为这种规律性，使得我们可以找出其分布类型并根据其规律性来估计某些参数。

5. 时滞性

创业投资的风险阶段分为筹资、投资、退出三大阶段，每个阶段都包括一些具体的步骤，特别是在投资阶段，要经过投资项目的获得、筛选、评价、签约、投资后管理等一系列复杂的程序，在每一阶段和每一步骤都会形成不同的风险，但其中很多风险的结果不是在短期内能表现出来的。有时前一阶段的风险移到下一阶段，表现为时间的滞后性。例如，当创业投资公司选定投资项目完成签约后，创业投资公司的项目风险就由主要投资企业的发展情况来决定，因而项目风险就可能需要很长时间才能表现出来；再如对于高技术创业企业来说，当技术开发阶段基本完成后，已经历了技术风险，进入生产阶段和市场阶段，但并不是说技术风险就不存在了，它仍然会在生产阶段出现。

15.2　创业投资风险的类型

15.2.1　系统性风险

创业投资的系统性风险是指由市场外部的宏观经济因素如社会、经济、法律等引起的，难以预知和控制的风险。系统风险是无法避免的风险，如利率的变化对债券和市场的影响，政府的某项金融政策，法律法规的变动，对所有投资对象都会产生影响。它不可能通过对系统内的投资项目进行多样化的投资组合来避免，主要包括政治风险、政策风险、利率风险、购买力风险等。

15.2.2　非系统性风险

非系统风险也称可分散风险，产生这种风险的原因是影响某一种投资项目收益的

375

某些独特事件的发生，这部分风险是在总风险中，除了系统风险之外剩下的那部分偶发性风险，它可以通过多样化投资组合来避免，主要包括以下几种类型。

1. 逆向选择风险

创业投资的逆向选择是指当存在较大程度的信息不对称时，风险投资机构为避免受创业企业虚假信息误导，基于一般标准进行企业估值，无法正确反映企业真实价值，从而错过优质企业的投资行为。

创业投资家对创业企业的选择在很大程度上依赖于创业企业家提供的关于企业状况方面的信息，特别是处于创业期的企业。但是，由于企业家对行业熟悉，尽管其所提供的以往经营业绩、技术信息、业务计划书等有助于风险投资者了解风险企业，但仅靠这些只能对风险企业未来的发展情况进行大致的预测，更何况由于创业企业"自治"的心理，使其不愿意及时与他人分享全部信息，一些真实的信息可能不会及时准确地传递给创业投资家。创业投资家与创业企业家之间存在的这种信息不对称可能导致创业企业家的逆向选择。创业投资家为避免投资于过多的劣绩项目，降低投资风险，有可能提高投资的条件。高度的信息不对称可能就是导致很多后来很成功的企业一开始会被创业投资家拒绝和只有很少量的创业投资家在进行早期创业投资的原因。

由于创业投资家同创业企业家的接触时间较短，双方的不熟悉加上缺乏可靠的信息获取渠道，导致经常出现创业投资家无法准确了解创业企业和创业企业家的真实信息的现象。一面之谈加上一些夸大其词的介绍和渲染，创业投资家可能因此做出错误的判断和选择，这就是逆向选择。逆向选择所带来的后果是，可能会导致一些好的创业企业没有被创业投资家选中而一些较差的风险企业却被选中这一局面的出现，从而给创业投资家的投资过程带来风险。

2. 道德风险

道德风险是指由于存在信息不对称，从事经济活动的人在使自己的利益最大化时损害了他人的利益，或将风险转移给他人从而使得自己的效用最大。

创业企业家在吸收融资获得了企业发展所需资金的同时，也失去了对企业的完整控制权，丧失了对企业的全部剩余索取权。这样，创业企业家有很多机会以创业投资家的受损为代价让自己获益，出现内部人控制现象，吞食投资者的利益，从而产生隐蔽信息或隐蔽行为的道德风险。道德风险发生的后果是创业企业管理者的努力方向与创业投资家的预期目标产生极大偏差，或者由于企业经营者的急功近利和从事高风险的获利项目而出现严重失误，这两种情况中任何一种的出现，都会导致创业投资家的风险资本陷入泥潭。

3. 技术风险

技术风险是指在创业投资过程中，因技术因素导致创新失败、创业资本无法收回的可能性。创业投资项目的设立通常是以一项技术或一个创意为起点，今后的发展也以此为核心竞争力，因此技术风险管理是投资风险控制的关键之一。

创业企业所拥有的技术是种子期企业吸引创业投资的重要因素之一。正是因为技术的先进性、独立性和市场性，才赋予了创业企业巨大的发展潜力和高成长性，创业投资才会产生高额投资回报。然而，一项技术的商品化和产业化过程中面临着诸多技术风险，包括技术研发失败的风险和失去技术领先地位的风险等，具体分析如下。

（1）技术前景的不确定性。

首先技术无法保证最终达到预期效果，不能保证完全实现预期设计的功能，因为整个研发过程充满了不确定性。其次，即便技术已经形成了产品，研发者对该产品能否成功推向市场并受到欢迎是没有确切把握的，最终还是要由市场来检验。而在此之前，企业管理者对以上情况是不确定的。

（2）技术的寿命周期风险。

高新技术产品本身的特点就是更新换代快、寿命周期短。而在科技高速发展的当下，科学技术不断发展，各类科研设施越发齐全，再加上高新技术本身的特点，其面临的风险是显而易见的。如果创业企业的技术不能在预定的时间内完成开发，那么这项技术的先进性就有可能面临新的评价，产品周期就可能大大缩短。因为其他新产品的问世会使这项技术失去意义，创业企业和创业投资家将因此蒙受巨大的损失。高新技术的发展日新月异，创业投资家必须考虑面对风险。

（3）技术效用风险。

开发期的高新技术往往有良好的预期，然而，新技术开发之后，创业投资家无法确定产品所带来的效果与预期的效果是否一致。同时，如果开发者对技术的副作用估计不足，很可能会给环境造成污染、破坏生态平衡，从而受到政府部门的限制，导致新技术无法实施，创业投资家也将面临损失。

（4）失去技术领先地位的风险。

失去技术领先地位的风险包括产品被仿制的风险、技术替代风险等。科技的发展速度是无法想象的，每天都有新的发明在产生。新产品伴随着新技术的问世，如果产生了良好的效应，受到了市场的欢迎，则会引发一系列关注。其中不乏各类"盗版"，回顾往昔，无不是如此。因此，技术的时效性和层次性显得尤为重要。时效性和所谓的"先机"类似，讲究的是在合适的、较早的时间出现。层次性则是强调技术的"专业程度"，即其中蕴含的技术水平。以苹果手机为例，苹果公司的工厂可以设在各生产成本较低的国家，但是苹果公司却始终是最大受益者，究其根本，是因为苹果公司掌握着产品的核心技术，外包的多为产品的组装等。由此可见，技术对一个产品的领先地位有多么重要。

4. 市场风险

市场风险是创业投资所面临的最重要的风险之一，主要分为市场进入风险、市场容量风险和市场环境风险。创业企业的新技术产品能否顺利与市场相互融合，是市场风险大小的关键。只有创业企业的新技术产品顺利与市场融合，创业投资家才能获得预期的回报。

（1）市场进入风险。

新产品进入市场会面临很多问题和风险。用户在使用新产品时，往往要付出比其他产品更高的转换成本，为了降低使用产品的成本，用户会持观望的态度。创业企业往往开辟的是全新的市场，毫无前车之鉴，目前高科技领域的发展本身很难以顾客的需求作为市场基础，因而更增加了市场的不确定性。

（2）市场容量风险。

新产品进入了市场，还将面临实现市场容量相关问题，市场容量决定了产品的开发总价值和市场商业总价值。由于产品开发的投入巨大，如果新产品进入市场的容量不足，则无法体现新产品的市场价值，投资就不能收回，创业企业只能走向倒闭。

5. 管理风险

管理风险是指管理运作过程中因信息不对称、管理不善、判断失误等影响管理的水平。其可细分为管理团队组合风险、市场战略风险、生产运行管理风险和资源配置风险。创业企业在生产经营过程中若过于追求短期效益，目光仅仅局限于技术创新，忽视管理创新、制度创新，会大大增加其投资风险。创业企业的成功运作需要优秀的管理人才，人才是创业投资企业最宝贵的资源之一，其数量、质量、结构在很大程度上决定着企业的兴衰成败。

若管理出现问题，将会给企业与管理者造成无法挽回的损失。管理风险从某种程度上说是人为的风险。技术风险和市场风险可以通过人的智慧和能力努力回避，同样，如果管理者出现了问题，那么企业面临的各类不确定风险会大大增加，创业投资家所面临的风险也将大大增加。

6. 再融资风险

再融资风险是指由于金融市场上金融工具品种、融资方式的变动，导致企业再次融资产生不确定性，或企业本身筹资结构的不合理导致再融资产生困难。其主要是指创业投资家的信誉风险，即创业投资机构由于投资业绩不佳而丧失信誉，难以再融得资金的风险。

创业投资往往针对创业企业所经历的种子期、导入期、成长期和成熟期这四个阶段分段投资，创业资本不仅对同一家创业企业进行两次、三次以上的资金投入，而且还对不同的创业企业在同一时期或者不同的时期进行投资。由此可见，创业投资必须是连续的，这一连续性的特点使得创业企业的再融资风险成为创业投资家所面临的一个问题。

如果不同阶段的资金不能及时到位，则企业计划进程实施的停顿很可能导致前面所提及的技术风险和市场风险的发生。导致这一情况出现的原因有两个：第一，创业投资家自身导致的风险。如果创业投资家的风险资本规模较小，而其他投资又出现了比较严重的失误，则创业资本不能及时收回，致使后续投资无法进行或者延迟进行。第二，创业企业产生的风险。研发者不能十分精确地预测研发项目的每一个发展环节所需要的资金投入，可能由于某种新的发现或者由于研发设备的市场成本因某种因素而突然提高，导致某一环节后续创业资本需求额度的增加，这就有可能给创业投资家带来压力，进而引发再融资风险。

15.3　创业投资风险管理的主要措施

15.3.1　创业投资的风险识别

1. 风险识别的内涵和程序

创业投资中的风险识别是指对创业投资过程中存在的及尚未发生的各种潜在的风险进行系统的分析归类，了解引起风险的起因及可能后果。风险识别是对投资项目的风险评价，以及对创业投资项目实施有效投资后管理的基础与前提，涉及投资过程中应考虑哪些风险因素，是什么导致这些风险的产生，风险出现后的后果及其严重程度如何等问题。这些问题主要通过风险识别来解决，方法如专家调查法、流程图法等。

风险识别是创业投资中风险管理的首要步骤。识别是风险决策中最重要且最困难的步骤。对一种尚未认识到的风险，显然无法有效地加以管理。但是，一旦我们能够识别风险，管理方式的选择思路就可能瞬间变得清晰。风险识别的过程包含以下两个程序。

一是风险的调查，即根据创业投资过程中出现的各种迹象判断所出现的风险属于哪一类，一般都是根据创业投资家的经验及投资理论中对各类风险的描述进行判断。本章第一节已经按照不同的分类方式对风险进行了分类。

二是风险的分析，分析引起风险事故的各种因素。要通过各种风险分析方法来查找潜在的风险及其产生原因，以便为后面的风险管理工作奠定基础。一般情况下风险分析包括对创业投资项目的技术和社会价值、市场风险与竞争背景、项目实施环境和开发管理团队的个人与群体素质、项目开发的合理性和可靠性等进行分析。

2. 风险识别的常用方法

（1）专家调查法。

专家调查法就是通过调查问卷、访谈等方式，借助领域内专家的专业理论和实践经验，发现其中各种可能的风险并对其后果做出分析与估计的一种方法。这是投资项目风险识别中最常用的方法，由于风险项目的高度不确定性，创业投资被认为是投资专家创造的结果，专家的经验在选择创业投资项目时十分重要。专家调查法包括专家个人判断法、头脑风暴法和德尔菲法等。

①专家个人判断法。专家个人判断法是指派发调查表征求有关专家个人意见。这种方法的优点是不受外界干扰，可以最大限度地发挥个人的创造能力。但是其容易受到专家知识的深度与广度和对所调查的问题认识能力的影响，带有片面性。

②头脑风暴法。头脑风暴法是一种刺激创造性、产生新思想的方法。它是为了克服阻碍、产生创造性方案的一种相对简单的办法。这种方法可以通过头脑风暴会议，由群体领导说明问题，大家就某一具体问题发表个人看法，然后成员在一定的时间内"自由"提出各自的方案，并且所有的方案都被当场记录下来。这是一个在头脑中进行智力碰撞、产生新观点的思维过程。头脑风暴法作为一种创造性的思维用法，在风险识别中得到广泛的运用。

③德尔菲法。德尔菲法以匿名方式通过几轮函询征求专家们的意见，然后对每一轮意见都汇总整理，作为参考资料再发给各位专家，供他们分析判断，提出新的论证。如此多次反复，专家的意见渐趋一致，使最终结论的可靠性越来越大。它是一种更复杂、更耗时的方法。

（2）流程图法。

流程图法又称生产流程分析法，是工业生产中常用的风险分析方法。这种方法强调对投资的每一个过程有可能出现的风险进行逐一调查分析，找出其产生的诱发因素，从而发现风险的后果，分析风险发生后的损失及对整个投资造成的影响。

（3）财务状况分析法。

财务状况分析法是依据创业投资项目的资产负债表、现金流量表等财务报表，通过调查研究，对创业投资项目的固定资产和流动资产等财务状况进行风险分析，以便从财务的角度发现创业投资项目所面临的可能风险和财务损失的一种风险分析的方法。

（4）风险清单。

风险管理人员在分析风险时，最常用的方法就是编制风险清单。清单上逐一列出创业投资项目所面临的风险，并将这些风险与创业投资项目的经营活动联系起来考察，以便发现多种可能风险因素。

（5）分解分析法。

该方法利用分解原则，通过分解化繁为简，分析整个大系统的各个具体的构成要素，从中发现可能存在的风险及其损失。例如，将创业投资中的风险划分为管理风险、技术风险、环境风险、市场风险、产品风险及财务风险等不同要素（见表15-1），然后逐一分析。

表 15－1　　　　　　　　　　　　**不同要素风险举例**

风险区域	项目风险举例
团队	团队隐匿真实信息或提供虚假信息，核心管理层不团结等
管理	企业激励约束机制扭曲，缺少必要的绩效考核等
市场	产品定位错误，市场调查分析存在较大疏漏等
产权	产权不明晰，存在关联交易等
财务	财务预测存在问题，财务管理混乱等
技术	产品技术成熟度差，缺少持续研发能力等

其他方法还有事故决策树、幕景分析法等。但截至目前，仍没有一种方法被证明是万能的，实际应用中应将各种方法结合起来运用。风险识别是风险管理的首要环节，是风险规避及控制的基础，只有明了创业投资项目决策中存在的风险，才能对其进行评价和控制。创业投资项目决策中的风险识别的实质就是应用有关知识、方法，对创业投资项目决策中的风险及其起因和后果进行推断和认识的过程。可以肯定，随着科学技术的发展和经验的积累，创业投资项目决策中风险识别的方法会越来越完善。

3. 风险识别的原则

（1）全面分析、粗细结合原则。

要准确识别创业投资的风险，必须全面系统地考察、了解在创业投资过程中各种风险事件的存在和可能发生的概率，损失的严重程度，以及风险因素和风险的出现而导致的其他问题。要确定风险项目包括哪些活动，各项活动存在哪些风险，风险产生的原因是什么，项目中哪些风险是主要的，各风险变量之间是否相关。风险估计是指对风险发生的概率大小、风险概率分布情况进行风险估算。

由于投资损失发生的概率及其后果的严重程度直接影响创业投资家对损失危害的衡量，因此其最终决定着风险政策措施的选择和管理效果的优劣。所以风险识别要做到"由粗及细，由细及粗"。"由粗及细"是指对风险因素进行全面分析，并通过多种途径对投资风险进行分解，逐渐细化，以获得对创业投资风险的广泛认识。而"由细及粗"是指在投资的初始风险清单的众多风险中，根据同类投资项目的经验以及对拟进行的投资项目具体情况的分析和风险调查，确定那些对创业投资目标的实现有较大影响的因素，将其作为主要风险，即作为风险评价以及风险对策决策的主要对象。因此，必须全面了解各种风险的存在和发生及其将引起的损失后果，以便及时、准确地为创业投资家提供比较完备的决策信息。

（2）综合考察的原则。

无论单位、家庭还是个人，其面临的风险均是一个复杂的系统，包括不同类型、不同性质和不同程度的各种风险。这就使得仅仅采用某种独立的分析方法难以对全部投资风险奏效，必须综合运用多种分析方法。在创业投资过程中，对于肯定可以排除和肯定可以确认的风险应尽早予以排除和确认；对于一时既不能排除又不能确认的风险再做进一步的分析，予以排除或确认；最后，对于肯定不能排除但又不能肯定予以确认的风险按确认考虑。

（3）量力而行的原则。

必须强调的是，风险识别的目的在于为创业投资的风险管理提供决策依据，保证创业投资家以最小支出来获得最大的安全保障，减少风险损失。风险的识别需要花费人力、物力、财力，创业投资家应该合理估计投入与回报对比值，根据实际情况和自身的财务承受能力选择效果最佳、经费最省的识别方法。也就是说，创业投资家在进行风险识别时，必须考虑风险识别的成本，以保证用较小的支出换取较大的收益，做出"性价比"最高的决策。

（4）科学计算的原则。

毋庸置疑，对风险识别的过程，就是对投资对象（创业企业）的生产经营状况及其所处环境进行量化核算的具体过程。风险的识别和衡量，必须以严格的数学理论作为分析工具，在普通估计的基础上，进行统计和计算，以得出比较合理的分析结果。

（5）系统化、制度化、经常化的原则。

要保证风险分析的准确性，就必须进行全面系统的调查分析，对投资过程中的风险进行综合归类，以揭示其性质、类型及后果。否则，就不可能对风险有一个总体的综合认识，就难以确定哪种风险具有重大影响。这就是风险识别的制度化、经常化原则。

对于风险的识别，不能仅仅从单纯的经验出发，还必须按照一定的途径来进行。总体来看，风险识别的途径主要有两个方面：一是借助外部力量，利用外界的风险信息、资料识别风险。例如，利用以往创业投资的实际案例、咨询机构的建议和外部信息机构对创业企业的分析等。二是依靠企业自身力量、内部信息及数据识别风险。一般情况下，企业很难拥有足够多的风险损失资料和风险管理力量，这就要求创业投资家必须充分利用外界的风险信息资料。这些外界的风险信息资料通常由保险公司及相关的咨询机构、学术团体提供，具有一定的权威性和可靠性。

15.3.2 创业投资风险的预测

创业投资的风险预测是指在投资之前对投资过程中以及投资结果可能出现的事物异常进行预测、制订对策，从而预防事故发生的一种措施。任何风险事件的发生，都是在外界各种因素的综合作用下进行的。因此，在对风险事件进行预测时，需要综合考虑这些不确定的、随机的因素可能造成的破坏性影响。

1. 如何预测创业投资的风险

要想预测创业投资的风险，就必须找到能够检测投资风险的手段。既然投资风险就是投资预期结果（未来结果）的不确定性，那么投资风险的预测也就应当采用行之有效的方法来测量这种不确定性的大小。由于这种不确定性表现为投资收益未来的可能值与期望值之间的偏离性，因此创业投资家常用投资收益的标准差、标准差系数来预测投资风险的大小。

2. 预测创业投资的风险需要考虑的因素

创业投资是一个高风险高回报的过程，对风险的预测有一定的难度，不同时间、不同的市场环境下每个企业所面临的风险是不同的，类似风险的严重程度也有所差异。总的来说，创业投资预测风险主要考虑行业发展前景、技术团队水平、宏观经济环境。

（1）行业发展前景。

分析一个行业是否值得投资，首先要看国家政策的大方向和这个行业所处的大环境。例如，目前我国十分重视发展战略性新兴产业，因此与其相关的行业和企业将长期收益，前景广阔。分析一个创业企业一定不能抛开创业企业所属行业以及这个行业所处的政策环境。

创业投资家选择创业企业时首先要分析该创业企业的行业发展前景。其次，要看这个行业的规模，行业容量大（如服装、医药），意味着这个行业可以无限深入扩张，这个行业就有更多的发展机会，行业容量小则相反。最后，要观察该创业企业所处行业的发展阶段。大部分行业都会经历起步、成长、繁荣、稳定、衰落几个发展阶段，很少有行业能够长久不衰。快速成长期和繁荣期是一个行业的黄金时期。比如移动互联网处于成长期，个人计算机（PC）互联网处于繁荣期和稳定期。除此之外，还可以通过该行业上市公司股票走势及一些相关经济指标观察行业景气度。

（2）技术团队水平。

人才是决定一个企业能否存活的重要因素。很多创业企业处于种子期和导入期这两个等待被挖掘的阶段，而决定该创业企业是否值得被创业投资家挖掘、是否值得创业投资家投入资金的一个重要因素是其技术团队的技术水平。正是由于早期的创业企业多处于起步阶段，创业后公司环境、制度、资金等要素不健全，所以需要创业投资家以独到的眼力发现它们并投入资金。以高新技术企业为例，成熟的技术是企业能否存活的关键。一个好的创业团队，如果有好的技术人才，那么最终团队研发的新技术成熟并形成产品的概率相对较大，创业投资家投资成功的概率也随之上升。

（3）宏观经济环境。

当今的世界是一个紧密联系的世界，经济和贸易的全球化使得任何一个国家都不能独善其身，不能封闭发展。同样对于每个行业来说也是这样的，尤其是对于创业投资机构所投资的企业。往往投资机构投资的对象都有着"高精尖"的特点，这种特点意味着单独依靠自己的行业有发展的瓶颈，只有多个行业上下游之间共同发展才可以使整个行业共同进步。这时候宏观经济环境就起到了很重要的作用。宏观经济环境不佳往往不是单独影响一两个行业，而是对所有行业都有负面的影响。即使某个行业有很好的投资机会，但是在宏观经济环境处于萧条状态时没有上下游行业的支持，产品市场也会受到很大的限制，对于创业投资来说，损失的概率就会上升，所以当经济环境处于萧条状态时，创业投资机构也会相应减少投资的数量。

行业发展前景是三者中最重要的，朝阳企业才有投资的价值，否则只是在浪费手中的资金资源。宏观经济环境和技术团队水平同样也很重要，在经济比较稳定的阶段选择有实力的技术团队可以为创业投资带来很大的收益。除了以上三个因素外，创业投资家在进行创业投资时，同样要做好投入资金的预测，充分了解创业企业的实际水平，这样才能更好地进行风险预测。

15.3.3　创业投资风险的评估

创业投资的风险评估是对投资风险的评价和估计，属于投资风险分析的主要内容。创业投资风险评估对象是创业投资活动中的一系列技术、社会和经济行为。由于高科技领域技术创新活动的特点、创业家决策过程的高度知识化和专业化以及金融资本运动的规律决定了创业投资固有风险的动态性、客观性和复杂多变性，创业投资活动中伴随着导致创业失败的各方面的因素，而且会通过创业投资家的投资效益表现出来。

1. 风险评估的一般程序

风险评估的目的是要在风险识别的基础上，分析哪些是对项目具有较大影响的主要风险因素，在这些风险因素影响下，预测项目可能出现的状态，为项目的决策提供更客观的依据。风险评估的一般程序见图 15 – 1。

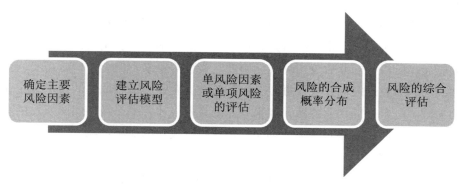

图 15 – 1　风险评估程序

确定主要风险因素是指风险分析人员在组织专家进行风险识别的基础上，根据专家评定的意见，选择强度大、可能性大的风险因素作为风险评估的对象。应将对企业的现金流量表或利润表中的数据有较大影响的风险因素作为主要风险因素，并列出风险清单。如果风险清单中反映的专家意见不够集中，风险分析人员可以综合归纳专家的意见，然后反馈给各位专家，也可以再次向各位专家介绍项目的背景材料，在第一轮风险识别相对集中的因素的基础上，进行第二轮的风险识别及主要风险因素的选择，这一过程可以反复进行，直到风险分析人员认为专家意见已经比较收效时为止。

创业投资家将对拟投资对象已识别的风险进行充分的风险评估。在创业投资之前，创业投资家将对投资企业或项目的各种影响风险资本增值与退出的风险充分加以分析，并设计相应的风险管理与控制方案。同时，创业投资家会把风险管理的策略转化为创业投资协议的若干条款并将其应用于积极参与管理的实践中。

2. 风险评估的方法

（1）单风险因素或单项风险的评估。

综合风险模型要求用评语集合来表示单个风险因素的程度，评语集合的选取由风险分析人员根据要求的评估精度而决定，例如取评语集合为：正常、完全可以接受、可以接受、勉强可以接受、不能接受和完全不能接受。

使用这些评语进行评估，可以有两种方法。

①直接评估。即直接用上述评语对单个风险因素进行评估，在评估之前，风险分析人员应将评语所取的标准告诉评估者。

②横向比较评估。有些风险因素不能或很难建立适当的评价标准（如合作者实力不济、信誉不好、法制不健全等风险因素），还有一些风险因素很难单独给出一个定量的估计，这时如果采用直接评估容易产生由于评估标准不统一而使评估者的评估结果带有很大的主观随意性的情况。采用项目的横向比较方法，可以减少这种主观随意性。横向比较的方法就是将已进行的项目作为评估新项目的一个客观标准，使评估专家通过项目间的比较和类推对评估项目的风险因素的程度有相对准确的定位。横向比较的办法很多，常用的是层次分析法。该方法将单层次中诸因素排序进行项目间同一风险因素的比较。

（2）合成概率分析。

合成概率是介于客观概率和主观概率中间状态的一种概率。将各个单风险因素的评估结果通过叠加统计可得出主要风险因素或主要风险项的合成概率分布，克服了主观估计的不足。具体方法如下：风险评估程序中每个评估者都可以得出项目主要风险因素或主要风险项的一系列的评估值。评估者也可以根据该评估值结合自己的经验和推测，给出一个评估区域，风险分析人员将所有评估者的评估值或评估区域分别叠加，就可以得出评估分布曲线。

（3）灵敏度分析。

灵敏度分析是估计个别产出变量对主要产出变量影响程度的一种方法，它回答了"如果某一事物怎么样，另一事物将会怎么样"这个问题。例如，现金预测在经营计划中十分重要，但是现金预测受制于各种不确定因素，如销售（营业）额、固定费用、材料与人工费等。假如预期销售（营业）量高于或低于主观估计量时，现金流量将会发生怎样的变化？灵敏度分析主要着重于这类问题的解释，而这些问题常常发生于经营决策中。

运用灵敏度分析来评估投入变量与产出变量的关系，需要多次改变投入变量的估计数，并且重复进行演算，以便进一步观察其对产出变量的影响，最后画出投入变量与产出变量的关系图，关系图中直线的斜率越大，说明产出对投入的灵敏度越高，而较平坦的直线则表示产出对投入的灵敏度较低。通过运用这种灵敏度分析方法，我们可以确定哪些投入变量是重要的，哪些投入变量是次要的，从而能够抓住主要矛盾去解决问题。同时，灵敏度分析不需要了解投入变量的概率分布就能给决策者提供重要信息，从而节省了烦琐的计算工作。但是，灵敏度分析只是分析个别投入变量对产出的影响，事实上产出是多种变量的函数，决策者往往更需要了解多种变量对产出的总影响，这就要用其他分析来估计产出的总变动性。

（4）风险矩阵。

风险矩阵是在项目管理过程中识别风险重要性的一种结构性方法，并且还是对项目风险潜在影响进行评估的一套方法论。这种方法是美国空军电子系统中心（Electronic Systems Center，ESC）的采办工程小组于1995年4月提出的。此后，美国国防采办的大量高技术项目都采用风险矩阵方法对项目风险进行评估。使用风险矩阵来评估创业投资项目风险，可以将风险清晰、直观地展现在人们面前，识别哪一种风险是对项目影响最为关键的风险，可在创业投资项目的全过程中评估和管理风险，还能为创业投资项目风险管理提供制定风险应对措施的依据和详细的可供进一步研究的历史记录。基于风险矩阵的创业投资项目风险评估方法体系具有程序性强、定量与定性相结合以及简单易行的特点，适用于国内风险投资机构、咨询机构。基于风险矩阵的创业投资项目风险评估方法体系主要由风险矩阵设计、风险因素重要性排序、总体风险水平评价所构成。

15.3.4　创业投资风险的防范

对创业投资风险的防范主要在于：在创业投资进行项目评估时，要注意创业投资的项目应处于较好的时空环境中，即有较好的政策环境和自然环境；创业投资项目的产品必须有巨大的市场潜在优势；创业投资项目是有自主知识产权的先进技术，并且有优秀的企业发展计划；创业投资项目管理层应该具有素质高、驾驭项目发展的能力强的特点。创业投资的项目通常是高科技的开发和运用，其管理层次必须具备很高的素质。由于创业投资的目的不在于长期投资企业，而在于把企业培养成熟，通过出售或上市的方式，将其所有者权益变现，获得收益，并再支持新项目的发展。所以，人们把创业投资比喻为"孵化器"，这就要求所有者权益或者易于变现，或者能够变现。要对高风险创业项目建立一套有利于防范风险和变现上市的制约机制，以利于防范风险和创业投资机构经济效益的实现。米勒（Miller）在 1992 年针对其所在公司的国际业务提出了全面风险防范的思想。全面风险防范的基本目标服务于创业投资机构的战略目标——价值最大化；在风险管理步骤上，全面风险防范要求风险管理者首先全面分析所面临的风险因素，评估各种风险因素对投资资产价值的影响及风险控制的成本，进而确定需采取的各种风险管理方式，最后确定能够实现投资者的投资资产价值最大化的风险管理策略。

创业风险投资的防范要依据不同的阶段采取不同的措施，投资前与投资中所采取的风险防范措施应有所不同。在投资前对项目进行更深入的分析，对可能出现的结果进行假设，对可能存在的风险进行计划，更多的是纸面上的活动；而在投资中有可能需要参与企业的经营，这时就需要为企业提供各种各样的资源、服务，尽量让企业按照原定的计划发展，这时更多地依靠投资者的经验进行操作。

1. 投资前的风险防范措施

（1）风险分散。

风险分散是指创业投资机构通过投资不同类型的项目，用科学的投资组合来降低投资的风险。在一般投资活动中，风险分散、风险转移、风险回避策略都会被广泛运用，并且也会起到管理风险的作用。在风险分散过程中，我们应当注意：高、低风险项目的损失；投资项目组合要适当。创业投资机构在投资时，除了选择不同行业、不同领域、不同阶段的投资组合，还可以选择其他的投资主体联合投资，建立利益共享、风险共担的利益共同体，从而达到风险控制的目的。实践证明，在风险回避、风险转移策略不能很好地平衡风险和利益时，采取组合投资、联合投资的方式是实现风险分散较好的策略和办法。

①项目组合。创业投资的风险很高，创业资本的投资必须分散化。创业投资机构必须在一系列有较好前景的行业中，将管理的全部资金投向 30～40 个组合投资创业企业。实际操作中，具体的创业企业数量一般随着总体风险资金额的增加而适度增加。而且，投资机构不能将 20% 以上的创业资金投向任何一家（单独的）创业企业。

②阶段组合。这些企业必须处于发展的不同阶段。创业投资家认为，投资风险的平衡与投资收益的变化与该创业企业所处的具体产业、技术与商业周期相关性很大。一般来说，创业投资家不会将资金总额的 1/3 投向种子期与第一阶段，而是投资不同发展阶段的企业。比较成熟的创业企业，由于已经度过了增长阶段的危机期，影响其运作的风险较小，相应的权益价格要高于那些未成熟的早期创业企业。但是早期创业企业的资本增值潜力大于成熟企业。

③产业组合。创业投资家必须专注于高增长行业。创业投资家将风险资金投向大量不同的产业，包括计算机与软件、电信、半导体设备与仪器、医疗保健产品、新兴材料、环境技术以及其他产业技术，这种产业分类可以减少某产业的衰退对创业投资

组合的不利影响。

④联合投资。在后期的组合投资中，创业企业对资金的需求超过了创业投资基金的投资额，此时联合投资带来大量资本，满足了创业企业后续投资的需求，并且共同参与同一个创业企业的经营管理。联合投资方式不仅分散了创业投资的固有风险，而且能为快速增大的创业企业提供更为广泛的资源与技术服务，这将大大增强创业企业成功的可能性。与众多的创业投资机构或金融机构保持良好的合作关系将为给创业企业提供更好的服务打下坚实的基础。

（2）风险回避。

创业投资机构在决策中的风险回避重点是：风险较高的创业投资方案、风险较高的高科技项目、风险较高的投资领域。当然，创业投资的风险特征也告诉我们不能过分地回避风险，否则将会失去高收益的机会。风险管理的风险回避主要体现在对项目的选择上，这就要求我们在选择项目时，坚持高标准严要求，反复考察，科学论证，通过认真细致的风险项目的评估和论证，剔除存在高风险的项目，选择出风险较低、收益较高的项目，这才是回避风险最有效的办法之一。

（3）风险转移。

风险转移是指创业投资机构在投资项目实施过程中，将一部分风险通过以一定方式（联合投资、保护契约、参加保险等）转移出去，以降低风险所造成的损失的措施。比如一个项目可以由几个投资主体共同参与，实现风险项目的风险共担、利益共享；另外，创业投资机构还可以利用事前与创业企业达成的投资协议，把清偿条款、保护性条款、退出条款等存在的风险转移到创业企业中。同时，其也会根据具体情况，定出特别合同条款，来适应特殊需要，进而平衡各投资机构之间的利益和风险，从而保证整个创业投资过程顺利安全地进行。创业企业还可以通过参与科技保险、项目保险，向社会保险部门缴纳一定的保费，在协议规定被保项目造成损失情况下，让保险公司承担风险损失，从而获得补偿，这也是实现风险转移的具体措施。

（4）其他风险防范措施。

①灵活调整投资结构。创业投资家对风险企业的投资工具主要是以协议方式构架的，其由普通股与普通股的可转换债券构成，其中包括股权、债权、认股权、期权以及其他可获得上述证券的权利。同时，创业投资家也为创业企业提供短期流动资金的支持与信用担保。

②后续投资。创业投资家在首次对创业企业进行投资后，由于创业企业的某些原因，如企业商务计划的实施、装配新的生产线等，需要额外资金或者后续资金的投入。这不仅对创业企业的生产经营有利，同时还使创业投资家可以获得追加的创业企业股份。

③融资决策。创业投资家可以在一定资金规模约束下向外部融资，以投资于风险企业。当创业企业发展到扩张期时，该企业的权益资本已经得到增值，但是缺乏流动性。创业投资家借钱投资，实质上是一种高杠杆投资，不仅能使创业投资者的收益提

高，也保证了创业企业顺利扩张，维系了创业投资家与创业企业的良好关系。

④储备管理。由于创业投资基金存续期是封闭的，有些创业企业在创业投资基金结束后创业资本仍未退出。创业投资家为了进一步提高其未来的权益资本增值比例，使用一种储备金管理战略，即基金结束前提供贷款给那些前景好的创业企业，并与创业企业协议给予创业投资家一定的企业股份。

⑤平均投资。创业投资家对创业企业的承诺投资金额及其得到的创业企业的股权份额将随着创业企业的成熟以及企业管理层的管理水平和职能的提高与完善而相机变化，初始投入的创业资本与退出的资本以及瞬时的潜在收益都会发生变化。为了增强创业投资公司运作的稳定性，同时实现风险组合中的分散投资，创业投资家尽量使平均投资规模达到一个稳定的水平，这样也便于提高创业投资家管理各个风险企业的效率。因为不同规模的风险企业，它们各自的资金成本可能会有大的差异。

2. 投资中的风险防范措施

（1）严格执行业务计划书。

商业计划书是创业投资企业选择投资项目的重要依据，它涉及企业基本情况、组织结构和人员、产品、营销策略、市场预测、财务规划等。它也是投融资的具体计划。创业投资机构和创业企业都应该严格执行商业计划书。这是因为商业计划书几经修改完善，在一定时间内实现利润的目标已经确定，日常主要做的工作就是检查目标能否实现，有哪些问题需要解决，企业是否偏离了经营商业计划书的方向，查找相关风险产生的具体原因，排除可能存在的隐患，解决相关问题，抑制和控制风险可能发生的触发点。

（2）完善管理咨询。

创业投资机构对企业提供咨询的服务，在某种意义上讲，主要是创业投资投后的增值服务——派驻创业投资机构人员到企业进行服务。这也要求创业投资机构人员不仅具有投资方面的专业知识和技能，而且具备强大的综合能力和与企业沟通的能力。依照这种形式的咨询管理，不仅给创业投资机构提供了完善的企业信息，保证项目顺利完成和风险方面的把控，而且也对创业企业产生了积极的影响，如为其发展提供一个良好的共同平台和渠道，通过管理咨询，创业企业能够及时地发现问题的所在，并且及时整改和完善，这对于企业的发展具有承前启后的意义。项目确定落实后，创业投资机构可以通过委托投资者参与董事会并进行监督和管理，监管企业的生产经营情况。这样同时也减少了创业投资机构和创业企业之间的信息不对称，并完善了创业企业的管理职能，也有利于创业企业的良性发展和创业资本的尽早退出。

（3）加强投资监管。

创业投资机构参与董事会决策，是加强投资后监督和管理的重要手段。因此，创业投资机构需要委派相关专业人员进驻创业企业的董事会，此时创业投资家的作用在于引导、影响和控制董事会。按照公司章程，董事会要行使对企业生产计划、市场营销、技术改造、各种规章制度的制定、机构设置、人员聘任和薪酬福利待遇、投融资计划、涉外担保等重大问题的决策。因此，这是创业投资机构完善投资的必要方式。

（4）合同制约。

创业投资协议中的限制性条款和特别保护条款对于协议至关重要。合同条款是双方企业履约的书面协定，限制性条款主要包括：确定性和否定性条款。确定性条款是在注资后创业企业须遵守的合约条款。与此同时，创业投资机构会在注资后对创业企业进行一定的约束。否定性条款是指创业企业在一定时期内，不允许从事合同限制的情况，通过协议制约条款，可以进一步对创业企业的行为进行规范，确保信息的及时公开透明，若企业出现问题则可以通过合约的形式来对创业投资机构进行偿付，这对于创业投资机构来说也是保护的行为。

要采取严格的法律约束，在投资协议中增加对创业投资的特别保护条款。对于在投资前投资协议中相关约束条款缺乏的项目，在投资项目增资或者其他事件发生时，应当利用该契机，作为谈判的条件，加入新的约束条件，以加强对投资项目的监控力度，防范和规避风险的发生。由于创业企业一般急需第二轮的融资，所以创投企业如果愿意给该项目继续投资，在与创业者做增资谈判时，由于在谈判中处于有利地位，可以把加入的相关条款作为继续投资的前提，从而加强投资协议中的监管条款的效力。

（5）调整股份和可转换优先股的转换价格。

优先股和普通股相比，具有一些优先选择的权利，但是与此同时也会受到一定限制。优先股的特点是集中股权，确保股东对企业的控制权；可在急需的时候按照价格赎回，这样使得股权具有弹性；股利的支付不仅可以是定量的，而且也可以相对灵活。创业投资机构可根据企业的经营情况的优劣，在合适的时机利用可转换优先股，通过转换价格和比例的调节，确保投资者的利益不受损害，这同时也可以充分激励企业的管理者更加努力，为企业贡献更大的价值。

（6）重点加强财务管理。

要做好投资前期财务评价工作。在创业公司的投资决策程序中，其中一个环节就是投资项目的可行性论证，由财务部门参与并出具财务审核意见，如有的创业投资机构制定了一套标准的《尽职调查—财务可行性分析工作底稿》，从搜集资料的完整程度到资产、负债、权益的个体评价的认定细节做规范性的描述，从而对投资项目的论证过程起到提示和明确作用。要在投资合同中设计财务管理方面的约定。一般来说，从财务审核与监督的角度出发，签约时的合同文本会包括由创业投资商委派财务经理的约定，指定会计师事务所审计的约定，对股东定期公布财务信息的约定等。这些必要的法律文件从制度上保证了创业投资商对投资企业的管理权和监控权，从而更好地保证了创业投资商在投资企业的收益权。要加强投资后的财务管理手段，具体方法如下。

①财务经理双任联签制。对投资企业的各项资金运转由投资方派驻的财务经理与项目方的财务经理实行联签，对企业的经济活动进行动态跟踪管理，确保公司的经济

利益。有自己比较独立和完善的财务会计体系的投资公司比较适合采用这种模式。

②财务经理单任制。即由投资方派出唯一的财务经理，负责管理投资企业的各项财务活动。其中占较大股份的投资公司适合采取这种管理方式。

③中介机构审计的方式。采取聘请投资方信任的中介机构审计的方式进行管理。

④加强预警机制。有的创投企业会建立财务数据库，在此之上系统自动生成各种比率分析数据，通过对各种比率的分析了解，可以掌握企业的动态财务状况及趋势，对企业经营状况分析判断。例如，在美国常用的"零现金日"警戒（zero cash date，ZCD）。当一个创业企业的财务报告显示其现金只够维持公司运转 9 个月的时候，创投企业就需要考虑是继续投资还是要将这家企业出售。当创业企业经营遭遇失败的时候，财务监控也是创投企业采取资产保全的重要保证。

（7）适时退出。

对于任何一家创业投资机构来讲，其追求的最终目标都是投入企业的资本成功地退出，并取得一定的收益。当然，创业投资机构最合适的退出时机是企业公开发行股票，因为可以从中获得较高的收益，实现了自身投资的预期目标。然而，由于各种风险因素不断变化，使得大多数创业投资机构不能使投入的资本成功地退出。所以，创业投资机构要在创业企业发展的每个阶段，全面地分析企业的价值所在，合理地判断企业退出资本的时机，一旦有良好的退出渠道和路径选择就要及时地退出资本，确保更早地获得收益和免受损失。一般来说，退出的方式主要有：一是企业上市到了锁定期后，创业投资机构可以把所持企业的股份出售变现，以便实现对企业的再投资；二是企业如果不能够上市，创业投资机构也可以通过不同渠道和方式，通过协议折价把所持股份转让给其他的投资者，以便实现资本的退出，保全资本的完整。

 案例分析

败走麦城的中创[①]

中国新技术创业投资公司（以下简称"中创公司"）是我国首家风险投资公司。在中国经济的跌宕起伏中，中创公司度过了 13 个年头。风风雨雨中，从中创公司产生到其消失都是历史的选择，也有外在因素的影响。中创公司的倒闭，责任在谁？问题根源是什么？这些问题都值得我们深思和反省。

中创公司于 1986 年 1 月成立，注册资本是 4000 万元人民币。中创公司建立伊始，并不是一个完全的国有公司，国家科委注资 2700 万元人民币，其他资本是从财政、五金矿、中信、船舶等各业筹集而来的。中创公司是一个不完整的股份制公司，

---

① 李开秀，靳景玉，毛跃一. 风险投资经典案例解析 ［M］. 重庆：重庆大学出版社，2020：136 – 137.

从它的产生与发展来看，中创公司是我国风险投资业的先驱。中创公司是定位于专营风险投资的全国性金融机构。它也是中国第一家获得金融权的非银行金融机构。中创公司的主要业务是通过投资、贷款、租赁、财务担保、业务咨询等为科技成果产业化和创新型高新技术企业提供风险资本。中创公司的建立、运作和发展一开始便定位为试验田，这无疑带给中创无限的发展机会，但同时也意味着中创公司这一新兴事物在市场激烈的竞争和极大的风险面前开始了它举步维艰的成长历程，也为其最终的失败而埋下了伏笔。

中创公司自诩为"第一个吃螃蟹的人"，也就是说，中创公司有可能淘出神州大地风险投资事业的第一桶黄金，同时，也有可能就此沦为风险投资发展的垫脚石。中创公司早期将大量的风险资本注入长江三角洲和珠江三角洲。中创公司对乡镇企业、中关村科技一条街的发展做出了非常重要的贡献。

中创公司在"八五"期间参与过许多火炬项目，并对其进行资金管理和项目管理。在这批火炬项目中，中创公司对它们的贷款达2.3亿元，参与近百个项目。中创公司发展的速度非常快，在前5年内，资产规模不断扩大，近乎20个亿。1991年，中创公司先后在珠海、深圳投资3500万元人民币；1992年，信托存款增加142%，扩大在长江三角洲和珠江三角洲的投资额。在1992年底，中创公司在这些地区的营运资本高达41亿元。此外，中创公司还在外汇、股票等金融市场上大量投资。中创公司还投资了"上海万国证券公司"，与他人联手收购了大众国际投资有限公司。中创公司迅猛的发展使得其在中国封闭多年的刚刚复苏的市场上光芒四射，给了人们无限的希望。

市场是善变的，当中创企业面对1993年的市场风云突变时，其遭受了前所未有的危机：资金紧张、负债比例失调，呆账、坏账时常出现。于是中创公司开始拆东墙补西墙，穷于应付。一方面，宏观背景恶化，通货膨胀日益加重；另一方面，企业内部权力纷争，上下失撑、内部矛盾使得中创公司两面夹击，腹背受敌。于是，中创公司在大势所趋之下，走上了一条不归之路。有人说，"中创的关闭是一个悲剧"。

中创公司主要投资项目高达90多个，主要从事贷款、债券回购等银行业务，高息揽储就是中创公司被关闭的一个缘由，中创公司在关闭时总债务达到60亿元。中创公司在中国的改革中几起几落，为中国风险投资创业积累了丰富的经验，而中创公司的倒闭便是其代价。中创公司从其成立、发展到倒闭演绎了一场风险投资中的悲壮故事。中创公司曾经辉煌过，曾为中国风险投资业立下汗马功劳。最终还是因其先天不足和环境恶劣而难逃一死，终成千古绝唱。

❓ 想一想

1. 中创失败的原因有哪些？从中创的案例中你获得了哪些启示？
2. 创业投资机构应该如何进行创业投资风险管理？

本章总结

复习要点

创业投资的风险管理内容包括创业投资风险的概念与特征，创业投资风险的类型，风险的识别、预测、评估与防范这几个部分。

15.1　创业投资风险的概念与特征

创业投资风险是指创业投资主体在创业投资项目实施过程中由于内外部因素的不确定性导致创业投资项目中止、撤销、失败或达不到预期的经济技术指标的可能性及其潜在损失的大小。

创业投资风险具有以下几个特征：随机性、动态性、联动性、规律性与时滞性。

15.2　创业投资风险的类型

创业投资风险可以分为系统性风险和非系统性风险，系统性风险是难以预知和控制的风险，而非系统性风险则可以通过多样化投资组合来避免。

15.3　创业投资风险管理的主要措施

风险识别作为风险管理的首要步骤，包括风险的调查和风险的分析两个程序。分析识别是风险管理第一道最基本的程序，可以为整个创业投资奠定成功的基础。专家调查法、流程图法、财务状况分析法、风险清单、分解分析法是风险识别的常用方法。

风险预测是对可能出现的异常进行预测并制订对策从而预防事故发生的一种措施。

风险评估是对投资风险的评价和估计，包括单风险因素或单项风险的评估、合成概率分析、灵敏度分析、风险矩阵等风险评估方法。

创业投资风险的防范应贯穿于创业投资的全过程，包括投资前、投资中的风险防范。投资前风险防范应做好风险分散、风险回避、风险转移。并通过严格执行业务计划书、完善管理咨询、加强投资监管、合同制约、金融工具设计、加强财务管理、适时退出等措施来加强的投资中风险的防范。

关键术语

系统性风险	非系统性风险	逆向选择风险	道德风险
技术风险	市场风险	管理风险	再融资风险
风险识别	专家调查法	个人判断法	头脑风暴法
德尔菲法	流程图法	风险清单	风险预测
风险评估	合成概率	灵敏度分析	风险矩阵

风险防范　　　　　风险转移

 思考题

1. 创业投资面临哪些主要风险，它们的成因是？

2. 假设你是一家创业投资机构的合伙人，基于风险管理的需要你会将风险管理人员与投资决策人员、增值服务人员进行如何整合搭配？目的是什么？

3. 试述风险识别的具体方法及其优点。

4. 风险预测有何意义？风险评估包括哪些方法？

5. 风险防范贯穿创业投资的全过程，具体包含哪些防范措施？

6. 你认为创业投资机构投资初创期的创业企业，应当如何规避巨大的技术风险和市场风险？

第16章

创业投资政策

【学习要点及目标】

通过本章学习，了解创业投资政策的相关概念、我国创业投资行业的状况及现有政策，结合国外的创业投资政策，思考如何完善我国的相关政策。

 案例导读

安徽省创业投资激励政策①

近年来安徽省在创业投资方面推出了许多政策，涉及涵盖了多个方面，例如政府支持、人才建设投资主体等方面，这些政策对创业投资的发展起到了良好的作用，当然也有一定的不足。下文主要从税收返还、风险补偿以及其他激励政策几方面来说明。

在税收返还方面，《安徽省人民政府办公厅关于促进股权投资类企业规范发展的意见》规定：对按规定进行备案，注册资本不低于1亿元，投资方向符合国家和安徽省有关产业政策，对安徽省中小微企业的投资额度不低于其投资总规模60%且不低于其实际到位资本60%的股权投资企业，自获利年度起，前2年按其缴纳的企业所得税省级分成部分给予等额奖励，后3年给予减半奖励。其在省级层面对税收返还优惠政策做了规定。此项规定完善了省级层面的奖励扶持政策，对弥补国家税收政策的不足具有积极作用。首先，投资方向的规定具有鲜明的政策导向，有利于扶持安徽省战略性新兴产业的发展；其次，对中小微企业投资比例的规定有利于引导创业投资企业投资于中小微企业，推动中小微企业的发展；最后，税收返还与投资期限挂钩，有利于鼓励创业投资企业进行长期投资，对初创期企业的发展有促进作用。该项规定仍

---

① 安徽省创业（风险）投资引导基金实施办法（试行）［EB/OL］．（2015 – 05 – 26）［2021 – 11 – 12］．http：//www. ciif. com. cn/index. php？ c = content&a = show&id = 124.

存在有待完善的地方。第一，对创业投资企业的注册资本要求过高。该规定对比国家层面的税收优惠措施来看，由于没有"高新"的限制，使得投资于非高新技术企业（中小企业）的创业投资机构也能够有获得税收返还奖励的机会。根据安徽省创业投资基金市场数据分析可知，安徽省近两年创业投资机构的管理资本规模在1亿元以下的比例约为三成，也就是说，大约1/3的创业投资机构直接被这项措施"拒之门外"，无法享受税收返还奖励。第二，符合条件的创业投资机构必须"从获利年度起"才能享受税收返还奖励优惠，但创业投资周期长，风险高，收益滞后，这既要求投资者具有足够的耐心，同时投资还要成功。

风险补偿政策。在《安徽省创业（风险）投资引导基金实施办法（试行）》中规定了对该省引导基金支持的创业投资基金的风险补偿，对于创业风险投资基金因投资试验区未上市科技型中小企业发生的亏损，将给予风险亏损额30%、最高1000万元补偿。这项政策在一定程度上可以弥补创业投资机构的风险，鼓励创业投资机构投资于风险较高、技术较新的企业。同样，该政策也存在需要完善的地方。关键的点在于弥补的对象仅限于该省引导基金支持的创业投资基金。这就限制了可以进行风险弥补的对象，支持的含义在于该省引导基金会通过直接注资的方式支持创业风险投资基金，对于没有获得注资的机构，则不能获得风险补偿，限制了可以获得风险补偿的创业投资机构。

其他激励政策。安徽省其他激励创业投资发展的优惠政策较少，如针对该省引导基金管理团队专业人员的税收返还政策、对创业投资专业人才享受优惠的原则性规定，以及合肥市出台的一些奖励和补贴政策等，但没有形成系统完善的激励政策体系。

税收补偿政策可以扶持目标行业，鼓励投资者进行长期投资；风险补偿政策可以帮助投资者规避一定的风险；其他政策可以促进人才的培养政策。总的来说，近几年安徽省推出了多项创业投资政策以鼓励省内创业企业的运行，其在一定程度上起到了促进创业企业发展、鼓励人们进行创业、鼓励人们把企业做大做强的作用。不过一些政策仍有一定的不足，还可以进行完善，从而使普遍的创业投资者可以享受到创业投资的优惠。

❓ 想一想

1. 你对安徽省现行的政策有什么建议？

2. 你认为从当前的市场环境来看，我国创业投资政策还有哪些方面需要进一步提升？

16.1　政府管理创业投资的形式与手段

在世界各国的创业投资实践中，无须政府采取扶持政策，仅靠微观经济主体的努力就能完善创业投资体系的尚无先例。即使是发达工业国家，在培育和发展创业投资体系的实践中，也大都采取了不同程度的政策扶持措施。中国是一个由计划经济向市场经济转型的发展中国家，政府在经济发展中起着举足轻重的作用。建立创业投资体系，即便立足于市场机制，也不应忽视政府所发挥的积极作用。从某种意义上说，对政府角色的设计，事关创业投资体系建设的进程或成败。而政府对创业投资的管理主要有两种形式，即直接方式和间接方式。

1. 政府对创业投资的直接干预

政府有责任对创业投资业进行正确的引导和适度的扶持，其中一种重要的方式就是实施某些特殊的经济激励政策。

创业投资者通过承担高风险对高科技产业进行投资，目的是获得较高的投资回报。影响创业投资者决策的首要因素是其对创业投资预期收益和投资风险的权衡。只有当投资预期收益大于投资风险时，创业投资者才会有对高技术产业进行创业投资的愿望。为了促进创业投资，各国在对收益影响较为直接的税收政策上，都对创业投资给予了优惠。税收优惠多是以减免应缴税赋的办法实现的，它可以有效地降低创业投资成本，使投资者享受到较高的收益，从而吸引资本进入高科技产业。税收优惠有多种方式，如按税收方案设计的基础可分为前端激励和后端激励。前者是依据已经发生的投资来做出税收设计；后者是依据退出时所获得的资本收益，如所得税等。按激励对象的不同，税收优惠分为以下三类。

一是减少甚至减免创业投资者的个人所得税。

二是减免创业投资公司的税负，包括实行转移税务亏损、加速折旧、减免税收等政策。

三是减免风险企业的税负。

由于创业投资者的预期收益和风险的大小在很大程度上取决于国家对风险企业的税收政策，因此，世界各国政府为鼓励创业投资的发展，均制定了税收上的优惠政策。但是，由于税收是政府财政收入的主要来源，对整个经济的发展有巨大的作用，因此不能盲目地削减某一行业的税收。

2. 政府提供信用担保

政府能够以其信用向创业投资公司提供担保，一旦不能偿还债务，由政府按规定的年息偿还一定比例的资本。通常的做法是，国家财政拨出一笔资金，设立信用担保基金，该担保基金的管理机构与民间商业银行签订协议，为银行向中小企业放款提供一定比例的担保。信用担保大大减少了借贷方的风险。通过政府担保，国家可以运用杠杆原理，用少量的资金投入带动大量的银行资金和民间资金投向风险企业。因此，政府的信用担保被称为风险资金的"放大器"，其放大倍数通常可达 10~15 倍。

（1）实施政府采购。

政府采购制度是发达国家发展高技术产业的一项有效措施，主要解决市场需求不足的问题。消费市场需求不足不但对风险企业造成打击，还直接影响到创业投资机构对风险企业的兴趣。政府采购正是针对部分高技术产品市场面窄、需求风险过大的问题，增加市场需求，减少风险企业的市场风险，从而提高创业投资行业的利润。而且，风险企业（特别是高新技术企业）面临的最大风险是产品风险，即其产品因"新""价格高"而不被市场所认同。政府采购是影响创新方向和速度的重要政策工具，通过采购价格、采购数量、采购标准等，可以有效地降低高技术企业的风险，吸引创业投资家进行投资。

（2）为创业企业提供扶持资金。

目前，我国政府为创业企业提供扶持资金主要采取专项基金形式具体实施，因此创业企业的政府融资具体形式由政府专项基金的具体形式决定。从目前基金的形势看，主要的政府融资形式有科技型中小企业技术创新基金、创业引导基金两种形式。

3. 政府对创业投资的间接扶持

为扶持创业投资业的发展，政府除了可以进行某种形式的资金投入，或使用经济激励政策等直接手段外，还可以而且也应当利用其强制性的行政立法权力为创业投资创造一个优越的宏观环境，即对创业投资进行间接的扶持。这方面最主要的工作包括法律法规的制订、资本市场的完善等。

（1）法律法规的制定。

风险资本市场具有较高的不确定性和信息不对称性，在这种高风险环境中，需要有一整套相应的法律法规来界定和规范市场参与者的资格、行为及其相互之间的关系，以有效地保护投资者的权益，增强其投资信心。这些法律法规所包含的内容相当广泛，其中包括投资主体的确认、投资管理机构的组织与管理、风险资本二级市场的组织与监管、企业产权与知识产权的保护等。对创业投资影响最大的法律包括如下几个方面。

①有关创业投资企业制度的法律法规。创业投资企业的发展需要以较成熟的企业制度为基础。不成熟的企业制度容易产生"内部人"控制等问题，加大代理成本。例如，从企业组织制度的发展过程看，经历了个人业主制、合伙制企业和股份制企业三种基本制度的演变，要发展创业投资，就应选择一种合适的组织方式来成立创业投资公司，否则在成立后，其投资、收益及退出等阶段将会受到不必要的限制和阻碍。

②关于风险基金的法规。风险资金供给的数量和价格取决于两大因素：一是政府

限制；二是经济环境（如利率下降有利于资金的进入）。总体上来说，应鼓励不同性质的基金适度参与，使基金有充足的来源。

③工业产权方面的法规。在创业投资领域，对技术的独占性是投资项目获得成功的必要条件之一，知识产权经常代表风险企业总资产中相当大的一部分。

（2）构建完善的资本市场。

创业投资运作的关键一环是风险资本的退出。创业投资是一种长期投资，追求超常规的投资收益，客观上也要求有一个能使创业投资者"进可攻、退可守"的机制。创业投资的退出方式主要有三种：股份上市、股份转让、清理公司。其中上市是最普遍的使用方式。通过风险企业的股票上市，创业投资者能转让股权而"套现"并获得高收益。对于风险企业而言，证券市场是创业投资运行的基础，其既是资本市场，也是产权市场，完善规范的证券市场，既可增加风险企业上市的机会，也可给风险企业提供更多的融资和交易机会。由此可见，创业投资运行机制的基础是有一个利于风险企业股权或股票转让的市场。为此，政府必须促进资本市场的完善，推动风险企业与资本市场的对接。

16.2　国外创业投资相关政策

16.2.1　美国

1. 创业资本供给方面

直接与间接的风险资本供给是各国政府扶持创业投资产业发展的最初始手段。政府直接进行风险资本供给的方式包括政府补贴、低息贷款和权益投资。

美国政府根据 1977 年发起的小企业创新研究计划（SBIR）[①] 和 1982 年里根政府通过的《小企业创新发展法案》，对合乎条件的中小企业提供补贴，前者规定国家科学基金会与国家研究发展经费的 10% 要用于支援小企业的技术开发，后者规定年度研究与开发经费超过 1 亿美元的联邦政府部门必须每年拨出法定比例的研究开发经费支持外部小企业的发展。

在政府权益投资方面，美国改进后的小企业投资公司制度是最好的范例，1992

---

① 小企业创新研究计划（SBIR）是指美国政府旨在帮助那些准备将实验室的研究成果转化为可在市场上进行销售的现实产品的小企业的计划。为了鼓励有创新能力的小企业参与联邦政府的研究与开发工作，SBIR 项目于 1977 年由美国国家自然科学基金设计和发起。美国国会于 1982 年通过《小企业创新发展法案》，正式启动 SBIR 项目。SBIR 规定：凡联邦部门研究与发展经费超过 1 亿美元的，每年必须从研究开发经费中拨出一定的比例，支持小企业的技术创新开发活动。这些部门有 11 个：国防部、农业部、商业部、能源部、教育部、卫生部、运输部、宇航部、环境保护署、国家科学基金、核控委员会。

年的《小企业权益加强法案》将政府对小企业投资公司的资本支持方式由贷款为主变为以权益投资为主，以优先股为主的权益投资为美国小企业投资公司带来了新的生机。此外，英国、法国、新加坡等国家的政府在权益投资方面也进行了一些探索。

除了直接资本供给之外，政府还可以通过信用担保、政府采购等方式间接增加风险资本供给。在信用担保方面的典型案例有美国的7（a）计划，7（a）计划是1953年美国小企业管理局实施的为新设企业和具有增长潜力的企业提供长期性贷款担保的计划，小企业管理局的每笔担保最大金额为50万美元，担保费率为2%，由贷款提供者支付。

在政府采购方面，美国国会于1933年通过了《购买美国产品法》，要求联邦政府采购本国产品，只有在美国产品价格高于外国商品价格25%的情况下才可向外国购买；10万美元以下的政府采购合同，优先考虑中小企业，通过价格优惠方式对中小企业给予照顾。

2. 创业投资外部环境方面

美国政府很早就开始动用税收杠杆调节创业投资的发展。美国资本利得税率的多次调整引发的美国创业投资产业的波澜起伏雄辩地证明了税收制度对创业投资的深刻影响。除了通过税率变更扶持创业投资发展之外，美国还通过税制的其他变化刺激创业投资的发展。

创业投资的发展离不开法制环境的保障，加强创业投资立法工作也是各国政府扶持创业投资发展的必修课。政府对创业投资的法律支持包括知识产权法、证券法、反垄断法、科学技术法以及移民政策等多个方面。在知识产权保护法方面，欧美国家的措施最为完善，以专利权为例，美国很早就通过了知识产权专利法案，并确立了"专利权可以授予阳光下人类的一切发明"的原则。美国知识产权保护的重要特点是重事实、轻形式，其典型例子是"发明是否被批准专利不影响合同的执行、未注册的商标也受保护、颜色和有特色的建筑物也可以作为商标获得保护"等。风险资本的进入、退出以及治理机制都与证券法密切相关，证券法不仅决定了创业投资工具的选择，而且决定了风险企业公开上市的门槛高低以及上市后股票转让的相关限制等，同时，股票期权对风险企业家的诱惑力也与证券法的相关规定有关。证券法中有关放松金融管制的条例对增加风险资本供给规模影响非常深刻，如美国放宽对基金负责人的审核标准、放宽对保险公司资金运作领域的限制、允许保险公司和养老基金参与创业投资等举措对美国创业投资在20世纪80年代的飞跃发展做出了不可磨灭的贡献。此外，美国通过修订证券法有关规定降低风险企业上市的门槛，通过在出口处放大收益倍数刺激创业投资的发展。创业投资在借助垄断获取超额回报的同时也要求一个自由竞争的市场环境，宽严适中的反垄断法律体系对创业投资发展也有特殊重要的意义。美国的反垄断法律始于1890年的《谢尔曼法》，1914年的《克莱顿法》和《联邦贸易委员会法》进一步补充完善了《谢尔曼法》。加强科技立法也是各国扶持创业投资发展的重要举措，自 20 世纪 50 年代以来，美国国会就颁布了各种各样的旨在鼓励科技发展的法律，如 1950 年的《国家科学基金会法》、1958 年的《国家航空和航天法》等。

此外，在移民政策方面，美国作为一个移民国家一直都以人才引进见长，世界各国也纷纷借鉴美国经验，在各自的移民政策中向高科技人才敞开大门。在一些高科技的创业创新领域，美国的做法同样值得借鉴。高科技的创业创新很大一部分来源于各类高校，一些科技类的创新在创业者大学时已经开始酝酿甚至是初具雏形。为了促进这些科技成果的转化，美国的一些大学专门安排专职人员进行这些工作。例如美国的斯坦福大学设立了技术转化中心来促进科技成果的转化。科技转化中心的工作人员包括律师和价值评估人员。这些成员为创业提供各种顾问类的服务。但是斯坦福大学几千项的发明中只有三项获得了很高的收入，大部分项目最终的转让收入并不是十分高。不过值得注意的是，很多转让出去的科技成果创造了很多新的产业，而这些将成果转让出去的创业成功者通过捐赠的方式使得斯坦福大学得到了更大的回报，最终促进了学校科技成果的转化。这样最终形成了一个良性循环的机制，最终促使美国大学源源不断的创新。

16.2.2　英国

1. 创业资本供给方面

在政府直接投资方面，英国政府对创业投资的补贴主要通过"创新资助计划""Smart 计划"和地区性的企业委员会实现。英国在 20 世纪 70 年代推出的总额为 500 万英镑的"创新资助计划"对符合条件的低于 2.5 万英镑的小企业项目提供 1/3 ~ 1/2 的项目经费补助；"Smart 计划"通过在雇员少于 50 人的小企业中开展评选活动，向合乎标准的企业提供资金支持，为那些商业可行但无资金来源的创新项目提供便利，帮助这些企业发展到一个有资格获取传统资金来源的成熟阶段；企业委员会是由五个郡议会于 1982 年利用第三方资金设立的，其宗旨是为制造业提供长期基金，以保证其长期发展，同时着力填补金额在 25 万英镑以下的资产差额。

在政府间接增加资本供给方面，英国政府于 1981 年推出贷款担保计划（LGS），由贸易和工业部以及许多银行和类似贷款者合作执行，向有可行商业建议却因缺少足够的贷款保障或足够的经营记录而无法获得银行贷款的小企业提供帮助，并不需要借款者自己投入权益资本或以资产作为抵押，还款时间通常在 2 ~ 10 年。

2. 创业投资外部环境方面

英国政府对创业投资的税收优惠支持主要体现在《企业扩展计划法案》（1983 年）、《企业投资计划法案》（1994 年）、《创业投资信托法案》（1995 年）这三个法案中。《企业扩展计划法案》规定：免去投资者用于创业投资金额的最高税率所得税，并且若投资满 5 年后再撤资，免征资本收益税；对非挂牌公司的股权投资以及真实追加投资免税；法案适用的产业范围包括生产制造、服务、建筑、零售、批发、保险以及房地产租赁等；只有与投资对象无密切联系的投资者才有资格获得免税，并且必须是对新发行股票的长期投资，若投资期限不足 5 年，则免税待遇也相应全部或部分取消。《企业投资计划法案》是对《企业扩展计划法案》修订的结果，其给予向一个或多个未上市企业直接投资的个人四方面的优惠：对法案规定的未上市企业的投资额可在 5 年内按 20%、每年不超过 10 万英镑的数额抵减投资者的个人所得税；对持有 5 年以上的符合法案规定的未上市企业股份的出售所得不征收资本利得税；用出售股份所获资本利得再投资购买新发行的未上市股份，每年最高可按 10 万英镑递延纳税（事实上的再投资免税）；对于因法案造成的投资损失，在抵减应税资本利得后仍有剩余的，可以再抵扣应税收入。

《创业投资信托法案》要求每个创业投资信托基金必须满足下列条件：基金必须上市，以方便投资者退出；基金资产的 80% 应投资于未上市企业，股权投资方式所占比例须在 50% 以上，并且基金 70% 的资产应在 3 年内投出；进入投资对象的未上市企业的净资产应低于 1000 万英镑，对单个企业的投资不应超过 100 万英镑或基金资产的 15%。《创业投资信托法案》规定向上述创业投资信托基金投资的个人可以享受三种税收优惠：对持有 5 年以上的创业投资信托基金股份者，可按其投资额的 20% 抵减个人所得税；对创业投资信托基金的分红不征税；对创业投资信托基金股份的出售所得免征资本利得税。

16. 2. 3　其他国家

以色列政府对处于孵化期的项目，两年内给予每年不超过 14.7 万美元、两年总计不超过约 29.4 万美元的补贴。日本对创业投资产业提供低息贷款。日本政府提供低息贷款的方式主要包括主办一些功能性金融组织和对第三方贷款人施加影响。前者的杰出代表是中小型企业代理处、日本小商业公司、小商业金融公司、国家金融公司、日本商工中金（Shoko Chukin）银行和小商业投资公司等组织；后者的著名例子是，1993 年 2 月，日本大藏省正式要求各商业银行"不要对向小企业贷款束手束脚"。

法国政府在对创业资本进行间接供给方面提出了索菲瑞思（SOFARIS）计划，并于 1982 年底成立了法国中小企业投资担保公司，其为由法国政府提议设立、专为中小企业服务的贷款担保机构，政府与金融机构的股权比例分别为 42% 和 58%，目的是针对中小企业的银行贷款和创业投资方式的融资提供最高 50% 的担保，对于新创企业其比例可提高至 70%，对单个项目的最大担保金额为 500 万法郎，担保费率一般为 0.6%，若为创业投资，则费率可降为 0.3%，但要求分享资本利得。

在政府采购方面，日本通过政府采购扶持本国高新技术产业创业投资发展的最成功案例是，通过国有的日本电报电话公司和日本电子计算机公司的采购政策，来确保国内半导体市场的增长。韩国 1996 年成立了政府采购办公室，统一负责对外采购、国内采购、重点工程采购及对企业需要的重要原材料的采购，具体采购政策散见于《政府合同法》《政府合同法实施细则》《关于特定采购的实施细则》等法规中。

16.3　我国现行的创业投资政策

为了能使创业投资行业较好地发展，我们国家出台了许多创业投资方面的政策，从 1985 年成立第一家创业投资公司——中国新技术创业投资公司起，我国陆续出台了各种各样的创业投资政策，使创业投资无论是在法律层面还是经济层面都拥有了相对比较良好的环境。无论是中央还是地方都出台了许多政策来满足创业投资的发展，这些政策涵盖多个范围，例如税收优惠政策、退出政策等，这些政策在一定程度上起到了作用。

16.3.1　创业投资退出政策

创业投资的退出通常有如下几个渠道：首次公开上市、借壳上市、并购、股权转让和清算等，其中并购又包括兼并、收购、企业回购、管理层收购（MBO）等多种方式。虽然退出渠道有多种，但是实际操作层面创业投资退出的首选渠道为 IPO，因为 IPO 获得的回报最高。而我国的上市门槛高、时间长、难度大，造成了创业投资退出困难的问题。科创板的推出在很大程度上解决了这个问题。中国证监会于 2019 年 1 月发布了《关于在上海证券交易所设立科创板并试点注册制的实施意见》（以下简称《实施意见》）。《实施意见》指出，科创板根据板块定位和科创企业特点，设置多元包容的上市条件，允许符合科创板定位、尚未盈利或存在累计未弥补亏损的企业在科创板上市，允许符合相关要求的特殊股权结构企业和红筹企业在科创板上市。《实施意见》明确指出，在科创板试点注册制，合理制定科创板股票发行条件和更加全面深入精准的信息披露规则体系。更加灵活的制度安排为创业投资的退出提供了新途径，有利于激发创业投资活力。

16.3.2　创业投资税收优惠政策

2009 年至今，我国出台了一些激励创业投资企业发展的税收优惠政策（如《关于实施创业投资企业所得税优惠问题的通知》），与国外相比，这些税收优惠政策起步较晚，形式也比较单一，且存在适用主体和范围有限等缺陷，覆盖面比较窄，使其对创业投资的激励作用不是很明显。随着这些政策在执行过程中问题的不断凸显，国家税务总局也在不断地调整、完善。为了激励创业投资企业的进一步发展，解决税收优惠政策在执行过程中凸显的问题，国家税务总局于 2015 年和 2017 年连续下发一系列规范性文件来完善创业投资企业的税收优惠政策（《关于将国家自主创新示范区有关税收试点政策推广到全国范围实施的通知》《关于有限合伙制创业投资企业法人合伙人企业所得税有关问题的公告》《关于创业投资企业和天使投资个人有关税收政策的通知》)。

首先，享受创业投资优惠主体扩大。优惠主体从最初的法人制企业扩大到有限合伙制创业投资企业和天使投资个人。这样使得创业投资资本加大，支持力度加大，更有利于支持企业之间合理的资源配置，有利于被投资企业做大做强。

其次，创业投资对象的范围扩大。投资对象从未上市中小高新技术企业扩大到种子期、初创期科技型企业，使得税收优惠措施更加符合市场发展的需要。所谓"初创"，需符合以下标准：

（1）被投资企业接受投资时及接受投资后两年内未在境内外交易所上市。

（2）接受投资时，从业人数不超过 200 人，其中具有大学本科以上学历的从业人数不低于 30%。

（3）资产总额和年销售收入均不超过 3000 万元。

（4）接受投资时设立时间不超过 5 年（即 60 个月）。所谓"科技型"，其认定标准使用了国际通行的研发费用占比要求，即要求接受投资当年及下一纳税年度，研发费用总额占成本费用支出的比例不低于 20%。从相关的认定标准来看，政策的制定更偏向被投资企业更早期发展阶段，显示出政府对鼓励企业成长早期创业投资的支持。另外，对科技型企业的认定仅从研发费用总额占比方面进行标准制定，使得政策的制定更加务实。

最后，政策的制定更加人性化和富有针对性。比如，天使投资个人投资多个初创科技型企业的，对其中办理注销清算的初创科技型企业，天使投资个人对其投资额的70% 尚未抵扣完的，可自注销清算之日起 36 个月内抵扣天使投资个人转让其他初创科技型企业股权取得的应纳税所得额。这一政策的制定就充分考虑到了投资对象的高风险性和不确定性，出于保护投资者权益的目的而使得政策更加人性化，同时也确保了税收优惠政策在执行过程中更加彻底，更有针对性。

16.3.3 地方激励政策

地方政府针对创业创新也出台了一系列配套措施，其中包括对创业投资方面的激励措施，如福建省发布了《福建省人民政府关于大力推进大众创业万众创新十条措施的通知》。创新股权融资方式，福建省产业股权投资基金首期出资 1 亿元发起设立福建省创业创新天使基金，投资"众创空间大学生"等创业创新项目，参股社会资本发起设立的天使基金；允许各类股权投资企业和管理企业使用"投资基金"和"投资基金管理"字样作为企业名称中行业特征；各设区市和平潭综合实验区都要设立创业创新天使基金，支持创业创新企业发展壮大；政府引导基金退出时，优先转让给基金其他合伙人，转让价格可由政府引导基金与受让方协商；基金到期清算时如出现亏损，先行核销政府资金权益。增强资本市场融资能力鼓励互联网和高新技术创业创新企业到资本市场上市。支持创业创新企业在"新三板"和海峡股权交易中心挂牌交易，福建省经信委对挂牌交易企业一次性给予不超过 30 万元的奖励；加快建立海峡股权交易中心与"新三板"的转板机制；海峡股权交易中心设立创柜板，引导成长性较好的企业在创柜板挂牌；建立大众创新众筹平台，进行股权众筹融资试点，鼓励众创空间组织创新产品开展网络众筹，为大众创业创新提供融资服务。发挥海峡股权交易中心、省级小微企业"发债增信资金池"作用，对在海峡股权交易中心发债的创业创新企业提供增信支持。加大信贷支持力度，各地政府主导的融资担保公司可对创业投资机构投资的初创期、成长期科技企业，按投资额的 50%、最高不超过 500 万元的标准给予担保，担保费由企业所在地财政补贴。各银行业金融机构要创新金融产品，满足创业创新企业融资需求。地方政府针对当地的创业投资的激励措施更加因地制宜，结合当地的特色产业和创业投资实际需求，在资金引导、退出机制保障和融资担保方面给予更多支持。

除此之外，由于创业投资具有高风险性特征，出于规避风险的本能，很多市场主体对创业投资行业一直持观望态度。因此，实行风险补偿、降低投资风险是提高各类主体从事创业投资活动积极性的重要举措。同样以福建省为例，其 2008 年即印发了《福建省创业投资引导资金管理实施办法（试行）》（以下简称《实施办法》）。《实施办法》明确，创业投资企业引导资金主要用于以下三个方面：首先就是用于创业投资企业的风险补偿，调动创业投资的积极性。其次是可用于资助省内创业企业接受省内外创业投资企业投资管理服务，提升省内的创业投资服务的整体水平。最后可以用于资助创业投资公共平台建设，也是在创业投资的基础服务领域给予支持。《实施办法》对风险补偿对象、标准和申请方法上都做出了清晰的说明。这些政策作为优惠配套措施用以促进本地创业投资的发展。

退出政策极大地缩短了退出的时间、门槛，税收政策也随着时间的推移在经历了各种各样的问题后变得更加完善。地方激励政策作为中央政策的一种补充更具有地方的特色，更加考虑地方创业投资可能存在的问题，比较符合当地的实际情况。

 案例分析

创业投资引导基金——政府助力创业新手段[①]

创业投资引导基金（以下简称"引导基金"）是由政府设立并按市场化方式运作的政策性基金，主要通过扶持创业投资企业发展，引导社会资金进入创业投资领域

---

① 李杰，程乾. 政府创业投资引导基金的新发展与问题分析——以江苏省为例 [J]. 经济研究导刊，2016（6）：80 – 82.

（2008 年国家发改委联合财政部、商务部共同出台了《关于创业投资引导基金规范设立与运作的指导意见》）。通过政府引导基金推动企业创业投资是较为通行的做法，各国政府普遍认识到政府在促进风险投资发展中的最优角色还是引导基金。美国 1958 年通过小企业投资计划（SBICS），扶持风险投资企业的发展，促进中小企业技术创新和成长。德国于 1989 年设立新技术企业资本运作计划（BJTU）。此外以色列（1993 年）、澳大利亚（1997 年）、英国（1998 年）也分别建立了自己的政府引导基金。我国于 2002 年成立了第一只政府引导基金——中关村创业投资引导资金。

当前新的经济形势正赋予引导基金更重要的使命和责任。我国已进入创新驱动发展的新阶段，经济转型和结构调整压力日渐突出。"大众创业、万众创新"已经成为时代要求，作为政府助力企业创新的手段，引导基金需要发挥更重要的作用。2014年 5 月国务院常务会议决定成倍扩大中央财政新兴产业创投引导资金规模，以破解创新型中小企业融资难题。2015 年 1 月国务院决定设立国家新兴产业创业投资引导基金，总规模高达 400 亿元，重点支持处于"蹒跚"起步阶段的创新型企业。2015 年 9月，李克强在国务院常务会议中提出设立国家中小企业发展基金，建立总规模为 600亿元的国家中小企业发展基金，重点支持种子期、初创期成长型中小企业。政府引导基金作为国内人民币基金的重要参与者，能够吸引更多社会资本，助力企业创新和经济转型。从省级层面观察，各省引导基金总体上以两种方式存在。一种存在于省政府主导的国有创业投资公司。这些机构的发展背景一般较为复杂，并且其业务通常涵盖面较广，不会冠名为"创业投资引导基金"，但实际上，其运作的基金中有相当一部分起到了政府引导基金的作用。另一种引导基金以职能部门专设的基金形式存在，即省发改委或科技厅专门设立的旨在支持创新型中小微企业的引导基金。这种基金一般会分为两部分进行运作：一部分由省级负责直接组织运作；另一部分会被分配到各市区县政府（包括工业园区），市区县再配套部分出资后负责具体运作。

政府引导基金的运作和基本模式类似，一般以"政府引导、市场运作，科学决策、防范风险"为原则。但各地引导基金在具体管理方式，包括引导基金管理机构的设置、基金决策方式、基金投向等方面呈现出多样化特征，并且有一定的创新性。以苏州工业园区和无锡新区的具体运作为例。苏州政府引导基金的管理机构为地方国有企业元禾控股集团（原苏州创业投资集团以及中新苏州工业园区创业投资有限公司），引导基金定位和运作方面非常市场化。引导基金托管机构作为有限合伙人不参与子基金管理团队日常运作和项目投资决策。在收益分配上也和其他投资人同股同权。在项目选择上以最优为原则，投资地域、投资阶段、投资企业的性质均不加以限制。子基金采取多种组织形式，如中外合作非法人制、有限合伙制和公司制等。无锡政府引导基金与苏州则有区别，对政府作用强调得更多。引导基金由无锡市新区科技金融创业投资集团负责，成立专门的项目投资决策小组作为引导基金决策机构，负责引导基金重大事项决策。托管机构提出投资参股方案后需要报送投资决策小组审核。引导基金投资参股成立的子基金一般都要求在无锡新区注册。无锡在引导基金激励问题方面进行了新尝试：在收益分配上，如果失败，引导基金同股同权清算退出；如果成功，引导基金享受 80% 的收益分成，再按 5% 的年利率收回本金与利息后，剩余部分再按出资应得收益分成的 30% 奖励给子基金管理团队。从以上实践可以看出，各地方政府引导基金具体管理实践体现出一种主动性、灵活性和创新性特征。

想一想

1. 政府创业投资引导基金有什么样的特点？
2. 你认为创业投资引导基金运作中存在哪些问题，应该怎样改进？

本 章 总 结

 复习要点

创业投资政策的目的在于规范国内创业投资的行为，以达到促进创业投资健康正常发展的目标。

16.1　政府管理创业投资政策的形式与手段

政府管理创业投资的形式与手段分为政府对创业投资的直接干预、政府提供信用担保和政府对创业投资的间接扶持。

16.2　国外创业投资相关政策

本章主要讲述了美国、英国以及其他国家的创业投资政策，直接与间接的风险资本供给是各国政府扶持创业投资产业发展的最初始手段。政府直接进行风险资本供给的方式包括政府补贴、低息贷款和权益投资。

16.3　我国现行的创业投资政策

创业投资的退出通常有如下几个渠道：首次公开上市、借壳上市、并购、股权转让和清算等，其中并购又包括兼并、收购、企业回购、管理层收购（MBO）等多种方式。

我国创业投资税收优惠政策逐渐朝着享受创业投资优惠主体扩大、创业投资对象的范围扩大以及政策的制定更加人性化和富有针对性的方向发展。

地方政府针对创业创新也出台了一系列配套措施，其中包括对创业投资方面的激励措施。

关 键 术 语

创业投资政策　　　　税收优惠　　　　　　信用担保　　　　　政府采购制度

创业引导基金　　　创业投资退出政策　　　地方激励政策

 思考题

1. 简要分析国内外创业投资政策的异同点。
2. 政府管理创业投资的形式与手段有哪些？
3. 请简述政府对创业投资直接干预的具体做法。
4. 政府向创业投资企业提供信用担保的具体做法有哪些？
5. 请简述政府对创业投资间接扶持的具体做法。
6. 请结合实例说明创业投资企业在运作的过程中，可以采取何种措施，从而享受到国家政策的优惠。
7. 简述你对我国现行的创业投资政策的一些建议。

参 考 文 献

［1］白彬，张再生．基于政策工具视角的以创业拉动就业政策分析——基于政策文本的内容分析和定量分析［J］．科学学与科学技术管理，2016，37（12）：92－100.

［2］保罗·A. 冈珀斯，乔希·勒纳．风险投资周期［M］．北京：经济科学出版社，2002.

［3］本刊评论员．创造、识别、抓住商机是创业的核心［J］．科技创业，2006（11）：12.

［4］卞学军．财务尽职调查在项目并购中的应用［J］．当代会计，2018（7）：44－45.

［5］蔡静．促进创业投资的税收政策研究［J］．中外企业家，2018（25）：19.

［6］蔡莉，崔启国，史琳．创业环境研究框架［J］．吉林大学社会科学学报，2007（1）：50－56.

［7］蔡莉，单标安．创业网络对新企业绩效的影响——基于企业创建期、存活期及成长期的实证分析［J］．中山大学学报（社会科学版），2010，50（4）：189－197.

［8］蔡莉，柳青．新创企业资源整合过程模型［J］．科学学与科学技术管理，2007（2）：95－102.

［9］蔡林，郭桂萍．先验知识对大学生创业机会识别的影响：创业自我效能感和创业警觉性的链式中介作用［J］．创新与创业教育，2019，10（5）：35－40.

［10］蔡晓珊，陈和．人力资本密集型企业创业团队的权益安排及激励机制设计［J］．中央财经大学学报，2014（1）：78－84.

［11］曹聘．完善我国创业投资税收优惠法律制度的探讨［D］．成都：西南财经大学，2007.

［12］曹文超．授权型领导风格及其影响［J］．合作经济与科技，2023（24）：105－107.

［13］曹祎遐．创业团队成员选择机制研究［J］．云南社会科学，2014（4）：93－96.

［14］曹月佳．做好创业投资的三大经验之谈［J］．国际融资，2017（12）：57－58.

［15］常乐．互联网时代的创业商机［J］．农家参谋，2016（10）：63.

［16］陈刚，马扬，刘永跃．风险投资的交易设计研究［J］．科学学与科学技术管理，2003（7）：98－101.

［17］陈建安．创业成长抱负：研究综述与展望［J］．经济管理，2019，41（2）：191－208.

［18］陈莉，李东福．创业期科技型中小企业人力资源管理困境分析［J］．人口学刊，2009（6）：56－59.

［19］陈力．金融发展与城乡收入差距"倒 U 型"关系再检验——基于中国县域截面数据的实证分析［J］．中国农村经济，2009（7）：68－76＋85.

［20］陈楠华．非上市公司股权激励一本通：图解版［M］．北京：中国铁道出版社，2017.

［21］陈爽英，唐小我，倪得兵，马永开．经营者组合激励中非物质激励的价值分析［J］．中国管理科学，2005（1）：123－127.

［22］陈伟，蔡云．风险投资中被投资企业的价值评估［J］．技术经济与管理研究，2001（2）：50－51.

［23］陈晓红．我国创业投资：现状·风险·对策［J］．商业会计，2012（11）：82－84.

［24］陈艳．创业投资中的风险与防范措施探究［J］．现代经济信息，2015（3）：89.

［25］陈艳红．创业投资投后管理网络对 VC 绩效影响的调研报告［D］．广州：华南理工大学，2017.

［26］陈玉罡，王苏生．创业投资 IPO 偏低定价与退出绩效实证研究［J］．证券市场导报，2007（10）：60－64.

［27］陈震红，董俊武．创业风险的来源和分类［J］．财会月刊，2003（24）：56－57.

［28］成春．论我国创业企业的成长障碍：企业家素质缺陷与制度困境［J］．西南民族大学学报（人文社科版），2010，31（4）：171－175.

［29］成文，王迎军，高嘉勇，张敬伟．商业模式理论演化述评［J］．管理学报，2014，11（3）：462－468.

［30］程静．风险投资项目退出的时机与方式选择研究［J］．科学管理研究，2004（1）：108－111.

［31］崔金勋．创业投资的风险管理对策［J］．中国经贸导刊，2010（2）：47.

［32］崔祥民，梅强．基于创业投资视角的创业企业家资源禀赋模糊综合评价［J］．科技进步与对策，2010（9）：98－101.

［33］丁长瑶．我国天使投资退出机制研究［J］．现代商业，2013（18）：28－30.

［34］丁川，李爱民．基于战略风险投资的融资契约设计及融资决策［J］．管理科学学报，2019（1）：57－79.

［35］丁良超．海外网络对跨国企业绩效影响的实证研究——基于创业阶段差异视角［J］．科技进步与对策，2015，32（23）：85－91．

［36］丁唯佳．创业投资与盈余管理的实证研究［J］．经济研究参考，2014（41）：97－101．

［37］董静，翟海燕，汪江平．风险投资机构对创业企业的管理模式——行业专长与不确定性的视角［J］．外国经济与管理，2014，36（9）：3－11．

［38］董璐璐．企业定向增发案例研究——以格林美为例［J］．现代经济信息，2016（13）：28．

［39］董庆华，刘清春．股权收购中的法律尽职调查研究［J］．海南金融，2010（2）：61－64．

［40］董守胜，黄松琛，王其藩．风险投资申请项目商业计划书评估模式探讨［J］．管理工程学报，2002（2）：10－13．

［41］杜占河，原欣伟．企业信息资源管理与大数据的融合与变革［J］．情报科学，2017，35（3）：8－12＋30．

［42］杜臻臻．创业投资企业财务管理创新研究［J］．现代经济信息，2018（19）：233．

［43］杜臻臻．创业投资项目财务管理风险控制研究［J］．财经界，2018（11）：114．

［44］段锦云．基于认知惰性的创业风险决策框架效应双维认知机制研究［D］．杭州：浙江大学，2008．

［45］凡冬梅．论私募股权投资中对赌协议的法律效力与风险控制［D］．济南：山东大学，2018．

［46］范柏乃．我国风险投资退出机制的实证研究［J］．上海交通大学学报（社会科学版），2002（3）：88－91．

［47］方辰．资本市场的苹果公司——玩转风险投资［J］．东方企业文化，2012（17）：1－2．

［48］冯佳．新经济环境下企业组织管理创新路径［J］．中外企业家，2019（18）：136．

［49］凤莲．春节八大创业商机不可放弃［J］．上海企业，2014（1）：44－45．

［50］傅赵戎．私募股权投资契约的公司法解读［D］．重庆：西南政法大学，2015．

［51］高金平，邹婷婷．创业投资企业与天使投资个人抵扣所得税政策解析［J］．中国税务，2017（8）：28－32．

［52］葛翔宇，李玉华，叶提芳．风险投资参与对创业板企业市场表现的影响［J］．统计与决策，2014（1）：170－174．

［53］耿建新，张驰．IPO定价及询价机制反思［J］．证券市场导报，2013（3）：

46 - 50.

[54] 巩艳芬, 崔海燕, 李友俊. 基于生命周期理论的我国创业企业风险分析 [J]. 中国市场, 2011 (13): 37 - 39.

[55] 顾波红. 浅谈促进我国创业投资发展的税收政策 [J]. 现代经济信息, 2014 (11): 270.

[56] 桂曙光. 商业计划书要向 VC 说清三个问题 [J]. 国际融资, 2014 (7): 59 - 60.

[57] 郭富青. 我国有限合伙制风险投资的法律规制 [J]. 国家检察官学院学报, 2009, 17 (3): 136 - 144.

[58] 郭菊娥, 熊洁. 股权众筹支持创业企业融资问题研究 [J]. 华东经济管理, 2016, 30 (1): 179 - 184.

[59] 韩良. 非证券投资基金法律问题研究 [M]. 北京: 中国金融出版社, 2011.

[60] 何玲. 从双汇"瘦肉精"事件看企业危机管理 [J]. 中国商贸, 2011 (26): 65 - 66 + 74.

[61] 贺安若, 王芳. 股权投资中对赌协议的实践与思考 [J]. 投资与创业, 2022, 33 (14): 16 - 18 + 22.

[62] 贺尊. 创业商机的来源 [J]. 北大商业评论, 2013 (10): 52 - 59.

[63] 胡志坚, 张晓原, 张志宏.《中国创业投资风险报告》[M]. 北京: 经济管理出版社, 2017.

[64] 黄大柯, 李象涵. 创业投资退出渠道与退出决策研究 [J]. 中小企业管理与科技 (上旬刊), 2015 (1): 63 - 67.

[65] 黄福广, 张晓, 彭涛, 田利辉. 创业投资对中国未上市中小企业管理提升和企业成长的影响 [J]. 管理学报, 2015, 12 (2): 207 - 214.

[66] 黄海燕, 刘霞. 基于 ISM 模型的新企业创业风险分析 [J]. 财会月刊, 2008 (17): 92 - 94.

[67] 黄敬超. 探索企业并购中对赌协议的应用 [J]. 商讯, 2019 (8): 73 + 75.

[68] 黄麟. 探析我国互联网企业风险管理模式及内控机制 [J]. 管理观察, 2015 (23): 65 - 67.

[69] 黄谦明. 论商业模式创新与企业家精神——基于资源基础观的分析框架 [J]. 改革与战略, 2009, 25 (8): 163 - 165.

[70] 计东亚. 创业企业成长能力研究 [D]. 杭州: 浙江工商大学, 2013.

[71] 纪雪洪, 王钦. 互联网商业模式的研究进展 [J]. 现代经济探讨, 2017 (3): 78 - 82.

[72] 冀农. 互联网时代的六大创业商机 [J]. 农村新技术, 2016 (9): 47.

[73] 贾兴行, 施晓聪. 企业对赌协议融资模式的风险识别与对策研究 [J]. 中

小企业管理与科技，2023，698（5）：185-187.

[74] 江积海，蔡春花．开放型商业模式 NICE 属性与价值创造关系的实证研究[J]．中国管理科学，2016，24（5）：100-110.

[75] 姜晨怡．创业投资子基金管理暂行办法[N]．科技日报，2014-08-27（3）.

[76] 蒋伟，顾汶杰．风险投资对创业企业作用的实证研究[J]．商业经济与管理，2015（11）：54-67.

[77] 金辉，杨忠，冯帆．物质激励、知识所有权与组织知识共享研究[J]．科学学研究，2011，29（7）：1036-1045+1055.

[78] 金雷．创业投资的非 IPO 退出机制研究[D]．北京：中国社会科学院，2003.

[79] 靳敏，吴耀宇，郭平．风险投资与企业增值服务[J]．河南科技，2002（17）：12-13.

[80] 阚园芳，姜瑞楠．安徽省创业投资激励政策研究[J]．安徽科技，2017（6）：22-24.

[81] 康宇航，高昕．价值链重构视角的互联网家装企业商业模式创新分析——家装 e 站与齐家网案例研究[J]．管理案例研究与评估，2018，11（4）：368-379.

[82] 孔涵．论"对赌协议"在我国发展及其效力认定[J]．法制博览，2019（2）：235.

[83] 孔蕾蕾，邵希娟．商业计划书财务分析中的常见问题及对策[J]．财会月刊，2008（36）：42-43.

[84] 劳剑东，李湛．论创业投资的治理结构与风险控制机制[J]．当代经济科学，2001（3）：13-18.

[85] 李昌奕．风险投资增值服务研究评述[J]．经济学动态，2005（6）：98-101.

[86] 李冬昕，李心丹，俞红海，朱伟骅．询价机构报价中的意见分歧与 IPO 定价机制研究[J]．经济研究，2014，49（7）：151-164.

[87] 李刚．EVA 企业价值评估体系及其应用——以华为公司为例[J]．财会月刊，2017（22）：82-86.

[88] 李吉栋．创业投资引导基金的理论与实践[M]．北京：冶金工业出版社，2011.

[89] 李建军．创业投资治理的机制研究[D]．上海：上海交通大学，2009.

[90] 李骏．创业投资的风险成因分析及管理对策[J]．企业导报，2015（17）：147-148.

[91] 李康．大数据环境下企业管理模式创新研究[J]．纳税，2019：218.

[92] 李可欣．对赌协议在企业并购中的应用研究——以华策影视并购克顿传媒

为例 [J]. 财会通讯, 2018 (32): 3 – 5 + 129.

[93] 李磊. 基于 A 公司的高新企业创业团队的建设研究 [D]. 成都: 西南财经大学, 2016.

[94] 李鹏飞. 浅析在尽职调查中如何运用财务分析方法 [J]. 会计师, 2018 (3): 47 – 48.

[95] 李时椿, 常建坤. 创新与创业管理: 理论·实战·技能 [M]. 江苏: 南京大学出版社, 2014.

[96] 李士华, 徐勇, 杨广彬, 宋振宝. 创业投资发展模式创新研究——基于美国创业投资发展模式 [J]. 现代商贸工业, 2019, 40 (20): 40 – 41.

[97] 李双燕, 王彤. 基于不完全契约的并购对赌协议激励模型与案例 [J]. 系统管理学报, 2018, 27 (6): 1036 – 1043.

[98] 李素萍. 中小企业创业投资退出机制的障碍与对策 [J]. 经济研究导刊, 2013 (21): 28 – 29.

[99] 李文莲, 夏健明. 基于 "大数据" 的商业模式创新 [J]. 中国工业经济, 2013 (5): 83 – 95.

[100] 李雪玲. 国有创业投资企业的风险管理研究 [D]. 长春: 吉林大学, 2016.

[101] 李艳旻. 创业风险投资制度研究 [D]. 上海: 复旦大学, 2011.

[102] 李燕萍, 齐伶圆. "互联网 +" 时代的员工招聘管理: 途径、影响和趋势 [J]. 中国人力资源开发, 2016 (18): 6 – 13 + 19.

[103] 李杨, 杨思群. 银行与中小企业融资问题研究 [J]. 上海金融, 2001 (10): 4 – 6.

[104] 李姚矿, 陈德棉, 张玉臣. 创业资本的退出: 综述 [J]. 科学学研究, 2002 (2): 193 – 197.

[105] 李曜, 王秀军. 我国创业板市场上风险投资的认证效应与市场力量 [J]. 财经研究, 2015, 41 (2): 4 – 14.

[106] 李有星, 冯泽良. 对赌协议的中国制度环境思考 [J]. 浙江大学学报 (人文社会科学版), 2014, 44 (1): 159 – 167.

[107] 李宇. 中小企业创业绩效影响因素研究——以吉林省为例 [D]. 长春: 吉林大学, 2009.

[108] 李玉辰, 费一文. 对赌协议的信号与反信号均衡 [J]. 统计与决策, 2013 (14): 55.

[109] 李媛. 我国民营企业绩效评价与激励机制研究 [D]. 济南: 山东财经大学, 2016.

[110] 李月平, 王增业. 风险投资的机制和运作 [M]. 北京: 经济科学出版社, 2002.

［111］栗建松．创业投资退出环境问题研究［D］.郑州：河南工业大学，2015.

［112］栗学思．商业模式制胜［M］.北京：中国经济出版社，2015.

［113］梁上上．个人独资企业的几个法律问题［J］.浙江大学学报（人文社会科学版），2002（3）：154－160.

［114］梁玉红，程爱娣．基于企业生命周期的创业投资风险管理［J］.投资研究，2007（12）：37－42.

［115］林海，严中华，袁晓斌，彭劲松．社会创业组织商业模式研究综述及展望［J］.科技管理研究，2011，31（20）：25－29.

［116］林强．基于新创企业绩效决定要素的高科技企业孵化机制研究［D］.北京：清华大学，2003.

［117］林嵩．创业资源的获取与整合——创业过程的一个解读视角［J］.经济问题探索，2007（6）：166－169.

［118］林展宇，马佳伟．美国创业投资产业发展经验及对我国的启示［J］.西南金融，2018（6）：68－76.

［119］刘爱东，曾蔚．创业投资的风险分析及风险应对［J］.中南工业大学学报（社会科学版），2001（2）：139－142.

［120］刘春宇，尹泽西．大学生创业商机的发现研究［J］.吉林建筑大学学报，2015，32（5）：109－111.

［121］刘德学，夏坚，樊治平．风险投资项目价值评估的一种实物期权方法［J］.东北大学学报，2002（5）：491－494.

［122］刘二丽．创业投资增值服务对创业企业成长绩效的影响研究［J］.工业技术经济，2008（8）：141－145.

［123］刘鹤．农村创业五大商机［J］.农家参谋，2016（02）：64.

［124］刘建华．风险投资的退出机制研究［D］.天津：天津商业大学，2013.

［125］刘健钧．创业投资原理与方略对"风险投资"范式的反思与超越［M］.北京：中国经济出版社，2003.

［126］刘健钧．促进创业投资企业发展税收政策解读［J］.江苏科技信息，2007（6）：11－14.

［127］刘凯宁，樊治平，李永海，戴相全．基于价值链视角的企业商业模式选择方法［J］.中国管理科学，2017，25（1）：170－180.

［128］刘曼红．创业投资圣经天使：投资理论与实践［M］.北京：经济管理出版社，2012.

［129］刘鹏飞．"对赌协议"实务全书：操作指引与裁判规则［M］.北京：中国法制出版社，2021：28－90.

［130］刘树森．创业环境与新创科技型企业成长关系研究［J］.社会科学战线，2014（12）：251－254.

［131］刘婷婷，高凯，何晓斐．高管激励、约束机制与企业创新［J］．工业技术经济，2018，37（9）：21－29.

［132］刘艳，徐茜．中小企业创业期人才困境与对策［J］．经济师，2005（6）：159－160.

［133］刘益平，张燕．基于Timmons创业过程模型的大学生创业行为影响因素探析［J］．黑龙江高教研究，2017（4）：135－141.

［134］刘玥伶，彭学兵，牛贵如．创业资源整合对新创企业绩效的影响：资源整合能力的中介作用［J］．人类工效学，2018，24（4）：19－23＋59.

［135］刘志阳，施祖留．创业企业基于生命周期的治理结构动态演进模型［J］．经济社会体制比较，2007（6）：34－39.

［136］刘志远，郑凯，何亚南．询价对象之间是竞争还是合谋——基于IPO网下配售特征的分析［J］．证券市场导报，2011（3）：35－44.

［137］娄永海．基于TRIZ理论的企业商业模式研究［D］．长春：吉林大学，2009.

［138］楼佳旖．网络视频公司价值评估方法研究［D］．北京：首都经济贸易大学，2018.

［139］楼启葜，伍慧春．风险投资中的尽职调查与情报研究［J］．现代情报，2003（9）：24－25.

［140］卢慧芳．广东省创业投资引导基金退出机制研究［J］．时代金融，2016（30）：47＋54.

［141］卢显文．创业投资的风险管理研究［J］．现代商业，2016（4）：56－57.

［142］路遥．创业投资中双重委托代理关系的博弈分析［J］．南京工业大学学报（社会科学版），2008（2）：74－79.

［143］吕海宁．私募股权基金法律制度研究［D］．大连：大连海事大学，2013.

［144］吕娟，韩延龄．我国风险投资筹资来源分析［J］．统计与决策，2004（10）：56－57.

［145］罗国锋，董刚．天使投资人［M］．北京：中国发展出版社，2017.

［146］罗会华．风险投资项目风险度量方法及其应用研究［D］．长沙：中南大学，2005.

［147］罗金燕．企业上市前的财务尽职调查初探［J］．时代金融，2017（29）：189＋193.

［148］罗珉，李亮宇．互联网时代的商业模式创新：价值创造视角［J］．中国工业经济，2015（1）：95－107.

［149］罗青军．对赌协议：内涵、风险收益及其决策模式［J］．浙江金融，2009，359（6）：37－38.

［150］骆金成．创业企业股权众筹融资研究［D］．合肥：安徽大学，2016.

［151］马鸿佳，董保宝，葛宝山．资源整合过程、能力与企业绩效关系研究［J］．吉林大学社会科学学报，2011，51（4）：71-78．

［152］马莉，周小虎．创业团队组建管理与激励机制研究［J］．价值工程，2016，35（16）：68-71．

［153］马瑞光，温军．高管持股促进了企业创新吗？——基于2005～2017年上市公司的经验证据［J］．人文杂志，2019（11）：74-84．

［154］马晓苗．从物质思维到信息思维：互联网时代产品创新模式——以小米公司为例［J］．科技进步与对策，2017，34（10）：19-26．

［155］马泽方．创业投资涉及的各主体所得税优惠政策解析［J］．财务与会计，2018（13）：41-43．

［156］买忆媛，李江涛，熊婵．风险投资与天使投资对创业企业创新活动的影响［J］．研究与发展管理，2012，24（2）：79-84．

［157］迈克尔·哈默，丽莎·赫什曼，廉晓红．业绩衡量的七宗罪［J］.IT经理世界，2011（Z1）：109-110．

［158］毛毛．如何抓住创业商机［J］．劳动保障世界，2013（12）：41．

［159］梅强，顾加慧，徐占东．创业警觉性在社会网络与大学生创业意向间的中介作用——人格特质的调节［J］．技术经济，2020，39（3）：169-179．

［160］梅胜军，沈聪，肖化群，江俞霏．创业资源整合模式的阶段性特征及其影响因素——基于制造型创业企业的纵向案例分析［J］．经营与管理，2017（3）：105-110．

［161］孟方琳，田增瑞，贾巧萍，赵袁军．"双创"背景下我国创业投资体制的演进及策略［J］．宏观经济管理，2019（6）：30-36．

［162］孟庆国，张洪林．论我国创业投资基金的发展［J］．北方经贸，2005（2）：109-110．

［163］孟轩伊．中国创业投资公开上市退出机制法律问题研究［D］．兰州：兰州大学，2016．

［164］Michael Hammer，连青松．持续进行运营创新［J］．经理人，2005（5）：22．

［165］米旭明．创业投资生命周期决策方法及应用研究［D］．重庆：重庆大学，2003．

［166］苗盛洁．对赌协议在私募股权中的应用研究［D］．郑州：河南财经政法大学，2019．

［167］聂艳华．浅析商业时代的商机与创业［J］．商场现代化，2005（22）：148．

［168］牛甜甜．基于对赌协议的被并购企业盈利外推研究——以信息技术企业为例［J］．市场周刊，2019（3）：80-82．

[169] 牛晓琴，谢珉，顾海，李秉祥. 代理人公平偏好下的长短期业绩目标与薪酬激励契约研究 [J]. 系统工程理论与实践，2019，39（2）：372 - 386.

[170] 彭华涛. 创业企业社会网络演化图谱研究——基于阶段与动机差异的分析 [J]. 中南财经政法大学学报，2010（4）：71 - 76.

[171] 彭君，叶德平. 风险投资公司尽职调查的风险收益研究 [J]. 科技与管理，2005（6）：3.

[172] 彭学兵，陈璐露，刘玥伶. 创业资源整合、组织协调与新创企业绩效的关系 [J]. 科研管理，2016，37（1）：110 - 118.

[173] 彭莹莹，汪昕宇，孙玉宁. 不同创业阶段下的青年创业企业成长绩效影响因素研究——以北京地区为例 [J]. 中国人力资源开发，2018，35（12）：80 - 87 + 94.

[174] 钱苹，张帏. 我国创业投资的回报率及其影响因素 [J]. 经济研究，2007（5）：78 - 90.

[175] 钱野等，风险投资对浙江高新技术企业发展的实证研究 [Z]. 国家科技成果，2014.

[176] 钱野. 风险投资对浙江高新技术企业发展影响的实证分析及对策研究 [J]. 科技管理研究，2014，34（21）：87 - 90.

[177] 邱华炳，庞任平. 风险投资交易设计研究 [J]. 财经论丛（浙江财经学院学报），2005（5）：65 - 71.

[178] 邱晓荣. 基于对赌协议的并购动机和风险分析 [J]. 财会学习，2018（33）：201 - 202.

[179] 全丽萍. 财务尽职调查在风险投资中的运用——以海德生物为例 [J]. 财会通讯，2019（2）：96 - 100.

[180] 沈超红，欧阳苏腾. 国内创业环境研究综述 [J]. 企业技术开发，2004（9）：31 - 32.

[181] 沈维涛，胡刘芬. 专业化投资策略对风险投资绩效的影响及机理 [J]. 山西财经大学学报，2014，36（5）：42 - 53.

[182] 史琳，宋微，李彩霞，吴学彦. 量身定制商业计划书 [J]. 价值工程，2013（28）：182 - 184.

[183] 舒国义. 安徽卓研达公司汽车零部件项目商业计划书 [D]. 兰州：兰州理工大学，2019.

[184] 司春林，等. 创业投资 [M]. 上海：上海财经大学出版社，2003.

[185] 司春林，王善造. 创业投资过程的风险控制 [J]. 研究与发展管理，2000（5）：21 - 25.

[186] 宋立丰，宋远方，冯绍雯. 平台—社群商业模式构建及其动态演变路径——基于海尔、小米和猪八戒网平台组织的案例研究 [J]. 经济管理，2020，42（3）：117 - 132.

［187］宋丽萍．风险投资后续管理中增值服务的问题探讨［J］.审计与理财，2015（6）：30－32.

［188］宋哲，姚元，何振华．创业投资企业和天使投资个人有关税收试点政策案例解析［J］.中国税务，2017（11）：49－51.

［189］宋哲，姚元，周梅锋．创业投资企业和天使投资个人税收政策解读［J］.中国税务，2018（9）：56－58.

［190］苏基平．浅谈财务尽职调查基础下的新三板项目风险管理［J］.会计师，2016（23）：28－29.

［191］苏永江，李湛．风险投资项目的退出问题研究［J］.预测，2001（4）：38－39.

［192］孙超．基于生命周期理论的企业生存能力与发展战略研究［D］.锦州：辽宁工业大学，2014.

［193］孙富强，王景容．浅谈创业投资项目的风险管理［J］.科学与管理，2005（3）：57－58.

［194］孙海．我国风险投资IPO退出障碍及对策研究［D］.天津：天津财经大学，2014.

［195］孙昊，乔瑞中．大学生自主创业投资的风险管理［J］.企业技术开发，2015，34（9）：133－134.

［196］孙莉．我国创业资本现状分析及创业投资基金的发展思路［J］.投资研究，2001（5）：21－27.

［197］孙荣．风险投资交易设计中的金融工具选择［J］.涪陵师范学院学报，2004（2）：78－80.

［198］孙少青．美国和德国的风险投资［J］.数量经济技术经济研究，2002（9）：126－129.

［199］孙文军．对赌协议的会计处理与审计应对［J］.会计师，2019（1）：50－51.

［200］孙永磊，陈劲，宋晶．双元战略导向对企业资源拼凑的影响研究［J］.科学学研究，2018，36（4）：684－690＋700.

［201］孙月萍．项目并购如何实施财务尽职调查［J］.当代会计，2018（9）：65－66.

［202］孙壮志，邓超．创业投资管理团队项目运营能力评价研究［J］.山东社会科学，2015（12）：155－159.

［203］孙壮志，邓超．创业投资管理团队项目运营能力与绩效关系实证分析［J］.贵州社会科学，2016（4）：140－144.

［204］谭利勇．浅析企业财务尽职调查［J］.商业时代，2007（1）：70－71.

［205］陶雅，赵素芳，胡翔．创业退出：基于系统文献综述法的研究回顾与展

望 [J]. 经济管理, 2018, 40 (6): 191 – 208.

[206] 田益豪, 蒋瑛. 创业创新企业融资门槛削减机制设计 [J]. 统计与决策, 2018, 34 (12): 181 – 184.

[207] 田月昕, 冯庆花. 上市公司研发支出对企业价值影响的实证研究——来自生物医药行业数据 [J]. 财会通讯, 2014 (15): 49 – 51.

[208] 田增瑞. 中国创业投资机构组织形式的选择 [J]. 经济体制改革, 2002 (2): 124 – 126.

[209] 涂伟杰. 我国对赌协议中的问题与对策研究 [J]. 法制博览, 2022, 886 (26): 48 – 50.

[210] 汪波, 宋连国, 赵树亭. 论政府在风险投资中的角色定位. 天津大学学报 (社会科学版), 2009 (7): 94 – 98.

[211] 王高洁. 建构主义视角下开放式创业工作坊课堂教学模式改革研究——以 "创业投资与管理" 课程为例 [J]. 教育理论与实践, 2018, 38 (18): 46 – 48.

[212] 王佳妮, 李阳, 刘曼红. 中国天使投资发展趋势与对策研究 [J]. 科研管理, 2015, 36 (10): 161 – 168.

[213] 王佳宁. 刍议新时代下企业管理的创新 [J]. 现代经济信息, 2019 (24): 56 – 57.

[214] 王静. 国有创业投资企业的风险管理研究 [J]. 中国商论, 2017 (21): 92 – 93.

[215] 王开良, 郭霞. 私募股权投资基金投资风险评价及实证研究 [J]. 改革与战略, 2011, 27 (11): 56 – 58 + 83.

[216] 王立国. 创业投资发展研究 [M]. 沈阳: 东北财经大学出版社, 2004.

[217] 王立中. 天津市创业投资机制研究 [D]. 天津: 天津大学, 2004.

[218] 王明晖. 创业投资退出回报的影响因素研究 [D]. 南昌: 江西财经大学, 2014.

[219] 王壬冰. "合俊" 倒闭带给我们的思考 [J]. 中外玩具制造, 2008 (11): 46.

[220] 王瑞. 公司创业的战略规划研究 [D]. 湘潭: 湘潭大学, 2008.

[221] 王赛芝. 刍议大学生创业的法律风险及防范 [J]. 经济研究导刊, 2011 (3): 100 – 101.

[222] 王胜洲. 基于价值链理论的商业模式设计与优化研究 [J]. 财经理论与实践, 2012, 33 (3): 108 – 111.

[223] 王仕达. 商业计划书写作研究 [D]. 长春: 长春理工大学, 2012.

[224] 王顺. 浅析 "对赌协议" 在我国的实践探索 [J]. 企业科技与发展, 2019 (6): 35 – 37.

［225］王拓.国有企业内控信息化建设路径研究［J］.企业研究，2023（4）：12 - 15.

［226］王万山.提升大学生创业成功率的理论与政策［J］.企业经济，2019（6）：5 - 14 + 2.

［227］王伟毅，李乾文.创业视角下的商业模式研究［J］.外国经济与管理，2005（11）：34 - 42 + 50.

［228］王希.新材料企业创业投资风险管理体系［D］.广州：广东财经大学，2017.

［229］王晓芳.安徽省创业风险投资引导基金退出机制研究及政策建议［J］.科技和产业，2016，16（6）：139 - 141.

［230］王晓巍，陈逢博.创业板上市公司股权结构与企业价值［J］.管理科学，2014，27（6）：40 - 52.

［231］王晓文，张玉利，李凯.创业资源整合的战略选择和实现手段——基于租金创造机制视角［J］.经济管理，2009（1）：61 - 66.

［232］王岩.发展我国创业投资的税收政策研究［D］.大连：东北财经大学，2005.

［233］王逸，张蓓蓓.新建资源型企业的商业模式选择与创新［J］.企业科技与发展，2012（20）：1 - 4.

［234］王茵田，黄张凯，陈梦."不平等条约?"：我国对赌协议的风险因素分析［J］.金融研究，2017（8）：117 - 128.

［235］王育晓，王曦.风险投资机构的分阶段投资策略与投资绩效研究［J］.科技管理研究，2013（19）：201 - 204 + 220.

［236］王昱婷，张文州.餐饮业中层管理者薪酬激励优化研究——以某餐饮公司为例［J］.现代商业，2018（5）：156 - 157.

［237］王志强，齐志斌.刍议创业投资退出机制［J］.市场研究，2015（2）：24 - 25.

［238］未来六大创业商机聚集地（上）［J］.乡村科技，2014（15）：14.

［239］未来六大创业商机聚集地（下）［J］.乡村科技，2014（17）：14.

［240］魏光兴.企业生命周期理论综述及简评［J］.生产力研究，2005（6）：231 - 232.

［241］魏晓华.私募股权投资（产业投资基金）的现状、问题以及建议［J］.金融经济，2008（22）：146 - 147.

［242］魏瑶.基于 Bricolage 理论的新创企业资源整合研究［D］.大连：大连工业大学，2014.

［243］文丹.创业投资促进高新技术企业成长研究［D］.武汉：中南民族大学，2012.

［244］吴红. 大学生技术创业企业的人力资源管理［J］. 中国人力资源开发，2012（11）：105－109.

［245］吴俊键. RH 公司的创业团队管理问题研究［D］. 杭州：浙江工业大学，2019.

［246］吴蕾. 创业投资企业的经营风险管理机制研究［J］. 商，2016（32）：23.

［247］吴庆广. 浅谈风险投资的尽职调查［J］. 财经界（学术版），2008（1）：58－60.

［248］吴庆念. 论财务尽职调查中的问题及其对策［J］. 商场现代化，2009（8）：316－317.

［249］吴少凡，贾宁，陈晓. 创业投资在 IPO 公司盈余管理中的角色［J］. 中国会计评论，2013，11（1）：5－26.

［250］吴霞. 私募股权基金投资的财务尽职调查［J］. 会计师，2017（2）：42－43.

［251］吴晓波，付亚男. 创新管理国际研究热点及其演化：基于可视化分析［J］. 外国经济与管理，2019，41（12）：186－199.

［252］吴雄臣. 中小高新技术企业风险投资退出预警机制研究［D］. 太原：太原理工大学，2014.

［253］吴彦琳，史小坤. 流动性创造视域下银行支持中小企业高质量发展研究［J］. 浙江金融，2020（4）：41－52.

［254］夏媛媛. 创业投资退出模式的探索及实践［J］. 今日科苑，2014（1）：93－95.

［255］项海容，李建军，刘星. 基于激励视角的对赌合约研究［J］. 上海经济研究，2009（3）：92－98.

［256］肖青松. 创业投资的退出风险研究［J］. 知识经济，2015（12）：65.

［257］徐本亮. 成功创业的基石——商业计划书［J］. 成才与就业，2008（23）：18.

［258］徐凤增. 创业型企业组织竞争力的培育［J］. 统计与决策，2008（15）：180－181.

［259］徐江璞. 大学生创业时怎样把握商机［J］. 中国大学生就业，2007（16）：77－78.

［260］徐锦荣. 创业投资风险管理的探索和实践［C］// 中国总会计师协会. 2009 年度中国总会计师优秀论文选. 北京：中国宇航出版社，2011：141－147.

［261］徐玖平，陈书建. 不对称信息下风险投资的委托代理模型研究［J］. 系统工程理论与实践，2004（1）：19－24.

［262］徐丽军，韩芳. 创业投资引导基金管理与会计核算探讨［J］. 新会计，2019（6）：54－56.

[263] 徐瑞丽. 创业商机在有意无意间发现 [J]. 村委主任, 2012 (5): 41.

[264] 宣颐. 我国对赌协议的运用风险与法律对策 [J]. 现代经济信息, 2009, 284 (22): 246 – 247.

[265] 晏文隽, 郭菊娥. 创业投资的高风险性和非资金价值增值服务及其作用机理分析 [J]. 西北大学学报 (哲学社会科学版), 2015, 45 (5): 138 – 143.

[266] 杨斌. 论投资方与目标公司对赌协议的法律效力 [D]. 南昌: 江西财经大学, 2019.

[267] 杨芳. 融资管理: 创业企业的发展成长新思路——评《创业企业融资管理研究》[J]. 江西社会科学, 2018, 38 (12): 3.

[268] 杨林岩, 赵驰. 企业成长理论综述——基于成长动因的观点 [J]. 软科学, 2010, 24 (7): 106 – 110.

[269] 杨思群. 紧缩背景下如何缓解中小企业融资难题 [J]. 中国金融家, 2011 (10): 140 – 142.

[270] 杨延廷, 许宏翠. 试论信息资源的含义与特征 [J]. 情报资料工作, 1998 (1): 25 – 27.

[271] 杨艳萍. 创业投资的风险分析与风险控制研究 [D]. 武汉: 武汉理工大学, 2003.

[272] 杨艳萍. 风险投资的风险识别、评估与控制分析 [J]. 经济师, 2003 (7): 34 – 35.

[273] 杨裔光. 投资并购中对赌协议及其价值分析 [J]. 会计师, 2019 (10): 27 – 28.

[274] 杨月英. 私募股权投资基金股权转让退出方式研究 [D]. 石家庄: 河北经贸大学, 2016.

[275] 杨宗葳. 论企业财务尽职调查的程序和方法 [J]. 中国总会计师, 2017 (5): 143 – 145.

[276] 姚梅芳, 黄金睿, 张旭阳. 基于关键创业要素的生存型创业绩效评价研究 [J]. 管理现代化, 2008 (4): 16 – 18.

[277] 叶金, 谷秀娟. VaR 模型及其在创业投资风险管理中的应用——基于创业板指数的实证研究 [J]. 河南工业大学学报 (社会科学版), 2015, 11 (4): 82 – 87.

[278] 叶依广, 刘志忠. 创业环境的内涵与评价指标体系探讨 [J]. 南京社会科学, 2004 (S2): 228 – 232.

[279] 殷林森, 李湛, 李珏. 基于最优停时理论的创业投资退出决策模型研究 [J]. 南开管理评论, 2008 (4): 97 – 99 + 104.

[280] 余绍忠. 创业资源对创业绩效的影响机制研究——基于环境动态性的调节作用 [J]. 科学学与科学技术管理, 2013, 34 (6): 131 – 139.

[281] 余胜海. 华为成功的秘诀: 用好人分好钱 [J]. 杭州金融研修学院学报,

2019（9）：75－77.

［282］俞红海，刘烨，李心丹．询价制度改革与中国股市IPO"三高"问题——基于网下机构投资者报价视角的研究［J］.金融研究，2013（10）：167－180.

［283］袁立．基于创业企业风险管理研究［J］.现代商业，2017（10）：126－127.

［284］原磊．商业模式体系重构［J］.中国工业经济，2007（6）：70－79.

［285］曾娟华．返乡创业商机无限［J］.湖南农业，2015（11）：33.

［286］曾丽婷．基于梅特卡夫模型的互联网初创企业价值评估［J］.财会通讯，2019（23）：58－62.

［287］曾之杰．中国风险投资风险—收益分析［D］.北京：中国社会科学院，2017.

［288］詹奋静，翁开羽．创业投资各阶段的风险控制［J］.财会学习，2007（9）：39－40.

［289］詹文超．创业投资激励政策研究［J］.科技经济导刊，2019，27（7）：175＋210.

［290］张波．我国创业投资中的政府行为［D］.哈尔滨：东北农业大学，2002.

［291］张东生，刘健钧．创业投资基金运作机制的制度经济学分析［J］.经济研究，2000（4）：35－40＋79.

［292］张东生，刘健钧．论创业投资风险控制的制度安排［J］.财贸经济，2000（3）：32－35.

［293］张铎．对赌协议在我国投资实务中的应用［J］.中国商论，2019（11）：233－234.

［294］张丰．创业投资对中小企业板IPO影响的实证研究［J］.经济与管理研究，2009（5）：10－19.

［295］张公一，孙晓欧．科技资源整合对企业创新绩效影响机制实证研究［J］.中国软科学，2013（5）：92－99.

［296］张广琦，陈忠卫，李宏贵．什么样的创业团队才有助于降低离职倾向？——基于人际信任的视角［J］.管理评论，2016，28（12）：127－144.

［297］张国锋．优化税收优惠政策激发创业投资激情［N］.证券时报，2019－06－28（A07）.

［298］张航燕，刘兴国，沈志渔．社会资本对创业风险影响的分类解析［J］.产经评论，2011（5）：41－48.

［299］张红，葛宝山．创业学习、机会识别与商业模式——基于珠海众能的纵向案例研究［J］.科学学与科学技术管理，2016，37（6）：123－136.

［300］张惠淳．浅析三只松鼠一波三折的上市之路［J］.现代经济信息，2018（22）：55＋57.

［301］张健，姜彦福，林强．创业理论研究与发展动态［J］．经济学动态，2003（5）：71－74．

［302］张金山，徐广平．创业文化如何影响员工进行公司创业？［J］．科学学研究，2020，38（7）：1251－1259．

［303］张凯峰．我国中小型家族企业职业经理人激励制度优化研究［D］．长春：东北师范大学，2017．

［304］张巧慧．"玩具医院"蕴含创业商机［J］．劳动保障世界，2015（10）：28．

［305］张伟．尽职调查"路线图"［J］．理财杂志，2006（12）：46－47．

［306］张希，郭雨桐．对赌协议法律问题研究［J］．现代农业研究，2019（7）：123－124．

［307］张夏婧．我国创业投资激励约束机制研究［D］．郑州：河南工业大学，2016．

［308］张项民．好的创业团队从哪里来［J］．中国人才，2012（12）：47－49．

［309］张小蒂．美国创业投资业成功运作的主要因素及启示［J］．金融研究，1999（9）：75－79．

［310］张晓晨．促进我国创业投资业发展的政策研究［J］．商业会计，2013（15）：121．

［311］张新立，杨德礼．国外创业投资"红筹上市"运作模式的利弊探析［J］．国际技术经济研究，2007（4）：40－43．

［312］张新立，杨德礼．论风险投资中的尽职调查［J］．科技进步与对策，2005（9）：76－78．

［313］张学勇，张叶青．风险投资、创新能力与公司IPO的市场表现［J］．经济研究，2016，51（10）：112－125．

［314］张燕明．创业投资项目的选择与评估［J］．中国创业投资与高科技，2005（6）：71－72．

［315］张烨．瞄准新商机"种"出创业梦［J］．吉林农业，2018（16）：18．

［316］张玉利．创业者如何整合资源？［J］．中外管理，2011（6）：102－103．

［317］张志军．浅析中小企业并购的财务尽职调查［J］．时代金融，2017（21）：117－118．

［318］张忠军．论公司有限责任制［J］．宁夏社会科学，1995（4）：78－84．

［319］赵冲．中国创业投资引导基金管理机制的探究［J］．财经界（学术版），2013（21）：104－105．

［320］赵芳菲．民营企业商机管理研究［D］．大连：大连工业大学，2011．

［321］赵飞．对赌协议法律问题研究［D］．上海：复旦大学，2010．

［322］赵峰，蔡凌瓴．如何挖掘创业商机［J］．成才与就业，2011（23）：35－36．

[323] 赵光辉. 论人才创业风险的来源与控制 [J]. 当代经济管理, 2005 (4): 109 – 116 + 151.

[324] 赵海林, 郑垂勇. 创业投资中道德风险防范机制的探讨 [J]. 经济师, 2004 (2): 28 – 29.

[325] 赵静, 李斌. 中小微企业商业模式研究——基于帮助企业融资撰写商业计划书的实务探讨 [J]. 中国商论, 2018 (1): 126 – 128.

[326] 赵晓辉. 我国风险投资退出方式选择研究 [D]. 广州: 暨南大学, 2016.

[327] 赵一阳. 新常态下中国特色的风险投资退出机制 [J]. 现代企业, 2016 (1): 37 – 38.

[328] 赵宇捷, 费一文. 对赌协议的设计与再谈判 [J]. 上海金融, 2013 (10): 41 – 46 + 117.

[329] 赵昭. 对赌协议的合法性出路 [J]. 学术界, 2015, 201 (2): 88 – 96 + 325.

[330] 赵忠奎. 对赌协议法律效力问题研究 [D]. 重庆: 西南政法大学, 2016.

[331] 郑鸿, 徐勇. 创业团队信任的维持机制及其对团队绩效的影响研究 [J]. 南开管理评论, 2017, 20 (5): 29 – 40.

[332] 郑秀田, 许永斌. 高声誉风险投资机构参股能否提升企业公开市场募资能力?——来自中国创业板 IPO 的经验证据 [J]. 商业经济与管理, 2015 (7): 56 – 64.

[333] 郑云涛. 创业投资企业的经营风险管理机制探讨 [J]. 市场研究, 2019 (4): 52 – 53.

[334] 郑志刚, 邹宇, 崔丽. 合伙人制度与创业团队控制权安排模式选择——基于阿里巴巴的案例研究 [J]. 中国工业经济, 2016 (10): 126 – 143.

[335] 钟昀珈, 何小锋. 创业投资的传染效应研究——基于财务重述的分析视角 [J]. 会计研究, 2018 (11): 36 – 42.

[336] 钟昀珈, 何小锋. 创业投资机构的退出方式与时机选择——基于政府支持的分析视角 [J]. 现代财经 (天津财经大学学报), 2019, 39 (7): 22 – 34.

[337] 周好杰, 孙慧, 吕岩威. 基于层次分析法在价值链分析中的应用研究 [J]. 中国管理科学, 2008, 16 (S1): 537 – 543.

[338] 周键. 创业者社会特质、创业能力与创业企业成长机理研究 [D]. 济南: 山东大学, 2017.

[339] 周莉, 刘佳迪. 我国创业投资退出机制现状分析及问题研究 [J]. 经贸实践, 2017 (19): 65.

[340] 周丽. 中小企业创业环境评价模型及实证研究 [J]. 中国流通经济, 2006 (10): 42 – 45.

[341] 周松, 冉渝. 企业税收规避行为与企业价值关系研究 [J]. 财会通讯,

2018（30）：58 – 63 + 129.

［342］朱东辰，余津津. 论风险投资中的风险企业价值评估——一种基于多阶段复合实物期权的分析［J］. 科研管理，2003（4）：76 – 81.

［343］朱洁莹. 对风险投资拟投资的项目做财务尽职调查的案例分析——某化妆品公司［J］. 现代商业，2013（31）：263.

［344］朱利. 大学生创业精神及创业能力反思——评《大学生职业规划与就业创业指导》［J］. 林产工业，2021，58（1）：117.

［345］朱仁宏，曾楚宏，代吉林. 创业团队研究述评与展望［J］. 外国经济与管理，2012，34（11）：11 – 18.

［346］朱文星. 大学生创业法律教育探析［J］. 湖南科技学院学报，2009，30（10）：143 – 145.

［347］朱云欢，张明喜. 创业投资引导基金效率评价初步研究［J］. 科学管理研究，2018，36（4）：81 – 84.

［348］邹广严，陶莉. 企业组织设计和人为资源管理［M］. 北京：清华大学出版社，2005：120 – 122.

［349］Adizes I. Managing Corporate Lifecycles［M］. Carpinteria：The Adizes Institute Publishing，1999.

［350］Aggarwal R. . Financial Inclusion in India：Challenges and Opportunities［J］. International Journal of Research，2014，1（4）：557 – 567.

［351］Ardichvili，A. ，Cardozo，R. &Ray，S. . A Theory of Entrepreneurial Opportunity Identification and Development［J］. Journal of Business Venturing，2003，18（1）：105 – 123.

［352］Arrow，K. . Economic Welfare and the Allocation of Resources for Invention［M］. Princeton：Princeton University Press，1962.

［353］Aspara，Jaakko，Joel Hietanen，and Henrikki Tikkanen. Business Model Innovation vs Replication：Financial Performance Implications of Strategic Emphases. Journal of Strategic Marketing，2010，18（1）：39 – 56.

［354］Baker，Ted，and Reed E. Nelson. Creating Something from Nothing：Resource Construction Through Entrepreneurial Bricolage［J］. Administrative science quarterly，2005，50（3）：329 – 366.

［355］Barney，J. B. . Firm Resource and Sustained Competitive Advantage［J］. Journal of Management，1991，17（1）：99 – 120.

［356］Baron，R. A. . Opportunity Recognition as Pattern Recognition：How Entrepreneurial Connect the Dots to identify New Business Opportunities［J］. Academy of Management Perspectives，2006，20（1）：104 – 119.

［357］Berlin，M. . That Thing Venture Capitalists Do. Working Paper. Federal Reserve

Bank of Philadelphia, 2008.

［358］Black B. S. , Gilson. R J. . Venture Capital and the Structure of Capital Markets: Banks versus Stock Markets［J］. Journal of Finance Economics, 1998（3）: 243 - 277.

［359］DeTienne, D. R. . Entrepreneurial Exit as a Critical Component of the Entrepreneurial Process: Theoretical Development［J］. Journal of Business Venturing, 2010, 25（2）: 203 - 215.

［360］Douglas J. Cumming, Jeffrey G. MacIntosh. A Cross-Country Comparison of Full and Partial Venture Capital Exits［J］. Journal of Banking and Finance, 2003, 27（3）: 511 - 548.

［361］Eugene F. Fama, Michael C. Jensen. Separation of Ownership and Control［J］. Journal of Law and Economics, 1983, 26（2）: 301 - 325.

［362］Flamholtz, E. G. , & Yvonne, R. . Growing Pains: Building Sustainably Successful Organizations［M］. Hoboken, New Jersey: Wiley, 2015.

［363］Frankenberger, Karolin, et al. The 4I - Framework of Business Model Innovation: A Structured View on Process Phases and Challenges. International journal of product development, 2013, 18（3 - 4）: 249 - 273.

［364］Freeman E. R. . Strategic Management［M］. Cambridge: Cambridge University Press, 2010.

［365］Fried, Hisrich. Venture Capital and the Investor［J］. Management Research News, 2013, 15（15）: 28 - 39.

［366］Gompers P. A. Grandstanding in the Venture Capital Industry［J］. Journal of Financial Economics, 1996, 42（1）: 133 - 156.

［367］Gulati, Ranjay, Gargiulo, et al. Where do Inter Organizational Networks Come From［J］. American Journal of Sociology, 1999, 104（5）: 1438 - 1439.

［368］Hellmann T. . The Allocation of Control Rights in Venture Capital Contracts［J］. Rand Journal of Economics, 2000, 29（29）: 57 - 76.

［369］Hochberg Yael V. . Venture Capital and Corporate Governance in the Newly Public Firm［J］. Review of Finance, 2012, 16（2）: 429 - 480.

［370］Hsu D. H. . Venture Capitalists and Cooperative Start-up Commercialization Strategy［J］. Management Science, 2006（52）: 204 - 219.

［371］Jeffrey W. Berkman. Due Diligence and the Business Transaction［M］. Berkeley, CA: Apress, 2013.

［372］Jeng L. A. , Wells P. C. . The Determinants of Venture Capital Funding: Evidence across Countries［J］. Journal of Corporate Finance, 2000（6）: 241 - 289.

［373］Joshua Lerner. The Syndication of Venture Capital Investments［J］. Financial

Management，1994，23（3）：375 - 390.

［374］Kaplan，S. N. and P. Stromberg. Venture Capitalists as Principals：Contracting，Screening，and Monitoring ［J］. American Economic Review，2001，91（2）：426 - 439.

［375］Kaplan S.，Stromberg，P.. Financial Contracting Theory Meets the Real World：An Empirical Analysis of Venture Capital Contracts ［R］. Working Paper，NBER，2000.

［376］Katzenbach，Jon R.，and Douglas K. Smith. The Rules for Managing Cross-Functional Reengineering Teams ［J］. Planning review，1993，21（2）：268 - 270.

［377］Kent D. Miller. A Framework for Integrated Risk Management in International Business ［J］. Journal of International Business Studies，1992，23（2）：311 - 331.

［378］Knockaert，M.，A. Lockett and B. Clarysse. Do Human Capital and Fund Characteristics Drive Follow-Up Behaviour of Early Stage High-Tech VCs? ［J］. International-al Journal of Technology Management，2006，34（1 - 2）：7 - 27.

［379］Lerner J.. The Government as a Venture Capital：The Long-Run Impact of the SBIR Program ［J］. Journal of Business，1999，（72）：285 - 318.

［380］Lewis，V. L.，& Churchill，N. C.. The Five Stages of Small Business Growth ［J］. Harvard Business Review，1987，3（3）.

［381］Lu H.，et al. Why do Venture Capital Firms Exist and Institution - Based Rent - Seeking Perspective and Chinese Evidence ［J］. Asia Pacific Management，2013（30）：921 - 936.

［382］Maria Tissen，Ruta Sneidere. Due Diligence Matrix for Main User Groups of Financial Analysis ［J］. Procedia - Social and Behavioral Sciences，2014，156（C）：639 - 642.

［383］Matusik S. F.，Fitza M. A.. Diversification in the Venture Capital Industry：Leveraging Knowledge under Uncertainty ［J］. Strategic Management Journal，2012，33（4）：407 - 426.

［384］Pierre Giot，Armin Schwienbacher. IPOs，Trade Sales and Liquidations：Modelling Venture Capital Exits Using Survival Analysis ［J］. Journal of Banking and Finance，2007，31（3）：679 - 702.

［385］Porter，M. E.. Competitive Strategy ［M］. New York：The Free Press，1980.

［386］Riitta Katila，Eric L. Chen，Henning Piezunka. All the Right Moves：How Entrepreneurial Firms Compete Effectively ［J］. Strategic Entrepreneurship Journal，2012（6）：116 - 132.

［387］Ritala，Paavo，Arash Golnam，and Alain Wegmann. Coopetition-Based Business Models：The Case of Amazon. com. Industrial Marketing Management，2014，43（2）：236 - 249.

［388］Rosenblatt, Jennifer, et al. Troubled or Troubling? Characteristics of Youth Referred to a System of Care without System-Level Referral Constraints. Journal of Emotional and Behavioral Disorders, 1998, 6 (1): 42 – 54.

［389］Sapienza, H, S. Manigart and W. Vermeir. Venture Capitalist Governance and Value Added in Four Countries ［J］. Journal of Business Venturing, 1996 (11): 439 – 469.

［390］Sarasvathy, S. D., Dew, N., Read, S., & Wiltbank, R.. Designing Organizations that Design Environments: Lessons from Entrepreneurial Expertise ［J］. Organization Studies, 2008, 29 (3): 331 – 350.

［391］Shane S., Venkataraman S.. The Promise of Entrepreneurship as a Field of Research ［J］. Academy of Management Review, 2000, 25 (1): 217 – 226.

［392］Shonk, James H.. Working in teams: A practical manual for improving work groups ［M］. New York: Amacom, 1982.

［393］Smith, K. G., Mitchell, T. R., & Summer, C. E.. Top Level Management Priorities in Different Stages of the Organizational Life Cycle. ［J］ Academy of Management Journal, 1985 (28): 799 – 820.

［394］Suchard J. A.. The Impact of Venture Capital Backing on the Corporate Governance of Australian Initial Public Offerings ［J］. Journal of Banking & Finance, 2009, 33 (4): 765 – 774.

［395］Timmons. New Venture Creation ［M］. Singapore: Mc – Graw – Hill, 1999.

［396］William L. Megginson, Kathleen A. Weiss. Venture Capitalist Certification in Initial Public Offerings ［J］. The Journal of Finance, 1991, 46 (3): 879 – 903.

［397］Wouter Stam, Tom Elfring. Entrepreneurial Orientation and New Venture Performance: The Moderating Role of Intra – and Extraindustry Social Capital ［J］. The Academy of Management Journal, 2008, 51 (1): 97 – 111.

［398］Zott, Christoph, and Raphael Amit. Business Model Design: An Activity System Perspective. Long Range Planning, 2010, 43 (2 – 3): 216 – 226.